Linguistische Arbeiten 195

Herausgegeben von Hans Altmann, Herbert E. Brekle, Hans Jürgen Heringer,
Christian Rohrer, Heinz Vater und Otmar Werner

Leila Luukko-Vinchenzo

Formen von Fragen und Funktionen von Fragesätzen

Eine deutsch-finnische kontrastive Studie
unter besonderer Berücksichtigung der Intonation

Max Niemeyer Verlag
Tübingen 1988

CIP-Titelaufnahme der Deutschen Bibliothek

Luukko-Vinchenzo, Leila : Formen von Fragen und Funktionen von Fragesätzen :
e. dt.-finn. kontrastive Studie unter bes. Berücks. d. Intonation / Leila Luukko-
Vinchenzo. – Tübingen : Niemeyer, 1988
  (Linguistische Arbeiten ; 195)
Zugl.: München, Univ., Diss., 1985
NE: GT

ISBN 3-484-30195-3   ISSN 0344-6727

INHALTSVERZEICHNIS

VORWORT

Die vorliegende Arbeit ist die umgearbeitete und erweiterte Fassung einer Untersuchung, die im Rahmen eines DFG-Projekts entstanden ist und die im Sommer-
semester 1985 von der Philosophischen Fakultät für Sprach- und Literaturwissenschaft II der Ludwig-Maximilians-Universität München als Dissertation angenommen
wurde.

Meinem Doktorvater, Herrn Professor H. Altmann, möchte ich für die stets
fachlich interessierte und zusprechende Betreuung dieser Arbeit und für ihre
Aufnahme in die "Linguistischen Arbeiten" danken. Herrn Professor H. Fromm danke
ich für seine immerwährende freundliche Unterstützung bei der Durchführung des
finnischen Teils.

Stellvertretend für die vielen, die mir ferner geholfen haben, danke ich
Wilhelm Oppenrieder für seine unermüdliche Hilfsbereitschaft bei den verschie-
densten Aufgaben und Anton Batliner für die Anfertigung der Oszillomink-
Aufzeichnungen. Schließlich haben Herr Professor K. Wiik und Markus Mattila die
intonatorischen Untersuchungen zum Finnischen ermöglicht, indem sie mir die
Arbeitsmöglichkeiten gewährten bzw. mich bei den Aufnahmen direkt unterstützten.

An letzter Stelle, jedoch nicht am wenigsten, sei auch meinem Mann Anthony
Vinchenzo und meiner Tochter Eveliina für den geistigen Beistand und die ver-
ständnisvolle Geduld gedankt.

VERZEICHNIS DER VERWENDETEN ABKÜRZUNGEN UND GRAPHISCHEN ZEICHEN

An = Andorra

Ak = Akten des Vogelsangs

Bu = Buddenbrooks

GH = Der geteilte Himmel

GK = Groß und klein

HS = Helsingin Sanomat

Mr = Afrikanische Märchen

NS = Nukleussilbe

PP = Pilvipaimen

Pro = DFG-Projekt

SE = Se mitä ei koskaan sanota

Th = Gespräche an der Theke

Az = Abendzeitung

SZ = Süddeutsche Zeitung

VP = Versuchsperson

DVP = deutsche Versuchsperson

FVP = finnische Versuchsperson

↓ = fallendes Tonmuster

↑ = steigendes Tonmuster

/ = Starkakzent

' = Normaler Satzakzent

∇ = Exclamativakzent

// = relevante Sprechpause

x = inakzeptabel

? = an der Grenze der Akzeptabilität

? = -kO bzw. eine nicht eindeutig akzeptable Übersetzung

Ø = "fehlt"

0. EINLEITUNG

Unter besonderer Berücksichtigung der Rolle der Intonation als unterscheidendes Merkmal im Satzmodus-System des Deutschen und des Finnischen setzt sich die vorliegende Arbeit mit Form und Funktion von Sätzen auseinander, die die traditionelle Grammatik unter 'Fragesatz' aufführt, oder die diesen formal bzw. funktional ähnlich sind. Es werden hauptsächlich Sätze behandelt, mit denen der Sprecher Fragehandlungen direkt ausführen kann, aber Nicht-Fragesätze werden ebenfalls besprochen, wenn dies die Abgrenzung von den Fragesätzen erfordert. Im Mittelpunkt der grammatischen Beschreibung stehen vor allem Fragewörter, Verbstellung, Verbmorphologie, Modalpartikeln, Negationen und intonatorische Eigenschaften.

Aufbauend auf der Vorstellung der terminologischen Grundlagen im ersten Kapitel werden im zweiten und dritten die deutschen Wort- und Satz-Fragesätze besprochen. Das vierte und fünfte Kapitel befassen sich, auf die vorangehenden Bezug nehmend, mit den entsprechenden finnischen Kategorien. Das sechste Kapitel versucht schließlich eine Zusammenfassung und einen Vergleich der beiden Sprachen.

Die Beispiele stammen zum größten Teil aus der deutschen und finnischen Literatur. Die Quellen werden durch Abkürzung mit Seitenangabe in runden Klammern am Ende des Beispiels angegeben. Die hierzu benutzten Abkürzungen sind im "Verzeichnis der verwendeten Abkürzungen und graphischen Zeichen" und in der Bibliographie mit der vollständigen Referenz enthalten. Es muß hier ausdrücklich darauf hingewiesen werden, daß die Sätze als solche übernommen wurden, ohne ihre etwaigen syntaktischen oder semantischen Unstimmigkeiten zu verbessern. Gelegentlich wurden jedoch die Interpunktion und in einigen Belegen - wenn sie Teil eines komplexen Satzes sind - die Großschreibung des ersten Wortes dem Beispiel angepaßt. Wo ein geeignetes Beispiel nicht gefunden werden konnte, wurde zur Demonstration auch ein ad-hoc-gebildeter Satz verwendet. Sämtliche Übersetzungen der Beispiele und der zitierten finnischsprachigen Literatur stammen von der Verfasserin.

In den Beispielen wird der Gegenstand der Untersuchung gelegentlich unterstrichen, und sie werden teilweise, um die Funktion deutlicher anzuzeigen, mit
dem Kontext aufgeführt. Er wird in Klammern in das objektsprachliche Beispiel
hineingenommen. Der zu untersuchende Satz wird ohne Interpunktion am Satzende
geschrieben, um das Ergebnis der Analyse nicht zu beeinflussen, zumal die Interpunktion autorenspezifisch ist und keinesfalls ein Fragesatz immer mit Fragezeichen oder ein Exclamativsatz mit Ausrufezeichen versehen ist. Das Tonmuster wird
immer, die Akzentmarkierung nur in relevanten Fällen gekennzeichnet. Die Festlegung der intonatorischen Merkmale und die Bemerkungen zur Akzeptabilität der
Sätze beruhen auf Informationen, die in Gesprächen mit *native speakers* gewonnen
wurden. Im finnischen Teil hat sich die Verfasserin zusätzlich auf ihre eigene
Kompetenz verlassen.

Die Auswertung der intonatorischen Daten – vor allem der Grundfrequenz, der
Intensität und der Dauer – erfolgt anhand von Oszillomink-Aufzeichnungen zu den
aufgenommenen Sätzen zweigleisig: Es werden erstens auf der Hertz-Basis sprecherabhängig und zweitens auf der Halbton-Basis sprecherunabhängig konkrete
Realisierungen analysiert. Die Einzelergebnisse bilden dann die Grundlage allgemein gültiger Aussagen über die intonatorischen Merkmale der deutschen und der
finnischen Fragesätze. In zusammengefaßter Form sind diese Merkmale in den 17
Tabellen zu finden, die in den jeweiligen Abschnitten bzw. in der Zusammenfassung enthalten sind und die Durchschnittswerte aller akzeptablen Äußerungen des
jeweiligen Sprechers (Tabellen 1-16) bzw. Durchschnittswerte aller akzeptablen
Äußerungen insgesamt (Tabelle 17) darstellen.

Daß es zu diesem Themenkreis keine spezielle Literatur – wohl aber allgemein
zu Fragen im Überfluß – gibt, wurde in dieser Abhandlung zu eigenen Ansätzen
ausgenutzt. Jedoch darf dies nicht nur positiv gesehen werden, denn insbesondere
der finnische Teil sollte – als erster Versuch auf diesem Gebiet – lediglich als
eine kurze und anregende Einführung in die Problemlage in dieser Sprache verstanden werden.

1.   EINFÜHRUNG IN DAS UNTERSUCHUNGSFELD

1.1. Formtyp vs. Funktionstyp

Die in den meisten Grammatiken übliche Einteilung der Sätze in drei Satztypen
- in Aussage-, Frage- und Aufforderungssätze - beruht sowohl auf syntaktisch-
morphologischen als auch auf semantisch-pragmatischen Kriterien, ohne daß die
Verschiedenheit der Art der Merkmale bei der Aufstellung der Satztypen berücksichtigt würde. Der Forschungsstand der Grammatiken zu dieser Thematik soll
hier vorerst kurz besprochen werden, und anschließend werden eigene Vorschläge
zur Erfassung von Satztypen im Überblick dargestellt.

Der Aussagesatz wird als grundlegender Satztyp angesehen, mit dem ein Sachverhalt mitgeteilt, behauptet und "in allgemeinster und intentional neutraler
Form beschrieben" (Helbig/Buscha 1972:541) werden kann. Er ist syntaktisch durch
die Zweit-Stellung des finiten Verbs und das fallende Tonmuster gekennzeichnet:

(1-1) Karl trägt den Koffer↓ (Duden 1959;1973:476)[1]

Mit der Verwendung eines Aufforderungssatzes zielt der Sprecher darauf ab, "(...)
einen künftigen Sachverhalt durch den Kommunikationspartner realisieren zu lassen." (Heidolph et al. 1981:772) Die Erst-Stellung des finiten Verbs und das
fallende Tonmuster werden neben der emphatischen Betonung als die wichtigsten
Kriterien für diesen Satztyp genannt:

(1-2) Bring mir das Buch↓ (Heidolph et al. 1981:773)

Mit dem Fragesatz schließlich bezweckt der Sprecher eine Antwort durch den Hörer.
Als Ausnahmen werden die rhetorischen Fragen erwähnt, mit denen meist keine Ant-

---

1   Im allgemeinen wird in den Grammatiken zwischen fallender und steigender
     Intonation unterschieden. Auf die in der vorliegenden Arbeit vertretene Auf-
     fassung über Intonation wird unter 2.1.2. eingegangen, aber zugunsten einer
     einheitlichen Anwendung der Terminologie wird bereits hier die Bezeichnung
     'Tonmuster' eingeführt. Weiter werden die graphischen Zeichen festgelegt:
     ↑ = steigendes Tonmuster und ↓ = fallendes Tonmuster. Bei Bedarf wird außer-
     dem auf das sog. "progrediente" Tonmuster zurückgegriffen. Zu dessen Kenn-
     zeichnung wird → verwendet.

worten hervorgerufen werden sollen. Der Satztyp 'Fragesatz' wird im allgemeinen
in Entscheidungs- und Ergänzungsfragesätze unterteilt. Die ersteren weisen Erst-
Stellung des finiten Verbs und steigendes Tonmuster und die letzteren Zweit-
Stellung des finiten Verbs, ein Fragewort sowie fallendes Tonmuster auf:

(1-3) Kommst du mit ins Theater↑ (Schmidt 1964;1977:316)

(1-4) Wohin gehst du↓ (s. o.)

Die Mängel der Versuche von Grammatikern, Sätze in dieser Weise zu kategorisieren, werden spätestens dann offensichtlich, wenn Ausrufe- und Wunschsätze erwähnt
werden. So wird der Ausrufesatz meist dem Aussage- und/oder dem Fragesatz zugeordnet mit dem Unterschied, daß der Ausrufesatz zur expressiven Äußerung einer
Teilnahme am Sachverhalt, einer betont emotionalen Be- oder Verwunderung verwendet wird. Als Beispiele werden Sätze wie

(1-5) Wie heiß es hier ist↓ (Helbig/Buscha 1972:542)

(1-6) Ist es hier heiß↓ (s. o.)

aufgeführt, die jedoch beispielsweise weder Zweit-Stellung des finiten Verbs wie
die Aussage- oder die Ergänzungsfragesätze noch steigendes Tonmuster wie die Entscheidungsfragesätze aufweisen.

Die Wunschsätze scheinen den Grammatikern ähnliche Zuordnungsprobleme zu
verursachen. Sätze des Typs

(1-7) Wärst du doch gekommen↓ (Duden 1959;1973:476)

bedürfen für ihre Realisierung anderer Bedingungen (etwa in Bezug auf den Äußerungskontext und die Sprecher-Hörer-Beziehungen) als etwa

(1-8) So setze dich doch, Mensch↓ (Ak 73).

Ohne auf die Äußerungsbedingungen und etwa die verbmorphologischen Unterschiede
von (1-7) und (1-8) hier näher einzugehen, scheint die in den meisten Grammatiken
übliche Subsumierung der Wunschsätze unter den Begriff 'Aufforderungssatz' kaum
berechtigt zu sein, auch wenn 'Aufforderungssatz' sehr global aufgefaßt würde.

Ganz schweigen alle hierzu überprüften Grammatiken (Admoni 1966;1970, Duden
1959;1973, Eichler/Bünting 1976;1978, Eisenberg 1986, Erben 1958;1972, Heidolph
et al. 1981, Helbig/Buscha 1972, Schmidt 1964;1977) in ihren einschlägigen
Satztyp-Kapiteln über durchaus häufig vorkommende Ausdruckstypen wie

(1-9) Daß der so furchtbar schimpfen kann↓

(1-10) Wie wir das wohl am besten erledigen↓

(1-11) Ob wir einmal die Auskunft fragen sollten↑ (SZ 27.9.84:17)

(1-12) (Aber vielleicht gelingt es meinem tapferen Mann, den
gewitzten Dieb einzufangen. Er ist nun nämlich an der Reihe!)
Und ob es ihm gelingen wird↓ (, brüstete sich Masanja.) (Mr 203)

Aus der obigen kurzen Bestandsaufnahme der Grammatiken dürfte zumindest hervor-
gegangen sein,

1. daß auf der funktionalen Ebene meistens zu global klassifiziert wird. Daraus
   folgt die nicht-exhaustive Klassifizierung in die drei Funktionstypen 'Aussage', 'Frage' und 'Aufforderung'. (Eine Ausnahme bildet die "Grundzüge"-
   Grammatik.)
2. daß innerhalb dieser Funktionstypen wiederum nur selten, außer etwa zwischen
   der Entscheidungs- und der Ergänzungsfrage, differenziert wird.
3. daß auf der formalen Ebene auf die nicht näher begründete Grobklassifizie-
   rung der funktionalen Ebene zurückgegriffen wird, ohne ein selbständiges
   formales Beschreibungssystem zugrundezulegen.
4. daß einigen Merkmalen intuitiv und unüberprüft eine Funktion zugeschrieben
   wird, vgl. etwa 'Interrogativ-' und 'Imperativintonation'.
5. daß weder alle Form- noch alle Funktionstypen erfaßt werden.
6. daß Formen und Funktionen einander insgesamt unsystematisch zugeordnet
   werden.

Ein m. E. adäquates Satzmodus-System - wie das von H. Altmann konzipierte
(Altmann 1984 und 1987) - muß auf eine konsequente Trennung der formalen und der
funktionalen Ebene aufgebaut werden. Die relevanten formalen Merkmale können in
einer gegebenen Kombination nur in einem bestimmten Formtyp vorkommen, d. h.,
daß alle satzwertigen syntaktischen Strukturen anderer Kombination ihrer grammatischen Merkmale - sei es auch nur aufgrund eines Merkmals - auch anderen Formtypen zugerechnet werden. Umgekehrt werden nur Merkmale berücksichtigt, die
innerhalb eines solchen Merkmalskomplexes zwischen Bedeutungen differenzieren,
i. e., es wird dabei von strukturellen Unterschieden, nicht von Unterschieden der
Eigenbedeutungen der Merkmale ausgegangen. Die so gewonnenen Strukturtypen bilden ein System, das alle im Deutschen möglichen Formtypen umfaßt. Das Wesen des
Altmann'schen Satzmodus-Systems besteht nun darin, diese Formtypen den Funktionstypen zuzuordnen, mit denen der Sprecher eine propositionale Einstellung
ausdrücken kann etwa i. S. v. Bierwisch (1979 und 1980), Doherty (1983 und 1985)
und Lang (1981 und 1983). Mit dem Terminus 'Satzmodus' bezieht sich Altmann
somit auf "ein komplexes sprachliches Zeichen mit einem Form- und einem Funk-
tionsaspekt" (Altmann 1987:22).

Des Überblicks und der Einführung halber werden die Grundtypen dieses Satzmodus-Systems im Umriß dargestellt (Näheres vgl. Tabelle 17 sowie Altmann (1984)
und (1987)). Dabei werden jeweils syntaktische Merkmale, die mit dem betreffenden Formtyp ausgedrückte propositionale Einstellung und ein Beispiel aufgeführt:

Satztyp	syntaktische Merkmale	vage Charakterisierung der ausgedrückten propositionalen Einstellung	Beispiel
A1. Aussage-Satz	V-2, -IMP, ↓, kein w-Element, rhematischer Akzent	*sagen/ mitteilen, daß*	(1-13) *Heuschreckenplage weitet sich unerwartet rasch aus*↓ (SZ 23./24.4.88:14)
A2. Satzfrage-Satz	V-1, -IMP, ↓/↑, kein w-Element, rhematischer Akzent	*wissen wollen/ fragen, ob*	(1-14) *Braucht ihr mich noch*↑ (GK 51)
A3. w-Frage-Satz	V-2, -IMP, ↓, w-Element, rhematischer Akzent	*wissen wollen/ fragen, w-*	(1-15) *Warum kommen Sie her*↓ (Th 47)
A4. Wunsch-Satz	V-1, +KONJ II, ↓, kein w-Element, rhematischer Akz.	*wünschen, daß*	(1-16) *O könnte ich euch doch mitnehmen*↓ (Ak 70)
A5. Imperativ-Satz	V-1/V-2, +IMP ↓, -1.P.Sg., kein w-Element, rhematischer Akz.	*wünschen/verlangen, daß*	(1-17) *Höre ja nicht auf den Narren, Freund Karl*↓ (Ak 105)
A6. Satzexclamativ-Satz	V-1/V-2, -IMP, ↓, kein w-Element, Exclamativ-Akzent	*sich wundern, daß*	(1-18) *Na, schlägt die aber auch die Hände über unsern Doktor zusammen*↓ (Ak 98)
A7. w-Exclamativ-Satz	V-2, -IMP, ↓, w-Element, rhematischer Akzent auf dem wertenden Element	*sich wundern, wie sehr*	(1-19) *Wie oft hat er von dem Fenster unseres Wohnzimmers aus die Kutschen gezählt*↓ (Ak 132)

1.2.   Erotetizität und ihre Ausdrucksformen

Aufbauend auf dem vorausgehenden allgemeinen Umriß der Relationen von Formen und Funktionen im Satzmodus-System, soll in diesem Abschnitt versucht werden, die Relation zwischen der Funktion *Frage* und der Form *Fragesatz* zu verdeutlichen. Damit wird zugleich ein Einblick in die engere Problematik dieser Arbeit geschaffen:

Wunderlichs Beobachtung (Wunderlich 1976;1978:233)

> Fragesätze sind nun gerade die relevanten Schemata für Fragehandlungen. Allerdings sind diese Schemata auch noch für andere Arten von Handlungen (...) verwendbar; und Fragehandlungen sind auch noch durch andere Schemata (...) realisierbar

enthält den Kern des Untersuchungsbereichs: Welche sprachlichen Handlungen können mit Hilfe von Fragesätzen vollzogen werden, und durch welche formalen Kennzeichen sind Fragesätze geprägt?

Daß Form und Funktion weder in einer 1:1- noch in einer arbiträren Relation zueinander stehen, ist in zahlreichen Abhandlungen über Satztypen besprochen worden. Um eine terminologische Differenzierung bemüht sich in diesem Zusammenhang beispielsweise A. Näf, indem er zwischen 'Satzarten' und 'Äußerungsarten' unterscheidet: Die ersteren beziehen sich auf die formalen Satztypen und die letzteren auf die "funktional definierten Sprachhandlungen" (Näf 1984:29). Speziell für Fragesätze und Fragen verwendet W. Klinke die Termini 'Frageäußerung' und 'Fragehandlung' (Klinke 1976:127), die hier jedoch nicht übernommen werden sollen, da sowohl ihrer Wahl als auch ihrer Festlegung nicht vorbehaltlos zugestimmt werden kann. Statt dessen wird hier D. Zaefferer gefolgt, der in seiner Dissertation "Frageausdrücke und Fragen im Deutschen" als 'Frage' die erotetische Lesart von Fragesätzen sowie den erotetischen Illokutionstyp bezeichnet (vgl. Zaefferer 1984:15).[2] Diesem Funktionstyp 'Frage', der durch die erotetische illokutive Kraft gekennzeichnet ist, wird in dem zugrundeliegenden Satzmodus-System der Formtyp 'Fragesatz' gegenübergestellt.

Um terminologisches Durcheinander zu vermeiden, wird hier - trotz des von Zaefferer verschiedenen Ansatzes - die Bezeichnung 'Frageausdruck' bevorzugt, welche unmißverständlicher als die traditionelle Bezeichnung 'Fragesatz' alle formalen Strukturen zum Ausführen einer Handlung 'Frage' einschließt. 'Frage' und 'Frageausdruck' bzw. 'Fragesatz' sowie 'Fragemodus' können auf entsprechende Phänomene sowohl in der gesprochenen als auch in der geschriebenen Sprache angewendet werden.

---

2   Zu 'erotetisch' s. Wunderlich (1976;1987:77 und 82f.)

Die Entscheidungs- und die Ergänzungsfragesätze bilden zwar das Fundamentum des erotetischen Systems, der Zweck des Hervorrufens einer verbalen Antwort erfordert jedoch nicht einen traditionellen Fragesatz. So wird der Satz (1-20)

(1-20) Du wagst es, dem königlichen Wort zu widersprechen↑ (Mr 134)

mit steigendem Tonmuster gesprochen, als Frageausdruck aufgefaßt, auch wenn die Satzgliedfolge die eines Aussage- oder eines V-2-Exclamativsatzes etc. ist.

Die Handlungsziele, die mit Sätzen verfolgt werden können, die die syntaktische Struktur eines Fragesatzes aufweisen, beschränken sich - wie oben angesprochen - umgekehrt keineswegs auf verbale Antworthandlungen, im folgenden kurz 'Antwort' genannt.

Mit der Verwendung des Satz-Fragesatzes

(1-21) Würden Sie mir bitte helfen↑/↓

zielt der Sprecher meist nicht auf eine verbale Handlung des Angesprochenen ab, sondern erwartet eine konkrete Hilfeleistung. Die Komponente (+FRAGE) bleibt in diesem Satz-Fragesatz erhalten, auch wenn sie insbesondere durch das Vorhandensein von *bitte* abgeschwächt wird. Hiervon zeugt die dem Adressaten offengelassene, allerdings wenig kooperative Möglichkeit, anstatt faktisch zu handeln, verbal etwa mit *Ja* zu antworten.

Fragesätze müssen vom Sprecher mit besonderen Markierungen versehen werden, damit der Hörer sie als Aufforderungen zur verbalen Antwort auffaßt. Den verschiedenen Bedingungen, die vor allem vom Sprecher, aber selbstverständlich auch vom Hörer zu berücksichtigen und zu erfüllen sind, damit eine adäquate, komplexe Frage-Antwort-Sequenz entsteht, wird das Interesse in den nächsten Abschnitten gewidmet sein.

1.3.   Die Einstellung eines Fragenden

In der Klassifikation Searles werden die Aufforderungen und die Fragen unter "Direktiva" zusammengefaßt mit dem gemeinsamen Merkmal, daß der Sprecher mit diesen versucht, den Hörer zum Handeln zu bringen (vgl. Searle 1976:11). Es wird außerdem in zahlreichen anderen Arbeiten auf die engen logischen Beziehungen zwischen Aufforderungen zum verbalen und zum faktischen Handeln hingewiesen.

Da in der Kommunikation jedoch meist Konsens über die intendierte und die interpretierte Handlung besteht, müssen im gemeinsamen Sprachsystem des Sprechers und des Hörers für die Handlungen zum Evozieren einer sprachlichen Reaktion[3] - im folgenden 'Fragehandlung' oder kurz 'Frage' genannt - einerseits und für die Handlungen zum Evozieren einer nicht-sprachlichen Reaktion[4] andererseits zuverlässige Unterscheidungskennzeichen vorhanden sein. Dasselbe betrifft *mutatis mutandis* die Abgrenzungen der Fragen von anderen Handlungen. Motsch und Viehweger setzen für alle sprachlichen Handlungen Kenntnissysteme an, "die dem Ausführen und Verstehen von Äußerungen in bestimmten kommunikativen Kontexten zugrunde liegen" (Motsch/Viehweger 1981:127). Es obliegt dem Sprecher, von diesen Systemen Gebrauch zu machen, und es obliegt dem Hörer, die verwendeten Merkmale aufgrund seiner Kenntnisse zu identifizieren. Wichtigkeit erlangen die angenommenen Kenntnissysteme insbesondere bei Fragen, denn - worauf beispielsweise Grewendorf (1981:233f.) hinweist - man kann mit fast jedem deutschen Satz den illokutionären Akt der Frage vollziehen.

Searle hat zwei Einleitungsregeln (1. und 2.) und zwei wesentliche Regeln (3. und 4.) aufgestellt, denen ein Sprechakt des Fragens genügen muß, um als primärer illokutionärer Akt des Fragens aufgefaßt werden zu können (vgl. Searle 1969;1971:102f.). Zu diesen Regeln, die zum Ausdrücken einer Frageeinstellung erst berechtigen, können noch beispielsweise 5.-7. gezählt werden (vgl. Eichler/ Bünting 1976;1978:265). Da die semantisch-pragmatischen Bedingungen des Fragens nicht das eigentliche Thema der Arbeit sind, wird hier keine Vollständigkeit beansprucht, und es soll an dieser Stelle lediglich eine knapp kommentierte Auflistung der wichtigsten Frageeinstellungsberechtigungen erfolgen:

1. Dem Sprecher ist die Antwort nicht bekannt - Diese Regel gilt nicht für Prüfungs- und rhetorische Fragen.
2. Der Hörer würde die Information nicht unbefragt geben - Die Nicht-Beachtung dieser Regel würde vor allem gegen die Maxime der Relevanz und global gegen das Kooperationsprinzip (vgl. Grice 1975;1979:248f.) verstoßen.

---

3   Auf die Behandlung der non-verbalen Antworten sowie der Terminologie und Theorie der Frage-Antwort-Dialoge wird hier als zu weit führend verzichtet. Es wird hingewiesen vor allem auf Böttner (1979), Conrad (1976 und 1978), Franck (1980), Garrett (1982) und Hölker (1981) sowie auf die Bibliographien Egli/Schleichert (1976), Ficht (1978) und Verschueren (1978)-(1983).

4   Hierunter fallen Handlungen wie Befehle, Aufforderungen, Bitten usw. Mit diesem Themenbereich beschäftigen sich u. a. die Arbeiten von Donhauser (1986 und 1987), Hindelang (1976 und 1978), Winkler (1986) und Wunderlich (1984).

3. Der Sprecher muß ein Interesse daran haben, die Antwort zu bekommen - Diese Regel soll Heucheln unterbinden und den Sprecher dazu bewegen, nur tatsächlich gehegte Einstellungen zu erkennen zu geben (vgl. Lang 1983:334).

4. Der Sprechakt stellt einen Versuch dar, eine adäquate Antwort vom Hörer zu bekommen - Ob der Versuch erfolgreich war - Wunderlich spricht vom "Erfüllen der Frage" (1976; 1978:234ff.) -, d.h., daß der Fragende vom Adressaten eine echte Antwort auf seinen initiativen Zug erhält, läßt sich erst aufgrund des reaktiven Zuges feststellen.

5. Der Sprecher geht davon aus, daß der Hörer die Antwort weiß - Würde der Sprecher nicht annehmen, daß der Hörer auf seine Frage antworten kann, wäre der Sprechakt von vornherein mit (-ERFOLGREICH) zu versehen und würde erst gar nicht vollzogen werden. Außer acht gelassen werden hier Fälle, in denen sich der Sprecher über den Wissensstand des Hörers täuscht, bzw. der Sprecher den Hörer in Verlegenheit bringen, ihn ärgern etc. möchte.

6. Es müssen gewisse soziale Voraussetzungen zwischen Sprecher und Hörer erfüllt sein, die den Sprecher zum Fragen berechtigen - Diese Regel gilt generell für Kontaktaufnahmen. Die Nicht-Beachtung würde für Fragen (-ADÄQUAT) bzw. (-ERFOLGREICH) bedeuten.

7. Der Sprecher kann davon ausgehen, daß der Hörer willens ist, die Antwort zu geben - Bei zu erwartender Non-Kooperativität des Hörers wird gegen diese Bedingung verstoßen.

Will der Sprecher "eine Unsicherheit oder Unbekanntheit des Wirklichkeitsbezugs eines Sachverhaltes beseitigen" (Helbig/Buscha 1972:542), so kann er dies dem Hörer gegenüber auf drei verschiedene Weisen "zu erkennen geben" (Lang 1983:315): nicht-propositional ((1-22)), propositional ((1-23)) und tokenreflexiv-propositional ((1-24)) (vgl. Lang 1981:304f.):

(1-22) Was ist geschehen↓ (An 63)

(1-23) Ich frage dich, was geschehen ist↓ (An 63)

(1-24) Ich frage dich hiermit: Was ist geschehen↓ (vgl. (1-22))

Die beiden letzteren Möglichkeiten, die Frageeinstellung auszudrücken, d. h. "etwas Seelisches durch sinnlich Wahrnehmbares zu erkennen (zu) geben" (Lang 1981:299 und 1983:315), interessieren hier nur peripher, denn die explizit performativen Ausdrücke (vgl. Austin 1962;1972) lassen zumindest im Bereich der Fragen kaum Raum für (Fehl-)Interpretationen über die Einstellung des Sprechers. Anders ist es um die nicht-propositional ausgedrückten Frageeinstellungen bestellt, bei denen der Hörer die tatsächlich intendierte illokutionäre Kraft von den mit dem jeweiligen Satzmodus insgesamt ausdrückbaren illokutionären Kräften unterscheiden können muß. Auf diese Ambiguitäten machen beispielsweise Searle et al. (1980:VII) aufmerksam: "(...) the same reference or the same expression can

occur in different illocutionary acts." In Bezug auf die Einstellung des Sprechers sind (1-22)-(1-24) miteinander gleichzusetzen, denn "(...) Sätze, in denen
die illokutive Kraft lexikalisch ausgedrückt ist, können mit der gleichen Intention verwendet werden wie die Sätze ohne lexikalisch explizite performative Elemente" (Pasch 1979:120).

Bierwisch setzt für die semantische Beschreibung der Einstellungen "ein System
kognitiver Einstellung" (1979:195) an, das er mit *"ATT"* kennzeichnet. *"ATT"*
seinerseits besteht aus einer Menge unterschiedlicher Einstellungen, gekennzeichnet jeweils mit *"att"*. Bierwisch geht lediglich von drei Variablen für
*"att"*s aus und umschreibt diese Einstellungsoperatoren folgendermaßen
(ebd.:196):

> D: der Äußerer hält es für ausgemacht, daß ...
> I: der Äußerer wünscht, daß ...
> Q: der Äußerer wünscht zu wissen, ob ...

Altmann differenziert zwischen vier Grundeinstellungen (Altmann 1984 und 1987
– mögliche Belege vgl. (1-13)-(1-19)):

> 1. ASS (p):   sagen/mitteilen, daß
> 2. QU-S/QU-W (p):   wissen wollen/fragen, ob/w
> 3. WU/AUFF (p):   wünschen/verlangen, daß
> 4. EXCL-S/EXCL-W (p): sich wundern, daß/wie sehr

Die Einstellung *Q*, der hier das Hauptinteresse gilt, wird von Bierwisch
(1979:194ff.) als Teil der semantischen Struktur *sem*

> (*sem* = Qu, pc (, wobei: pc = "(...) Sachverhalt, über den durch bestimmte
> Individuen entschieden werden soll
> oder der durch bestimmte Individuen
> erfüllt werden soll" (ebd.:196)
> Qu : "bestimmt die Einstellung Q" (s.o.)))

aufgefaßt, die die aktuelle Bedeutung *m* einer Äußerung *u* im Kontext *ct* determiniert. Solche im Kontext zu interpretierenden Äußerungen, *mu*'s, verwendet der
Sprecher, um dem Hörer gegenüber eine bestimmte Einstellung anzudeuten, beispielsweise

> (1-25) Würdest du das Fenster schließen ↓/↑

um seine Aufforderungseinstellung auszudrücken.

Mit Hilfe der ihm bekannten Interaktionsregeln weist der Hörer der jeweiligen *mu* einen kommunikativen Sinn *cs* zu, der von dem propositionalen Gehalt, der
ausgedrückten Einstellung und dem Äußerungskontext abhängig ist. Die illokutive
Kraft - und zwar sowohl ihr sprecherseitiges Ausdrücken als auch ihr hörerseitiges Erkennen - ist somit dem kommunikativen Sinn zuzuordnen (vgl. Bierwisch
1979:198).

Die von Lang herangezogene Redewiedergabe – "eines der wichtigsten heuristischen Mittel in semantischen und pragmatischen Analysen" (Lang 1983:317) – vermag zwischen dem propositionalen Gehalt (durch die Konstruktion *sagen, daß*) und der intendierten Einstellung (durch die Konstruktion *ausdrücken, daß*) sowie dem kommunikativen Sinn (durch die Konstruktion *meinen, daß*) zu differenzieren. Für die Unterscheidung der Satzmodi ist vor allem die *ausdrücken, daß*-Wiedergabe von Bedeutung, da diese "die in der Originaläußerung nicht propositional repräsen-tierten interaktionellen Intentionen des Originalsprechers" (Lang 1983:324) in propositionaler Form verdeutlicht und somit zur Entdeckung der für die Satzmodi wichtigen illokutionären Unterschiede beiträgt. So erfolgt die Wiedergabe der erotetischen Einstellung "wanting a specification within the denoted range" (Bierwisch 1980:19) mit *fragte ob/w-* im Unterschied etwa zur Wiedergabe der direktiven Einstellung "intention toward the realization of the denoted proper-ty" (ebd.) mit *verlangte, daß/forderte auf zu.*

1.4. Merkmale zum Ausdrücken der erotetischen Sprechereinstellung

Oben wurde bereits darauf hingewiesen, daß der Sprecher gewisse, für den Hörer identifizierbare Merkmale verwenden muß, damit eine Frage-Antwort-Sequenz zu-stande kommen kann, d. h., damit es dem Adressaten zunächst überhaupt möglich ist, wahrzunehmen, daß der Sprecher von ihm eine Antwort erwartet. In dieser Arbeit wird auf die Reaktionsmöglichkeiten von seiten des Hörers nicht eingegan-gen, also etwa auf die "Echtheit" der Antwort, sondern es wird hierzu beispiels-weise auf Goffman (1976) verwiesen, der sich genauer mit der Hörer-Partie be-schäftigt. Es soll vielmehr auf den initiativen (und gegebenenfalls gleichzeitig reaktiven) Handlungsakt des Sprechers – expliziter: des Fragenden – eingegangen werden, und insbesondere sollen die wichtigsten Untersuchungsobjekte im Über-blick eingeführt werden:

- Welche Mittel stehen dem Sprecher zur Markierung des erotetischen Illokutionspotentials zur Verfügung?
- Nach welchen Gesichtspunkten können diese Mittel eventuell klassifiziert werden?
- Wo ergeben sich möglicherweise Überschneidungen mit anderen illokutionären Interpretationen?
- Wodurch unterscheiden sich die erotetischen von anderen vergleichbaren, etwa von den exclamativischen Mitteln?

In der einschlägigen Literatur fehlt es nicht an terminologischer Vielfalt
für die illokutionären Merkmale. So verwendet Bierwisch den Terminus 'illokutionäre Kraft indizierende Mittel' (1980:1). Zaefferer übernimmt Wunderlichs
(1976;1978:137) Bezeichnung 'illokutionäre Indikatoren', d. h. "those features
of linguistic expressions which point (...) to how they are to be taken" (Zaefferer 1982:779), und unter 'Fragesignal' beispielsweise versteht Hang "Die grammatischen Mittel, die zur Verdeutlichung der Sprechhandlung 'Frage' gebraucht
werden (...)" (Hang 1976:59).[5]

Zaefferers (1984:12) Forderung folgend,

> (...) daß man beim Aufstellen einer Illokutionstypologie für eine
> natürliche Sprache von den in dieser Sprache vorhandenen Satzarten
> ausgehen sollte und nach dem Prinzip 'illocutiones non sunt multi-
> plicandae praeter necessitatem' nur dann neue Illokutionstypen hinzu-
> nehmen sollte, wenn sich syntaktische Hinweise darauf finden lassen ,

soll hier die Suche nach möglichen Merkmalen, mit denen die erotetische Sprechereinstellung ausgedrückt werden kann, für Wort-Fragesätze und Satz-Fragesätze
getrennt durchgeführt und dabei vor allem auf das finite Verb (Stellung, Modus
etc.), die kategoriale Füllung, den Kotext, den Äußerungskontext, das Hintergrundswissen der an der Interaktion Beteiligten sowie in besonderem Maße auf die
intonatorische Markierung geachtet werden, um die Fragen insgesamt von anderen
Illokutionstypen abheben zu können.

Um das sich in Ansatz und Gewichtung der einzelnen formalen Parameter
- i. e. der illokutionären Indikatoren etwa im Sinne Wunderlichs (ebd.) - von
den oben genannten Arbeiten unterscheidende Vorhaben auch terminologisch ver-
selbständigen zu können, soll hier keine aus der Literatur bekannte Benennung
übernommen werden. Stattdessen werden diese Kennzeichen der einzelnen Formtypen
im Anschluß an Altmann (1984;1987) möglichst neutral 'Merkmale' geheißen. Auch
wenn an dieser Stelle noch einmal an die lediglich strukturaufbauende Auffassung
der Merkmale zum Ausdrücken einer propositionalen Einstellung erinnert sei, werden diese Merkmale gegebenenfalls unterschiedlich eingestuft, je nachdem, wie
hoch ihre funktionale Belastung in dem jeweiligen Satzmodus ausfällt. So ist
bspw. der *w*-Ausdruck eines Ergänzungsfragesatzes funktional stärker belastet,

---

5   Zu Hangs Vorgehensweise vgl. auch S. 35 dieser Arbeit.

wenn man diesen Satztyp mit einem Entscheidungsfragesatz vergleicht als wenn
man ihn einem *w*-Exclamativsatz, einem deliberativen *w*-Fragesatz etc. gegen-
überstellt.

1.5. Vorgehensplan

Die Abgrenzung der deutschen Wort-Fragesätze von anderen formal ähnlichen Typen
anhand der herauszuarbeitenden Merkmale soll den ersten Teil dieser kontrastiven
Studie darstellen. Dem Ergänzungsfragesatz, der auch in den Grammatiken als
Haupttyp der Wort-Fragesätze aufgeführt wird, soll dabei die größte Aufmerksamkeit geschenkt werden. Auf die einführende und genauere Besprechung der Merkmale zum Ausdrücken der erotetischen Sprechereinstellung, insbesondere der Rolle
der Intonation insgesamt und deren verschiedenen Parametern im einzelnen, und
– soweit die Abgrenzung dies erfordert – auf Merkmale zum Ausdrücken anderer
Sprechereinstellungen, etwa des Sich-Wunderns, im Zusammenhang mit dem Ergänzungsfragesatz bezugnehmend, wird die Untersuchung der übrigen Wort-Fragesatztypen aufgebaut werden. Die nach den obigen Gesichtspunkten zu vollziehende
Erörterung der Satz-Fragesätze – am ausführlichsten anhand der Entscheidungsfragesätze wiederum als "Prototyp" dieser Kategorie – schließt den deutschen
Teil der Arbeit ab.

Ferner werden Merkmale besprochen, die mit den erotetischen formal identisch, aber nicht erotetisch verwendbar sind, um somit alle Typen erfassen zu
können, die im Deutschen formale Merkmale der Fragesätze aufweisen. Um den
Umfang dieser Arbeit in Grenzen zu halten, ohne die Zuverlässigkeit der Ergebnisse zu gefährden, werden lediglich die als konstitutiv erscheinenden erotetischen Merkmale, wie die Stellung des finiten Verbs und die Intonation, an
jedem Typ ausführlicher erörtert und im übrigen mit Querverweisen auf bereits
behandelte Typen und deren erotetische Merkmale hingewiesen.

Die Fragesatztypen des Finnischen und die ihnen in der Form ähnlichen, aber
von ihnen in der Funktion abweichenden Ausdrücke sollen im Anschluß an den
deutschen Teil analysiert werden. Es soll nach Möglichkeit insgesamt auf die für
das Deutsche erzielten Ergebnisse Bezug genommen, jedoch ein gewisser intradis-
ziplinärer Charakter auch des finnischen Teils bewahrt werden.

Die Gegenüberstellung dieser beiden Sprachen erfolgt am Ende der Arbeit unter
besonderer Hervorhebung folgender Aspekte: Welche Gemeinsamkeiten teilen die erotetischen Systeme dieser zwei verschiedenen Sprachfamilien angehörenden Sprachen?
Wo sind ihre Unterschiede zu finden? Welche verschiedenen und welche ähnlichen

Funktionen hat die Intonation in diesen Systemen? Sind die Formen der Intonation ähnlich, und welcher Art sind gegebenenfalls die Abweichungen? Von diesen Fragestellungen ausgehend, wird eine allgemeinere Beschreibung des erotetischen Satzmodus und der Intonation angezielt als diese ohne den kontrastiven Ansatz möglich wäre. Dies scheint um so wichtiger, weil das Finnische gewöhnlich zu den Sprachen gezählt wird, in denen der Intonation kaum funktionale Bedeutung eingeräumt wird.

2.   FRAGESÄTZE MIT FRAGEWORT IM DEUTSCHEN

2.0.   Einleitendes zu den deutschen *w*-Fragesätzen

Die Bezeichnung 'Wortfrage' wird in der einschlägigen Literatur für Fragesätze
verwendet, in denen ein Fragewort im Vorfeld steht. Diese Benennung bezieht sich
auf eine auf formalen Kriterien beruhende Einteilung der Fragesätze in Wort-
Frage- und Satz-Fragesätze. Der letztgenannte Terminus ist in dieser Oppositionsbildung Fragesätzen vorbehalten, in denen dem finiten Verb kein satzgliedwertiges Element vorangeht (Verb-Erst).

   Die wohl häufigste Funktion eines Wort-Fragesatzes ist das Fragen nach einer
(Teil-)Information, deren Stelle im Fragesatz aus syntaktischer Sicht noch durch
das Fragewort besetzt ist. Es umreißt also gewissermaßen eine "Leerstelle"[1], die
vom Adressaten ergänzt werden muß. Dieser "Grundfunktion" oder der "funktionsge-
rechten Verwendung" (vgl. Conrad 1978:81) – dem Fragen nach der Ergänzung, die
in der Antwort erwartet wird – verdankt die Wortfrage ihre in den Grammatiken
synonym gebrauchte Benennung 'Ergänzungsfrage'. Ferner kommen etwa die Termini
'Teilfrage', 'partielle Frage' und 'Informationsfrage' vor. Die Rechtfertigung
der einzelnen Termini ist hier nicht am Platz, sondern soll semantisch-logischen
Frageanalysen überlassen werden.[2] In der vorliegenden Arbeit wird '*w*-Fragesatz'
als Oberbegriff für alle Fragesätze des Deutschen gebraucht, die ein Fragewort
aufweisen. Diese Entscheidung wurde nicht zuletzt wegen der sich anbietenden
kontrastiven Bezeichnung '*m/k*-Fragesatz' im Finnischen (s. S. 191ff.) entschieden.

   Das Hauptanliegen dieses Abschnitts ist herauszuarbeiten, welche Merkmale den
Hörer dazu veranlassen, den Ergänzungsbeitrag zu leisten. Daß die *w*-Wörter hier
potentielle erotetische Merkmale sind und daß ihnen das erste Augenmerk gilt,
dürfte weitgehend selbstverständlich sein. Im Anschluß an die Besprechung anderer nicht-intonatorischer Merkmale werden die relevanten intonatorischen Parameter eingehender untersucht, die zum Fragecharakter eines *w*-Ausdrucks beitragen.
Im Laufe der Analyse wird außerdem zu beobachten sein, ob mit *w*-Fragesätzen auch

---

1   Vgl. Erben (1958;1972:315) und Heidolph et al. (1981:687)

2   Vgl. etwa Ladányi (1965).

andere als die Ergänzungsfragesätze gebildet werden können und ob es nicht-
funktionstypische Verwendungen von *w*-Fragesätzen gibt, das heißt Verwendungen
mit anderem als erotetischem Illokutionspotential, etwa Aufforderungen, Bitten,
Empfehlungen etc.

2.1. Haupttyp der *w*-Fragesätze: der Ergänzungsfragesatz

Die Verwendung eines Fragesatzes dient nach der allgemeinen Darstellung der
Grammatiken dem Hervorrufen einer Antwort von seiten des Angesprochenen (vgl.
etwa Admoni 1966;1970:254). Für die Ergänzungsfragesätze spezifizieren dies beispielsweise Helbig/Buscha: "die Intention (...), eine noch nicht bekannte Komponente eines Sachverhalts zu klären" (1972:543). Diese wohl nicht zuletzt mittel-
bedingte oberflächliche Beschreibungsweise der Funktion der (Ergänzungs-)Frage-
sätze - eine Grammatik kann sich ja nicht nur mit Fragesätzen beschäftigen -
wird meist mit der bloßen Aufzählung der formalen Merkmale der Ergänzungsfragesätze fortgesetzt:

1. Ein *w*-Wort geht dem finiten Verb voran.
2. Der finite Prädikatsteil steht an zweiter Stelle und eröffnet
   somit die Satzklammer.
3. Die Sätze werden mit fallendem Tonmuster realisiert.

Daß diese recht globalen Angaben differenziert werden müssen, läßt sich leicht
zeigen: Die Verwendung von (2-1) kann eine Antwort etwa im Sinne Hundsnurschers[3]
hervorrufen - wie dies in (2-1a) der Fall ist -, sie kann diese aber auch ausschließen (vgl. (2-1b)):

  (2-1) Wie alt ist er geworden↓

  (2-1a) (Über Max bin ich jetzt sehr gut informiert. Nur eines möchte
       ich noch gern von dir wissen.)
       Wie alt ist er geworden↓ (Prol-64)

  (2-1b) (Es ist doch unglaublich, was für Falten er jetzt hat und wie
       gebückt er dahergeschlurft kommt! Mein Gott!)
       Wie alt ist er geworden↓ (Prol-65)

Da es hier möglich ist, mit der einen und selben lexikalischen Füllung verschiedene Reaktionen des Hörers zu evozieren - bei (2-1a) eine Altersangabe als adäquate Antwort und bei (2-1b) beispielsweise ein zustimmendes *Ja, da hast du
recht* als Folge-Akt -, kann es sich bei den obigen, den Grammatiken entnommenen

---

3   "Zur richtigen beantwortung einer frage ist es also erforderlich, daß der
    antwortende die kategorie trifft und die bedingungen der matrix berücksich-
    tigt." (Hundsnurscher 1975:9)

Charakteristika unmöglich nur um solche der Ergänzungsfragesätze handeln. Dies veranlaßte zu der unten geführten Auseinandersetzung mit potentiellen erotetischen Merkmalen, zu welchem Zweck 1.-3. zweifelsohne erste wichtige Anhaltspunkte liefern.

2.1.1. Die nicht-intonatorischen Merkmale

1. *w*-Wörter

Unter '*w*-Wort' wird hier die in den Grammatiken mit 'Interrogativa' (*w*-Wörter in erotetischer Funktion) bezeichnete Kategorie verstanden, die durch Fragepronomina ((2-2)-(2-7)) und durch Frageadverbiale ((2-8)-(2-15)) gefüllt werden kann. Diese können Einzellexeme oder Fügungen der *w*-Wörter mit Präpositionen beziehungsweise Postpositionen sein (*wegen was*, *weswegen*, *wem gegenüber*). Ferner können die *w*-Wörter selbständig ((2-2)) oder in Kombination mit einem Adjektiv ((2-8)) beziehungsweise einem Substantiv ((2-6)) auftreten:

    (2-2) <u>Wer</u> singt da in unserem Haus↓ (GK 65)

    (2-3) <u>An wen</u> haben Sie das Rundschreiben verschickt↓ (Th 64)

    (2-4) <u>Was</u> stellte sich bei der Untersuchung heraus↓

    (2-5) <u>Was</u> sind das <u>für</u> <u>Vorstrafen</u>↓ (Th 64)

    (2-6) <u>Welche</u> <u>Erfahrung</u> haben Sie↓ (Th 60)

    (2-7) (Aber ihr Leutchen,) <u>was</u> seid ihr <u>für</u> <u>ein</u> <u>Volk</u>↓ (Ak 41)

    (2-8) <u>Wie</u> <u>lange</u> lebst du schon hier↓ (Th 110)

    (2-9) <u>Wie</u> <u>undankbar</u> sind wir oft gewesen↓ (Ak 42)

   (2-10) <u>Wieviel</u> hast du heute getrunken↓ (Th 105)

   (2-11) <u>Woher</u> sind deine Eltern↓ (Th 40)

   (2-12) <u>Wieso</u> sind das keine Argumente↓ (Th 45)

   (2-13) <u>Warum</u> kommen Sie her↓ (Th 47)

   (2-14) <u>Worüber</u> haben Sie da gestritten↓ (Th 58)

   (2-15) <u>Wegen</u> <u>was</u> waren Sie im Knast↓ (Th 61)

Für eine semantische Analyse der *w*-Wörter wird auf Conrad (1978:90ff.) hingewiesen, der sich mit dieser Problematik eingehend beschäftigt. Bedeutungsangaben der *w*-Wörter findet man außer in zahlreichen Monographien semantisch-logischer Natur in den Grammatiken, weshalb ich eine umfangreiche Behandlung dieses sicher wichtigen Teilgebiets des erotetischen Systems hier für wenig sinnvoll halte. Vielmehr sind für den Zweck dieser Arbeit die *w*-Wörter daraufhin zu untersuchen, ob sie (eventuell ausschließlich) der Kategorie (+EROTETISCH) angehören. Die folgenden Beispiele - jeweils mit einer möglichen Akzentposition - sollen hierzu herangezogen werden:

(2-2a) Wer singt eigentlich da in unserem Haus↓[4]

(2-2b) Wer singt doch da in unserem Haus↓

(2-4a) Was stellte sich eigentlich bei der Untersuchung heraus↓

(2-4b) Was stellte sich doch alles bei der Untersuchung heraus↓

(2-6a) Welche Erfahrung haben Sie eigentlich↓

(2-6b) Welche Erfahrung haben Sie doch↓

(2-8a) Wie lange lebst du eigentlich schon hier↓

(2-8b) Wie lange lebst du doch schon hier↓

(2-16) Welch ein wundervoller Tag das wieder war↓ (Ak 91)

(2-17) Welch ein Glück hat mich doch getroffen↓

(2-18) (2. GAST: Das sind doch keine Argumente –
        1. GAST:) Wieso sind das keine Argumente↓
       (2. GAST: Du kannst doch nicht aufgrund dessen die gesamte
                  Studentenschaft verurteilen.) (Th 45)

(2-19) (Es stärkt auch ein bißchen die Muskeln, und das braucht man
       bei uns ab und zu.) Wieso braucht man starke Muskeln↓
       (Es kommt darauf an, nicht alle Männer sind nett.) (Th 107)

Die Belege zeigen, daß die meisten *w*-Wörter sowohl eine exclamative als auch
eine erotetische Lesart ermöglichen und somit nicht nur in Fragemodi vorkommen.
Je nachdem, welche illokutionäre Kraft mit dem *w*-Ausdruck verbunden ist, sollen
die *w*-Wörter 'w_{er}' (=*w*-Wort$_{erotetisch}$) beziehungsweise 'w_{ex}' (=*w*-Wort$_{exclamativ}$)
oder spezifischer '$Pron_{er}$' (=Pronomen$_{erotetisch}$), '$Pron_{ex}$' (=Pronomen$_{exclamativ}$),
'Adv_{er}' (=Adverbiale$_{erotetisch}$) oder 'Adv_{ex}' (=Adverbiale$_{exclamativ}$) genannt
werden.

Die syntaktische Funktion des Vorfeldelements scheint keine Schlüsse auf
erotetisch vs. *nicht-erotetisch* zu erlauben: beispielsweise ist es in (2-2)
durch das Subjekt, in (2-3) durch ein Adverbiale, in (2-6) durch ein Akkusativ-
objekt etc. besetzt. In entsprechenden Kontexten sind diese Ausdrücke auch als
Exclamative interpretierbar. Die syntaktische Funktion des *w*-Elements kann also
nicht aus der pragmatischen Funktion des Ausdrucks - was auch umgekehrt gilt -
erschlossen werden, sondern hängt von der Kategorie des *w*-Wortes ab. Ein Adverb
kann nur Adv_{er} oder Adv_{ex} sein, ein *w*-Pronomen kommt, wenn andere Voraussetzungen erfüllt sind, in allen Satzgliedfunktionen vor. Unter solche Vorausset-

---

4 Die folgenden graphischen Zeichen zur Akzentmarkierung werden hier eingeführt; es wird für deren nähere Besprechung auf den Intonationsteil hingewiesen:
   ' = der neutrale Satzakzent auf der Tonsilbe
   ∇ = der Exclamativakzent
   / = ein sonstiger, jeweils im Text zu erläuternder Starkakzent, beispiels-
       weise ein emphatischer Akzent oder ein Kontrastakzent

zungen fallen beispielsweise der Kasus des *w*-Wortes (in (2-2) Nominativ: Sub-
jekt), die Sub-Kategorie des Hauptverbs (in (2-5) *w*-Wort im Nominativ mit einer
Kopula: Prädikativum; in (2-6) *w*-Wort im Akkusativ mit einem transitiven Verb:
Akkusativobjekt) etc.

Im analysierten Korpus befand sich kein Fragesatz, der *welch ein* im Vorfeld
hätte. Da die Ansichten der Muttersprachler über die Akzeptabilität dieses *w*-
Wortes in Fragesätzen auseinandergehen, kann ich mich nicht dazu entschließen,
welch ein als ein Merkmal zu bezeichnen, das niemals in Sätzen erotetischer
Funktion stehen könnte. Hierzu kommt, daß ein Teil der Befragten den Satz (2-20)
für einen durchaus wohlgeformten Fragesatz hielt:

 (2-20) Welch einen Weg muß man hier wählen, um ans Ziel zu kommen↓[5]

Die kausalen *w*-Wörter (*warum, wieso, weshalb, aus welchem Grund*) etc. verhindern
eine w_{ex}-Interpretation des entsprechenden V-2-Ausdrucks:

 (2-21) Warum gibst du mir (eigentlich/denn) keinen Kuß↓ (An 25)
 (2-21a) [x]Warum gibst du mir doch keinen Kuß↓
 (2-22) Wieso will er (eigentlich/denn) grad Tischler werden↓ (An 13)
 (2-22a) [x]Wieso will er doch grad Tischler werden↓
 (2-23) Weshalb nennst du mich (eigentlich/denn) Bürgermeister↓ (GK 123)
 (2-23a) [x]Weshalb nennst du mich doch Bürgermeister↓

Bereits hier soll darauf hingewiesen werden, daß *w*-V-L-Exclamativsätze mit
diesen *w*-Wörtern durchaus akzeptabel sind. Allerdings scheint das initiale *und*
obligatorisch zu sein:

 (2-24) Und warum mir der wieder keinen Kuß gibt↓
   (Nur weil ich ein bißchen Knoblauch
   gegessen habe.)
 (2-25) Und aus welchem Grund die sich gestritten haben↓
   (Nur weil er die Kartoffeln zu weich gekocht hatte!)

Die Semantik der kausalen *w*-Wörter scheint so eng mit der erotetischen Einstellung *wissen wollen* zusammenzuhängen, daß mit ihnen in *w*-Ausdrücken mit der Verb-
Zweit-Stellung, die dem Ergänzungsfragesatz eigen und dem *w*-Exclamativsatz relativ fremd ist, eine Be-/Verwunderungseinstellung nicht ausgedrückt werden kann.
Diese starken semantisch-syntaktischen Restriktionen legen die kausalen *w*-Wörter
auf die Funktion 'Fragewort' fest, die nur bei veränderter Verbstellung aufgehoben werden kann. Somit verkörpern diese *w*-Wörter Merkmale, die nur in Verb-Zweit-
Sätzen vorkommen, mit denen der Sprecher eine Frageeinstellung ausdrücken will.

---

5 Dieses Beispiel und die Anregung zur weiteren Befragung der *native speakers*
 zur Geläufigkeit von *welch ein* verdanke ich Herrn Prof. H. Fromm.

Eine Antwort-Obligation des Hörers ist mit diesen Fragewörtern jedoch nicht immer verbunden, so beispielsweise bei den rhetorischen Wort-Fragesätzen (s. S. 109ff.).

Auch die *w*-Wörter sind Merkmale, die erst in einer Merkmalskombination einen bestimmten Satzmodus formal festlegen. In den folgenden Sub-Kapiteln soll versucht werden, die Faktoren zusammenzustellen, die diesen formalen "Grundstein" der Wort-Fragesätze, das *w*-Wort, unterstützen, damit der Hörer es als *w*-Wort$_{er}$ interpretiert.

2. Der Verbalbereich in *w*-V-2-Sätzen

Die Besetzung der zweiten Satzgliedstelle durch den finiten Prädikatsteil, der die Satzklammer eröffnet, ist bekanntlich keineswegs dem Wortfragesatz vorbehalten. Flämig bezeichnet diese "Kernform (...) als die n e u t r a l e G r u n d f o r m des Satzplans" (1964:316).[6] Diese Grundform kommt am häufigsten in Aussagesätzen vor:

> (2-26) Die bayerische Staatskanzlei veröffentlichte am Freitag in München die Namen der ausgezeichneten Filme und der Preisträger↓ (SZ 19./20.1.85:15)

> (2-27) Bei Temperaturen um 10 Grad minus, nach wie vor vereisten Gehwegen und zahllosen Schneehaufen an den Fahrbahnränder ist jedenfalls an wärmere Jahreszeiten nicht zu denken↓ (SZ 17.1.85:9)

Obwohl mit (2-26) und (2-27) bereits der Beweis auf der Hand liegt, daß Verb-Zweit nicht ausschließlich in Ausdrücken vorkommt, mit denen die Frageeinstellung bekundet wird, zeigen (2-28) und (2-29), daß diese Verbstellung außerdem noch dem Ausdrücken der Exclamativ- bzw. der Aufforderungseinstellung dient:

---

6 Flämig verwendet die von Glinz eingeführten Termini "Kern-", "Stirn-" und "Spannform". Damit bezieht er sich auf denselben Sachverhalt wie ich mit 'Verb-Zweit', 'Verb-Erst' und 'Verb-Letzt', nämlich auf die Stellung des finiten Verbs als klammereröffnendes Element mit Vorfeld-Besetzung und ohne Vorfeld-Besetzung beziehungsweise als klammerschließendes Element. Im Gegensatz zu Flämigs Zweiteilung in 'Vorfeld' und 'Nachfeld' - je nachdem, ob es sich um das Feld vor oder nach dem finiten Verb (bei Verb-Erst und Verb-Zweit) handelt - schließe ich mich einer Dreiteilung an in 'Vorfeld' (bei Verb-Zweit Feld vor dem finiten Verb), 'Mittelfeld' (bei Verb-Erst und Verb-Zweit Feld zwischen dem finiten Verb und dem klammerschließenden Element sowie bei Verb-Letzt Feld zwischen dem klammereröffnenden Element und dem finiten Verb) und in 'Nachfeld' (Feld hinter und damit außerhalb der verbalen Klammer). Bei Verb-Zweit ist das Vorfeld obligatorisch und das Mittelfeld fakultativ besetzt. Bei Verb-Erst ist bei den Imperativsätzen das Mittelfeld fakultativ und bei Verb-Letzt stets obligatorisch besetzt. Bei beiden ist das Vorfeld nicht obligatorisch realisiert. Das Nachfeld kann bei allen fakultativ besetzt sein. Die Besetzung eines Feldes kann jeweils durch mindestens ein satz- oder stellungsgliedwertiges Element erfolgen.

(2-28) Was redest du für einen $\overset{\triangledown}{\text{Unsinn}}\!\downarrow$ (Mr 115)

(2-29) Das $\overset{/}{\text{Buch}}$ gib mir und nicht das $\overset{/}{\text{Heft}}\!\downarrow$

Die lexikalische Füllung des Prädikats eines Ergänzungsfragesatzes scheint keinen Restriktionen zu unterliegen: Handlungsverben verschiedener Art (*verbum dicendi et sentiendi* in (2-2), Verb der Fortbewegung in (2-13), Vorgangs- (in (2-4) und Zustandsverben (in (2-8)), Vollverben (in (2-3)), Hilfsverben (in (2-6)) und Kopula (in (2-7) etc.), nicht-reflexive (in (2-3)) und reflexive (in (2-4)) Verben sowie transitive (in (2-6)) und intransitive (in (2-8)) Verben treten auf. Neben persönlichen (in (2-14)) sind auch unpersönliche Konstruktionen möglich:

(2-30) Wieviel hat es in diesem Jahr <u>ger$\overset{\bullet}{\text{e}}$gnet</u>$\downarrow$

Alle Modalverben sind ebenfalls akzeptabel (Beispiele mit einer möglichen Akzentlage):

(2-31) Woher <u>s$\overset{\shortmid}{\text{o}}$ll</u> ich das wissen$\downarrow$ (Mr 203)

(2-32) Was <u>w$\overset{\shortmid}{\text{i}}$llst</u> du hier$\downarrow$ (Mr 100)

(2-33) Wer <u>m$\overset{\bullet}{\text{a}}$g</u> das bloß sein$\downarrow$ (Mr 206)

(2-34) Was <u>m$\overset{\bullet}{\text{u}}$ß</u> man da mit dem Mann so reden$\downarrow$ (Th 101)

(2-35) Was <u>d$\overset{\bullet}{\text{a}}$rf</u> es denn sein$\downarrow$

(2-36) Wie <u>k$\overset{\bullet}{\text{a}}$nn</u> ich dir nun helfen$\downarrow$ (Mr 125)

Um eine mögliche Abgrenzung zwischen Ergänzungsfragesatz und Wort-Exclamativsatz ziehen zu können, werden die gleichen Verbkategorien auf ihre Verwendbarkeit in den Letztgenannten überprüft. (2-2), (2-10), (2-5), (2-8), (2-14), (2-6) und (2-30) können im geeigneten Kontext auch exclamativen Charakter annehmen und gelten als Beleg für die entsprechenden Kategorien des Verbs in Wort-Exclamativsätzen. (2-37) demonstriert die Möglichkeit der Verben der Fortbewegung in Wort-Exclamativsätzen:

(2-37) Wie $\overset{\triangledown}{\text{langsam}}$ läuft doch meine Schildkröte$\downarrow$

(2-38)-(2-43) zeigen schließlich, daß die Modal- und Kopulaverben sowohl in den Ergänzungsfragesätzen als auch in den Wort-Exclamativsätzen akzeptabel sind:

(2-38) Wie $\overset{\triangledown}{\text{oft}}$ haben wir es (doch) besser verstehen <u>wollen</u> als er$\downarrow$ (Ak 42)

(2-39) Wie <u>soll</u> der sich doch wieder $\overset{\triangledown}{\text{aufgeführt}}$ haben$\downarrow$

(2-40) (Guter Gott,) wie d$\overset{\triangledown}{\text{a}}$nkbar <u>können</u> wir doch <u>sein</u>$\downarrow$
(daß du nicht so warest wie die beiden anderen von euch.) (Ak 10)

(2-41) (Mein Gott,) wie w$\overset{\triangledown}{\text{i}}$nzig <u>mußte</u> sie (doch) als Kind gewesen sein$\downarrow$ (Bu 62)

(2-42) Welch eine $\overset{\triangledown}{\text{Aussicht}}$ <u>dürfen</u> sie doch genießen$\downarrow$

(2-43) (Du meine Güte,) was <u>mögen</u> da manche Frauen erst in einer
rammelvollen U-Bahn ausstehen↓ (SZ 12./13.4.86:17)

Nachdem die Stellung des finiten Verbs und die kategoriale Füllung des Prädikats sich beim Ergänzungsfragesatz nicht als für den Satzmodus bestimmend erwiesen haben, werden unter dem gleichen Gesichtspunkt noch die morphologische Markierung des verbalen Tempus, Modus und Genus untersucht.

Der Ergänzungsfragesatz kann in allen Tempora stehen: (2-5) - Präs., (2-15) - Prät., (2-10) - Perf., (2-44) - Plusq., (2-45) - Fut. I., (2-46) - Fut. II.:

(2-44) Warum hatte er geschrien↓

(2-45) Wie wird er darin zurechtkommen↓ (Ak 106)

(2-46) Wann wird das passiert sein↓

Das Tempus scheint kein illokutives Unterscheidungskriterium für den Ergänzungs-fragemodus zu bieten, denn auch der Wort-Exclamativsatz ist temporal nicht eingeschränkt, so daß die beiden Satzmodi die Verwendbarkeit aller Tempora teilen. Beispiele für die verschiedenen Tempusformen in den Wort-Exclamativsätzen sind (2-40) - Präs., (2-47) - Prät., (2-38) - Perf., (2-48) - Plusq., (2-49) - Fut. I., (2-50) - Fut. II.:

(2-47) (Wie schade,) wie schade war es (doch)↓ (, daß er auch jetzt von
den Augen, die ihn aus dem Verborgenen auf allen Wegen und bei
allen Worten begleiteten, nichts wissen sollte, nach dem Willen des
Geschicks!) (Ak 102)

(2-48) Wie sehr hatte er sich (doch) später in besseren und stärkeren
Stunden darüber geschämt↓ (, daß er in den schlaflosen Nächten von
damals sich empört, voll Ekel und unheilbar verletzt gegen die
häßliche und schamlose Härte des Lebens aufgelehnt hatte!) (Bu 354)

(2-49) Wie wird sich das Kind über das Pferd freuen↓

(2-50) Wie wird sich das Kind über das Pferd gefreut haben↓

Der indikativische Modus kann - wie oben gezeigt - in allen Tempora sowohl in Ergänzungsfragesätzen als auch in Wort-Exclamativsätzen auftreten. Die folgenden Beispiele sollen die Akzeptabilität des Konjunktivs ((2-51)-(2-58)) und des Imperativs ((2-59)-(2-61)) in Ergänzungsfragesätzen aufzeigen:

(2-51) ?Was sei der Grund für die Tat↓ - Konj. Präs.

(2-52) Weshalb sollte dir das nicht möglich sein↓ -Konj. Prät.

(2-53) ?Was sei der Grund für die Tat gewesen↓ -Konj. Perf.

(2-54) Weshalb hätte es ihm nicht recht sein sollen↓ - Konj. Plusq.

(2-55) ?Wo werde er zu finden sein↓ - Konj. Fut. I

(2-56) ?Wann werde er dort gewesen sein↓ - Konj. Fut. II

(2-57) (...) wer würde dann das deutsche Reh vor den Schwammerl-
suchern schützen↓ (SZ 1.10.86:1) - *würde* + Infinitiv I

(2-58) Was würde es geholfen haben↓ (Ak 115) – *würde* + Infinitiv II

(2-59) ^xWarum geh nach Hause↓ – Imperativ 2. P. Sg.

(2-60) ^xWarum geht nach Hause↓ – Imperativ 2. P. Pl.

(2-61) ^xWarum gehen Sie nach Hause↓ – Imperativ 3. P. Pl.

Dieselben Verbmodi in Wort-Exclamativsätzen demonstrieren (2-62)–(2-69) bzw. (2-70)–(2-72):

(2-62) [?]Wie sei doch das Wetter schön↓ – Konj. Präs.

(2-63) Wie müßte der jetzt doch leiden↓ (, wenn die anderen ihm nicht geholfen hätten.) – Konj. Prät.

(2-64) [?]Wie sei doch das Wetter schön gewesen↓ – Konj. Perf.

(2-65) Wie hätte er da doch leiden müssen↓ (, wenn die anderen ihm nicht geholfen hätten.) – Konj. Plusq.

(2-66) [?]Wie werde die sich doch freuen↓ – Konj. Fut. I.

(2-67) [?]Wie werde die sich doch gefreut haben↓ – Konj. Fut. II.

(2-68) Wie würde er sich doch freuen über diese Nachricht↓
– *würde* + Infinitiv I

(2-69) Wie würde er sich doch gefreut haben über diese Nachricht↓
– *würde* + Infinitiv II

(2-70) ^xWie geh doch nach Hause↓ – Imperativ 2. P. Sg.

(2-71) ^xWie geht doch nach Hause↓ – Imperativ 2. P. Pl.

(2-72) ^xWie gehen Sie doch nach Hause↓ – Imperativ 3. P. Pl.

Die Beispiele (2-59) und (2-60) sowie (2-70) und (2-71) lassen die Inakzeptabilität des eindeutig markierten Imperativs sowohl in Ergänzungsfragesätzen als auch in w-Exclamativsätzen erkennen. Ist der Imperativ formengleich mit dem Indikativ bzw. dem Konjunktiv wie in (2-61) und (2-72), sind die Ausdrücke in der indikativischen Bedeutung akzeptabel, aber in der imperativischen Bedeutung eindeutig inakzeptabel. Der Konjunktiv Präteritum und Plusquamperfekt sowie die *würde*-Formen sind sowohl mit dem erotetischen als auch mit dem exclamativen Illokutionspotential vereinbar. Die Tempora Präsens, Perfekt, Futur I und Futur II des Konjunktivs sind weder in Ergänzungsfragesätzen noch in Wort-Exclamativsätzen eindeutig inakzeptabel, aber ihre Verwendungsmöglichkeiten beschränken sich ausschließlich auf Zitat-Kontexte, in denen der Sprecher u. a. seine dubitative Haltung zum Wahrheitsgehalt des beschriebenen Sachverhalts ausdrücken kann:

(2-51a) (A: B hat mir gerade klar machen wollen, er wüßte den Grund
             für die Tat.)
        C: Und was sei der Grund für die Tat↓
           (=Was soll – nach seiner Ansicht – der Grund für die Tat sein?)

(2-51b) (B zu C: A hat sich furchtbar aufgeregt. Er sei über
eine solche Handlungsweise empört.)
Was sei es doch auch für ein lächerlicher Grund
für die Tat↓
(Ein umgekipptes Honigglas!)

Das Verbalgenus ist das letzte hier untersuchte eventuelle Unterscheidungsmerkmal im prädikativen Bereich der Ergänzungsfrage- und der Wort-Exclamativsätze. (2-73)-(2-73c) weisen Ergänzungsfragesätze und (2-74)-(2-74c) Wort-Exclamativsätze im Vorgangspassiv sowie (2-75)-(2-75c) und (2-76)-(2-76b) dieselben im Zustandspassiv auf:

Ergänzungsfragesätze im Vorgangspassiv

(2-73) Warum sind Sie (eigentlich) immer wieder in Schlägereien
verwickelt worden↓ (Th 58) - Perf.

(2-73a) Warum werden (/wurden) Sie eigentlich immer wieder
in Schlägereien verwickelt↓ - Präs./Prät.

(2-73b) Warum waren Sie eigentlich immer wieder in Schlägereien
verwickelt worden↓ - Plusq.

(2-73c) Warum werden Sie eigentlich immer wieder in Schlägereien
verwickelt werden (/verwickelt worden sein)↓ - Fut. I./Fut. II.

Wort-Exclamativsätze im Vorgangspassiv

(2-74) Wie häßlich wird (/wurde) das Haus gestrichen↓ - Präs./Prät.

(2-74a) Wie häßlich ist (/war) das Haus gestrichen worden↓ - Perf./Plusq.

(2-74b) Wie häßlich wird das Haus gestrichen werden
(/gestrichen worden sein)↓ - Fut. I./Fut. II.

Ergänzungsfragesätze im Zustandspassiv

(2-75) Wie viele Stunden ist das Lokal (eigentlich) geöffnet↓ (Th 11) - Präs.

(2-75a) Wie viele Stunden war das Lokal eigentlich geöffnet↓ - Prät.

(2-75b) Wie viele Stunden ist (/war) das Lokal eigentlich geöffnet gewesen↓
- Perf./Plusq.

(2-75c) Wie viele Stunden wird das Lokal eigentlich geöffnet sein
(/geöffnet gewesen sein)↓ - Fut. I./Fut. II.

Wort-Exclamativsätze im Vorgangspassiv

(2-76) Wie gut ist (/war) die Ausstellung besucht↓ - Präs./Prät.

(2-76a) Wie gut ist (/war) die Ausstellung besucht gewesen↓ - Perf./Plusq.

(2-76b) Wie gut wird die Ausstellung besucht sein
(/besucht gewesen sein)↓ - Fut. I./Fut. II.

Alle das Prädikat betreffenden Beispiele zeigen, daß es bei den Verb-Zweit-Fragesätzen nicht möglich ist, vom Verb aus die Lesart 'erotetisch' oder 'exclamativ' zu unterscheiden, da keine Differenzen zwischen w_{er}- und w_{ex}-Akzeptabili-

tät in den einzelnen Tempora, Modi und Genera festzustellen sind, das heißt, daß
beispielsweise Ind., Präs., Aktiv sowohl in w_{er} als auch in w_{ex} resultieren
kann. Es muß eingeräumt werden, daß hier nicht etwa alle w-Wörter mit allen
Modalverben kombiniert wurden. Dies wäre jedoch ein Versuch, der den Rahmen dieser Arbeit sprengen und dessen Ergebnis wahrscheinlich nicht in einem angemesse-
nen Verhältnis zu dem nötigen Arbeitsaufwand stehen würde.

3. Modalpartikeln

Bublitz schreibt den Modalpartikeln[7] die Funktion zu,

> (...) diejenige modale Einstellung des Sprechers (auszudrücken), die sich
> auf seine Ansichten, Haltungen, Erwartungen, Annahmen, Emotionen und die
> seines Hörers sowie auf die jeweilige soziale Rollenverteilung bezieht.
>
> (Bublitz 1978:9)

Die Aufgabenstellung in diesem Abschnitt lautet, einen Teilbereich aus dieser
modalen Einstellung genauer zu untersuchen, nämlich das Verhältnis zwischen den
Modalpartikeln und der erotetischen Sprechereinstellung in w-V-2-Sätzen. Da es
für den Zweck dieser Arbeit wichtig ist, vor allem Modalpartikeln zu berücksichtigen, die den erotetischen Illokutionscharakter entweder als den einzig möglichen festlegen oder ihn ganz ausschließen, wird nicht die Analyse aller Modalpartikeln des Deutschen ausgeführt, sondern es werden nur die Modalpartikeln besprochen, die für die w_{er}/w_{ex}-Unterscheidung relevant erscheinen.

a) *eigentlich*

(2-77) Wie geht's <u>eigentlich</u> deiner Frau und deinen Kindern↓ (Mr 181)

(2-78) (Weil die Frauen Raubtiere sind. Weil sie so schlecht sind. Gehabt.)
Wieso sind die Frauen <u>eigentlich</u> schlecht↓ (Th 91)

(2-79) Wie bist du <u>eigentlich</u> zu der Bekanntschaft mit
(...) Leon des Beaux gekommen↓ (Ak 75)

(2-80) Wie oft haben wir es (^{x}<u>eigentlich</u>) besser verstehen
wollen als er↓ (Ak 42)

(2-81) Wie sind wir (^{x}<u>eigentlich</u>) dumm und vergeßlich↓ (Mr 61)

An den Beispielen ist zu erkennen, daß *eigentlich* immer die w_{er}-Lesart bedingt
und in Ergänzungsfragesätzen demnach ein stark belastetes Merkmal darstellt. Mit
diesem Lexem kann der Sprecher sein Interesse an einem Sachverhalt bekunden, und

---

7   Anstatt einer näheren Definition von 'Modalpartikel' wird hier auf neuere
    Publikationen zu diesem Themenbereich verwiesen, beispielsweise auf Bub-
    litz (1978) und Franck (1980).

zwar ausschließlich fragend und wißbegierig, und er kann nicht etwa seine Be-/Verwunderungseinstellung verstärkt ausdrücken etc.

Bublitz' Bedeutungsanalyse fällt m. E. zu oberflächlich aus, wenn er lediglich von "interessant und bemerkenswert" (Bublitz 1978:116) spricht. Wenn jemand etwa (2-81) ausruft, hält er den Sachverhalt wohl auch für "interessant und bemerkenswert" (ebd.), sonst würde er (2-81) erst gar nicht äußern; und täte er dies trotzdem, würde er gegen die Maxime der Relevanz und der Quantität verstoßen. Obwohl der Sprecher diese beiden Eigenschaften der Proposition - *interessant sein* und *bemerkenswert sein* - in (2-81) sicher empfindet, darf er zu deren Äußerung nicht die Modalpartikel *eigentlich* gebrauchen, da sie den Fragen vorbehalten ist.

In den einschlägigen Abhandlungen wird immer wieder hervorgehoben, daß die Bedeutung einer Modalpartikel vom jeweiligen Kontext abhängt (vgl. etwa Hartmann 1975:236). Dies ist gewiß keine Eigenart der Modalpartikeln und wird wohl eher dazu benutzt, ihre Semantik verallgemeinernd oder umgekehrt satz- bzw. textsortenspezifisch zu beschreiben. So beschränkt sich Hang auf das Interview und gibt als semantische Merkmale von *eigentlich* 'den Informationsstand des Sprechers endgültig zusammenfassend und eine Beurteilung bzw. eine Korrektur durch den Hörer der vom Sprecher geäußerten Proposition wünschend' (vgl. Hang 1976:243) an. Das erstere läßt eher auf assertiv als erotetisch schließen, das letztere ist ein Merkmal aller Entscheidungsfragen. Wie diese Merkmale auf <u>eine</u> Äußerung zutreffen sollen, ist nicht ganz leicht nachvollziehbar. Wichtig ist an dieser Stelle, für die gesamte Modalpartikelanalyse festzuhalten, daß die von Hang aufgrund einer einzigen Textsorte, des Interviews, gewonnenen Merkmale für die Zwecke der vorliegenden Arbeit viel zu speziell sind. Daß der Interviewte auf den Moderatorenbeitrag reagiert, hängt in den meisten Belegen Hangs außerdem eher damit zusammen, daß er dies aus Gründen der Textsorte tut und nicht als Reaktion auf ein angenommenes grammatisches Fragemerkmal: Für ein Interview ist es wesentlich, daß der Interviewte das Gespräch fortsetzt, wenn der Interviewende eine Sprechpause einlegt, sei es zu dessen Beitrag Stellung nehmend, darauf antwortend etc. Für eine Stellungnahme sprechen auch die meisten Reaktionen der Interviewten bei Hang, für eine natürliche Antwort die wenigsten.

E. König kennzeichnet die Modalpartikel *eigentlich* dadurch, daß sie 'die Loslösung einer Frage vom Gesprächszusammenhang und ein neues Thema signalisiert sowie dem Gespräch eine neue Richtung gibt' (1977:123 ff.). Laut R. Harweg verleiht *eigentlich* den Fragesätzen einen Retardiertheitscharakter, verbunden mit den folgenden drei Bedingungen (vgl. Harweg 1974:18):

1. Ein gesprächsermöglichendes situationelles Beieinander der Gesprächspartner muß eine gewisse Weile bestanden haben.
2. Die Frage darf nicht im unmittelbaren Dienst einer aktuellen Sache stehen.
3. Der Fragende muß die Personen, Gegenstände oder Orte, in bezug auf die er die Frage stellt, schon eine gewisse Zeit lang gekannt haben.

Es scheint schwierig, wenn nicht gar unmöglich zu sein, für alle vorstellbaren Kontexte stichhaltige semantische Merkmale einer Modalpartikel anzugeben. Deshalb soll auf diesen Aspekt, zumal er höchstens peripher zum Thema dieser Arbeit gehört, verzichtet werden. Das Hauptanliegen wird die Suche nach Modalpartikeln bleiben, die mit dem erotetischen Illokutionspotential vereinbar sind. Zu diesen gehört - wie von vielen Autoren bestätigt - *eigentlich* eindeutig.

b) *wohl*

> (2-82) (Das Bild hat Kunstwert:) von wieviel Wänden wird es
> <u>wohl</u> noch auf fremde Leute hinuntersehen↓ (Ak 182)

> (2-83) ('Für das muß ich eigentlich dem Himmel unbeschreiblich dankbar
> sein', sagte sie mir einmal lachend an ihrem Teetisch.)
> Wie sollten ohne es Leon und ich uns <u>wohl</u> in der Welt zusammen-
> gefunden haben↓ (Ak 181)

> (2-84) Wie sind wir (^{x}<u>wohl</u>) d$\overset{\triangledown}{u}$mm und verge$\overset{\triangledown}{ß}$lich↓ (Mr 61)

Analog zu *eigentlich* scheint *wohl* in w-Verb-Zweit-Sätzen w_{er} zu bewirken. (2-82) und (2-83) sind jedoch nicht mit Antwort-Obligationen verbunden, so daß sie nicht unter die Kategorie 'Ergänzungsfragesatz', sondern 'deliberativer Fragesatz' fallen (s. S. 64ff. dieser Arbeit). In den Exclamativsätzen verursacht *wohl* Inakzeptabilität, wie (2-84) dies zeigt. Die Begründung liegt hier wahrscheinlich wieder in der Unfähigkeit der Modalpartikel *wohl*, wie schon der Modalpartikel *eigentlich*, Gefühlsäußerungen des Sprechers zu verstärken oder mit ihnen überhaupt vereinbar zu sein. Bublitz bestätigt dies, indem er die "emotionale Anteilnahme des Sprechers" (1978:87) in Äußerungen mit *wohl* als viel geringer beurteilt als in solchen mit etwa *bloß* und *nur*. Ferner verbietet der präsumptive Charakter von *wohl* sein Erscheinen in Exclamativsätzen, in denen die Gültigkeit des propositionalen Gehalts präsupponiert wird.

c) *bloß/nur*

> (2-85) Wer mag das <u>bloß</u> (/<u>nur</u>) sein↓ ((...) Als er das zerlumpte Gewand
> erblickte, stand es für ihn fest: "Der Fremde ist ein Landstreicher,
> der sich an den Erdnüssen des reichen Masanja laben will.") (Mr 206)

(2-86) Wo verberge ich <u>nur</u> (/<u>bloß</u>) meinen Krug↓ (murmelte er vor sich hin und hielt Ausschau nach einem geeigneten Versteck. Lange überlegte er hin und her und entschied sich schließlich für einen hohen Kazaura-baum, in dessen obersten Ästen er die Weisheit dieser Erde aufhängen wollte.) (Mr 158)

(2-87) ("Meine Liebe", fragte er,) wie hast du es <u>nur</u> (/<u>bloß</u>) angestellt, auf diesen Baum zu kommen↓ ("Du wirst es nicht glauben, was ich dir jetzt sage. Der Adler war es, der mich durch die Lüfte getragen und mich dem Geier als Geschenk überreicht hat.") (Mr 177)

(2-88) (Der Hase verstand die Welt nicht mehr.) Wie kann mein Freund <u>nur</u> (/<u>bloß</u>) so dumm sein und mit der verfluchten Hyäne Freundschaft schließen↓ (ging es ihm durch den Kopf.) (Mr 188)

bloß und *nur* sind untereinander austauschbar, ohne daß sich die Illokution des *w*-Verb-Zweit-Satzes ändern würde; beide kommen in Ergänzungsfragesätzen ((2-85)-(2-88)) vor. In Exclamativsätzen kann weder *nur* noch *bloß* auftreten. Selbst in Ausdrücken, mit denen der Sprecher seine Verzweiflung bekunden will, bleibt eine Antwort-Obligation bestehen:

(2-89) Wie kann ich euch das <u>nur</u> (/<u>bloß</u>) wiedergútmachen↓

Bublitz erwähnt u. a. *bloß* und *nur* als Kennzeichen rhetorischer Fragesätze, schränkt dies jedoch als "von Situation und Intonation abhängig" (1978:70) ein. Dem kann nicht zugestimmt werden, auch sprechen seine eigenen Beispiele dagegen. Unter 2.3.2. wird auf rhetorische Fragesätze näher eingegangen, aber an dieser Stelle sei schon vorausgeschickt, daß rhetorische Fragesätze beispielsweise dadurch geprägt sind, daß der Sprecher mit ihrer Verwendung keine Antwort hervorrufen will. Wenn dies als grundlegende Definition für rhetorische Fragesätze angenommen wird, so kann man weder eines der Beispiele Bublitz' noch eines dieser Arbeit zu *bloß/nur* als Beleg für einen rhetorischen *w*-Fragesatz akzeptieren. Die Auslegung kann nur zugunsten einer Ergänzungsfrage mit Antworterwartung ausfallen. Auch wenn der Sprecher sich selbst eine Frage stellt wie in (2-86), sei es in Gedanken oder verbalisiert, so bemüht er sich, eine Antwort darauf zu finden: In diesem Beispiel "entschied (er) sich schließlich für einen hohen Kazaura-baum" (Mr 158). Eine 'Selbst-Frage' muß also keinesfalls eine rhetorische Frage sein; sie ist es erst dann, wenn die unten zu diskutierenden Bedingungen einer rhetorischen Frage erfüllt sind.

d) *doch*

(2-90) Was wünschte ich mir damals <u>doch</u>↓ (Wenn ich nicht irre, den Heckepfennig, den Däumling und das Tellertuch der drei Rolandsknappen.) (Ak 145)

(2-91) (Guter Gott,) wie dȧnkbar können wir <u>doch</u> sein, daß du nicht so warest wie die beiden anderen von euch↓ (Ak 10)

    (2-92) Wie l$\overset{\triangledown}{\text{a}}$ngweilig ist es <u>doch</u> in unserem Dorf↓ (Die Leute gehen
        morgens aufs Feld oder auf die Jagd und kehren abends müde in ihre
        Hütten zurück.) (Mr 93)

    (2-93) (Als der Wein aufgetragen wurde, fiel ihr mit Schrecken ein,
        daß sie und die Schildkröte auch ihre Gläser vergessen hatten.)
        Was sind wir <u>doch</u> für Dummköpfe↓ (, klagte die Ziege beim Anblick
        des köstlichen Palmweins.) (Mr 62)

(2-90) belegt Francks *doch*$_2$-Variante, das "erinnernde *doch*" (vgl. Franck
1980:181 ff.). Der Sprecher stellt eine Frage, die er selbst oder der Hörer beantworten soll. Wichtig ist lediglich, daß eine Antwort erwartet wird, es sich
also nicht um eine rhetorische, sondern um eine echte Ergänzungsfrage handelt.
Verzögerungspausen (*hm*) zwischen der Frage und der Antwort sind häufig, wenn der
Fragende auch die Rolle des Antwortenden übernimmt (Eine Pause wird hier mit "⫫"
gekennzeichnet.):

    (2-90a) Was wünschte ich mir damals doch↓ ⫫ hm
        (Wenn ich nicht irre, den Heckepfennig.)

Solche Verzögerungspausen, die fakultativ sind, können in den meisten Fällen dadurch erklärt werden, daß der Fragesatz dem Sprecher noch nicht genügend Zeit gegeben hat, sich die ihm zum Sprechzeitpunkt (vgl. S. 127) dieser Arbeit fehlende
Information zu vergegenwärtigen und/oder zu verbalisieren, das heißt, seine "Ge-
dächtnislücke" zu füllen.

    Die häufigere Verwendung von *doch* in *w*-Sätzen ist die in Wort-Exclamativsät-
zen. In (2-91) läßt die vorangestellte Interjektion einen Exclamativsatz erwarten. Diese Lexemgruppe kann allerdings auch die Funktion der Anrede haben. Das
distinktive Merkmal zwischen dieser und der Funktion als Interjektion ist die
Intonation: In der ersteren fällt ein Phrasenakzent auf das Nomen, in der letzteren enthält das Adjektivattribut einen Exclamativakzent mit (übertriebener) Dehnung des betonten Vokals. Treten solche Elemente in vokativischer Funktion auf,
so können sie einer Ergänzungsfrage vorangehen. In (2-92) und (2-93) sind es
ebenfalls der Kontext und die daraus resultierenden Exclamativakzente, nicht
aber *doch*, die in dem *w*-Satz jeweils das expressive Illokutionspotential bewirken und das erotetische verdrängen. Diese Modalpartikel ist - von dem 'erinnern-
den' *doch* abgesehen - in *w*-Sätzen ein Merkmal, das zu der Exclamativität beiträgt, mit der Erotetizität aber unvereinbar ist.

e) *denn*

    (2-94) (Doch sagt mir,) wo ist <u>denn</u> Eure Tochter↓ ("Sie ist auf
        dem Feld bei der Ernte und läßt Euch schön grüßen. (...)") (Mr 175)

    (2-95) Wie steht es <u>denn</u> mit euren Schularbeiten für morgen↓
        (, Jungen, wenn ich fragen darf?) (Ak 150)

(2-96) Was hast du <u>denn</u> in deinem Krug↓ (fragte er ihn. "Das kann ich
dir nicht verraten", erwiderte Kwaku Ananse.) (Mr 159)

(2-97) Was kann <u>denn</u> der von alledem, was uns anderen Freude macht, noch
gebrauchen↓ (Und was kann ihm noch Sorge machen und Schmerz und
Verlust fürchten lassen nach allem, was er uns erzählt und wie er
zu uns gesprochen hat in dieser Nacht?) (Ak 142)

(2-98) (Als das seltsame Gespann das väterliche Gehöft erreichte, schlug
die Mutter die Hände über dem Kopf zusammen und rief:) Was wollt ihr
<u>denn</u> um Himmels willen mit dem Hasen↓ ("Er ist unser Gast",
antworteten die Kinder im Chor.) (Mr 209)

denn legt in *w*-Sätzen die Frage-Interpretation – gelegentlich mit Antwort-Präfe-
renz ((2-97)) – fest, in *w*-Exclamativsätzen ist es inakzeptabel. (2-98) ist zwar
durch die Situationsbeschreibung im Vor-Text und durch die Interjektion *um Him-
mels willen* emphatisch, entscheidend ist jedoch das Wissen-Wollen der Mutter,
ihre erotetische Einstellung also, die in einer Antwort-Obligation an die Kinder
resultiert. Somit wird eine Interpretation als *w*-Exclamativ ausgeschlossen. Eine
Auslegung als rhetorische *w*-Frage muß kontextuell-argumentativ gesichert werden,
da *denn* nicht, wie *schon*, ein Merkmal des rhetorischen Fragemodus darstellt.
Auf die Eigenschaften des rhetorischen *w*-Fragesatzes wird näher unter 2.3.2.
eingegangen. Deshalb soll das Thema hier nicht genauer besprochen werden.

f) *aber* und *nicht*

(2-99) (Alter Junge,) was ist das <u>aber</u> für ein Glück, daß wir uns
von Kindesbeinen an kennen↓ (Ak 66)

(2-100) Wie war ich <u>aber</u> auch froh, nur mit einer Verwarnung davon
zu kommen↓

(2-101) Wie oft hat er <u>nicht</u> geweint über den Verlust seines Sohnes↓

(2-102) Wie oft hat er <u>nicht</u> geweint über den Verlust seines Sohnes↓

(2-103) Wie gefällt dir (<u>aber</u>/^x<u>nicht</u>) die unbekannte Welt↓
(, mein Täubchen?" fragte er seine ängstlich zitternde Gemahlin.)
(Mr 56)

Wie das obige Belegmaterial zeigt, sind die Modalpartikeln *aber* und *nicht* mit
der erotetischen Sprechereinstellung nicht vereinbar, sondern bedingen in allen
w-Sätzen ausschließlich die w_{ex}-Variante. In Ergänzungsfragesätzen, die durch
den Kontext (in (2-103) etwa durch das Verb *fragen*, das die propositionale
Einstellung des Sprechers wiedergibt) und die Intonation (in (2-103) der rhematische neutrale Fragesatz-Akzent auf *Welt*) eindeutig als Fragen gesichert sind,
verursachen diese Modalpartikeln Inakzeptabilität, beziehungsweise *aber* verliert
seine Partikelfunktion und erhält die einer koordinativen Konjunktion. Ähnlich
verhält es sich mit *nicht*, das entweder die Modalpartikel- (in (2-101) der

stärkste Akzent auf dem zu graduierenden Element *oft* und auf *nicht* lediglich ein
Wortakzent) oder die Negationspartikelfunktion (in (2–102) der stärkste Akzent –
Kontrastakzent[8] – auf *nicht*) erfüllen kann. Auf die Unterscheidung dieser
Funktionen wird im nächsten Sub-Kapitel näher eingegangen.

In einem *w*-Satz der geschriebenen Sprache, der weder durch Kontext noch
durch Intonation eindeutig auf w_{er} oder w_{ex} festgelegt worden ist, verbieten
diese Lexeme, insofern sie in der Funktion einer Modalpartikel auftreten, die
Interpretation des *w*-Satzes als erotetisch. So können *eigentlich, bloß, nur* und
denn in der Opposition *Ergänzungsfrage vs. w-Exclamativ* als Fragemerkmale bezeichnet werden. *doch, aber* und *nicht* dagegen signalisieren dem Hörer, daß der
Sprecher von ihm keine natürliche Antwort auf seine Äußerung erwartet, sondern
mit dem Exclamativ seine Be-/Verwunderung über den gegebenen, gegen seine Nor-
menvorstellungen verstoßenden Sachverhalt bekundet.

Die obigen *w*-Sätze mit Modalpartikeln zeigen – auch wenn die semantische
Analyse hier zwangsweise zu kurz kommen mußte –, daß die Modalpartikeln das
Illokutionspotential dieser Sätze zu beeinflussen vermögen: Die Modalpartikeln
sind entweder nur mit der propositionalen Einstellung des Fragens oder nur mit
der propositionalen Einstellung des Sich-Wunderns vereinbar.

An späteren relevanten Stellen werden weitere Modalpartikeln besprochen.
Gänzlich verzichtet wird aber auf die Betrachtung der Kombinationen der Modalpartikeln untereinander, da sie Restriktionen unterliegen, deren Analyse im
Rahmen dieser Arbeit zu weit führen würde. Für einen Überblick über die kombi-
natorische Problematik sei hier auf Thurmair (1986) verwiesen.

4. Negation

   (2–104) Wie gᵛern hätten sie (<u>nicht</u>) die wunderschönen Frauen geheiratet↓
           (; nur die Furcht vor der Macht der alten Ngehu hielt sie davon
           zurück.) (Mr 218)

   (2–104a) ˣWie gᵛern hätten sie die wunderschönen Frauen <u>nicht</u> geheiratet↓

   (2–105) Was erziᵛeht alles an dem Menschen↓ (Ak 35)

   (2–105a) Was erziᵛeht <u>nicht</u> alles an dem Menschen↓

   (2–105b) Was erzieht alles an dem Menschen nᵛicht↓

   (2–106) Wᵃs sagst du da↓ (, rief die junge Frau entsetzt, "du hast mir
           doch erzählt, daß du in einem goldenen Schloß wohnst. Ich sehe hier
           aber nur Steine und Dornenbüsche. Du bist ein Betrüger!) (Mr 55)

   (2–106a) ˣWas sagst du da <u>nicht</u>↓

---

8   Unter 'Kontrast' versteht man hier außer dem echten (*nicht ..., sondern*)
    auch den implizierten Kontrast.

(2-107) (Sage mir, mein Sohn,) warum suchst du nicht dein Geschenk wie
all die anderen Jünglinge↓ (fragte er den in Gedanken versunkenen
jungen Mann, der bei diesen Worten heftig erschrak.) (Mr 91)

(2-108) ("Morgen - wenn es mir irgend möglich ist." -)
Weshalb sollte dir das nicht möglich sein↓ (Ak 6)

An den obigen Beispielen ist zu erkennen, daß das Negieren eines Wort-Exclamativsatzes durch ein unbetontes *nicht* einen semantisch inakzeptablen Ausdruck erzeugt
((2-104a) und (2-106a)), das Negieren eines Ergänzungsfragesatzes durch ein unbetontes *nicht* dagegen den Sachverhalt lediglich verneint, ohne die Akzeptabilität des Satzes zu beeinflussen ((2-105b), (2-107) und (2-108)). In der Funktion
einer Modalpartikel kann *nicht* in Wort-Exclamativsätzen ((2-104) und (2-105a)),
nicht aber in Ergänzungsfragesätzen vorkommen. In (2-105a) steht *nicht* an einer
Stelle, an der auch etwa die Modalpartikel *doch* - ein Exclamativmerkmal - vorkommen könnte. Außerdem ist *nicht* hier unbetont, es bewirkt aber einen expressiven
Starkakzent auf dem finiten Verb. Diese beiden Eigenschaften würden auch auf die
Modalpartikel *doch* in (2-105a) zutreffen. Die Tatsache, daß *nicht* in diesem Ausdruck durch *doch* ersetzbar ist, ohne daß sich die Illokution des Typs *Ich wunde-*
re mich, was alles (/welche, auch unmöglichen, Sachverhalte) an dem Menschen er-
ziehen kann (/können) ändern würde, legt die Modalpartikel-Funktion von *nicht* in
(2-105a) nahe. Die Position dieses Lexems in (2-105b) nach allen thematischen
und rhematischen Elementen schließt bereits eine Modalpartikel-Funktion aus. Der
(kontrastive?) Primärakzent auf *nicht* (in *w*-Ausdrücken sind die Modalpartikeln
stets unbetont) und die mögliche Einsetzung der für Fragesätze typischen Modalpartikeln *eigentlich*, *wohl* und *denn* in der Modalpartikelnische zwischen dem finiten Verb und *alles* lassen für *nicht* in (2-105b) nur die Funktion als die Nega-
tionsklammer schließendes Element zu. Mit diesem *w*-Ausdruck kann der Sprecher
nur eine Frage-, nicht aber bspw. eine Verwunderungseinstellung ausdrücken.

Andere Negationen sind mit einem bestimmten Illokutionspotential in der gerade beschriebenen Weise nicht verbunden:

(2-109) Wie lange hat Peter keine Freundin mehr↓ (Ich frage nur,
weil ich ihn in letzter Zeit schon öfter allein gesehen habe.)

(2-109a) Wie lange hat Peter doch keine Freundin mehr↓ (Es ist ja schon
eine Ewigkeit her, daß ihn auch die letzte sitzengelassen hat.)

(2-110) Wer alles hat nichts gesagt↓ (Es waren doch bestimmt auch dies
Mal Leute dabei, die nichts gesagt haben, oder?)

(2-110a) Wer hat doch alles nichts gesagt↓ (Stell dir vor, sogar der
Meier hat geschwiegen, wo der sonst doch immer sein Maul aufreißt.)

(2-111) Wen alles möchtest du niemals sehen↓ (Gibt es Leute, denen du
um keinen Preis begegnen möchtest?)

(2-111a) Wen alles möchtest du doch niemals sehen↓ (Am besten ziehst
du wohl auf eine einsame Insel!)

(2-112) (Es wird gesagt, daß die Männer diese Frauen gar nicht so gern
heiraten wollten. Mich würde es jetzt ganz genau interessieren:)
Wie ungern hätten sie diese Hexen geheiratet↓ (Konnte man es
ihnen etwa gar anmerken?)

(2-112a) Wie ungern hätten sie diese Hexen geheiratet↓ (Wenn man das
hört, tut es einem im Herzen weh um die eingeschworenen Jung-
gesellen, die zur Heirat gezwungen wurden.)

Erst die Intonation mit einem expressiven bzw. einem neutralen Primärakzent und
ein pro-exclamativer bzw. ein pro-erotetischer Kontext (vgl. 5.) können in diesen ambigen w-Sätzen die vom Sprecher beabsichtigte Lesart endgültig selektieren.
So handelt es sich in dem jeweils ersten Beispiel um eine Ergänzungsfrage (in
(2-112) um eine insistierende Frage) und in den a-Varianten um Exclamative.

Im Gegensatz zu anderen impliziten oder expliziten Wort- oder Satz-Negatio-
nen vermag das unbetonte *nicht* die Grenze zwischen der w_{er}- und der w_{ex}-Lesart
festzusetzen: Ein durch das unbetonte *nicht* negierter w-Satz weist immer erotetischen Illokutionscharakter auf, mit dem exclamativen ist diese Negationspartikel unvereinbar. Das unbetonte *nicht* in der Funktion einer Negationspartikel ist
demnach ein Fragemerkmal. In der Funktion einer Modalpartikel – wie oben herausgearbeitet – ist es in einem Ergänzungsfragesatz ausgeschlossen.

5. Der sprachliche und der außersprachliche Kontext des w-Ausdrucks

In diesem letzten Abschnitt zu den nicht-intonatorischen Merkmalen handelt es
sich um die funktionsdisambiguierende Rolle des einem w-Satz vorangehenden und
des ihm nachfolgenden (Ko-)Textes, des Hintergrundswissens der Kommunikationspartner und sowie Situation, in der der Adressat mit dem w-Satz konfrontiert
wird. Diese sprachlichen und außersprachlichen Aspekte sollen unter 'Kontext'
zusammengefaßt und dieser Begriff wiederum so erweitert werden, daß er auch auf
die gesprochene Sprache anwendbar ist; zu diesem Zweck muß lediglich 'Text'
durch 'Äußerung' ersetzt werden.

Der Teil des Ko-Textes, der einem w-Satz folgt und vom Adressaten oder
Sprecher selbst beigetragen wird, ist oben schon mehrmals angesprochen worden:
Im Falle einer w-Frage stellt dieser Ko-Text eine natürliche Antwort dar, im
Falle eines w-Exclamativs ist entweder kein Folge-Kontext vorhanden oder der
Hörer kann auf die Proposition des w-Satzes Stellung nehmend eingehen, sei es
zustimmend oder ablehnend, aber nicht ergänzend. Die Null-Besetzung des Nach-
Textes kann absolut oder relativ sein, d. h., daß der w-Satz den Text beenden
kann oder daß noch ein oder mehrere Abschnitte mit neuen bzw. weiterführenden
Rhemata folgen können. Der Folgeabschnitt kann sowohl vom Sprecher als auch vom
Adressaten eingeleitet werden.

Bedeutung erlangt der Nach-Text bei der illokutiven Interpretation eines *w*-Satzes nur in Fällen, in denen diese nicht durch entsprechende lexikalische Füllung des *w*-Wortes, durch eine Modalpartikel oder durch die Negation mit einem unbetonten *nicht* eindeutig als erotetisch gegeben ist. Die Folge-Äußerung der gesprochenen Sprache, die dem Nach-Text der geschriebenen Sprache entspricht, ist für diese Auslegung noch irrelevanter, denn nur sehr starke (vor allem akustische) Störungen im Kommunikationskanal können den Sprecher zur Wiederholung seiner Frage - wenn die Folge-Äußerung des Adressaten ausbleibt - oder zur Antwortaufforderung durch *Das war eine Frage*, *Das frage ich dich* etc. zwingen. Eine solche ausdrückliche Aufforderung wird notwendig, wenn etwa der Hörer eine Frage versehentlich als Exclamativ auffaßt:

(2-113) (A weiß, daß B viele Länder besucht hat, und B weiß, daß A dies
weiß. In Anwesenheit von C und D möchte A von B genauer erfahren,
in welchen Ländern B schon gewesen ist. A hat jedoch B's Namen
vergessen und muß sich jetzt an B wenden, indem er B ansieht und *du*
stark betont, um den deiktischen Bezug zu B kontrastiv zu C und D
hervorzuheben.
C: Ich war letzten Sommer in Indien und China.
D: Und ich habe eine Radtour durch Afrika gemacht.)
A: Und wo bist du schon überall gewesen↓
(B: Na ja, so toll ist das nun auch wieder nicht.)
A: Ich frage dich: wo überall↓

B legt in (2-113) wegen des umgebenden Lärms A's Kontrastakzent als Exclamativakzent aus und will A's vermeintliche Bewunderung abdämpfen. Daraufhin muß A, um die von ihm gewünschte Information zu erhalten, auf den explizit performativen Sprechakt des Fragens mit dem performativen Verb *fragen* in der 1. Ps. Sg. Präs. Aktiv zurückgreifen.

Bei H.-G. Hang findet man das Fragesignal "explizite performative Formel", das er von D. Wunderlich modifiziert übernimmt (Hang 1976:220ff.). Dieses Fragesignal Hangs, das in der vorliegenden Arbeit zum Kontext insgesamt gezählt wird, umfaßt Ausdrücke mit dem Verb *fragen*, dem Substantiv *Frage* sowie andere, semantisch und pragmatisch mit dem Sprechakt des Fragens zusammengehörende Verben und Substantiva wie etwa *sagen* im Imperativ vor einem (indirekten) Ergänzungsfragesatz. Hang behandelt dieses Fragesignal allerdings nicht im Zusammenhang mit *w*-Fragen, da er lediglich nicht-kombinierte Fragesignale untersucht, aber auch im Ko-Text der Wort-Fragesätze unterstreicht ein erotetischer Ausdruck die Frageabsicht, wenn sie schon durch andere Merkmale gewährleistet ist (in (2-120) etwa durch die Negationspartikel *nicht*), oder er vermag als erotetisches Merkmal die w_{er}-Lesart bereits im Vor-Text auszulösen ((2-114)) oder erst im Nach-Text zu sichern ((2-115)). Insgesamt ist es belanglos, ob der Kontextausdruck vor oder nach dem Fragesatz steht; wichtig ist nur, daß die beiden Konsti-

tuenten unmittelbar und ohne Sprecherwechsel aufeinander folgen (Andernfalls
würde es sich um Korrekturen wie in (2-113) handeln.):

> (2-114) (Ich frage euch deshalb, meine Freunde,) wer von euch
> ist dazu bereit↓ (Mr 166)

> (2-115) Wie steht es denn mit euren Schularbeiten für morgen↓
> (, Jungen, wenn ich fragen darf?) (Ak 150)

> (2-116) Warum leben Sie↓ (Darf ich das fragen?)(Th 95)

> (2-117) ((...) da kann ich (...) mir die Frage stellen:) was wird
> das unsinnige Menschenkind nun jetzt wieder anstellen↓ (Ak 108)

> (2-118) (Doch sagt mir,) wo ist denn Eure Tochter↓ (Mr 175)

> (2-119) Wo ist denn Eure Tochter↓ (Sagt es mir doch!) (vgl. ebd.)

> (2-120) (Sage mir, mein Sohn,) warum suchst du nicht dein Geschenk
> wie all die anderen Jünglinge↓ (Mr 91)

In der geschriebenen Sprache erhält der Leser in narrativer Form oft eine indirekte, durch ein Verb ausgedrückte Anweisung vom Autor, welches Illokutionspotential dem nachfolgenden oder dem vorangehenden w-Satz beigemessen werden soll
– (2-121)-(2-123) erotetisch: *fragen*; (2-124)-(2-126) exclamativ: die Einstellung
des Sprechers zum Sachverhalt beschreibende Verben *stöhnen*, *klagen* und *sagen*
(nicht im Imperativ wie vor Fragen (vgl. (2-118)-(2-120))):

> (2-121) Was führt dich zu mir↓ (, du mutiger Fremdling? fragte die Alte
> mit einer krächzenden Stimme.) (Mr 146)

> (2-122) Wie gefällt dir die unbekannte Welt↓ (, mein Täubchen? fragte er
> seine ängstlich zitternde Gemahlin.) (Mr 56)

> (2-123) ("Meine Liebe", fragte er,) wie hast du es nur angestellt,
> auf diesen Baum zu kommen↓ (Mr 177)

> (2-124) (Und als gerade aufgetragen werden sollte, merkten die Ziege und
> die Schildkröte, daß sie ihre Teller, die alle Tiere mitbringen
> sollten, zu Hause vergessen hatten.)
> Wie sind wir doch dumm und vergeßlich↓ (, stöhnte die Schildkröte
> beim Anblick der herrlichen Speisen.) (Mr 61)

> (2-125) (Als der Wein aufgetragen wurde, fiel ihr mit Schrecken ein, daß
> sie und die Schildkröte auch ihre Gläser vergessen hatten.)
> Was sind wir doch für Dummköpfe↓ (, klagte die Ziege beim Anblick
> des köstlichen Palmweins.) (Mr 62)

> (2-126) (Plötzlich sprang er freudig auf und schlug sich mit der flachen
> Hand vor die Stirn, als wollte er sagen,)
> wie dumm bin ich doch gewesen↓ (Mr 205)

(2-114)-(2-126) zeigen, daß neben der kategorialen Füllung des Verbs durch *verba
dicendi et sentiendi* in dem dem w-Satz vorangehenden oder ihm nachfolgenden Ko-
Text auch dem Modus des Hauptverbs illokutionsunterscheidende Bedeutung zukommt.
Sind die *verba dicendi* ein gemeinsames Merkmal u. a. des Ko-Texts der Ergänzungsfragesätze und der Wort-Exclamativsätze, so vermag der Modus zwischen dem Ergän-

zungsfragesatz und dem Wort-Exclamativsatz zu differenzieren: Ein Ausdruck, dessen finites Verb im Imperativ steht, kann einem Wort-Exclamativsatz weder voran- noch nachgestellt werden, abgesehen von einem idiomatischen Vor-Text wie *sag mal*, *hör mal* etc., dessen Befehlsfunktion abgeschwächt worden ist, etwa *Sag mal,* (*//*) *was sind wir doch für Dummköpfe↓* (vgl. (2-125)). Vor einer Frage als Auf- forderung zum Antworten ist er hingegen akzeptabel. Dies verstärkt die Vermutung, die auffallend oft geäußert wird, daß Aufforderungen mit dem Sprechakt des Fra- gens semantisch zusammenhängen. Im Rahmen der vorliegenden Arbeit muß man dieses Problem unbesprochen lassen und sich mit der Beobachtung begnügen, daß der Modus des Ko-Textes ein erotetisches Merkmal darstellen kann: (+IMPERATIV) → (FRAGE); (-IMPERATIV) → (±FRAGE). Der Vollständigkeit halber soll der seltene Fall erwähnt werden, daß *sagen* im Imperativ vor einem Ergänzungsfragesatz stehen kann, auch wenn keine echte Antwort, sondern eine Wiederholung des Fragesatzes erwartet wird:

(2-127) (A: <u>Sage</u>: "Wo steckt mein Freund?")
        B: Wo steckt mein Freund↓

Ein entsprechender Aufforderungssatz im Imperativ kann auch im Nach-Text stehen und ist hier ein absolutes Fragemerkmal:

(2-128) Wo steckt mein Freund↓ (<u>sag</u> es mir.)

Manfred von Roncador erwähnt die primären Interjektionen *ach* und *oh* sowie die sekundären *Gott* und *Junge Junge*, die die erotetische Lesart von *w*-Sätzen blockie- ren, mit der expressiven aber "kompatibel" sind (v. Roncador 1977:105):

(2-129) (<u>Oh,</u>) wie dankbar müssen wir dem lieben Gott beide sein↓
        (, daß er noch früh genug ein Einsehen gehabt (...)) (Ak 139)
(2-130) (<u>Du lieber Gott</u>,) wie machen sich doch die Menschen aus puren Gril-
        len das Leben schwer und das Sterben zu einem Komödienschluß↓ (Ak 6)
(2-131) (Karlch - Herr Assessor, <u>Kinder</u>, <u>Kinder</u>,) in welche vergnügte
        Wütenhaftigkeit habt ihr öfters den Nachbar Hartleben gebracht↓
                                                (Ak 125)
(2-132) (<u>Ach Gott</u>,) was bin ich für ein armes Mädchen und so unglücklich
        in der Welt↓ (Ak 48)

Die obigen Belege bestätigen von Roncadors Beobachtung, allerdings muß hier nä- her auf seine Bemerkung über die Länge der Pause zwischen der Interjektion und dem *w*-Satz eingegangen werden: Je länger diese Pause ausfällt, desto größer ist die Wahrscheinlichkeit, daß der *w*-Satz nur erotetisch interpretiert werden kann. Die vorangestellte Interjektion ist in diesem Fall eher als völlig selbständiger Ausdruck aufzufassen, der nicht mehr die Funktion des Nachdruck-Verleihens und der Verstärkung wie in den Exclamativen hat, sondern der etwa Ratlosigkeit, Verzweiflung etc. signalisiert:

(2-133) (A: Du, dem Peter ist was Schlimmes zugestoßen.
   B: <u>Du</u> <u>lieber</u> <u>Gott</u>!) ∤∤ Was ist ihm denn passiert↓

(2-134) ("Das Frauenzimmer ist ja als eine komplette Närrin heimge-
   kommen!" ächte meine Mutter. "<u>Du</u> <u>lieber</u> <u>Himmel</u>,) ∤∤
   was wird das werden↓ (seufzte die Nachbarin Andres.) (Ak 20)

Der außersprachliche Kontext – das gemeinsame Wissen der Interagierenden insbesondere bei w_{ex} beziehungsweise dessen Fehlen bei w_{er} und die Situation –, der
in der geschriebenen Sprache meistens durch den Vor-Text beschrieben wird, ist
oft nur entweder mit einer Frage ((2-135) und (2-136)) oder mit einem Exclamativ
((2-124) und (2-125)) vereinbar und gilt im ersteren Fall somit als Fragemerkmal
und im letzteren als Exclamativmerkmal:

(2-135) (Und mir ist es wirklich so ergangen, ich hab auch'n Rundschreiben hier in Berlin gemacht, und zwar tausend Auflage. (...))
   An wen haben Sie das Rundschreiben verschickt↓
   (1. GAST: Habe ich selbst verteilt, auf der Straße.) (Th 64)

(2-136) ("Ich fühle, daß zu Hause ein Unglück geschehen ist. Ich muß sofort
   ins Dorf zurückkehren und schauen, wie es dem Kinde geht." (...))
   Wo ist Efua↓ (keuchte der besorgte Vater.) (Mr 151)

Der Kontext in dem hier verstandenen Sinne scheint eines der wichtigsten Wort-
frage-Merkmale überhaupt zu sein, denn wenn er mit dem erotetischen Illokutionspotential nicht vereinbar ist, kann der w-Satz weder Frage-Intonation (s. unten)
annehmen noch die Negation *nicht* bzw. die Modalpartikeln *eigentlich*, *wohl*, *bloß*,
nur oder *denn* enthalten. Somit kann man das letzte im Zusammenhang mit dem
Ergänzungsfragesatz behandelte nicht-intonatorische Merkmal als stark belastet
bezeichnen: So wie es keine sinnvolle Äußerung ohne Kontext geben kann, so ist
ein Ergänzungsfragesatz in einem wider-erotetischen Kontext inakzeptabel.

2.1.2. Die intonatorischen Merkmale

0. Allgemeines

Dem Phänomen 'Intonation' wird gegenwärtig großes Interesse entgegengebracht,
wovon beispielsweise die ständig wachsende Literatur zu den verschiedenen Einzel-
gebieten dieses Untersuchungsgegenstandes zeugt. Für einen Überblick über die
Veröffentlichungen sei hier an Klein (1980) und Meier (1984) verwiesen. Was unter
'Intonation' in der Literatur verstanden und was mit diesem Begriff in der vorliegenden Arbeit bezeichnet wird, soll hier zunächst kurz erörtert werden.

Von den zahlreichen in der Fachliteratur zu findenden Definitionen werden
stellvertretend für die jeweiligen Auffassungen vier genannt:

a) Melodische Gestaltungen (...), die innerhalb einer Sprachgemeinschaft zum 'Sprechmuster' erstarrt sind. (v. Essen 1964:13)

b) (...) die Eigenschaft der Lautstruktur eines Satzes (...), deren phonetisches Korrelat die Tonhöhenfolge und deren akustisches Korrelat der zeitliche Verlauf der Grundfrequenz ist. (Bierwisch 1966:100)

c) (...) alle() mit der Sprechmelodie gekoppelten Wahrnehmungsqualitäten wie Dauer, Lautstärke, Akzent, Rhythmus, Pausengestaltung, Timbre und deren physikalische Entsprechungen. (Zacharias 1967:26)

d) (...) unspezifische sprachliche Funktionen, die nicht Höhenverläufe schlechthin, sondern Verlaufstypen oder -muster ausüben können.
(Heike 1969:17)

Der Tonhöhenverlauf wird oft mit der Intonation gleichgesetzt. So kommen die von Zacharias zusätzlich erwähnten Parameter etwa bei Bierwisch und Hang (1976) nicht vor, von denen der Letztgenannte in diesem Sinn auch einen historischen Überblick der Intonationsbehandlung gibt (1976:183f.). Auf die Tonhöhe bezieht sich auch Pheby bei seiner Definition für 'Tonmuster' als "Selektion einer distinktiven Tonhöhenbewegung" (1975:46). Dieser Terminus wird hier übernommen und zwischen den auch in der Literatur üblichen Tonmustern *fallend* und *steigend* unterschieden. Pheby nimmt hierzu noch die *fallend-steigenden* und *steigend-fallenden* Tonmuster, auf die hier auch eingegangen wird. Dagegen werden die an manchen Stellen zu findenden Bezeichnungen *terminal, interrogativ* und *weiterweisend* bzw. *progredient* nicht verwendet, da diese - insbesondere *interrogativ* - das Ergebnis der Analyse scheinbar vorwegnehmen würden. Neben dem Tonmuster werden jedoch noch Pausen und Akzente behandelt und so die enge Intonationsdefinition ausgeschlossen. Für die Kennzeichnung des Tonmusters, der Akzente und der Pausen wird auf die bereits eingeführten Symbole ↓, ↑, ', /, ∇ und ⫶ hingewiesen (vgl. S. 1, 19 und 30).

Die vorliegende Beschreibung der intonatorischen Charakteristika beruht teils auf vom Oszillomink ausgeschriebenen Verläufen der Amplitude und der Grundfrequenz und teils auf Hörer-Intuitionen. Auch wenn eingeräumt werden muß, daß die auditive Betrachtung in der Genauigkeit der instrumentalphonetischen Analyse bei weitem nicht genügt, so ist man im jetzigen Stadium der Untersuchungen noch oft auf die Befragung von Muttersprachlern angewiesen. Ich werde mich bemühen, die Angaben zur Intonation so zu konzipieren, daß jeweils kein Zweifel entstehen kann, ob es sich um Daten handelt, die auditiv oder durch apparative Analyse gewonnen wurden.

1. Zu einzelnen Parametern der Intonation

Die intonatorischen Komponenten, die hier näher untersucht werden sollen, sind:
die Tonhöhe/die Grundfrequenz (F_o), die Intensität/die Amplitude und die
Länge/die Dauer.

a) Die Grundfrequenz

Die zentrale Rolle, die der Tonhöhenverlauf innerhalb der Intonation einnimmt,
wird bereits durch die gelegentliche Gleichsetzung der beiden Begriffe angedeutet. Neuere umfangreichere Arbeiten, die sich mit F_o-Konturen befassen, stammen
von Breckenridge Pierrehumbert (1980) und von Antoniadis (1984). Keine von den
beiden Veröffentlichungen kann hier jedoch zur direkten Grundlage herangezogen
werden: Die erstere basiert auf Beobachtungen zum amerikanischen Englisch und
ist somit nicht vorbehaltlos auf das Deutsche übertragbar. Außer der notwendigen
"Übersetzung" ins Deutsche ermangelt Breckenridge Pierrehumberts formale und
abstrakte Vorgehensweise einer satztypenspezifischen Interpretation der F_o-Ver-
läufe. Die Arbeit Antoniadis' ist im Hinblick auf die Sprachsynthese entstanden
und befaßt sich außerdem lediglich mit F_o-Konturen in Aussagesätzen, so daß auch
sie hier keine direkte Anwendung finden kann. Viele meiner methodischen Anregun-
gen verdanke ich der Arbeit "Questions of Intonation" (Brown et al. 1980) sowie
der Abhandlung Bannerts zur deutschen Intonation (Bannert 1983). Statt an dieser
Stelle eine vollständige Liste der verwendeten Literatur aufstellen zu wollen,
kann als gemeinsames Merkmal der Darlegungen aller zitierten Forscher der Konsens
"(...) from a linguistic viewpoint, pitch is the crucial factor" (Klein 1980a:13)
aufgeführt werden.

Auf Erscheinungen, die die Interpretation der F_o-Verläufe erschweren, wird
man in der einschlägigen Literatur des öfteren aufmerksam gemacht. Eine Zusammen-
stellung der wohl wichtigsten potentiellen Fehlerquellen bei F_o-Analysen findet
sich beispielsweise bei Breckenridge Pierrehumbert (1980:14):

> Not only is it (the FO contour) disrupted by unvoiced sounds, but
> also there are substantial effects of the segments on the FO during
> voiced parts of the signal. The FO at the onset of the vowel after
> an unvoiced consonant is considerably higher than after a sonorant
> consonant. There is a sharp dip in FO in the vicinity of voiced
> obstruents and glottal stops. High vowels raise the FO; the difference
> between a high vowel and a low vowel in the same intonational context
> can be as much as 25 Hz.

Im einzelnen beschäftigen sich mit dieser Problematik u. a. Antoniadis/Strube
(1981), Hombert (1978), Ladd/Silverman (1984), Sommer (1982) und Thorsen (1979).

Da hier zumeist intonatorische Minimalpaare untersucht und miteinander verglichen werden, sind die F_o-bezüglichen spezifischen Eigenschaften einzelner Vokale und konsonantischer Umgebungen ohne größeren Belang. Zudem handelt es sich hier nicht um eine phonetische, sondern um eine linguistische Arbeit, so daß diese segmentalen Einflüsse auf den F_o-Verlauf meist unberücksichtigt gelassen werden können. Das Augenmerk wird dagegen gerichtet u. a. auf: Onset (F_o am Äußerungsanfang) und Offset (F_o am Äußerungsende), Minima (die kleinsten F_o-Werte) und Maxima (die größten F_o-Werte) der F_o-Kontur, Deklination (Neigung der Minima bzw. der Maxima) (vgl. auch Cohen et al. 1982) sowie auf F_o-Range (Unterschied zwischen F_o-Maximum und F_o-Minimum), also sowohl auf spezielle Angelpunkte als auch auf den generellen Verlauf.

b) Die Amplitude und die Dauer

So wie im allgemeinen die Dominanz der Grundfrequenz über die anderen Suprasegmentalia anerkannt wird, so besteht gleichermaßen Übereinstimmung über die Notwendigkeit der Berücksichtigung der Intensitäts- und der Dauerverhältnisse. Die sog. "trading relations" (vgl. Repp 1981), d. h. die Möglichkeit, einen wenig ausgeprägten phonetischen Parameter durch einen anderen bzw. mehrere auszugleichen (beispielsweise einen fehlenden F_o-Gipfel auf der Nukleussilbe durch einen Amplitudengipfel), wird hier insbesondere bei den Akzentmerkmalen interessieren.

2. Das Korpus der intonatorischen Minimalpaare

Da der Mensch als "Intonationsstenograph" nicht zuverlässig ist[9], bin ich bestrebt, jedem Fragemodus maschinelle Aufzeichnungen beizugeben, die meine Überlegungen leiten sollen und die glaubwürdigere Aussagen über Formen der Intonation innerhalb des Satzmodussystems erlauben als dies nur "per Ohr" möglich wäre.

Die beiden am DFG-Projekt "Formen und Funktionen der Intonation" zusammengestellten Korpora, die hier zum Ausgangspunkt der Analysen herangezogen werden, bestehen aus jeweils 71 Sätzen. Diese insgesamt 142 Sätze sind Glieder intonatorischer Minimalpaare, und sie sollen allein aufgrund ihrer intonatorischen Merkmale anderen Satzmodi zugewiesen werden können als die übrigen Glieder im Minimalpaar. So wird davon ausgegangen, daß beispielsweise (2-137) je nach der into-

---

9   "Transcription by ear of intonation is the source of so many gross errors
     in the literature that we feel it cannot be relied on."
     (Breckenridge Pierrehumbert 1980:13)

natorischen Realisierung einen Satzfragemodus oder einen *Sie*-Imperativmodus
vertreten kann:

(2-137) Schlafen Sie (Pro1-1/2)

Die Sätze wurden in einen Kontext eingebettet, in dem nur eine einzige Lesart
möglich ist. Etliche Satztypen wurden sowohl ohne als auch mit Modalpartikel
in die Korpora aufgenommen. Die Sätze mit der vorausgehenden Kontextbeschreibung
wurden für beide Korpora zweimal auf DIN A 6-Karten geschrieben, und pro Teilkor-
pus in randomisierter Reihenfolge jeweils drei weiblichen und drei männlichen
Versuchspersonen, also insgesamt 12 Sprechern - alle Linguistikstudenten - zur
Aufnahme vorgelegt. Durch die Randomisierung sollte eventuellen Reihenfolge-
Effekten vorgebeugt werden.

3. Aufnahmen

Die Aufnahmen erfolgten auf einer Telefunken M15-Anlage im schalltoten Raum des
Instituts für Phonetik und Sprachliche Kommunikation der Universität München.
Die Versuchspersonen wurden gebeten, die vorgelegten Sätze - den Kontext berück-
sichtigend - möglichst natürlich zu realisieren und dabei insbesondere das reine
Vorlesen zu vermeiden. Sie hatten Gelegenheit, ihren "Gesprächsbeitrag" jeweils
vor der eigentlichen Aufnahme "einzuüben" und ihn nach Wunsch auch zu wiederho-
len. Auf Anweisung des Versuchsleiters wurden die seiner Ansicht nach inadäquat
gesprochenen Sätze im Anschluß an die Erst-Aufnahmen wiederholt. Bei der späteren Auswertung wurden die Wiederholungen als solche gekennzeichnet.

4. Bearbeitung des Materials

Die zu untersuchenden 1534 Sätze wurden von einem phonetischen Mitarbeiter am
DFG-Projekt zunächst derandomisiert. Um sie miteinander vergleichen zu können,
wurden ihre F_o - und Amplitudenverläufe sowie ihre Oszillogramme von einem
Oszillomink ausgeschrieben. Diese Vorgehensweise erschien in ihrer Genauigkeit
und Zuverlässigkeit ausreichend und vor allem wegen ihres noch vertretbaren Ar-
beitsaufwands besonders geeignet, relativ schnell konkrete Analysen zu ermöglichen. (In der vorliegenden Arbeit fehlen aus technischen Gründen die Oszillogramme und verlaufen die Amplitudenkurven mit ca. 160 msec. Verspätung im Verhältnis zu den Grundfrequenzkurven.)
    Die Sätze wurden dann drei verschiedenen Tests unterzogen, in denen im Durch-
schnitt ca. 10 Versuchspersonen - Studenten der Linguistik oder Phonetik - die
Hauptakzentsilbe (Akzenttest) und den Satzmodus (Kategorisierungstest - vgl.
auch Oppenrieder (1988a)) angeben bzw. die Natürlichkeit (Natürlichkeitstest)
beurteilen sollten. Für die erstgenannten Tests wurden die betreffenden Sätze
aus ihren Kontexten herausgeschnitten und auf besondere Testbänder umgespielt.
Beim Akzenttest sollten die Versuchspersonen die am meisten betonte Silbe im
Satz kennzeichnen. Beim Identifikationstest war die Aufgabe der Versuchspersonen, den kontextlosen Satz nach seiner vorher kurz erläuterten Funktion zu identifizieren als 1) Aussage 2) Frage 3) Aufforderung 4) Ausruf oder 5) Wunsch.
Beim letzten Test sollte die Natürlichkeit des Satzes beurteilt werden, der den
Versuchspersonen im Kontext vorlag und ihnen im Kontext auch vorgespielt wurde.
Das Urteil konnte hier auf einer Skala von 1-5 gefällt werden, wobei: 1 = sehr
natürlich, 2 = natürlich, 3 = noch natürlich, 4 = unnatürlich und 5 = sehr
unnatürlich.

Die Ergebnisse dieser Tests, die u. a. willkürliche Entscheidungen über die Akzeptabilität eines gegebenen Satzes zu verhindern vermögen, werden bei den folgenden Besprechungen der intonatorischen Eigenschaften der Fragesätze berücksichtigt: Es werden die Hauptakzentsilben in den Oszillomink-Aufzeichnungen markiert, und es werden nur Sätze besprochen, die im Natürlichkeitstest einen Durchschnitt von ≦2,5 und im Kategorisierungstest eine Trefferquote von ≧0,8 (d. h. sie wurden von ≧80% der Versuchspersonen richtig identifiziert) erzielen konnten. Ausnahmen zu dieser Festlegung des berücksichtigten Materials werden deutlich als solche gekennzeichnet.

Zunächst werden Ergänzungsfragesätze mit Exclamativsätzen verglichen, wobei die Grundlage ein Korpus der intonatorischen Minimalpaare bildet, dessen Glieder sich formal nur durch ihre Intonation unterscheiden. Von den maschinellen Aufzeichnungen erhoffe ich mir nähere Auskunft darüber, worin die auditiv offensichtlichen Unterschiede im einzelnen bestehen, d. h., was die Intonation des Fragesatzes besonders prägt.

5. Auswertung einzelner Oszillomink-Aufzeichnungen

Um mögliche intonatorische Unterschiede zwischen Ergänzungsfragesätzen und Verb-Zwei-Wortexclamativsätzen genauer beschreiben zu können, sollen Realisierungen der folgenden Sätze[10] betrachtet werden:

(2-138) Situation: Der Sprecher zum Vermieter, der ihm eine zu vermietende Wohnung gezeigt hat:
   Sprecher: "Die Wohnung hier sagt mir wirklich sehr zu. Aber es gibt da noch einen wichtigen Punkt. Wie laut ist es hier?" (Pro1-62)

(2-139) Situation: Der Sprecher zum Hörer, nachdem ihm dieser von einem gewissen Max erzählt hat:
   Sprecher: "Über Max bin ich jetzt sehr gut informiert. Nur eines möchte ich noch gern von dir wissen. Wie alt ist er geworden?" (Pro1-64)

---

10 Die zu untersuchenden Sätze sind unterstrichen. Bis auf diese Modifikation sind sowohl die Situationsbeschreibungen als auch die Sprecherbeiträge hier so wiedergegeben, wie sie den VPn in der Aufnahmesituation vorgelegt wurden. (VP = Versuchsperson/Sprecher; D = deutsch; (unten: F = finnisch) 1, 2, 3, 7, 8 und 9 = weiblich; 4, 5, 6, 10, 11 und 12 = männlich; (unten: FVP1 und FVP2 = weiblich; FVP3, FVP4 und FVP5 = männlich))

(2-140) Situation: Der Sprecher tut so, als müßte er
sich die Ohren zuhalten.
Sprecher: "Hier könnte ich mit meiner Lärm-
empfindlichkeit wahrhaftig nicht
wohnen! Wie laut ist es hier!" (Pro1-63)

(2-141) Situation: Der Sprecher über einen alten Freund:
Sprecher: "Es ist doch unglaublich, was für
Falten er jetzt hat und wie gebückt
er dahergeschlurft kommt! Mein Gott!
Wie alt ist er geworden!" (Pro1-65)

Die Ergebnisse der durchgeführten Natürlichkeits- und insbesondere der Kategorisierungstests würden bei den oben festgelegten untersten Grenzen ($\leq$2,5 für die
ersteren und $\geq$80% für die letzteren) keine akzeptablen Exclamativsatz-Realisa-
tionen als Vergleichsmaterial zulassen. Da aber bereits eine Herabsetzung der
Natürlichkeitsgrenze auf $\leq$3,00 und die Ignorierung der Kategorisierungsergebnis-
se alle Realisierungen von (2-141) und 85% der Realisierungen von (2-140) durch
diesen Filter passieren lassen, werden diese Grenzwerte hier als Grundlage für
die Exclamativsätze herangezogen. Dieses Vorgehen scheint mir vertretbar nicht
nur, um auf alle Fälle intonatorische Minimalpaare vergleichen zu können, sondern weil in den Exclamativsätzen die Verb-Zweit-Stellung - wie hier - unge-
wöhnlicher ist als die Verb-Letzt-Stellung, so daß einerseits die Fehlkategori-
sierungen als Frage durchaus erklärbar sind. Andererseits kamen überraschend
viele Kategorisierungen als 'Aussage' vor; diese Urteile sind wahrscheinlich so
zu deuten, daß den VPn hier der Grad der Verwunderung und der Überraschung nicht
hoch genug für einen Exclamativ vorkam, so daß sie sich für eine (expressive)
Aussage entschieden.

Nach der Analyse des somit zur Verfügung stehenden Materials scheinen folgende Beobachtungen hier relevant:

Zur Lage der Hauptakzentsilbe:

Der Hauptakzent fiel weder in den Ergänzungsfragesätzen noch in den *w*-Exclamativ-
sätzen auf das *w*-Wort, sondern auf das Adjektiv nach dem *w*-Wort und vor dem
finiten Verb. Diese Regelmäßigkeit wurde in den Tests zur Akzentzuweisung auditiv überprüft: Es hatten hier durchschnittlich zehn Hörer die Aufgabe, die von
ihnen als am prominentesten wahrgenommene Silbe der in randomisierter Reihenfolge und ohne Kontext vorgespielten Sätze jeweils eines Sprechers auf den Test-
satz-Bögen zu kennzeichnen.

Zum Verlauf der Grundfrequenz:

- F_0-Onset: Der F_0-Onset, d. h. der Grundfrequenzwert zu Beginn der Äußerung,
liegt in den Fragesätzen tendenziell höher als in den Exclamativsätzen.

- F_o-Offset: Der F_o-Offset, d. h. der Grundfrequenzwert am Äußerungsende, kann
je nach Satztyp tief oder hoch liegen: mit "hoher Offset" ist hier ein Offset-
wert gemeint, der im Bereich der oberen Hälfte des gesamten F_o-Umfangs liegt.
Bei den Ergänzungsfragesätzen scheint der Offset kein festgelegtes Merkmal zu
sein, denn er kann hier entweder hoch – wie bei allen weiblichen VPn – oder tief
– wie zu 50% bei den männlichen VPn – ausfallen. In DVP1:1141[11] ist ein hoher
Offset, produziert von einer weiblichen VP, und in DVP6:6137 ein hoher Offset,
produziert von einer männlichen VP, zu sehen. DVP6:6139 liefert ein Beispiel
für einen tiefen Offset. Die Exclamativsätze sind durch einen tiefen Offset
gekennzeichnet (vgl. DVP3:3148):

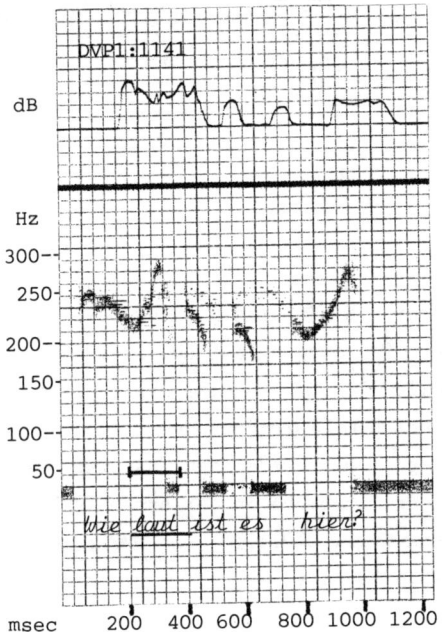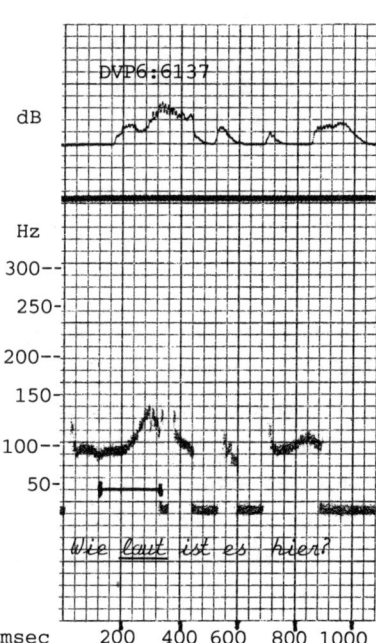

---

11 Bei der Numerierung der Oszillomink-Aufzeichnungen bezieht sich der erste
   Teil auf die VP und der zweite auf die Nummer der Aufzeichnung. Die Nummern
   sind aus der durchgehenden Numerierung in den derandomisierten Korpora des
   DFG-Projekts übernommen. Die NS ist jeweils unter der F_o-Kontur markiert.

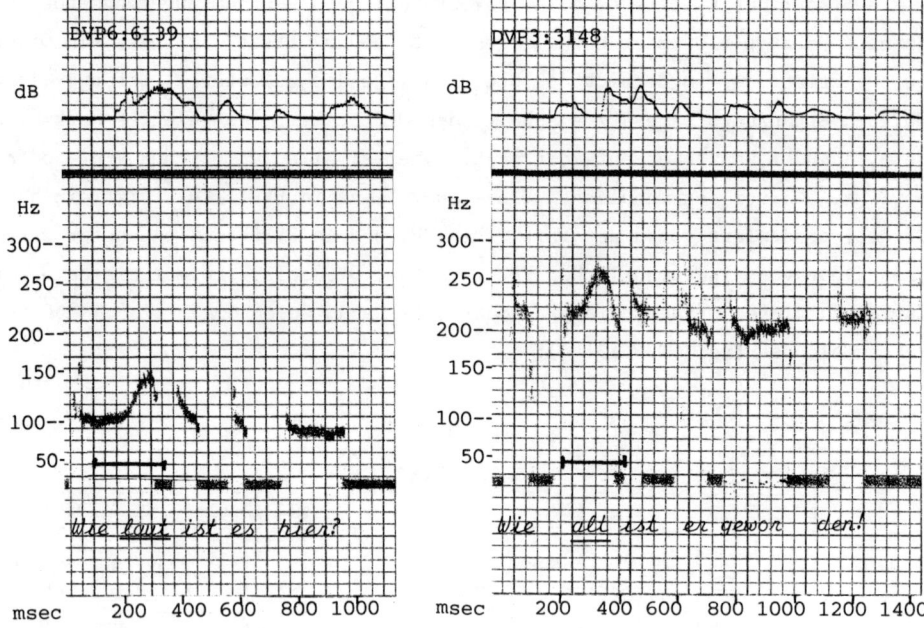

– Nukleussilbe (NS): Die Nukleussilben *laut* und *alt* werden in den Oszillomink-Aufzeichnungen meist durch eine markantere F_o-Bewegung auf der Silbe von der übrigen Äußerung unterschieden. Aus Tabelle 1[12] (S. 51) wird ersichtlich, daß die höchsten F_o-Werte der Gesamt-Kontur auf dem Gipfel der jeweiligen NS zu verzeichnen sind. Dieser Gipfel bildet zugleich entweder den Endpunkt oder den Umschlagspunkt der F_o-Bewegung, die auf der NS sowohl in der erotetischen als auch in der exclamativen Variante steigend (vgl. DVP1:1142 und DVP2:2143) oder steigend-fallend (vgl. DVP4:4136 und DVP4:4139) ist:

---

12 Die Offset-Werte der DVP4 stellen wegen der Laryngalisierung gegen das Ende der Äußerung hin nur ungefähre Angaben dar.

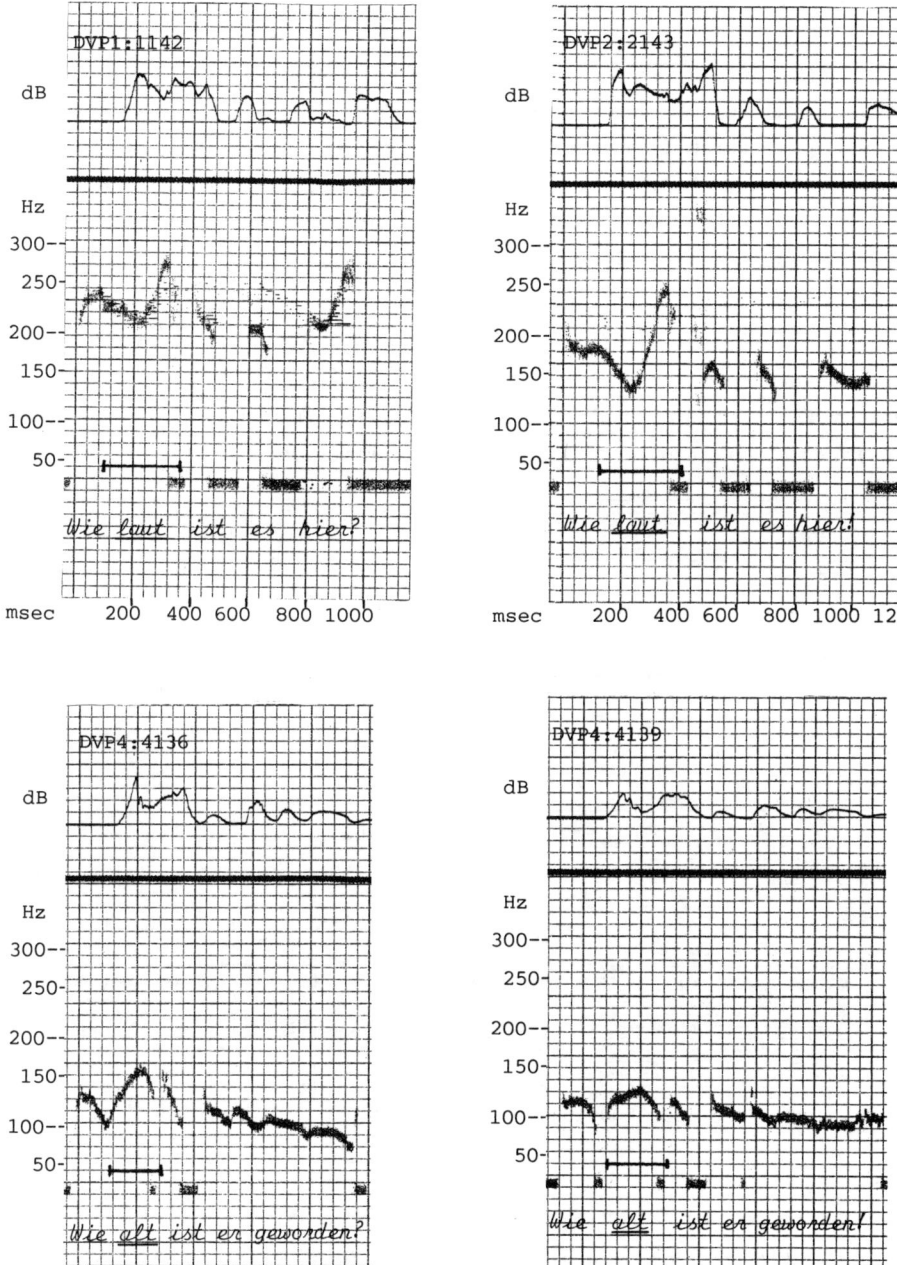

48

- Die größte F_o-Bewegung: Die größte F_o-Bewegung innerhalb der Gesamt-Kontur findet meistens auf der NS und in deren Umgebung statt und weist bei den Ergänzungsfragesätzen zu 70% die Form fall-rise auf. Auf einer 3-stufigen Skala, auf der die relative Höhe des Anfangspunktes der F_o-Bewegung zu deren Umschlagpunkt und weiter zu derem Endpunkt angegeben werden können, fällt diese fall-rise-Bewegung genauer als eine 213-Bewegung aus (vgl. DVP1:1142 auf S. 47). Bei den Exclamativsätzen zeichnet sich diese Kontur in der Umgebung der NS zu 80% umgekehrt als eine rise-fall-Bewegung aus, die in 75% dieser Äußerungen wiederum auf der untersten Stufe ansetzt und entweder die Form 121 (vgl. DVP3:3148) oder 132 (vgl. DVP3:3143) hat. Die fall-rise-Bewegungen (20%) in der NS-Umgebung wurden interessanterweise nicht mehr oder weniger als Fragen fehl-kategorisiert als die übrigen 80%, so daß sich die Hörer in den Kategorisierungstests jedenfalls nicht (nur) anhand der Form der Hauptbewegung orientierten:

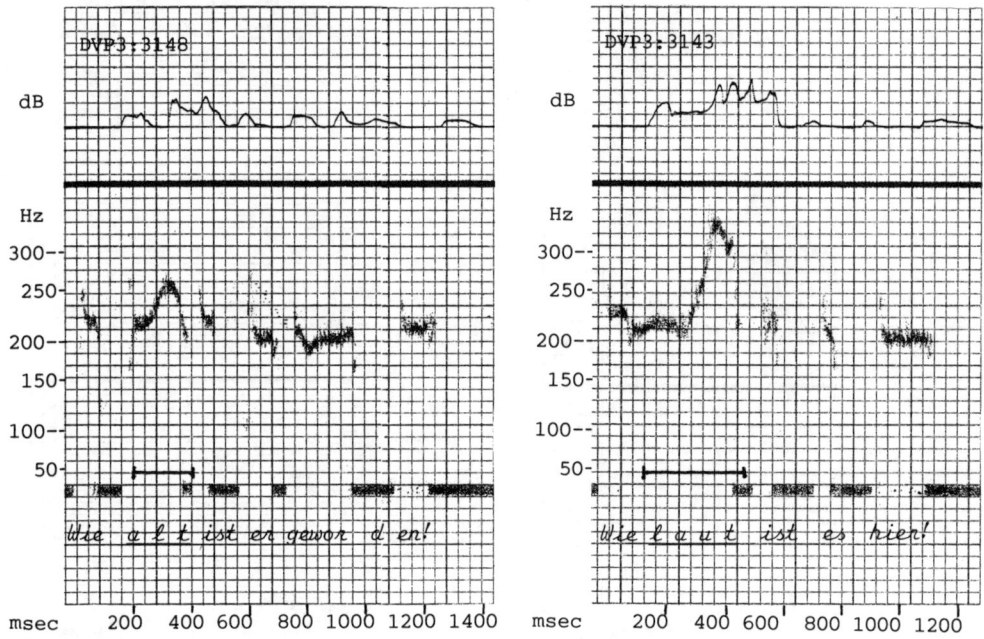

- Gesamt-Range: Der Gesamt-Range der Äußerung, d. h. die Differenz des höchsten und des tiefsten F_o-Wertes, ist bei der hier angezielten stilistisch normalen Betonung[13] in den Fragesätzen tendenziell größer: Für die Fragesätze ergab

---

13 Diesen Begriff verwende ich im Höhleschen Sinne: "Die Betonung eines Satzes S_i ist stilistisch normal, wenn S_i hinsichtlich der Betonung kontextuell relativ unmarkiert ist; sie ist stilistisch nicht-normal, wenn S_i hinsichtlich der Betonung kontextuell markiert ist." (Höhle 1979:408)

sich hier ein Mittelwert von 11 und für die Exclamativsätze von 10 Halbtönen.

- Range der größten Bewegung: Die Differenz des höchsten und des tiefsten F_o-Wertes der Bewegung in der Umgebung der Hauptakzentsilbe ist bei den Fragesätzen im Durchschnitt um 3 Halbtöne größer als bei den Exclamativsätzen: Er liegt für die ersteren bei 10 und für die letzteren bei 7 Halbtönen.

- NS-Range: Der NS-Range, d. h. die Differenz des F_o-Maximums und des F_o-Minimums auf der Hauptakzentsilbe ist, wie Tabelle 1 entnommen werden kann, bei den weiblichen VPn in den Fragesätzen um 10-15 Hz kleiner als in den Exclamativsätzen. Bei den männlichen VPn hingegen ist der NS-Range der Fragesätze 3-4 Mal größer als der der Exclamativsätze.

Zur Dauer:

- Gesamt-Dauer und Dauer der Nukleussilbe: Die Gesamt-Dauer, die Dauer der NS und die relative Dauer der NS[14] sind in den Exclamativsätzen generell länger als in den Ergänzungsfragesätzen. Daß die Zunahme der Dauer keineswegs allein auf die NS zurückgeht, zeigt Tabelle 1: So nimmt die Dauer der NS im Durchschnitt um 40 msec, die Gesamt-Dauer jedoch um 140 msec zu.

Zur Intensität:

- In beiden hier untersuchten Satzmodi sind die höchsten Werte für die Intensität am Satzanfang zu finden. Eines der beiden gemessenen, oft gleich hohen Amplituden-Maxima einer Äußerung liegt auf der NS und fällt somit mit dem F_o-Maximum zusammen. Die Werte der Amplitudengipfel lassen keine eindeutige, vom Satzmodus abhängige Tendenz erkennen.

Zusammenfassung:

In den Oszillomink-Aufzeichnungen werden die Nukleussilbe und deren Umgebung meist durch eine größere F_o-Bewegung und höhere Intensität von den anderen Silben unterschieden. Eine geringere F_o-Bewegung auf der NS kann in den Exclamativsätzen aber auch durch eine zunehmende Dauer "ersetzt" werden, so daß sich etwa die Silbe *alt* sowohl in DVP4:4136 als auch in DVP:4139 als die prominenteste, d. h. von den meisten Hörern als solche beurteilt, herausstellte: Während der Gesamtverlauf der F_o-Kontur relativ gleich bleibt, wird der um ca. 35 Hz geringere F_o-rise auf der NS in 4139 durch die um ca. 40 msec längere Dauer "kompensiert". Der F_o-Abfall beträgt in beiden Fällen etwa 30 Hz.

    Außer der Nukleussilbe und ihrer Umgebung scheint der Offset für den Satzmodus ausschlaggebend zu sein: Ein hoher Offset ist ein (fakultatives) Merkmal

---

14 Die relative Dauer der NS wurde in der folgenden Weise berechnet: $\dfrac{\text{A1D}}{\dfrac{D}{SZ}}$

des Ergänzungsfragesatzes. In einem *w*-V-2-Exclamativsatz kann nur ein tiefer Offset vorkommen.

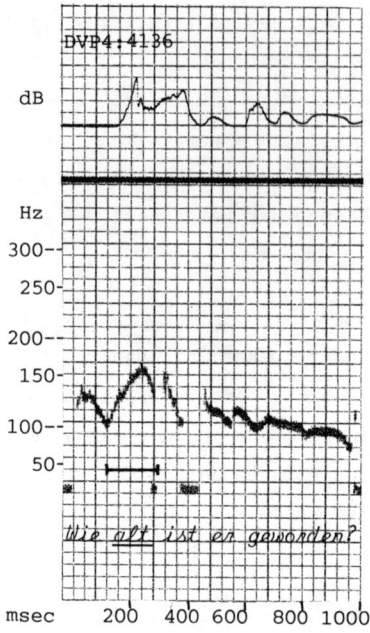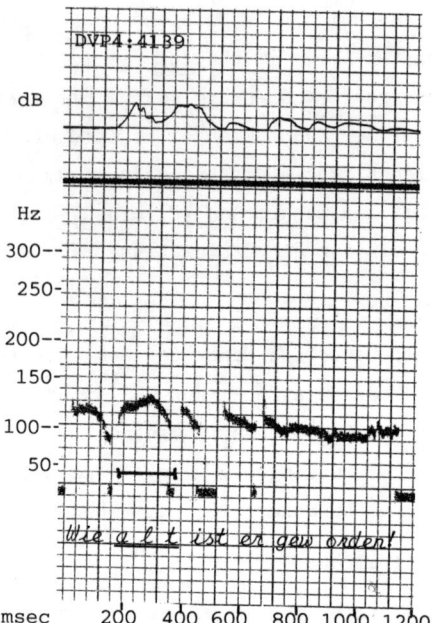

Tabelle 1 soll eine Übersicht über die im einzelnen erfaßten Daten der stimmhaften Teile in den Oszillomink-Aufzeichnungen geben. Es handelt sich hier um Daten, die als Durchschnittswerte der "gefilterten" (vgl. Kategorisierung und Natürlichkeit) Realisierungen eines Satztyps durch zwei Sprecherinnen (DVP1 und DVP3) bzw. durch zwei Sprecher (DVP4 und DVP6) ermittelt worden sind (Wie bereits erwähnt, stellen die Offset-Werte der DVP4 wegen der Laryngalisierung gegen das Ende der Äußerung hin nur ungefähre Angaben dar.).

Die Werte in Tabelle 1 müssen als von der jeweiligen Versuchsperson und somit u. a. als von deren allgemeinen Sprechstil abhängig betrachtet werden. Obwohl diese Daten ein möglichst genaues Bild der einzelnen Realisierungen des betreffenden Sprechers wiedergeben, sind die statistischen Erhebungen über alle Sprecher und deren oben besprochenen Realisierungen in Tabelle 17 (S. 284ff.) beachtenswert; hier sind sprecherunabhängige Beobachtungen getroffen worden, die allgemeinere Tendenzen sichtbar machen als diese anhand der Tabelle 1 möglich sind.

1. *Wie laut ist es hier*
2. *Wie alt ist er geworden*

1	2	3			4	5	6	7	8	9	10
Satz-Nr.	VP	Dauer in msec. Gesamt	Nukleuss.		Onset	Offset	absol. F_O-Max.	absol. F_O-Min.	F_O-Umfang	markante F_O-Bewegung	Lage Ampl.Max.
		er ex	er	ex	er ex	er ex	er ex	er ex	er ex	er ex	er ex
1	DVP1	980 1090	*laut* 180	*laut* 210	240 215	280 180	*laut* 300 / *laut* 280	*es* 180 / *hier* 180	120 100	*laut* 220– 300 = 80 / *laut* 190– 280 = 90	*wie* *laut*
1	DVP3	1000 1070	*laut* 200	*laut* 280	220 200	320 180	*laut* 320 / *laut* 345	*laut* 180 / *laut* 190	140 155	*laut* 180– 180– = 0 320 =140 / *laut* 190– 345– =155 325 = 20	*wie* *laut*
2	DVP4	1000 1130	*alt* 160	*alt* 200	130 115	--- ---	*alt* 170 / *alt* 140	off ≤90 / off ≤90	≥80 ≥50	*alt* 110– 170– = 60 140 = 30 / *alt* 120– 140– = 20 110 = 30	*wie* *wie*
2	DVP6	1080 1270	*alt* 120	*alt* 200	60 70	60 60	*alt* 120 / *alt* 85	off 60 / off 60	60 25	*alt* 60– 120– = 60 100 = 20 / *alt* 70– 85– = 15 75– = 10	*wie* *alt*

<u>Tabelle 1:</u> Intonatorische Merkmale des Minimalpaares *Ergänzungsfragesatz vs. w-V-2-Exclamativsatz*

Bei den vorausgehenden Ergänzungsfragen fiel der Hauptakzent auf die gleiche Silbe wie in den parallelen w_{ex}-Varianten, und zwar ausnahmslos auf das dem w-Wort folgende Adjektiv. Somit war dort die Stelle des Hauptakzents nicht modusunterscheidend. In dem hier untersuchten Korpus befindet sich jedoch auch ein Beispiel für eine intonatorische w_{er}/w_{ex}-Opposition, in der bereits u. a. die Lage des Hauptakzents modusrelevant ist. Diese Sätze lauten:

(2-142) Situation: Sprecher und Hörer über eine
        dritte Person A.
        Sprecher: "Du hast gerade gesagt, daß A
        reich geworden ist. Was ich aber
        gerne wissen möchte: Wie ist der
        reich geworden? Wie um alles
        in der Welt konnte der das schaffen?"
                                        (Prol-58)

(2-143) Situation: Sprecher und Hörer über eine dritte
        Person A.
        Sprecher: "Du kennst doch A. Vor ein paar Jahren
        noch ein armer Schlucker. Und jetzt?
        Wie ist der reich geworden! So viel
        Geld wie der möchte ich auch einmal
        haben!" (Prol-60)

Aus Tabelle 2 sind die wichtigsten Werte der Realisierungen zu diesen Sätzen durch die weiblichen Versuchspersonen 1 und 2 sowie die männlichen Versuchspersonen 4 und 5 ersichtlich. Den hier beachteten Äußerungen wurde als "Filter" ≥80% für die Kategorisierung und ≤2,5 für die Natürlichkeit bei den Frage- und ≤3,0 für die Natürlichkeit ohne Grenzwert für die Kategorisierung bei den Exclamativ-Varianten angesetzt.

Wegen der unterschiedlichen Position des Hauptakzents handelt es sich hier um kein echtes intonatorisches Minimalpaar, und dem Thema der vorliegenden Arbeit entsprechend werden im folgenden hauptsächlich die Eigenschaften der erotetischen Variante besprochen. In der Tabelle befinden sich in Klammern jedoch einzelne Werte, die in dem jeweils zu vergleichenden Satzmodus auf der gleichen Silbe produziert wurden.

Wie ist der reich geworden

1	2 Gesamt er	Gesamt ex	Nukleuss er	Nukleuss ex	3 Onset er	Onset ex	4 Offset er	Offset ex	5 F_o-Max er	F_o-Max ex	6 F_o-Min er	F_o-Min ex	7 F_o-Umfang er	F_o-Umfang ex	8 F_o-Bewegung er	F_o-Bewegung ex	9 Ampl. Max. (dB) er	Ampl. Max. (dB) ex
DVP1	1260	1230	*wie* 180 / (er) 170	*reich* 180 / (ex) 140	240	240	190	200	*ist* 320	*ist* 270	*reich* 180	*wor* 180	140	90	*wie ist* 240– ; 320– =80 ; 310 =10	*reich* 260– ; 220– =40 ; 240 =20	*wie* 44 / (er) 42	*der* 46 / (ex) 43
DVP2	1360	1260	*wie* 230 / (er) 180	*reich* 200 / (ex) 100	180	160	150	145	*wie* 300	*reich* 220	off 150	off 145	150	75	*wie ist* 175– ; 300– =125 ; 205 =95	*reich* 160– ; 220– =60	*wie* 44 / (er) 40	*der* 42 / (ex) 39
DVP4	1340	1280	*wie* 240 / (er) 190	*reich* 230 / (ex) 100	125	130	<100	<100	*wie* 200	*der* 160	off <100	off <100	>100	>100	*wie ist* 125– ; 200– =75 ; 125 =75	*reich* 140– ; 150– =10 ; 100 =50	*wie* 37 / (er) 37	*der* 46 / (ex) 40
DVP5	1440	1380	*wie* 210 / (er) 190	*reich* 230 / (ex) 120	110	90	90	80	*wie* 300	*reich* 150	off 90	off 80	210	70	*wie ist* 110– ; 300– =190 ; 120 =180	*reich* 100– ; 150– =50 ; 130 =20	*wie* 42 / (er) 42	*der* 48 / (ex) 40

Tabelle 2: Intonatorische Merkmale des Minimalpaares *Ergänzungsfragesatz* vs. *w-V-2-Exclamativsatz* mit unterschiedlicher Lage des Hauptakzents

Zur Lage der Hauptakzentsilbe:

Die Ergänzungsfragerealisierungen weisen den stärksten und zugleich den einzig wahrgenommenen Akzent einheitlich auf dem w-Wort auf. Diese Beobachtung steht ganz im Gegensatz zu der bei den Sätzen (2-138) und (2-139) gemachten, es dürfte sich bei (2-142) jedoch um einen Sub-Typ der Ergänzungsfragesätze handeln, so daß für den "Normalfall" der w-Fragesätze weiterhin davon ausgegangen werden kann, daß der Hauptakzent nicht auf das w-Wort fällt.

Die in Relation zum Satzmodus ungewöhnliche Lage des Hauptakzents dürfte darauf zurückzuführen sein, daß die Elemente in *Wie ist der reich geworden?* in der angegebenen kontextuellen Einbettung bis auf das w-Wort thematisch sind, und somit bleibt als einzige "Lagerungsstätte" des rhematischen Frageakzents *wie* übrig.

Die Exclamativakzente liegen nicht auf dem w-Wort, sondern stets auf dem prädikativen Adjektiv und zusätzlich auf dem Demonstrativpronomen. Akzent-Splitting kommt in jeder Exclamativ-, aber in keiner Frage-Realisierung vor.

Zum Verlauf der Grundfrequenz:

- F_0-Onset: Die Höhe des F_0-Onset scheint vom Sprecher, aber nicht vom Satzmodus abhängig zu sein.

- F_0-Offset: Der F_0-Offset ist in beiden Satzmodi und bei jedem Sprecher ausnahmslos tief.

- Nukleussilbe (NS): Die F_0-Bewegung auf der NS *wie* des Ergänzungsfragesatzes ist generell steigend(-fallend). Der Anstieg kann entweder nach einem kurzen Plateau (vgl. DVP5:5124) oder nach einem kleinen Abfall nach dem Onset (vgl. DVP2:2134) beginnen. Bei der DVP1 setzt sich der Anstieg bis auf die nächste Silbe fort (vgl. DVP1:1131). Der Abfall vom F_0-Gipfel erfolgt bei den anderen Sprechern teilweise bereits auf der NS (vgl. DVP5:5124). Er setzt sich auf der zweiten Silbe oft bis zu oder mindestens in die Nähe der unteren Deklinationslinie fort.

Die Exclamativakzente entsprechen ebenfalls den größten F_0-Bewegungen. In den Exclamativsätzen kommen zu 75% zweigipfelige Konturen vor; dies zeigt sich auch am Akzent-Splitting in den Akzenttests. Ein Beispiel hierfür ist DVP3: 3135:

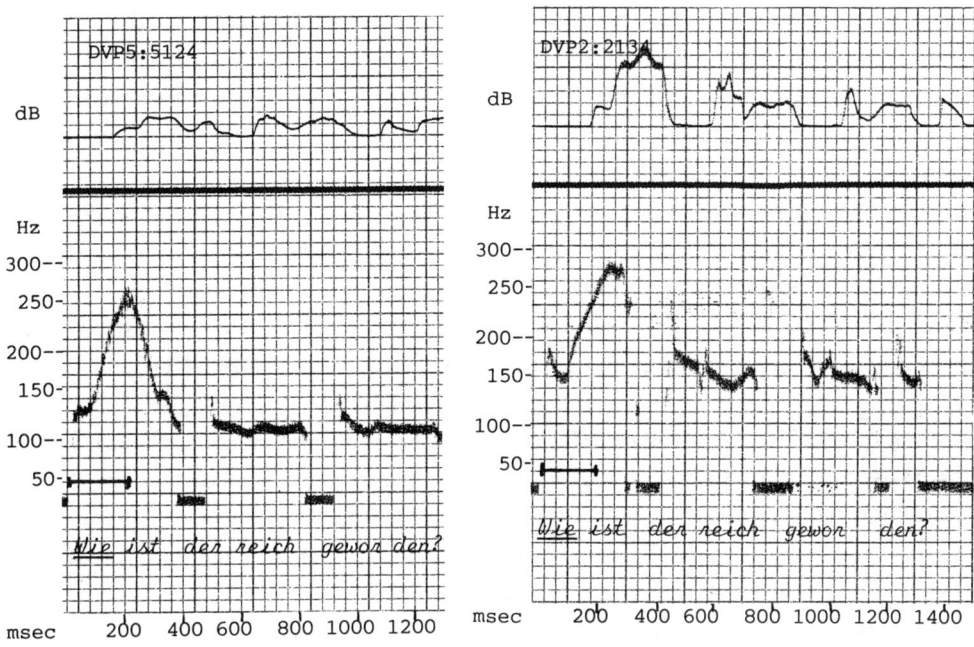

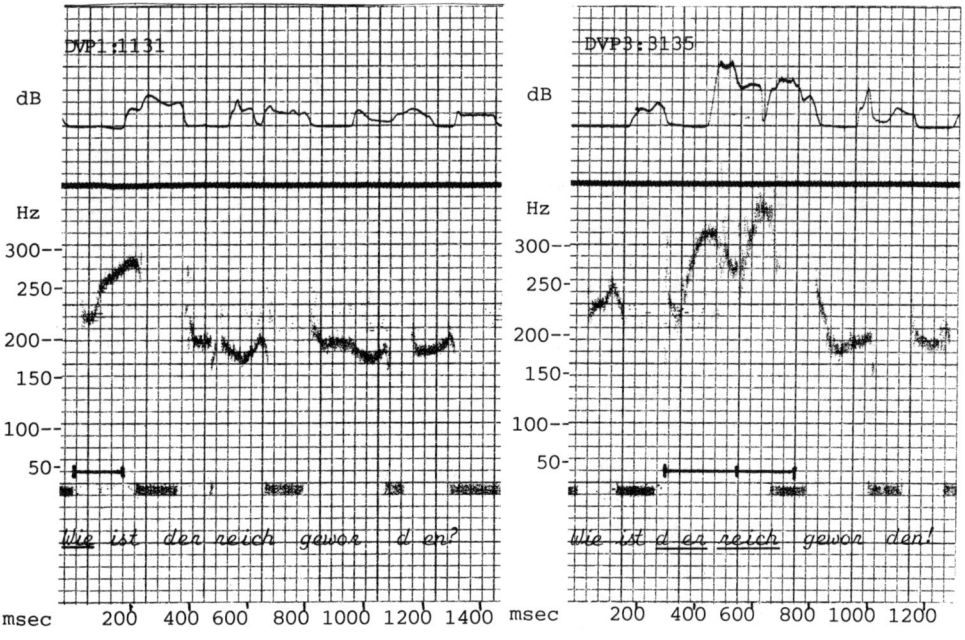

56

Die größte F_o-Bewegung: Im Gegensatz zu der fall-rise Bewegung auf der NS und in deren Umgebung bei den Fragesätzen (2-138) und (2-139) fällt die größte F_o-Bewegung hier bei den Ergänzungsfragesätzen zu 92% als eine konvexe 132-Bewegung aus (vgl. DVP5:5125 und DVP2:2133). Die Exclamativsätze weisen eine konvexe Bewegung auf, deren genaue Gestaltung hier unterschiedliche Formen haben kann.

– Gesamt-Range: Der Gesamt-Range der Fragesätze ist mit 17 Halbtönen auch bei dieser Opposition größer als der der Exclamativsätze mit 10 Halbtönen.

– Range der größten Bewegung: Der durchschnittliche Wert für den Range der F_o-Bewegung auf der NS und in deren Umgebung ist bei den Fragesätzen ebenfalls größer als bei den Exclamativsätzen. Hier sind die Werte jeweils 11 bzw. 7 Halbtöne.

– NS-Range: Da die Lage der Hauptakzentsilbe bei den verglichenen Sätzen nicht identisch ist, kann hier sinnvollerweise nur global festgestellt werden, daß sowohl die Anstiege als auch die Abstiege auf den NSn der Ergänzungsfragesätze größer sind als auf den NSn der Exclamativsätze. Zeitlich erscheinen diese Bewegungen je nach Satzmodus zwar in unterschiedlicher Reihenfolge, aber sie zeigen doch insgesamt, daß der Range auf der NS der Ergänzungsfragesätze größer ist als bei der Exclamativsatz-Opposition.

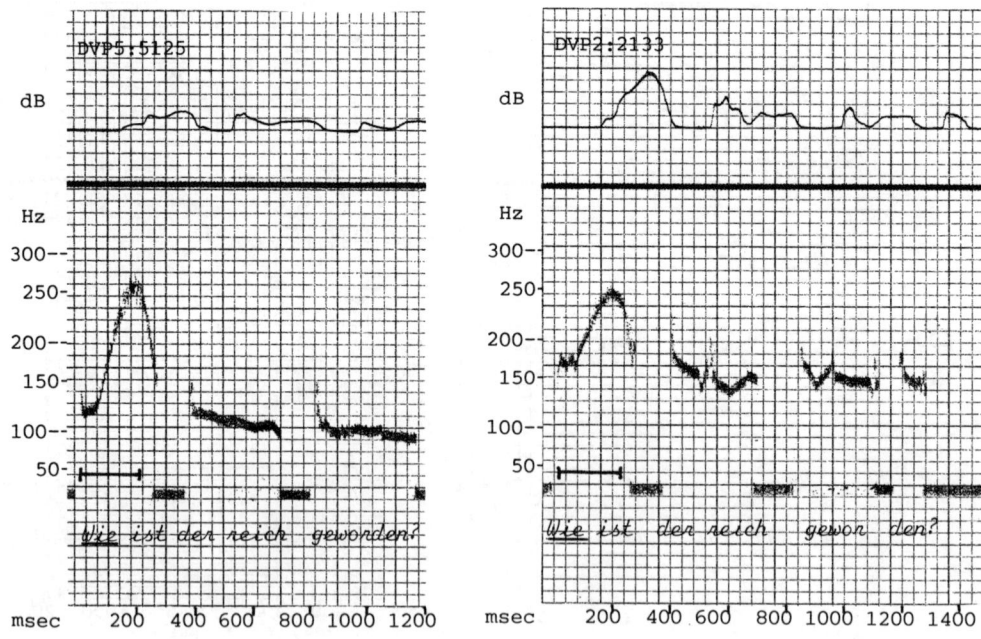

Zur Dauer:

- Gesamt-Dauer und Dauer der NS: Die Fragesätze weisen stets längere Dauer als die Exclamativsätze auf. Dies steht im Gegensatz zu der bei (2-138) und (2-139) gemachten Beobachtung. Eine genauere Entschlüsselung der Daten zeigt dann auch, daß der Hauptakzent auf dem w-Wort mit erheblicher Zunahme der Dauer desselben verbunden ist: Im Vergleich mit den entsprechenden Silben in den Exclamativsätzen sind sie um 40-140 msec länger (vgl. Tabelle 2). Auch die Hauptakzentsilben der Exclamativsätze sind gedehnt; die Dehnungen betragen hier jedoch nur 10-40 msec im Verhältnis zu den gleichen Silben in den Ergänzungsfragesätzen. Die relative Dauer der NS ist bei den Exclamativsätzen tendenziell länger als bei den Fragesätzen.

Zur Intensität:

Das Amplituden-Maximum liegt in den Ergänzungsfragesätzen in der NS am Satzanfang und fällt somit mit dem F_o-Maximum zusammen. Der Wert ist bis auf die DVP4 bei allen Sprechern zumindest tendenziell größer als auf der gleichen Silbe der Exclamativ-Variante, bei der es sich hier ja nicht um die Hauptakzentsilbe handelt. Dieselbe Tendenz betrifft das Amplituden-Maximum in den Exclamativsätzen, bei denen es auf eine der beiden möglichen Hauptakzentsilben (der und reich) fällt.

Zusammenfassung:

Eine in Relation zum Satzmodus "ungewöhnliche" Art oder Lage des Hauptakzents - wie in dem angegebenen Kontext bei Wie ist der reich geworden? - scheint mit hohen Werten für F_o, F_o-Bewegungen, Dauer und Amplitude auf der Hauptakzentsilbe gekoppelt zu sein.

Tabelle 2 zeigt vom einzelnen Sprecher abhängige Daten zu den Realisierungen der hier besprochenen Sätze. Ein allgemeineres Bild ist wiederum anhand der Tabelle 17 zu gewinnen. Die Figuren 1-4 demonstrieren jeweils eine w_{er}- und eine w_{ex}-Realisierung derselben Versuchsperson. Diese auf der Zeitachse aufeinander gestellten F_o- und Amplitudenverläufe verdeutlichen die zentrale, der Kennzeichnung der Satztypen dienende Rolle dieser Parameter im Satzmodussystem:

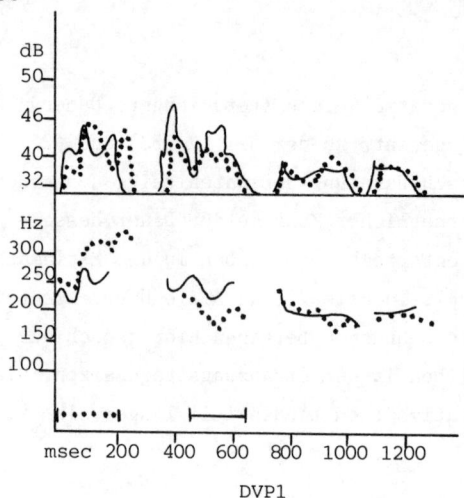

DVP1

Wie ist der <u>reich</u> geworden

^{•••} = erotetisch
— = exclamativisch

Figur 1

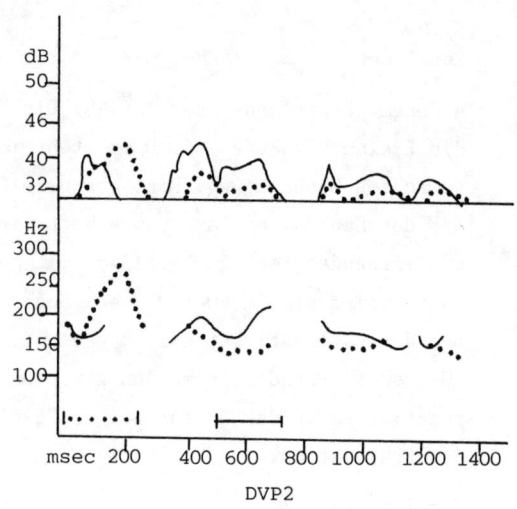

DVP2

Wie ist der <u>reich</u> geworden

^{•••} = erotetisch
— = exclamativisch

Figur 2

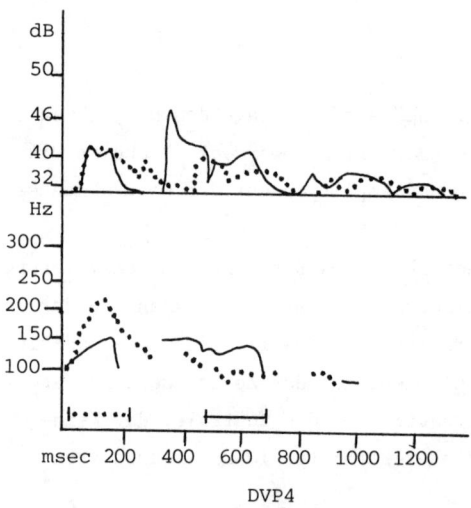

DVP4

Wie ist der <u>reich</u> geworden

^{•••} = erotetisch
— = exclamativisch

Figur 3

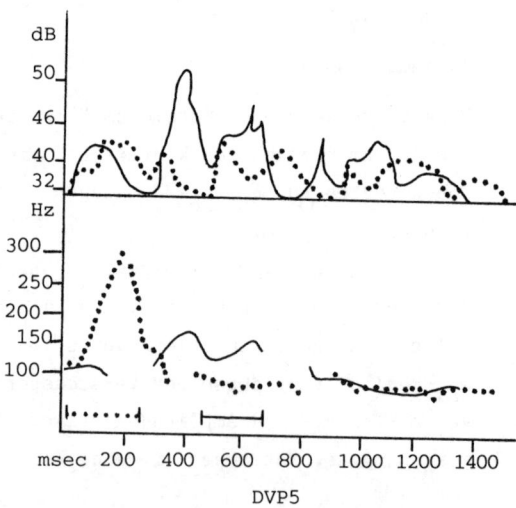

DVP5

Wie ist der <u>reich</u> geworden

^{•••} = erotetisch
— = exclamativisch

Figur 4

Parallele Erscheinungen mit dem Hauptakzent auf dem *w*-Wort treten in aufeinander
folgenden Ergänzungsfragesätzen, d. h. in Fragereihungen, ((2-144)) und in Ergänzungsfragesätzen mit mehreren *w*-Wörtern ((2-145)-(2-147)) auf. Im übrigen
handelt es sich in (2-145)-(2-147) ebenfalls um Fragereihungen: Es sind jeweils
drei bzw. zwei Ergänzungsfragesätze durch Tilgung der identischen Satzteile im
zweiten (und dritten) Fragesatz zusammengesetzt worden:

(2-144) (A: Ich war oft in München.)
        B: Wann waren Sie in München↓
        (A: 1980, 1982, 1983 und 1984.)
        B: Warum waren Sie dort↑
        (A: Weil ich Bekannte besucht habe.)
        B: Wo waren Sie da↑
        (A: Jedesmal nur in Schwabing.)

(2-145) (Helmut Weinbuch sagt: "Der Hermann sieht in mir den Sport-
        funktionär und guten Kameraden." Hermann Weinbuch sagt:
        "Ich sehe ihn nur als Vater.")
        Wer sieht nun was in wem↓   (SZ 21.1.85:28)

(2-146) Wem bringt was am meisten↓   (SZ 24./25.11.84:18)

(2-147) Wie lange soll wieviel Geld angelegt werden↓   (ebd.)

Zur Fragereihung erfolgten Aufnahmen mit (2-148) und zum Ergänzungsfragesatz
mit zwei *w*-Wörtern unter (2-149):

(2-148) Situation: Anton und Klaus unterhalten sich.
        Anton: Endlich hab' ich den Harald
                   kennengelernt.
        Klaus: Wann hast du ihn kennengelernt?
        Anton: Gestern.
        Klaus: Wo hast du ihn kennengelernt?
        Anton: In der Bibliothek. (Pro2)

(2-149) Situation: Anton und Klaus unterhalten sich.
        Anton: Endlich hab' ich den Harald
                   kennengelernt.
        Klaus: Wann und wo hast du ihn kennen-
                   gelernt? (Pro2)

Die Abbildungen der DVP8 demonstrieren den F_o-Verlauf in Fragereihungen. Auffallend ist das oben bleibende Plateau des zweiten Fragesatzes, so daß sich die
Abbildungen der beiden Beispielsätze u. a. durch die Höhe des Offset unterscheiden. Die Abbildung der DVP7 demonstriert den F_o-Verlauf in Fragesätzen mit mehreren *w*-Wörtern. Hier wurde der Akzent auf dem zweiten *w*-Wort eindeutig als
Hauptakzent wahrgenommen. Zu bemerken ist insgesamt, daß die Akzente auf den
w-Wörtern als steigende bzw. steigend/fallende F_o-Bewegungen realisiert werden:

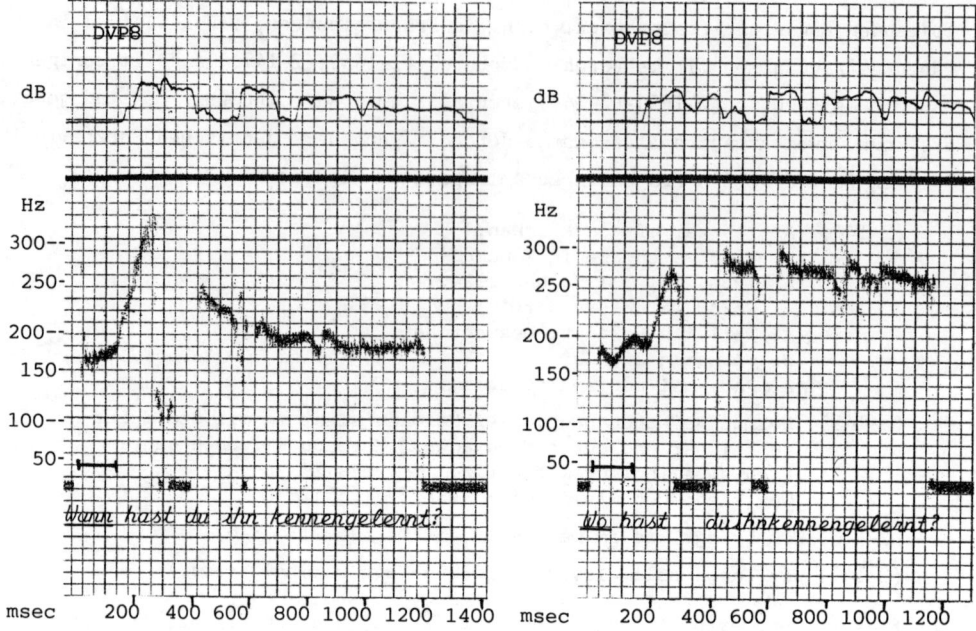

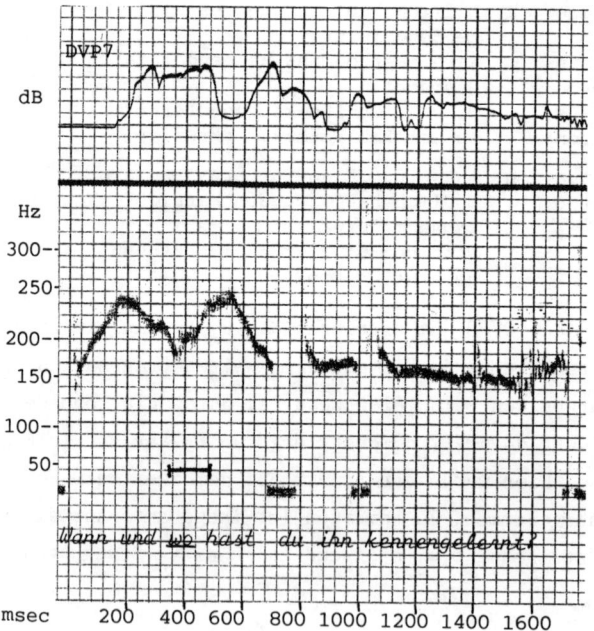

2.1.3. Interaktion der intonatorischen und der nicht-intonatorischen Merkmale

(2-150) Situation: Sprecher und Hörer über eine
dritte Person A.
Sprecher: "Du hast gerade gesagt, daß A
reich geworden ist. Was ich aber
gerne wissen möchte: <u>Wie ist der</u>
<u>reich geworden?</u> Wie um alles
in der Welt konnte der das schaffen?"
(Prol-58, (2-142))

(2-151) Situation: Sprecher und Hörer über eine
dritte Person A.
Sprecher: "Du hast mir gerade gesagt, daß A
reich geworden ist. Was ich aber
gerne wissen möchte: <u>Wie ist der</u>
<u>denn reich geworden?</u> Wie um alles
in der Welt konnte der das schaffen?"
(Prol-59)

Der Tabelle 3, die die wichtigsten Vergleichswerte für die w_{er}-Varianten von *Wie ist der reich geworden* ohne Modalpartikel ((2-150)) und mit der Modalpartikel *denn* ((2-151)) enthält, ist zu entnehmen,

- daß mit Ausnahme der DVP4 die Fragesätze ohne Modalpartikel um ca. 100 msec. länger sind als diejenigen Sätze, aus denen die ursprüngliche Modalpartikel herausgeschnitten wurde. Dieser Tatbestand deutet darauf hin, daß eine Modalpartikel die erotetische Funktion der ungewöhnlich langen Dauer teilweise übernimmt, so daß der letztgenannte Parameter weniger ausgeprägt wird.
- daß der postiktische F_0-Abfall auf *ist* in den w_{er}-*denn*-Äußerungen entweder ganz ausbleibt (vgl. DVP1 und DVP2) oder geringer ist als in den Äußerungen ohne Modalpartikel (vgl. DVP4 und DVP5). Damit wohl zusammenhängend, setzt der F_0-Verlauf von *der* bei allen Sprechern in der *denn*-Variante tendenziell höher als in der Variante ohne Modalpartikel an. Als Beispiele seien hier DVP2:2136 und DVP2:2133 aufgeführt:

1. *Wie ist der reich geworden*
2. *Wie ist der denn reich geworden*

1	2			3		4		5		6		7		8		9	
VP	Dauer in msec. Gesamt NS			Onset		Offset		absol. F0-Max.		absol. F0-Min.		F0-Umfang		markante F0-Bewegung		Lage Ampl.Max.	
		1	2	1	2	1	2	1	2	1	2	1	2	1	2	1	2
DVP1	1260 +denn 1360 −denn 1180	*wie* 180	*wie* 140	240	240	190	200	*ist* 320	*ist/ der* 330	*reich* 180	*reich* 190	140	140	*wie ist* 240− 320− = 80 310 = 10	*wie ist* 210− 330 =120	*wie*	*wie*
DVP2	1360 +denn 1440 −denn 1250	*wie* 230	*wie* 180	180	160	150	150	*wie* 300	*wie* 310	*off* 150	*reich* 130	150	180	*wie ist* 175− 300− =125 205 = 95	*wie ist* 160− 310 =150	*wie ist*	*wie ist*
DVP4	1340 +denn 1600 −denn 1470	*wie* 240	*wie* 330	125	150	<100	<100	*wie* 200	*wie* 200	*off* <100	*off* <100	>100	>100	*wie ist* 125− 200− = 75 125 = 75	*wie* 110− 200 = 90 150 = 50	*wie*	*wie*
DVP5	1440 +denn 1540 −denn 1340	*wie* 210	*wie* 280	110	100	90	85	*wie* 300	*wie* 265	*off* 90	*wor* 80	210	185	*wie ist* 110− 300− =190 120 =180	*wie ist* 100− 265− =165 165 =100	*wie*	*der*

Tabelle 3: Intonatorische Merkmale eines Ergänzungsfragesatzes ohne Modalpartikel und eines Ergänzungsfragesatzes mit der Modalpartikel *denn*

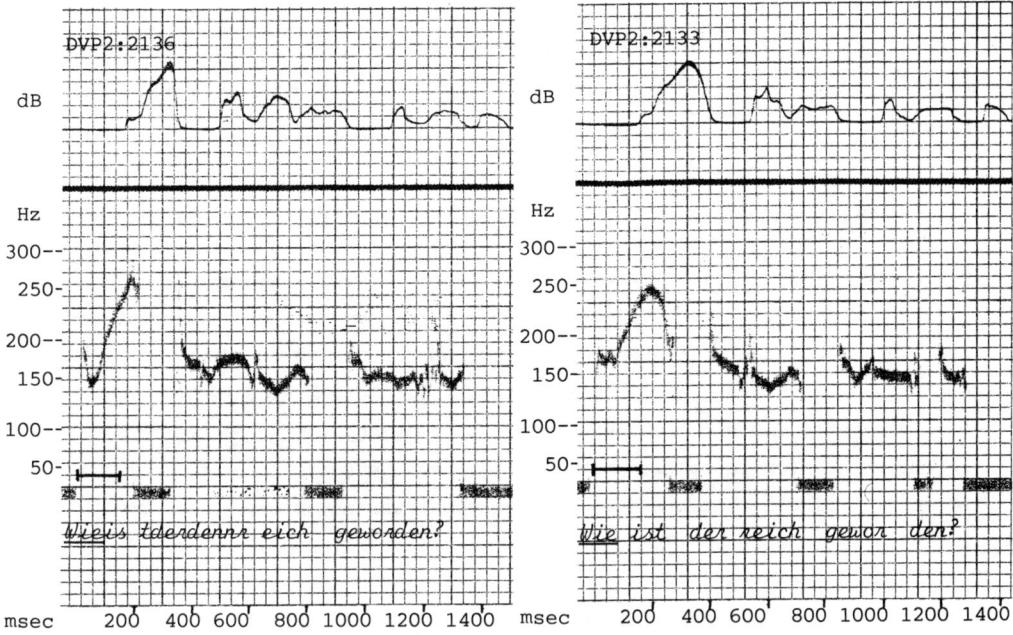

- daß der vorhandene F_o-Abfall auf *ist* mit einer längeren NS in der *denn*-Variante zu korrelieren scheint (vgl. DVP1 und DVP2 vs. DVP4 und DVP5).

- daß sich die Konturen des Frequenzverlaufs im großen und ganzen gleichen, wie dies auch Esser (1978:48) beobachtet.

- daß die Lage des Hauptakzents vom Vorhandensein einer Modalpartikel unberührt bleibt.

- daß die Modalpartikel die konsistente Realisierung des Amplitudengipfels auf der NS verhindert.

- daß die Werte für Onset, Offset, Minima, Maxima und F_o-Range keine allgemein gültigen Aussagen über Auswirkungen der Modalpartikel auf die Intonation insgesamt zulassen.

Diese ersten Beobachtungen bestätigen Fox' Feststellung

> They (intonation and modal particles) have a certain relationship
> in their functions, and may collaborate in giving significance to an
> utterance, but they remain independent. (Fox 1984:114)

Auch wenn aufgrund des bisher spärlichen Materials noch weder sprecherspezifische noch sprecherunabhängige Analysen gemacht werden können, so meine ich die Modalpartikel *denn* in die "erotetic trading relations" miteinbeziehen zu können. Unter diesem Terminus verstehe ich somit zwar an sich selbständige, aber in ihrer Ausprägung voneinander abhängige intonatorische und nicht-intonatorische Merkmale, über die der Sprecher zum Ausdrücken der erotetischen Einstellung verfügt.

2.2.   Subtypen, Mischtypen und Ellipsen in der Hierarchie der Wort-Fragesätze

Im vorigen Kapitel wurden sowohl allgemeine erotetische Merkmale als auch solche der Ergänzungsfragesätze herausgearbeitet. In diesem Kapitel will ich andere Wort-Fragesätze zu erschließen versuchen. Dabei gehe ich von den für die Ergänzungsfragesätze erarbeiteten Charakteristika der Wort-Fragesätze aus und stelle neue Typen auf, die sich syntaktisch und pragmatisch vom Ergänzungsfragesatz einerseits und von formengleichen Satztypen andererseits unterscheiden. Das Ziel ist ferner, eine Hierarchie der Fragesätze aufzubauen. Diese beruht auf der illokutionären Selbständigkeit (Ellipse vs. Nicht-Ellipse), auf der formalen und funktionalen Eigenständigkeit (Mischtyp vs. Nicht-Mischtyp) sowie auf den pragmatischen Verwendungsrestriktionen für den Grundtyp (Haupttyp (=Ergänzungsfragesatz) vs. Subtyp (=deliberativer Wort-Fragesatz)). Nachdem ich die Ergänzungsfragesätze in der Vollständigkeit besprochen habe, die mir im Rahmen dieser Arbeit möglich war, will ich mich zunächst mit dem deliberativen Wort-Fragesatz auseinandersetzen, den ich in der Hierarchie zwischen den Haupttyp und die Mischtypen aus Gründen plaziere, die aus dem nächsten Abschnitt ersichtlich werden.

2.2.1. Deliberativer Wort-Fragesatz

Der deliberative Wort-Fragesatz weist zwei Verbstellungstypen, Verb-Zweit und Verb-Letzt, auf. Da von der pragmatischen Seite her keine gravierenden Unterschiede zwischen den beiden Typen erkennbar sind - außer daß der Verb-Letzt-Typ etwas 'deliberativer' im unten zu besprechenden Sinne ist als der Verb-Zweit-Typ -, wird der deliberative Wort-Fragesatz anhand des Verb-Letzt-Typs besprochen. Im übrigen wurde bereits auf Seite 28 auf den deliberativen Wort-Fragesatz hingewiesen. Die Beispiele (2-82) und (2-83) belegen die Verb-Zweit-Stellung und das fallende Tonmuster in diesem Fragesatztyp. Die deliberativen Verb-Zweit-Wort-Fragesätze unterscheiden sich von den Ergänzungsfragesätzen vor allem durch die mögliche Verwendung der Modalpartikel *wohl* und die daraus insbesondere für den Hörer abzuleitenden Konsequenzen, die jedoch sowohl für den Verb-Zweit- als auch für den Verb-Letzt-Typ gelten.

Die Stellung des finiten Prädikatsteils als klammerschließendes Element ist beim deliberativen Wort-Fragesatz der deutlichste nicht-intonatorische Unterschied zum Ergänzungsfragesatz:

(2-152) Welches von den beiden Büchern ihm wohl besser gefallen würde↑

(2-153) Warum er wohl keine Arbeit gefunden hat↑

Der indikativische Modus ist am häufigsten, der konjunktivische analog zum Ergänzungsfragesatz akzeptabel und der imperativische führt zur Inakzeptabilität.

Die Erwartung des Sprechers, daß der (zufällige) Hörer ihm eine natürliche Antwort geben kann, ist beim deliberativen Wort-Fragesatz im Vergleich zum Ergänzungsfragesatz wesentlich geringer. Dies wird häufig noch von der möglichen Modalpartikel *wohl* gemindert. Im allgemeinen ist eine deliberative Wortfrage jedoch eine echte Frage, und es wird darauf oft eine Antwort erwartet; der Hörer kann darauf antworten, aber er ist zu einer Antwort nicht verpflichtet. Die Milderung entsteht in erster Linie durch den auf den Sprecher bezogenen möglichen Indirektheitstyp wie *Ich frage mich, w- ...* oder *Es würde mich interessieren zu wissen, w- ...*. Es ist besonders zu beachten, daß diese Indirektheitstypen keine Modalpartikeln (auch nicht *wohl*) enthalten können. Der entsprechende Vor-Text bei einem Ergänzungsfragesatz ist dagegen hörerbezogen: *Ich frage dich, w- ...,* *Sage du mir, w- ...* etc. Aus der Natur des Vor-Textes und aus der fehlenden Initiativität erklärt sich auch, daß die deliberative Wortfrage im Gegensatz zu anderen Wort-Fragetypen als Selbst-Frage fungieren kann, d. h. als Frage, die der Sprecher sich selbst stellt.

Die einzigen nicht-intonatorischen Merkmale, in denen sich die deliberativen Fragesätze und die Ergänzungsfragesätze unterscheiden, scheinen die Verbstellung und das obligatorische Vorhandensein der Modalpartikel *wohl* zu sein. Die weitere potentielle Interpretation als Verb-Letzt-Exclamativsatz wird ebenfalls durch das obligatorische *wohl* in Modalpartikelfunktion, die Inakzeptabilität der Modalpartikeln *nicht, aber* und *doch* sowie die natürliche Antwort als möglicher Nach-Text ausgeschlossen. Somit kann es sich bei (2-154) nur um einen Verb-Letzt-Exclamativsatz handeln:

(2-154) (ANDRI   Fedri -
         GESELLE   Wie er (^xwohl/aber, doch) stottert↓
         (ANDRI   Warum hast du mich verraten?) An 73)

Die erotetische Selbständigkeit grenzt die deliberative Verb-Letzt-Frage zur indirekten w-Verb-Letzt-Frage (2-155), zur elliptischen Fortsetzungsassertion (2-156) und zur elliptischen Wort-Fortsetzungsfrage (vgl. (2-157) und 2.2.5.) ab:

(2-155) (Ich frage mich,) warum er keine Arbeit gefunden hat↓

(2-156) (Der Peter, der ist nun wirklich der faulste Mensch, den ich
kenne.) Weshalb er (wohl) auch keine Arbeit gefunden hat↓

(2-157) (Ja, ich war immer betrunken. (...) Man hat mir jetzt Sicherung
angedroht. Und ich trete jetzt sehr, sehr kurz -)
Was das Trinken angeht↑
(Nein, überhaupt -) (Th 58)

Bei (2-155) muß ein Matrixsatz auftreten der Art *Ich frage mich*, *Ich bin neugie-
rig zu wissen* etc. In (2-156) hat *wohl* die Funktion eines Satzadverbiale[15], und
dem Verb-Letzt-Satz muß ein assertiver Ausdruck vorangehen. Zur Wort-Fortsetzungsfrage bildet ebenfalls die Tatsache, daß diese kontextuell bedingte elliptische Frage nur auf eine Assertion folgen kann, die deutlichste Grenze; die
deliberative Frage kann ja initiativ und diskurseröffnend sein (, was einen Vor-
Text aber nicht unbedingt ausschließt). Diese sequentielle Differenz hängt
wiederum mit der Ellipsenhaftigkeit der Fortsetzungsfrage zusammen: Der dort
getilgte Matrixsatz wird aus dem Vor-Text konstruiert. Bei der deliberativen
Verb-Letzt-Frage kann ein entsprechender Matrixsatz nicht gebildet werden, und
der Vor-Text kann nur eine Assertion mit dem die Frageeinstellung wiedergeben-
den explizit performativen Verb *fragen* oder einem ähnlichen Ausdruck sein.

Somit kann der deliberative *w*-Verb-Letzt-Fragesatzmodus als selbständiger,
die propositionale "wissen wollen/fragen, *w*-"-Einstellung des Sprechers wieder-
gebender Typ betrachtet werden (mit der für ihn typischen Modalpartikel *wohl*).

Inwieweit die Intonation ihrerseits zur Kennzeichnung des Fragesatztyps
'deliberativer Verb-Letzt-Fragesatz' beiträgt, zeigen die folgenden Vergleiche
zwischen dem deliberativen Verb-Letzt-Fragesatz *Wie die wohl blüh'n?* und dem
Verb-Letzt-Exclamativsatz *Wie die blüh'n!*:

(2-158) Situation: Sprecher steht stirnrunzelnd vor blütenlosen
Kakteen
Sprecher: Wie die wohl blüh'n? (Pro2-37)

(2-159) Situation: Sprecher und ein anderer
Sprecher: Schau dir doch mal diese wunderschönen Kakteen an.
Wie die blüh'n! (Pro2-30)

---

15 Die Satzadverbiale werden aus der Untersuchung ausgeschlossen: Die hierzu
vorhandene Literatur (u. a. Steinitz (1969), Lang/Steinitz (1978) und
Lang (1979)) läßt für Fragemodi ein Ergebnis erwarten, dessen Gewinn in
keinem Verhältnis zum Aufwand stünde.

1. *Wie die wohl blüh'n?* (er)
2. *Wie die blüh'n!* (ex)

	1 Gesamt (er)	1 (ex)	2 Nukleuss. (er)	2 (ex)	3 Onset (er)	3 (ex)	4 Offset (er)	4 (ex)	5 absol. F_o-Max. (er)	5 (ex)	6 absol. F_o-Min. (er)	6 (ex)	7 F_o-Umfang (er)	7 (ex)	8 markante F_o-Bewegung (er)	8 (ex)	9 Lage Ampl. Max. (er/ex)
7	-wohl 980 / 820	740	*die* 200 / (ex) 120	*blüh'n* 420 / (er) 320	190	190	320	180	*blüh'n* 320	*blüh'n* 350	*wie* 160	off 170	160	180	*blüh'n* / 200- / 180- = 20 / 320 =140 170	*blüh'n* / 240- / 350- =110 / 170 =180	*die blüh'n*
8	-wohl 1220 / 1020	840	*die* 220 / (ex) 120	*blüh'n* 450 / (er) 380	200	230	310	200	*die* 315	*blüh'n* 360	*blüh'n* 180	off 200	135	160	*blüh'n* / 195- / 180- = 15 / 310 =130 200	*blüh'n* / 270- / 360- = 90 / 200 =160	*die blüh'n*
10	-wohl 1130 / 910	990	*die* 160	*die* 220	110	130	150	130	*blüh'n* 160	*die* 200	*wohl* 75	*wie* 110	85	90	*blüh'n* / 100- / 160- = 60 / 150 = 10 160	*die* / 150- / 200- = 50 / 160 = 40	*wohl blüh'n*
11	-wohl 930 / 730	840	*blüh'n* 350	*blüh'n* 500	105	110	140	100	*blüh'n* 150	*die* 165	*wohl* 85	*wohl blüh'n* 100	60	65	*blüh'n* / 100- / 150- = 50 / 140 = 10 100	*blüh'n* / 115- / 165- = 50 / 100 = 65	*die blüh'n*

Tabelle 4: Intonatorische Merkmale des Minimalpaares deliberativer *w*-Verb-Letzt-Fragesatz *vs.* *w*-Verb-Letzt-Exclamativsatz mit (zum Teil) unterschiedlicher Lage des Hauptakzents

Tabelle 4 enthält die gemessenen Werte für die weiblichen Versuchspersonen DVP7 und DVP8 sowie für die männlichen Versuchspersonen DVP10 und DVP11. Es wurde hier der "Standard-Filter" mit ≤2,5 für die Natürlichkeit und ≤0,80 für die Kategorisierung angewendet bis auf die Fragevarianten der DVP8 und der DVP11. Wahrscheinlich erbrachte die expressivere Sprechweise dieser beiden Versuchspersonen bei der Kategorisierung einige Exclamativ-Urteile, so daß hier der Filter auf ≤0,60 für die Kategorisierung angesetzt werden mußte.

Wegen des in unterschiedlichen Positionen produzierten Hauptakzents bei den VPn DVP7 und DVP8 befinden sich dort in Klammern diejenigen Werte, die in dem jeweils zu vergleichenden Satzmodus auf der gleichen Silbe produziert wurden.

Zur Lage der Hauptakzentsilbe:

Der Hauptakzent liegt entweder auf dem definiten Pronomen oder auf dem finiten Verb. Die weiblichen VPn scheinen bei der Frage- die erstere und bei der Exclamativ-Variante die letztere Option zu bevorzugen. Die männlichen VPn produzieren den Hauptakzent unabhängig vom Satzmodus konstant jeweils in einer der beiden möglichen Positionen.

Zum Verlauf der Grundfrequenz:

- F_o-Onset: Der F_o-Onset liegt in den Fragesätzen tendenziell tiefer als in den Exclamativsätzen.
- F_o-Offset: Das Satzende stellt einen wichtigen Unterscheidungspunkt für die betreffenden Satztypen dar: Die bei allen vier VPn höheren Offsets in den erotetischen Varianten hängen mit der ausnahmslos steigenden Tonführung am Ende der Fragesätze zusammen (vgl. DVP7:8076). Für die Exclamativsätze ist dagegen eine fallende F_o-Kontur am Satzende typisch (vgl. DVP7:8062). Wie der Tabelle 4, Spalte 8, entnommen werden kann, ist am Ende des Fragesatzes ein geringer Abfall der insgesamt steigenden Bewegung möglich (vgl. DVP10 und DVP11).
- Nukleussilbe (NS): Die Nukleussilbe zeigt in den Exclamativsätzen eine konvexe Form und in den Fragesätzen eine hauptsächlich steigende Form, die durch einen kleinen Abfall vor oder nach dem Anstieg gekennzeichnet ist. Dies geschieht unabhängig davon, ob die Nukleussilbe die letzte Silbe ist. Eine steigend-fallende Bewegung auf der NS im Mittelfeld demonstrieren DVP10:8575 für die Frage- und DVP10:8561 für die Exclamativ-Varianten. In DVP11:9079 und DVP11:9064 finden die der Form nach ähnlichen Bewegungen auf der NS am Ende eines Frage- bzw. eines Exclamativsatzes statt:

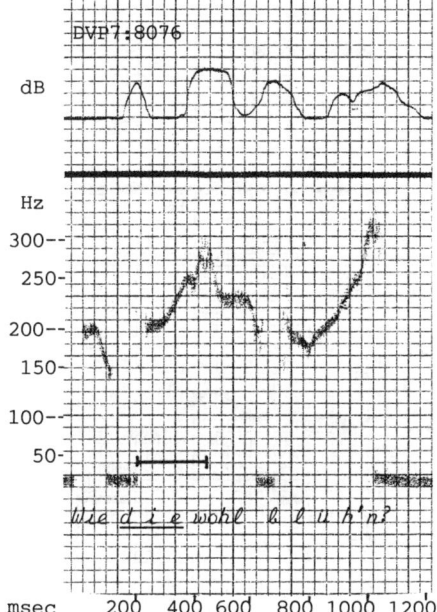

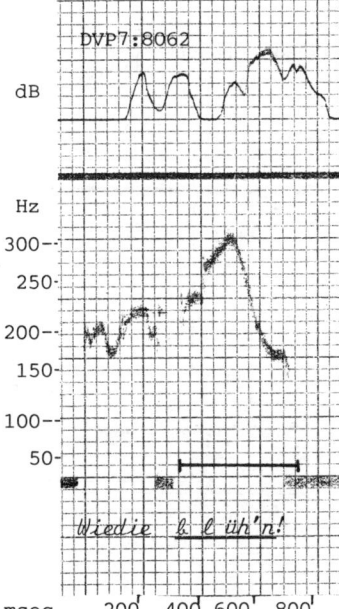

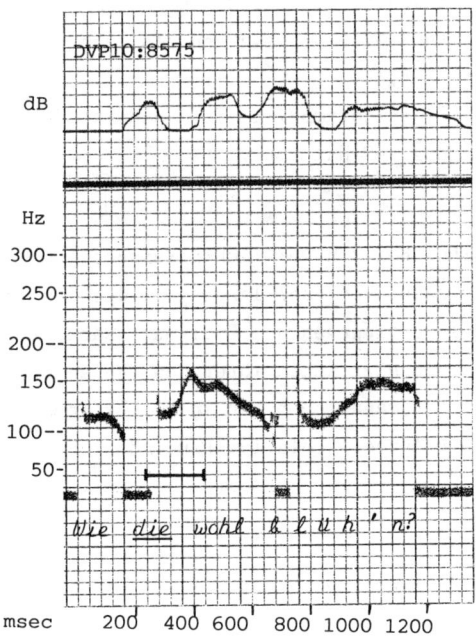

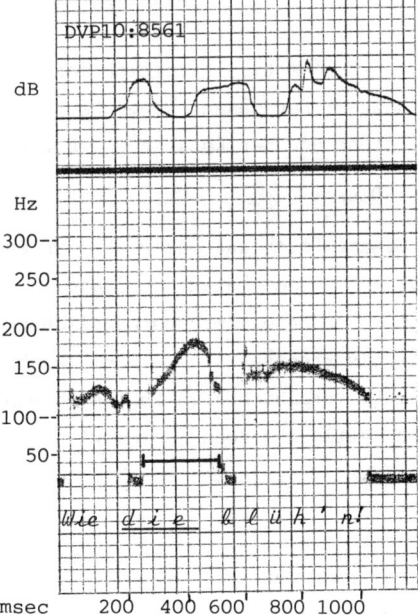

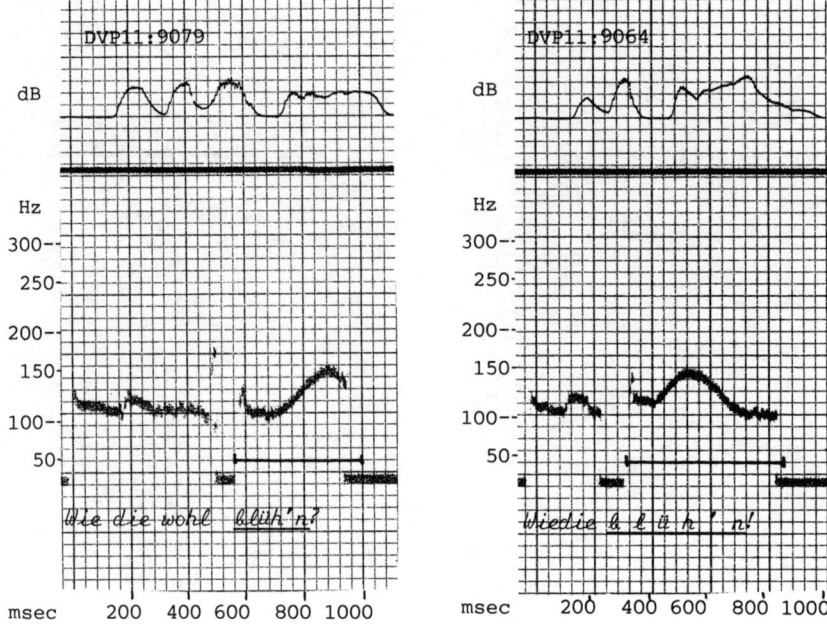

- Die größte F_o-Bewegung: Die größte F_o-Bewegung auf der NS und in deren Umgebung weist sowohl bei den deliberativen w–V–L–Fragesätzen als auch bei den w–V–L–Exclamativsätzen eine konvexe Form auf.
- Ranges: Der Gesamt-Range beträgt bei beiden Satzmodi im Durchschnitt 9–10 Halbtöne und der Range der größten Bewegung 7–8 Halbtöne.

Zur Dauer:

- Gesamt-Dauer und Dauer der Nukleussilbe: Bei den weiblichen Versuchspersonen ist die Gesamt-Dauer der Frage-Variante auch ohne *wohl* länger als die der Exclamativ-Variante. Bei den männlichen VPn sind hingegen die Exclamativsätze länger als die Fragesätze ohne *wohl*. Auch sind die hier wegen ihrer konstanten Lage direkt vergleichbaren Nukleussilben bei den männlichen VPn in den Exclamativsätzen deutlich gedehnt; dies wird durch die längere relative Dauer der NS in den Exclamativ-Varianten bestätigt.

Zur Intensität:

Die Amplitudengipfel liegen bei beiden Satzmodi zum größten Teil auf der Hauptakzentsilbe.

Zusammenfassung der wichtigsten Merkmale:

Der Offset bietet ein zuverlässiges Unterscheidungsmerkmal: die erotetische
Variante ist mit einem hohen, die exclamative mit einem tiefen Offset verbunden.
Die Gesamt-Dauer, die Dauer der NS und die relative Dauer der NS sind in den
wegen der identischen NS-Lage direkt vergleichbaren Exclamativsätzen länger als
in den deliberativen Fragesätzen.

2.2.2. Wort-Rückfragesatz

Die Darstellung des Wort-Rückfragesatzes leitet die Besprechung der beiden
Mischtypen ein. Diese Reihenfolge habe ich nicht zuletzt deshalb gewählt, weil
das mir zur Verfügung stehende Material eine intonatorische Gegenüberstellung
mit dem oben umrissenen deliberativen Wort-Fragesatz gestattet. Im Anschluß an
die Skizzierung der nicht-intonatorischen erotetischen Merkmale werde ich auf
die dreifache Satzmodus-Differenzierungsleistung der Intonation anhand des deliberativen Wort-Fragesatzmodus, des Wort-Rückfragesatzmodus und des *w*-Verb-Letzt-
Exclamativsatzmodus eingehen.

Der in diesem Kapitel zu behandelnde Fragesatztyp zeichnet sich durch eine
lexikalische Identität mit der vorangehenden Äußerung, die ausschließlich ein
Ergänzungsfragesatz sein kann, aus. Jedoch sind folgende Einschränkungen zu
beachten: Der Rückfragesatz enthält mindestens das *w*-Wort und die restliche
Proposition des Ergänzungsfragesatzes, außerpropositionale Elemente wie Modalpartikeln werden in dem Rückfragesatz ausgelassen:

 (2-160) (A: Wann kommt eigentlich der Peter nach Hause↓)
     B: Wann kommt der Peter nach Hause↑
     (A: Ja, heute soll er ausnahmsweise nach Hause kommen, weil
       seine Freundin verreist ist.
     B: Ach, siehst du, das wußte ich gar nicht.)

 (2-161) (A: Warum schlägt denn die Maria den Peter↓)
     B: Warum schlägt die Maria den Peter↑
     (A: Du hast schon richtig verstanden. Daß sie streiten, hört
       man ja, und der Peter hat immer die blauen Flecken.
     B: Na ja, die blauen Flecken kann er sich ja auch wo anders
       her holen.)

Der Grund für die Auslassung der Modalpartikeln liegt im formalen und funktionalen Mischcharakter des Rückfragesatzmodus, in dem das vornehmlich in Satz-Fragesätzen vorkommende steigende Tonmuster mit einem *w*-Fragesatz kombiniert wird. Da
jeder Fragesatztyp (allgemeiner: Satztyp, vgl. *Ergänzungsfragesatz vs. w-Excla-
mativsatz*) die ihm spezifischen Modalpartikeln aufweist, muß auf diese in einer
Kombination verzichtet werden. Außerdem wird hier nicht etwa nach einer Ergän-

zung, sondern nach der Rechtfertigung der Ergänzungsfrage gefragt, das heißt danach, ob und wieso es überhaupt sinnvoll ist, nach der Ergänzung zu dem darin bezeichneten Sachverhalt zu fragen, vage paraphrasiert etwa mit: *(Habe ich richtig gehört und falls ja,) gib mir die Gründe an, warum du mich dies fragst.*

Die auf eine Wort-Rückfrage folgende Handlung wird vom Hörer der Rückfrage, i. e. vom Sprecher der Ergänzungsfrage, ausgeführt, der seine Frage begründet und rechtfertigt. Der Sprecherwechsel ist obligatorisch, damit der Hörer der Ergänzungsfrage, der den Ergänzungsbeitrag zu liefern nicht imstande war, nach einer Erklärung des Fragestellers mindestens etwas bessere Chancen hat, die ihm gestellte Frage zu beantworten. Allerdings ist die Möglichkeit gering, daß der Rückfragende auch nach der zusätzlichen Information und trotz des dadurch geschaffenen Mehrs an Wissen eine natürliche Antwort auf die Frage geben könnte, denn das Äußern einer Rückfrage ist schon ein eindeutiges Indiz dafür, daß dem Hörer der Ergänzungsfrage ihr gesamter Sachverhalt - oder zumindest ein Teil dessen - nicht bekannt ist. Um aber eine Leerstelle ergänzen und damit ein kognitives Defizit beseitigen zu können, muß der Hörer mindestens die Voraussetzung erfüllen, daß er weiß, wovon es die Leerstelle ist. Er muß also als Grundlage schon das gleiche Wissen besitzen wie der Fragende, und darüber hinaus muß er, um die Frage adäquat beantworten zu können, dem Fragenden um die fehlende Teilinformation im Wissen voraus sein. Daß diese Bedingungen vom Rückfragenden nicht erfüllt werden, manifestiert sich in seiner Reaktion auf die Erläuterung des Fragenden: Einige der häufigsten Folge-Handlungen sind wohl *Das weiß ich nicht, Davon habe ich noch nie was gehört, Das ist für mich ja was ganz Neues* etc.

Durch die Einschränkung des Vor-Textes auf einen Ergänzungsfragesatz und insbesondere durch das Ausschließen eines *w*-Exclamativsatzes als dem Rückfragesatz vorangehender "turn" gilt die Rückfrage selbst als Test für die Erotetizität: Kann sie gestellt werden, handelt es sich um einen erotetischen, andernfalls um einen nicht-erotetischen *w*-Satz im Vor-Text. Dies läßt sich durch die Funktion der Rückfrage erklären: Dem Sprecher der Rückfrage steht es durchaus zu, zu fragen, mit welchem Recht ihm die vorangehende Frage gestellt wurde, da er sie ja auch beantworten soll. Dagegen steht es ihm nicht zu, zu fragen, mit welchem Recht sich der Sprecher des Vor-Textes über etwas verwundert, da ihm als Hörer durch diese Verwunderung keinerlei Reaktions- oder gar Antwortobligationen entstehen. Mit anderen Worten: Eine Rückfrage kann gestellt werden nur auf eine Äußerung, mit der der Hörer (=der Rückfragende) zu einer Reaktion provoziert werden soll.

Anders als bei der deliberativen Wortfrage besteht für den Adressaten der Wort-Rückfrage eine Antwortverpflichtung. Kommt er dieser nicht nach, entstehen Sanktionen: Die Antwort, um derentwillen er seine Ergänzungsfrage gestellt hat, wird er nicht erhalten. Andererseits hat der Rückfragende dann die Obligation, eine Erklärung für seine Frage nach der Rechtfertigung abzugeben. Somit entsteht – werden alle Sprechaktregeln eingehalten – eine Sequenz bestehend aus der Ergänzungsfrage, der Rückfrage, der Rechtfertigung der Ergänzungsfrage und der Rechtfertigung der Rückfrage.

Im Unterschied zum Ergänzungsfragesatz kann der Wort-Rückfragesatz, wie die Bezeichnung schon erwarten läßt, eine Gesprächssequenz *per definitionem* nicht eröffnen, da er auf eine unmittelbar vorangegangene Fragehandlung folgt. Weitere Abgrenzungen dem Ergänzungsfragesatz gegenüber sind das Fehlen der Modalpartikeln und der die Ergänzungsfrage erläuternde Charakter der Antwort. Wie unten gezeigt wird, ist das steigende Tonmuster für diesen Wort-Fragesatz typisch, und mit dem Kontext schließt es die Interpretation sowohl als Ergänzungsfrage als auch als *w*-Exclamativ aus. Das steigende Tonmuster rückt den Wort-Rückfragesatz zwar in die Nähe der Entscheidungsfragesätze, rechtfertigt ihre Einordnung in diese Kategorie jedoch nicht, und zwar sowohl wegen des *w*-Wortes am Satzanfang als auch der anderen, hier nicht mehr thematisierten Kennzeichen des Ergänzungsfragesatzes, die im vorigen Hauptkapitel besprochen wurden und in diesen "Zitat-Fragesatz" übernommen werden. Die Einordung unter den Wort-Fragesätzen aufgrund u. a. des *w*-Wortes am Satzanfang statt unter den Satz-Fragesätzen aufgrund u. a. des steigenden Tonmusters spricht für eine Graduierung der erotetischen Merkmale in vorrangigere und peripherere.

Wie sich die Intonation eines elliptischen *w*-V-L-Rückfragesatzes genauer gestaltet, will ich am Beispiel (2-162) untersuchen. Da mir Ergebnisse fehlen, die etwas über eventuelle intonatorische Differenzen zwischen einem vollständigen Ausdruck und dessen Ellipse aussagen würden, gehe ich bis zum Beweis des Gegenteils davon aus, daß hier zumindest keine grundsätzlichen Differenzen bestehen. Nach dieser Annahme gehe ich zur näheren Analyse der Oszillomink-Aufzeichnungen zu (2-162) über und vergleiche ihre Ergebnisse mit denen aus Tabelle 4. Bei der Auswertung der Rückfrage-Realisierungen wurde auf einen Kategorisierungsfilter verzichtet, da wahrscheinlich die expressive Sprechweise der VPn DVP8 und DVP11 bis zu 64% Fehl-Urteile als Exclamativ (gemeint: 'expressiver Fragesatz'?) verursachte.

(2-162) Situation: Sprecher und ein anderer
        Sprecher 1: Weißt du, wie diese Kakteen blühen?
        Sprecher 2: Wie die blüh'n? Das weiß doch jedes Kind! (Pro2-36)

Wie die blüh'n?

1	2	3	4	5	6	7	8	9
VP	Dauer (ms) Ges. NS	On-set	Off-set	absol. F_o-Max	absol. F_o-Min	F_o-Umf	markante F_o-Beweg.	Lage Ampl.Max
DVP7	660 *blüh'n* 340	190	440	*blüh'n* 440	*die* 165	275	*blüh'n* 200- 190- = 10 440 =250	*blüh'n*
DVP8	700 *blüh'n* 360	230	350	*blüh'n* 385	*blüh'n* 190	195	*blüh'n* 190- 385- =195 350 = 35	*wie*
DVP10	720 *blüh'n* 420	150	260	*blüh'n* 275	*die* 110	165	*blüh'n* 125- 275- =150 260 = 15	*blüh'n*
DVP11	760 *blüh'n* 230	120	240	*blüh'n* 265	*die* 100	165	*blüh'n* 110- 265- =155 240 = 25	*blüh'n*

Tabelle 5: Intonatorische Merkmale eines *w*-Rückfragesatzes

Den Tabellen 4 und 5 können folgende intonatorische Markierungen der Satzmodi 'deliberativer *w*-Fragesatz', 'Wort-Rückfragesatz' und '*w*-V-L-Exclamativsatz' entnommen werden:

Zur Lage der Hauptakzentsilbe:

Der Hauptakzent im Wort-Rückfragesatz liegt auf dem finiten Verb am Satzende. Diese NS-Lage wurde bereits bei den beiden anderen Modi beobachtet (vgl. Tabelle 4: DVP7, DVP8 und DVP11), und sie bietet deshalb gute Vergleichsmöglichkeiten zwischen den drei hier untersuchten Satzmodi insgesamt.

Zum Vergleich der Grundfrequenz:

- F_o-Onset: Der F_o-Onset liegt im Rückfragesatz tendenziell höher als im deliberativen Fragesatz und bei den männlichen VPn auch höher als im Exclamativsatz.
- F_o-Offset: Der F_o-Offset des Rückfragesatzes ist deutlich höher als der des deliberativen Fragesatzes, der seinerseits höher ist als der der Exclamativ-Variante. Die folgenden Oszillomink-Aufzeichnungen der DVP11 zeigen die "Graduierbarkeit" des Offset, die ein wichtiges, die Satzmodi unterscheidendes Merk-

mal ist. Dabei stellt DVP11:9064 die Exclamativ-, DVP11:9079 die deliberative
Frage- und DVP11:9076 die Rückfrage-Variante dar:

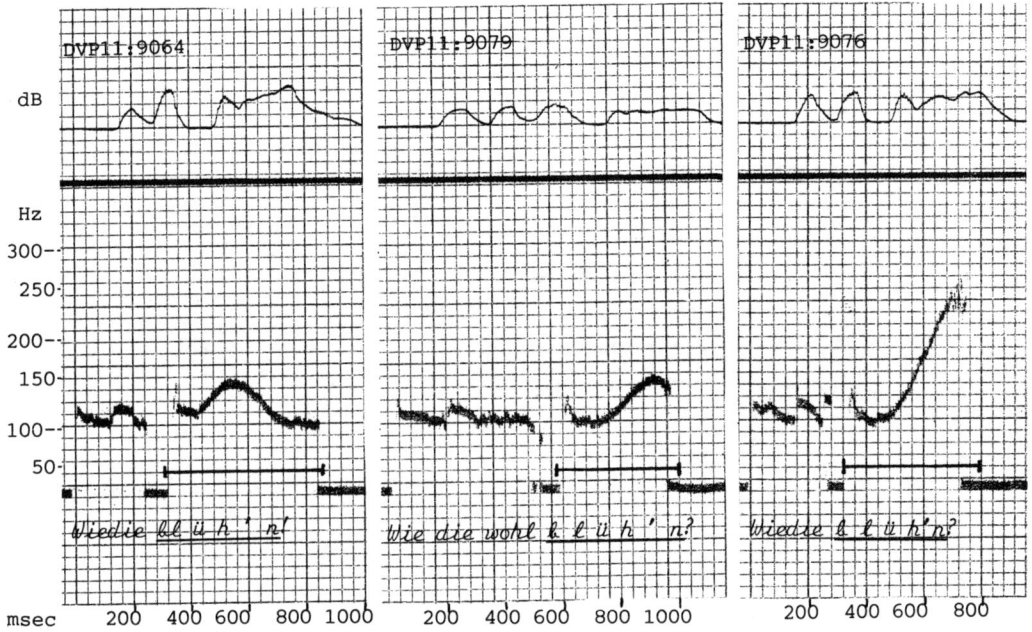

- Nukleussilbe (NS): Die F_o-Bewegung auf der NS *blüh'n* weist eine steigende
Bewegung auf, auf die ein leichter postiktischer Abfall folgen kann.
- Die größte F_o-Bewegung: Die größte F_o-Bewegung auf der NS und in deren
Umgebung ist (fallend/level-)steigend.
- Gesamt-Range: Der Gesamt-Range beträgt im Durchschnitt 15 HT.
- Range der größten F_o-Bewegung: Der Range der größten F_o-Bewegung beträgt im
Durchschnitt 13 HT.

Zur Dauer:

- Gesamt-Dauer: Die Gesamt-Dauer ist beim Rückfragesatz kürzer als beim deliberativen Fragesatz oder beim Exclamativsatz. Eine Ausnahme bietet nur die DVP11,
deren deliberative Fragesätze am kürzesten sind.
- Dauer der NS: Die absolute Dauer der NS ist in den Fällen, in denen die NS auf
blüh'n fällt und dieser Dauer-Parameter somit vergleichbar ist, beim Rückfragesatz am kürzesten und beim *w*-V-L-Exclamativsatz am längsten.[16] Die relative

---

16 Bei der DVP8 ist sogar die unbetonte Silbe *blüh'n* beim deliberativen Frage-
    satz länger als die betonte des Rückfragesatzes.

Dauer der NS ist bei den möglichen direkten Vergleichen mit 1,6 jedoch gleich lang mit der der Exclamativsätze.

Zur Intensität:

Die Amplitudengipfel liegen zum größten Teil auf der Hauptakzentsilbe.

Zusammenfassung:

Der größte Teil des Inhalts der Tabellen 4, 5 und 17 kann folgendermaßen resümiert werden:

Gesamt-Range:

deliberativer w-V-L-Fragesatz/w-V-L-Exclamativsatz (9-10 HT)

< w-V-L-Rückfragesatz (15 HT)

Range der größten F_o-Bewegung auf der NS und in deren Umgebung:

deliberativer w-V-L-Fragesatz/w-V-L-Exclamativsatz (7-8 HT)

< w-V-L-Rückfragesatz (13 HT)

F_o-Maximum:

deliberativer w-V-L-Fragesatz < w-V-L-Exclamativsatz

< w-V-L-Rückfragesatz

F_o-Offset:

w-V-L-Exclamativsatz < deliberativer w-V-L-Fragesatz

< w-V-L-Rückfragesatz

Gesamt-Dauer:

w-V-L-Rückfragesatz

< w-V-L-Exclamativsatz/deliberativer w-V-L-Fragesatz

absolute Dauer der NS:

w-V-L-Rückfragesatz < deliberativer w-V-L-Fragesatz

< w-V-L-Exclamativsatz

Die größten F_o-Bewegungen der beiden Fragetypen sind einander in der Form ähnlich: es herrscht die steigende Bewegung, der ein kleiner Abfall vorangehen oder nachfolgen kann. Der Anstieg ist in den Rückfragesätzen mit 150–250 Hz jedoch deutlich größer als in den deliberativen Fragesätzen mit 50–140 Hz. Die Exclamativsätze unterscheiden sich hier von den Fragesätzen durch ihre deutlich konvexen Bewegungen.

Die F_o-Onset-Werte sind sprecherbezogen zum Teil relativ konstant und zeigen mit einer Variationsbreite zwischen 0 (DVP7) und 40 Hz (DVP10) lediglich tendenziell höhere Werte für den Rückfragesatz als für den deliberativen w-V-L-Fragesatz oder den w-V-L-Exclamativsatz.

Die Amplitudenmaxima überlappen sich beim Rückfragesatz und beim w-V-L-

Exclamativsatz zu 75% mit den F_o-Maxima auf der NS. Beim deliberativen w–V–L–Fragesatz ist diese Regelmäßigkeit nicht vorhanden.

Es hat sich insgesamt herausgestellt, daß die Sprecher außer über die oben besprochenen nicht-intonatorischen auch über intonatorische Merkmale zur Unterscheidung von Satztypen verfügen. Die dreifache Unterscheidungsleistung der Intonation in verschiedenen Satztypen zeigen die Figuren 5–8, die jeweils eine möglichst natürliche Realisierung der drei oben besprochenen Satztypen durch einen Sprecher wiedergeben. 5 (DVP7; weiblich) und 6 (DVP10; männlich) stellen die verschiedenen Modusvarianten von *Wie die blüh'n* dar. 7 (DVP2; weiblich) und 8 (DVP5; männlich) enthalten die entsprechenden Grob-Konturen für *Wie der läuft* in den Sätzen (2–163) – deliberativer w-Fragesatz –, (2–164) – w-Rückfragesatz – und (2–165) – w–V–L–Exclamativsatz. Mit den letzteren Figuren soll vor allem die sequentielle Unabhängigkeit der auffallendsten intonatorischen Unterschiede demonstriert werden, nämlich der kürzeren Dauer und des höheren Offset des Rückfragesatzes:

(2–163) Situation: Sprecher und ein anderer
 Sprecher: "Schau mal, ich hab da einen neuen
 Rechner, bei dem ich mich überhaupt
 nicht auskenne. <u>Wie</u> <u>der</u> <u>wohl</u> läuft? (Prol–71)

(2–164) Situation: Zwei Sprecher unterhalten sich
 Sprecher 1: "Du kennst dich doch mit Rechnern
 aus. Kannst du mir vielleicht sagen,
 wie der hier läuft?"
 Sprecher 2: Wie bitte? <u>Wie</u> <u>der</u> <u>läuft</u>?" (Prol–68)

(2–165) Situation: Sprecher und Hörer beobachten
 einen dritten.
 Sprecher: "Schau mal, der Typ da drüben
 auf der anderen Straßenseite!
 <u>Wie</u> <u>der</u> <u>läuft</u>!" (Prol–69)

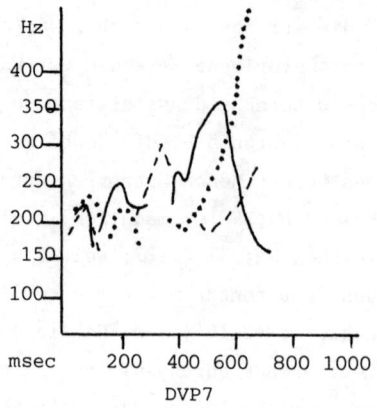

Wie die blüh'n

••• = Rückfragesatz
--- = delib. Fragesatz
— = Exclamativsatz

Figur 5

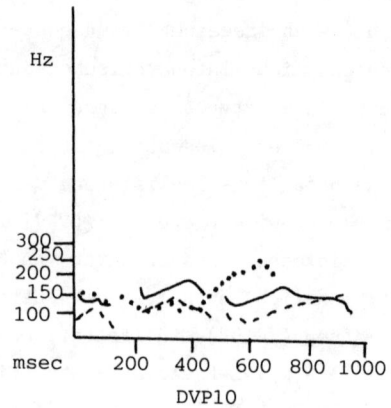

Wie die blüh'n

••• = Rückfragesatz
--- = delib. Fragesatz
— = Exclamativsatz

Figur 6

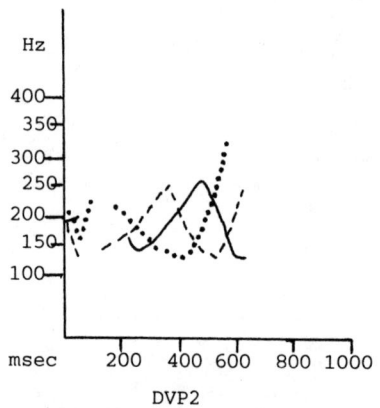

Wie der läuft

••• = Rückfragesatz
--- = delib. Fragesatz
— = Exclamativsatz

Figur 7

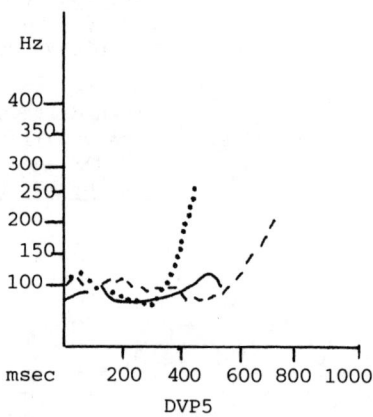

Wie der läuft

••• = Rückfragesatz
--- = delib. Fragesatz
— = Exclamativsatz

Figur 8

2.2.3. *w*-Versicherungsfragesatz

Dem Wort-Rückfragesatz in vieler Hinsicht ähnlich ist der Wort-Versicherungs-
fragesatz. Unter diesem Terminus verstehe ich ebenfalls reaktive Fragesätze, die
aber nicht unbedingt einem Ergänzungsfragesatz folgen müssen. Diesen Unterschied
und weitere Unterschiede zum Wort-Rückfragesatz und vor allem zum Ergänzungsfragesatz sollen anhand folgender Beispiele aufgezeigt werden:

(2-166) (A: Den Wagen haben wir ja schon 1971 gekauft.
         B: Bitte,) wann habt ihr den gekauft↑
        (A: 1971.)

(2-167) (A: Die Kinder haben am Nachmittag drei Stunden geschlafen.
            Kein Wunder, daß sie jetzt nicht einschlafen können.)
         B: Sie haben wie lange geschlafen↑↑
        (A: Ja, wohl kaum zu glauben, aber ich habe auf die Uhr
            geguckt. Es waren genau drei Stunden.)

(2-168) (A: Hat der Mario aber Geld gewonnen↓)
         B: Was sagst du↑↑
        (A: Ja, was dachtest du dir denn? Es war doch vorauszusehen,
            daß man mit sechs Richtigen schon eine Kleinigkeit
            herausholen kann.)

(2-169) (A: Die Maria, die ist doch ständig verreist.
            Jetzt war sie auch gerade wieder in Indonesien.
         B: Entschuldigung, ich habe jetzt nicht ganz aufgepaßt.)
         Wer war wo↑
        (A: Die Maria in Indonesien.)

(2-170) (A: Der Mond hat sich in die Sonne verliebt.)
         B: Was↑↑/Wie↑↑
        (A: Ja, ich habe gelesen, daß sich der Mond in die
            Sonne verliebt hat.)

(2-171) (A: Wer hat denn die Stadtsparkasse in Hölökynkölökyn beraubt?
         B: Bitte,) wer hat die Stadtsparkasse wo beraubt↑
        (A: In Hölökynkölökyn.)

(2-172) (A: Man behauptet, Strauß habe den Schmidt geohrfeigt.)
         B: Was soll der Strauß getan haben↑
        (A: Den Schmidt geohrfeigt haben soll er.)

(2-173) (A: Bring mir bitte zwei Tafeln Schokolade mit!)
         B: Was soll ich dir mitbringen↑/'Bring was mit↑

(2-174) (A: Fährt die Petra morgen nach Hamburg?)
         B: Ob die Petra morgen wohin fährt↑
        (A: Nach Hamburg.)

(2-175) (A: Der Peter sagte, daß er uns im nächsten Jahr besuchen wird.)
         B: Daß er uns wann besuchen wird↑
        (A: Im nächsten Jahr.)

Der Vor-Text eines Versicherungsfragesatzes kann ein Aussagesatz ((2-166)), ein
Exclamativsatz ((2-168)), ein Ergänzungsfragesatz ((2-171)), ein Aufforderungssatz ((2-173)), ein Entscheidungsfragesatz ((2-174)) etc. sein. Die Möglichkeiten des Vor-Textes scheinen so vielfältig zu sein, daß eine beschränkende Aus-

sage nicht möglich ist, ja es kann sogar auf einen Versicherungsfragesatz noch
ein Versicherungsfragesatz folgen: In (2-173) könnte A auf B's Versicherungsfrage auch etwa mit *Wie bitte*↑ reagieren, wenn A B's Frage nicht verstanden hat.
So wie das obligatorische Vorhandensein eines Vor-Textes oder einer dem Versicherungsfragesatz vorangehenden non-verbalen Handlung eine Gemeinsamkeit mit dem
Wort-Rückfragesatz ist, so zeigt die Reaktion auf die Versicherungsfrage Übereinstimmungen mit der auf eine Ergänzungsfrage: Wenn die Versicherungsfrage mit
neutraler Teilnahme gesprochen wird (in (2-166)-(2-175) mit "↑" verbunden), faßt
sie der Hörer als echte Frage nach der jeweiligen Ergänzung auf, die er als
Sprecher des Vor-Textes schon einmal erwähnt hat, und jetzt als Sprecher des
Nach-Textes wiederholt ((2-166), (2-169) und (2-171)-(2-175)). Hat der Sprecher
des Versicherungsfragesatzes den Vor-Text lückenlos verstanden, will ihm aber
keinen Glauben schenken, dann tritt die Komponente (+VERWUNDERUNG) in den Vordergrund (in (2-166)-(2-175) mit "↑↑" verbunden). Deshalb fallen hier die Reaktionen auf die Versicherungsfragesätze als Rechtfertigung des Vor-Textes aus ((2-
167), (2-168) und (2-170)), was eine Parallele zu den Reaktionen auf die Rückfragen darstellt (vgl. auch Meibauer (1987a)).

Es wird vorrangig der indikativische Modus verwendet. Ein Konjunktiv ((2-
172)) oder ein Imperativ ((2-173)) des Vor-Textes wird in dem Versicherungsfragesatz gern mit *sollen*+Infinitiv umschrieben. Möglich sind aber auch die
konjunktivischen und imperativischen Varianten: ?*Strauß habe was getan*↑ oder
?*Bring was mit*↑[16]. Die imperativische Vorgänger-Äußerung erlangt besondere
Bedeutung, da ein darauf eventuell im Imperativ folgender Versicherungsfragesatz
zeigt, daß die Imperativmorphologie nicht unbedingt gegen die Erotetizität
spricht. Sein Auftreten in Fragesätzen ist jedoch auf Versicherungsfragesätze
nach Imperativsätzen beschränkt, und selbst hier werden Paraphrasen im Indikativ
bevorzugt. Somit hat Thiel mit seiner Behauptung nur teilweise recht: "Da es
keinen fragenden Imperativ gibt, wird auch die Frage nach einem Befehl durch
sollen ausgedrückt" (Thiel 1975:12) Die nicht-indikativischen Versicherungsfragesätze sind Zitate ihrer Vorgänger-Äußerungen mit dem Unterschied, daß die
Komponente, um deren "Versicherung" der Sprecher sich bemüht, durch ein w-Wort
ersetzt wird. Gehört das Hauptverb zu der Komponente, deren man sich versichern

---

16 *was* muß besonders in Fragesätzen wie diesen, in denen es nicht im Vorfeld
    steht, auseinandergehalten werden von dem Indefinitpronomen (*irgend et)was*;
    analog hierzu *wer* als Fragepronomen und (*irgend)wer* als Indefinitpronomen.
    Vgl. (2-182) und (2-183). Der Gebrauch der Fragepronomina wird von Nehring
    (1954:54) genetisch als "emphatischer Sonderfall der primären indefiniten
    Funktion, der dann allmählich als neuer Typus grammatikalisiert wurde" be-
    zeichnet.

muß, so lautet das *w*-Wort obligatorisch *was*, und das Hauptverb wird im Versicherungsfragesatz durch ein Pro-Verb (*tun* oder *machen*) vertreten (vgl. (2-172)).

Die Modalpartikeln und andere außerpropositionale Elemente werden im Versicherungsfragesatz aus Gründen, die in 2.2.2. erörtert wurden, ebenfalls weggelassen. Ein weiterer Unterschied zum Ergänzungsfragesatz ist ein Starkakzent,
der auf dem *w*-Wort oder auf den *w*-Wörtern[17] plaziert ist. Ein *w*-Wort, als
erotetisches Merkmal eines Wort-Fragesatzes, ist obligatorisch, es kann ein
zweites - wie in (2-169) - hinzukommen; mehrere *w*-Wörter resultieren aus sprachökonomischen Gründen normalerweise in zusammenfassenden Ausdrücken wie *Was sagst
du↑* ((2-168)) oder elliptisch *was↑* und *wie↑* ((2-170)). Wunderlich spricht hier
von 'maximalem Fokus und minimaler Kontrolle darüber, was vom Hörer bereits verstanden wurde' (vgl. Wunderlich 1986:46). Die Stellung des *w*-Wortes ist im Versicherungsfragesatz freier als im Ergänzungsfragesatz: Es steht entweder die Position im Vorfeld oder eine im Mittelfeld zur Auswahl. Folgt der Versicherungsfragesatz auf einen Ergänzungsfragesatz, so steht das zitierte, unbetonte *w*-Wort
im Vorfeld, dem betonten *w*-Wort, dem Fokus der Versicherungsfrage, kommt dann aus
Verträglichkeitsgründen automatisch die Stellung im Mittelfeld zu ((2-171)).
Dies folgt aus der Beobachtung, daß die Koordination von zwei *w*-Wörtern verschiedener subkategorisierter syntaktischer Funktion im Vorfeld inakzeptabel ist:

> (2-176) [x]Wer und wann war in Frankreich↓
>
> (2-177) [x]Wer und warum war Peter in Frankreich↓

Vor dem *w*-Wort im Vorfeld steht oft ein Lexem (*bitte*, *Entschuldigung*) oder eine
Lexemgruppe (*Entschuldigen Sie bitte*), womit der Sprecher entweder das Aufhalten
des Kommunikationsprozesses seinerseits entschuldigen oder das Ausdrücken seines
Nicht-Verstehens beziehungsweise seines Erstaunens einleiten will. Diese Elemente, die auch unter anderem vor einem Ergänzungsfragesatz stehen können, haben
hier aber eine andere Funktion: Stehen sie dort als Aufmerksamkeitswecker mit
einem möglichen Matrixsatz der Tiefenstruktur etwa der Art *Können Sie mir sagen*,
so sind sie vor einem Versicherungsfragesatz immer mit der Bitte um Wiederholung
oder Rechtfertigung entweder einer Konstituente oder der ganzen Äußerung verbunden. Will der Sprecher etwa seine Zerstreutheit als Grund für die Versicherungsfrage angeben, bevorzugt er aus Höflichkeit einen Ausdruck mit dem
Verb *entschuldigen* oder dessen Synonyme (*verzeihen* etc.) beziehungsweise
daraus abgeleitete Nomina (*Entschuldigung*, *Pardon* etc.). Diese Ausdrücke sind
für die reinen Verständnisfragen vorbehalten. Denkbare Ko-Texte zu *bitte* vor

---

17 Gemeint sind hier die nicht-zitierten *w*-Wörter. So sind in (2-169) zwei, in
    (2-171) nur ein Starkakzent zu zählen. Näheres hierzu unten im intonato-
    rischen Abschnitt.

einem Versicherungsfragesatz wären ferner etwa *Sage noch einmal X* oder *Habe ich richtig gehört, daß X*, wobei mit *X* die Vorgänger-Äußerung bezeichnet ist.

Die Quelle für Versicherungsfragen ist im allgemeinen mangelndes Verständnis des Vor-Textes, wie es oben bereits angesprochen wurde. Janda beschreibt das Gemeinsame aller Versicherungsfragesätze (bei ihm: "echo-questions") folgendermaßen: "Common to all types of echoic interrogatives (...) is the fact that they involve uncertainty;" (Janda 1985:179). Das mangelnde Verständnis bzw. die Unsicherheit leitet sich hauptsächlich aus zwei Gründen her: Entweder sind Störungen im Kommunikationskanal so stark, daß der Vor-Text ganz oder teilweise vom Hörer nicht verstanden werden kann, oder der Hörer glaubt, nicht richtig gehört haben zu können, da ihm die Proposition der Äußerung unglaubwürdig erscheint. Den letzteren Fall will ich als bezweifelnden, staunenden oder verwundernden Versicherungsfragesatz bezeichnen. Im ersteren ist die Störung der Kommunikation artikulatorischen, auditiven oder akustischen Ursprungs. Ist der Sprecher des Vor-Textes sozusagen schuld an der die Kommunikation verzögernden, gleichzeitig aber auch ihren weiteren Verlauf garantierenden Versicherungsfrage, weil er etwa undeutlich, zu leise oder mit Sprachfehlern spricht, handelt es sich um eine Fremd-Versicherungsfrage (aus der Perspektive des Versicherungsfragestellers). Entsprechend will ich eine Versicherungsfrage 'Eigen-Versicherungsfrage' benennen, die notwendig wird, weil der Hörer zerstreut oder schwerhörig ist, beziehungsweise weil sein Verständnisvermögen durch Lärm, Entfernung zum Sprecher oder durch den ihm neuen beziehungsweise unglaubwürdigen propositionalen Gehalt der Äußerung beeinträchtigt wird.

Die relativ freie Stellung des *w*-Wortes, das die Interpretation als Wortfragesatz absichert, dient hier als stärkstes nicht-intonatorisches Abgrenzungskriterium gegenüber dem Ergänzungs- und Rückfrage- sowie dem *w*-V-2-Exclamativsatz. Zu beachten ist diese seine Absicherungsleistung insbesondere auch in den V-1-, in den V-2- und in den V-L-Sätzen gegenüber dem Aufforderungssatz ((2-173)), dem Aussagesatz ((2-167)) sowie beispielsweise gegenüber dem deliberativen Satz-Fragesatz ((2-174)) und der elliptischen Fortsetzungsassertion ((2-175)). Die relativ freie Stellung des finiten Prädikatsteils ist für diesen Fragemodus somit ebenfalls typisch. Als Mischtyp aus dem vorangehenden Satztyp und einem Satz-Fragesatz der Art *Habe ich deine gerade erfolgte Äußerung auch wirklich richtig wahrgenommen?, Stimmt das, daß du gerade X gesagt hast?* etc. teilt der Versicherungsfragesatz das Fehlen der Modalpartikeln mit dem Rückfragesatz. Auf das auffälligste formale Misch-Merkmal, steigendes Tonmuster in Wort-Fragesätzen, wird bei der folgenden Betrachtung der intonatorischen Charakteristika dieses Fragesatztyps genauer eingegangen.

(2-178) Situation: Sprecher und ein anderer
      Sprecher: "Soso, im alten Stadion wird also
                 wieder einmal gespielt. - <u>Und</u> <u>wer</u>
                 <u>spielt?</u>" (Pro1-56)

(2-179) Situation: Zwei Sprecher unterhalten sich.
      Sprecher 1: "Dieses Mal spielt der Club-
                 präsident in der Sturmmitte."
      Sprecher 2: "Das gibt's doch gar nicht!
                 <u>Wer</u> <u>spielt?</u> (Pro1-57)

1. *(Und) wer spielt?* (Erg)
2. *Wer spielt?* (Ver)

1	2				3		4		5		6		7		8		9	
VP	Dauer in msec. Gesamt		Nukleuss.		Onset		Offset		absol. F_o-Max.		absol. F_o-Min.		F_o-Umfang		markante F_o-Bewegung		Lage Ampl. Max.	
	Erg	Ver	Erg	Ver	Erg	Ver	Erg	Ver	Erg	Ver	Erg	Ver	Erg	Ver	Erg	Ver	Erg	Ver
DVP1	520	600	wer 150	wer 210	190	200	360	380	off 360	off 380	ons 190	wer 170	170	210	wer 190- 190- =Pl. 240- =50 210 =30	wer 200- 170- = 30 280 =110	*wer spielt*	*wer spielt*
DVP2	540	660	wer 160	wer 280	170	150	240	320	off 240	off 320	ons 170	ons 150	70	170	wer 170- 170- =Pl. 210 =40	wer 150- 150- =Pl. 250 =100	*wer spielt*	*wer spielt*
DVP5	540	550	wer 180	wer 200	100	80	210	260	off 210	off 260	ons 100	ons 80	110	180	wer 100- 100- =Pl. 150- =50 130- =20	wer 80- 190 =110	wer wer	wer wer
DVP6	530	630	wer 240	wer 330	70	70	120	160	off 120	off 160	ons 70	ons 70	50	90	wer 70- 70- =Pl. 110 =40	wer 70- 70- =Pl. 125 =55	wer wer	wer wer

Tabelle 6: Intonatorische Merkmale des Minimalpaares *Ergänzungsfragesatz* vs. *Verb-Zweit-Versicherungsfragesatz* (Pl.=Plateau)

Exkurs:

Und wer spielt? ((2-178)) ähnelt *Wie ist der reich geworden?* ((2-142)) in der
Akzentstruktur insofern, als in beiden Fragesätzen die NS mit dem *w*-Wort identisch ist. Der Grund für diese Erscheinung liegt bei (2-178) ebenfalls in der
Thematizität des Ausdrucks mit Ausnahme des *w*-Wortes. Der entscheidende Unterschied zwischen den Realisierungen des Hauptakzents auf dem Fragewort liegt in
der Form der F_o-Bewegung, die wiederum formal mit der Gesamtkontur und ferner
funktional damit zusammenhängt, gegen welchen *w*-Ausdruck der Ergänzungsfragesatz
kontrastiert wird: Bei *Wie ist der reich geworden* genügte zur w_{er}/w_{ex}-Differen-
zierung im großen und ganzen bereits der Ort der Realisierung des Hauptakzents.
Und wer spielt stellt als Gesamtausdruck mit dem obligatorischen *und* ein intonatorisches Minimalpaar mit der *w*-Antwort dar:

    (2-180)   (A: Weißt du, ob morgen jemand spielt?)
                 B: Und wer spielt↓ (Sogar der Clubpräsident hat zugesagt.)

    (2-181) Situation: Sprecher und ein anderer vor ein paar
                        unscheinbaren Kakteen stehend:
          Sprecher 1: Blühen diese Kakteen eigentlich?
          Sprecher 2: Und wie die blüh'n! (Pro2-32)

Nachdem hier die Lage des Satzakzents (in beiden auf dem *w*-Wort) allein keineswegs satztypenrelevant ist, zeichnet sich der Ergänzungsfragesatz zusätzlich
durch das steigende Tonmuster aus, verbunden mit einem hohen Offset. Im Gegensatz zum steigend-fallenden Muster auf *wie* und in dessen Umgebung in *Wie ist der
reich geworden?* weist *wer* in *Und wer spielt?* eine nach einem Plateau steile
"rise"-Bewegung auf, die im weiteren Verlauf der Äußerung anhält. Wie die Abbildungen DVP7:8067 und DVP12:9566 zeigen, wird in der *w*-Antwort auf der NS *wer*
und in deren Umgebung nicht ein andauernder "rise", sondern ein "rise-fall"
vollzogen, und die F_o-Kontur ist im Nachlauf insgesamt fallend:

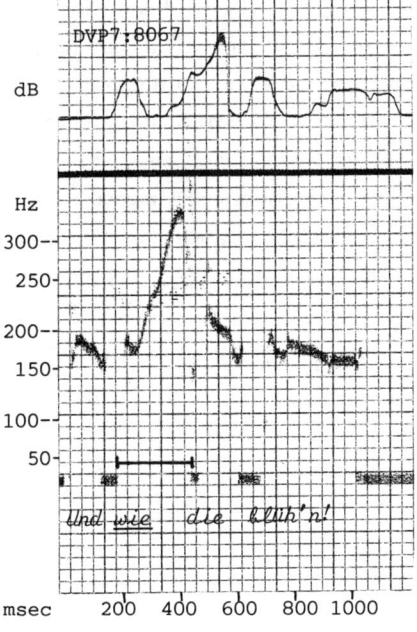
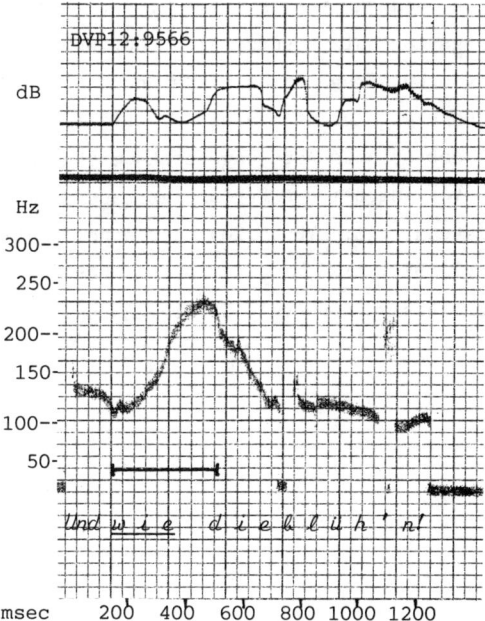

Der obige Exkurs sollte lediglich das steigende Tonmuster des Ergänzungsfragesatzes klären. Das vorhandene Material erlaubt mir nur einen Vergleich der Intonation des Versicherungsfragesatzes *Wer spielt?* und des lexikalisch identischen
Teils des Ergänzungsfragesatzes *Und wer spielt?*. Es sei hier daher bemerkt, daß
ich *und* aus allen kontrastiven Betrachtungen ausschließe. Dieser Vergleich
erscheint mir jedoch umso interessanter, sollen doch zwei lexikalisch identische
Fragesätze mit steigendem Tonmuster intonatorisch differenziert werden. Dabei
sind die folgenden Beobachtungen von grundlegender Bedeutung:

Zur Lage der Hauptakzentsilbe:

Der Hauptakzent liegt in beiden Satztypen auf dem *w*-Wort *wer*.

Zum Verlauf der Grundfrequenz:

- F_0-Onset: Die Höhe des F_0-Onset variiert von Sprecher zu Sprecher und bietet
auch auf die Satztypen bezogen keine Anhaltspunkte.
- F_0-Offset: Die stets höheren Offset-Werte der Versicherungsfragesätze tragen
entscheidend zur Abgrenzung den Ergänzungsfragesätzen gegenüber bei. In beiden
Fragesatztypen fällt der hohe Offset zugleich mit dem F_0-Maximum zusammen.
- (Umgebung der) Nukleussilbe: In dem kurzen Zwei-Wort-Satz *Wer spielt* als
Ergänzungsfrage- und als Versicherungsfragesatz lassen sich anhand der Daten aus
der Tabelle 6 sowohl der F_0-Verlauf auf der NS- als auch der Gesamtverlauf der
Grundfrequenz rekonstruieren: Der größere F_0-Anstieg auf der NS des Versiche-
rungsfragesatzes setzt sich kontinuierlich bis zum Offset fort. Auf der NS des
Ergänzungsfragesatzes findet nach einem Plateau zumeist zwar ein Anstieg statt,
jedoch erfolgt danach ein F_0-Abfall, der einen Bruch in diesem Anstieg bedeutet,
so daß er aufs neue angesetzt werden muß. Ansonsten besteht der postiktische
F_0-Verlauf bei den Ergänzungsfragesätzen entweder aus einem hoch angesetzten
Plateau (vgl. DVP6:6126) oder einem kontinuierlichen Anstieg bis zum Offset
(vgl. DVP1:1128). Bei den Versicherungsfragesätzen kommt nur der letztgenannte
Verlaufstyp vor (vgl. DVP6:6128 und DVP1:1130).

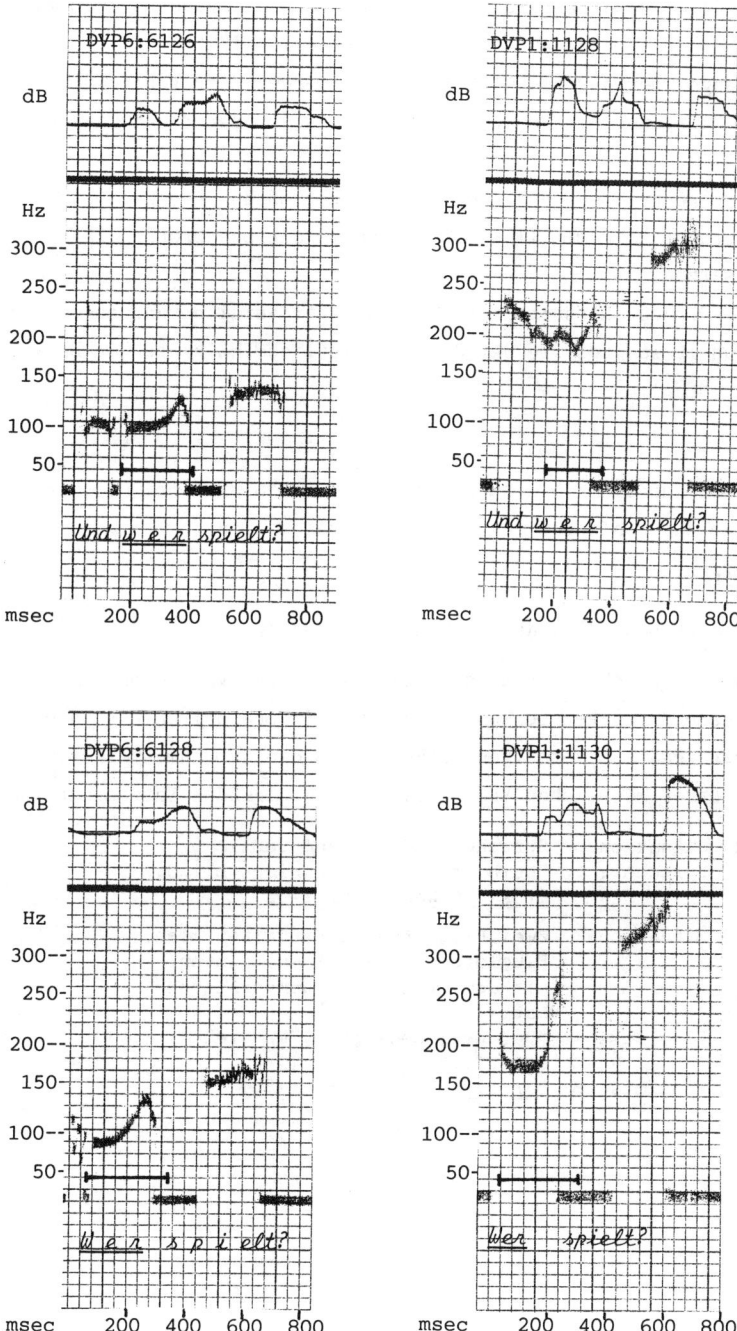

- die größte F_o-Bewegung: Die Form "fall-rise" - genauer: 213 - kommt sowohl bei den Ergänzungsfragesätzen als auch bei den Versicherungsfragesätzen vor. Bei den letztgenannten erscheint außerdem spiegelbildlich 132.

- Gesamt-Range: Der durchschnittliche Gesamt-Range der Versicherungsfragesätze ist mit 16 Halbtönen um 4 Halbtöne größer als der der Ergänzungsfragesätze (12 Halbtöne).

- Range der größten Bewegung: Der Range der größten Bewegung ist bei den Versicherungsfragesätzen mit 11 Halbtönen um 2 Halbtöne größer als bei den Ergänzungsfragesätzen.

- NS-Range: Der durchschnittliche NS-Range der Versicherungsfragesätze (ca. 90 Hz) ist doppelt so groß wie der durchschnittliche NS-Range der Ergänzungsfragesätze (ca. 45 Hz).

Zur Dauer:

Sowohl die Gesamt-Dauer als auch die Dauer der NS sind bei den Versicherungsfragesätzen länger als bei den Ergänzungsfragesätzen.

Zur Intensität:

In beiden Satztypen fällt der höchste Amplitudengipfel auf die NS.

Das intonatorische Minimalpaar *Aussagesatz vs. Versicherungsfragesatz* soll uns zu allgemeineren Beurteilungen über die intonatorischen Kennzeichen des Versicherungsfragesatzes verhelfen. Dazu werden die Aufnahmen einer weiblichen VP (DVP3) und einer männlichen VP (DVP6) zu den folgenden Sätzen kurz besprochen:

(2-182) Situation: Sprecher und ein anderer
        Sprecher: "Nein, nein, er ist nicht blind.
                     Er sieht was." (Pro1-52)

(2-183) Situation: Zwei Fluglotsen unterhalten sich.
                     Fluglotse A über einen Piloten,
                     mit dem er gerade Funkverbindung
                     hat:
        Fluglotse A: "Der Kerl behauptet, er sieht
                     ein UFO."
        Fluglotse B: "Er sieht was?" (Pro1-53)

1. *Er sieht was.* (Ass)
2. *Er sieht was?* (Ver)

1	2				3		4		5		6		7		8		9	
VP	Dauer in msec. Gesamt Nukleuss.				Onset		Offset		absol. F_0-Max.		absol. F_0-Min.		F_0-Umfang		markante F_0-Bewegung		Lage Ampl. Max.	
	Ass	Ver	Ass	Ver	Ass	Ver	Ass	Ver	Ass	Ver	Ass	Ver	Ass	Ver	Ass	Ver	Ass	Ver
DVP3	560	600	*sieht* 80	*was* 260	230	200	180	340	*sieht* 320	*off* 340	*was* 165	*sieht* 150	155	190	*sieht* 280- = 320- = 40 180 =140	*was* 200- 170- = 30 340 =170	*sieht*	*sieht*
DVP6	590	660	*sieht* 90	*was* 220	70	70	60	120	*sieht* 140	*off* 120	*off* 60	*was* 60	80	60	*sieht* 100- 140- = 40 60 = 80	*was* 60- 120 = 60	*sieht*	*er/was*

<u>Tabelle 7:</u> Intonatorische Merkmale des Minimalpaares *Aussagesatz vs. Verb-Zweit-Versicherungsfragesatz*

Im Versicherungsfragesatz sind hier wiederum höher beziehungsweise länger als im formengleichen Aussagesatz:

– Der höhere Offset der erotetischen Variante erklärt sich auch aus dem insgesamt fallenden Tonmuster des Aussagesatzes.

– Die längere Gesamt-Dauer des Versicherungsfragesatzes stimmt mit den Beobachtungen zu den Sätzen (2–178) und (2–179) überein. Die Dauer der NS kann bei *Er sieht was* wegen der unterschiedlichen Hauptakzentlage modusbezogen nicht verglichen werden. Es kann lediglich die Dehnung der Hauptakzentsilbe im Versicherungsfragesatz (=Fragewort) festgestellt werden im Verhältnis zur Nicht-Hauptakzentsilbe im Aussagesatz (=indef. Pronomen). Die relative Dauer von *was* verlängert sich hier folgendermaßen:

	Aussagesatz	Versicherungsfragesatz
DVP3	.29	.43
DVP6	.20	.33

– Die Bewegung auf der NS des Versicherungsfragesatzes ist auch hier (fallend–) steigend.

– Die größte F_o-Bewegung in den Versicherungsfragesätzen hat auch hier die Form 213.

Die Abbildungen DVP6:6120 und DVP3:3122 demonstrieren die Intonation in den Versicherungsfragesätzen und DVP3:3120 die Intonation im strukturgleichen Aussagesatz:

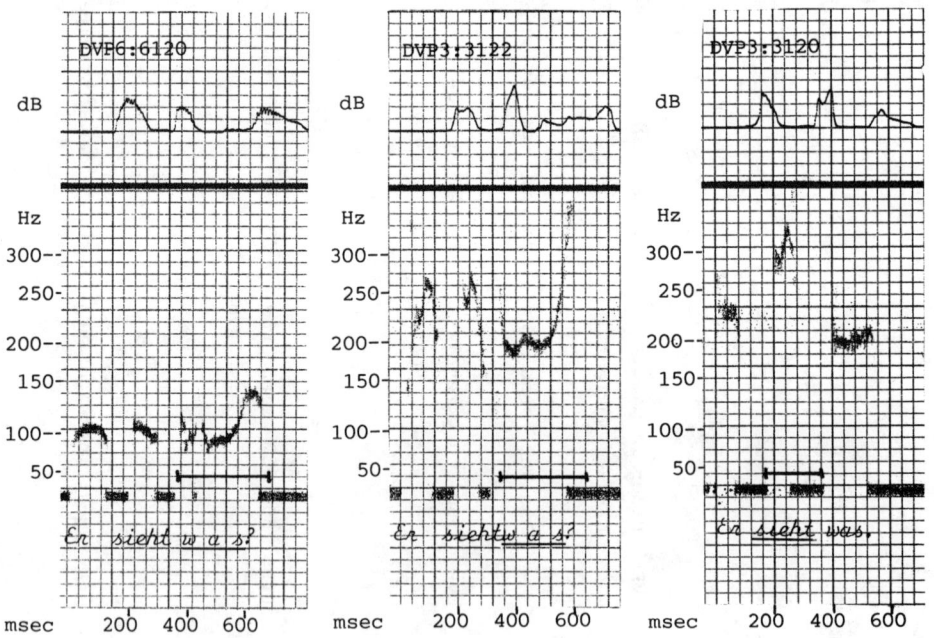

Die Äußerungslänge scheint keine Wirkung auf das allgemeine Intonationsmuster eines Versicherungsfragesatzes auszuüben. Bei (2-184) und (2-185) sind die gleichen intonatorischen Grund-Merkmale feststellbar wie bei den bisher untersuchten relativ kurzen Versicherungsfragesätzen:

(2-184) Anton: Ich hab' den Chomsky auf der
Damentoilette gefunden.
Klaus: <u>Du hast wen auf der Damentoilette
gefunden?</u> (Pro2)

(2-185) Anton: Ich hab' den Chomsky auf der
Damentoilette gefunden.
Klaus: <u>Du hast den Chomsky wo gefunden?</u> (Pro2)

Die F_o-Bewegung auf der NS ist steigend. Diese Form ist unabhängig davon, ob sich die NS am Anfang oder am Ende des Mittelfeldes befindet. Die größte Bewegung hat die Form 213. Der postiktische F_o-Verlauf gestaltet sich je nach der Lage der NS verschieden: Bei früherer Lage der NS verläuft die Grundfrequenz als hohes Plateau – abgesehen von Wortakzent-Bewegungen – bis zur letzten Silbe weiter, auf der sprecherabhängig ein Abfall (DVP8) oder ein Anstieg (DVP7) stattfinden kann. Bei späterer Lage der NS setzt sich der F_o-Anstieg bis zur letzten Silbe fort, auf der wiederum sprecherabhängig ein Abfall (vgl. DVP8 und DVP7) vorkommen kann:

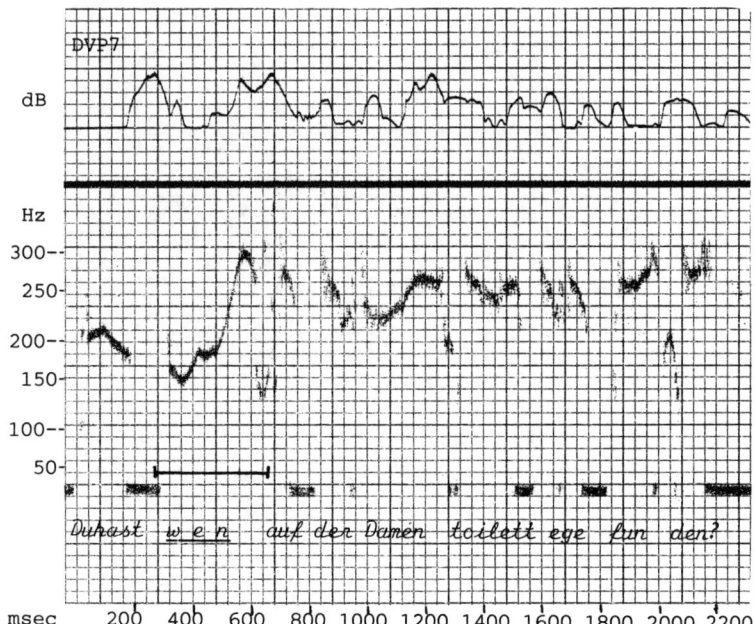

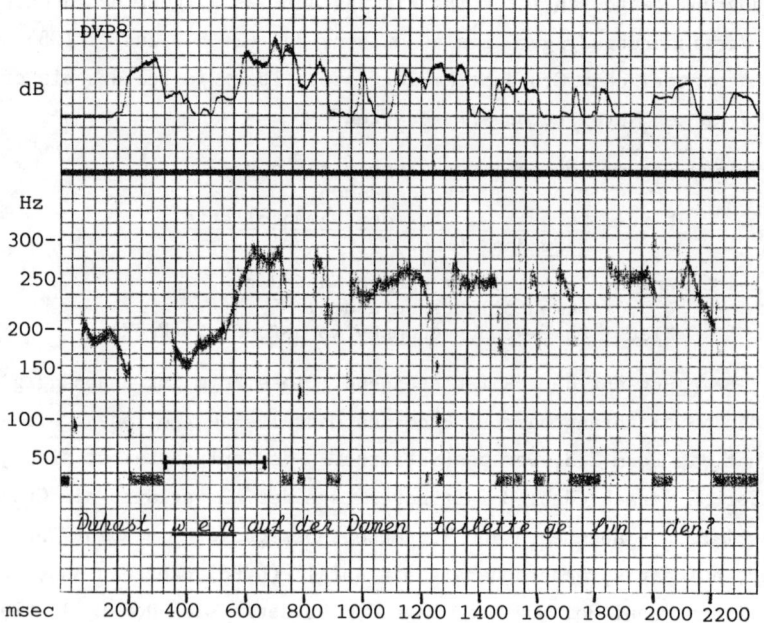

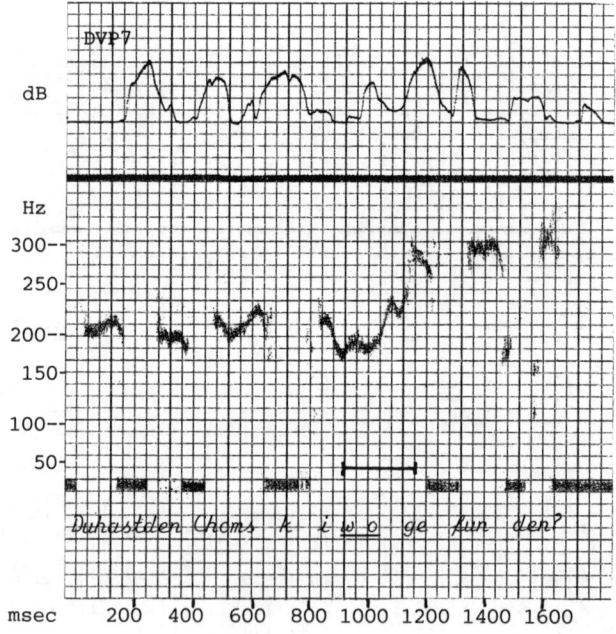

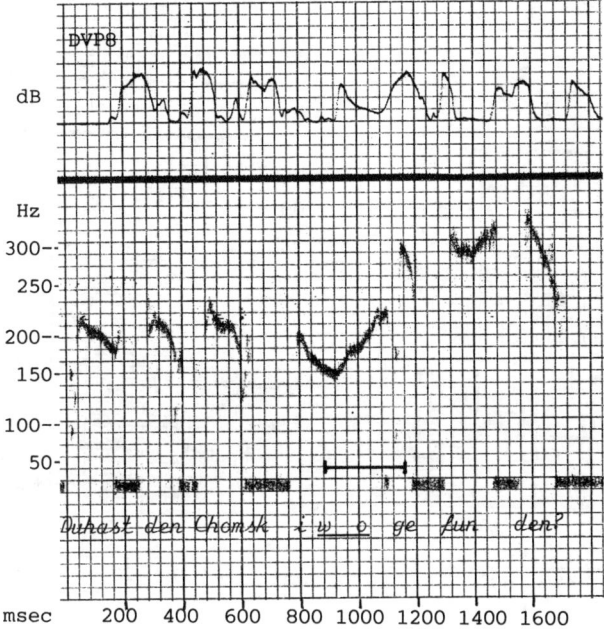

Die Abbildungen DVP7:8005 und DVP12:9508 zum Satz (2–186) zeigen schließlich, daß sich ein Versicherungsfragesatz auf einen Entscheidungsfragesatz von den bisherigen im generellen Verlauf nicht unterscheidet:

(2–186) Situation: Sprecher – ein guter Bekannter von Peter – und ein anderer, der von ihm noch nie etwas gehört hat.
        Sprecher 1: Kommt der Peter?
        Sprecher 2: Ob wer kommt?!? (Pro2–3)

94

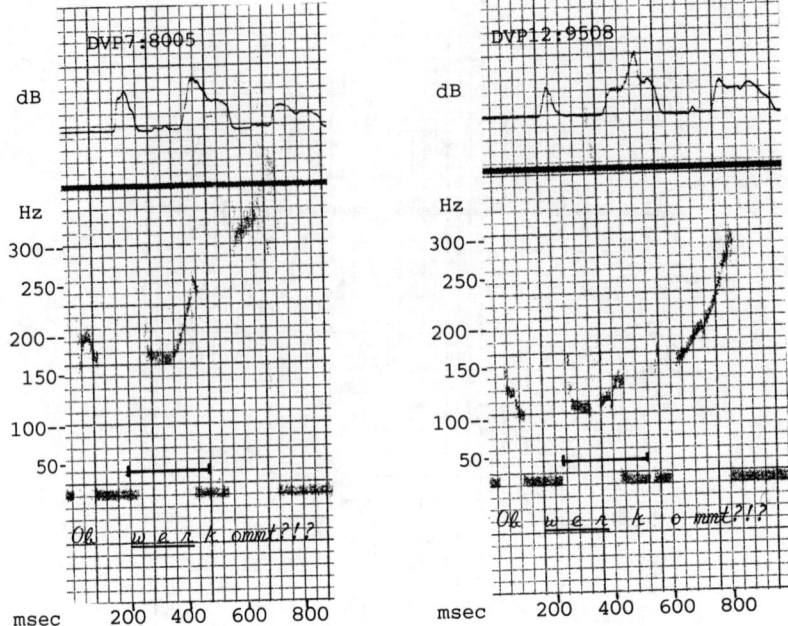

Es gilt insgesamt, daß der F_o-Verlauf eines Versicherungsfragesatzes generell steigend ist und sich innerhalb eines großen F_o-Ranges bewegt. Der Offset ist hoch, und die Bewegung auf der NS und in deren Umgebung hat eine (fallend-)steigende Form. Es sind sowohl die NS als auch der Gesamt-Ausdruck gedehnt im Verhältnis zu strukturgleichen Ausdrücken. Zur Illustration dieser Tatbestände seien noch die folgenden zeitlich aufeinander abgestimmten F_o-Verläufe jeweils einer Äußerung durch die DVP3 und die DVP6 bzw. die DVP1 und die DVP6 aufgeführt:

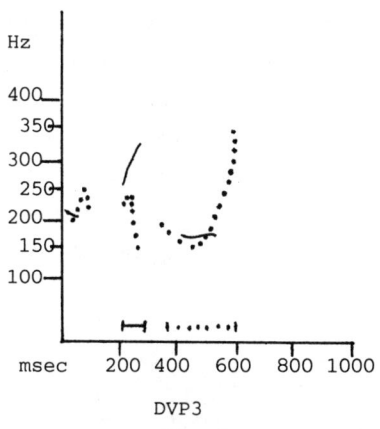

DVP3

Er sieht was

—— = Aussagesatz
••• = Versicherungs-
      fragesatz

Figur 9

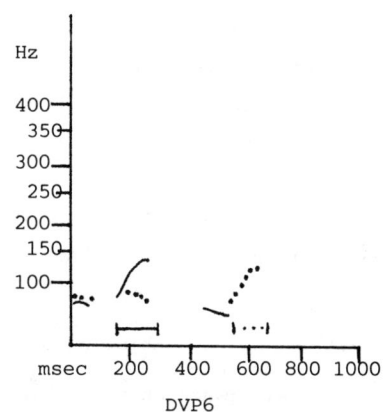

DVP6

Er sieht was

—— = Aussagesatz
••• = Versicherungs-
      fragesatz

Figur 10

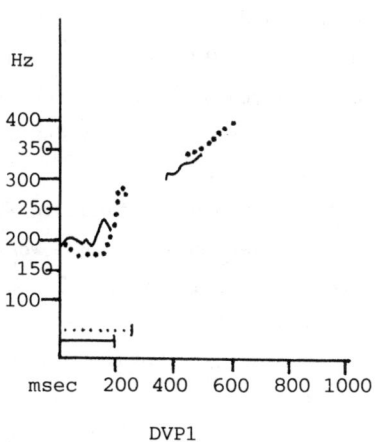

DVP1

Wer spielt

—— = Ergänzungs-
      fragesatz
••• = Versicherungs-
      fragesatz

Figur 11

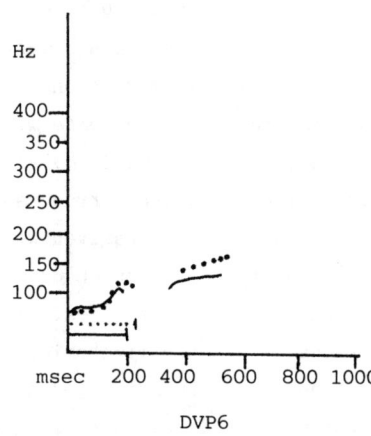

DVP6

Wer spielt

—— = Ergänzungs-
      fragesatz
••• = Versicherungs-
      fragesatz

Figur 12

2.2.4. Ultimativer Wort-Fragesatz

Wegen des satzinitialen w-Wortes sollen hier im Anschluß an die vorangehenden
Satzmodi der Vollständigkeit halber auch zwei elliptische Typen (d. h. nicht-
selbständige Satzmodi) mit kontextuell bedingter erotetischer Funktion dargestellt werden: der ultimative Wort-Fragesatz und der Wort-Fortsetzungsfragesatz.

Der ultimative Wort-Fragesatz - als erster Vertreter der elliptischen,
nicht-selbständigen erotetischen w-Ausdrücke - zeigt Ungeduld des Sprechers an,
die daraus folgt, daß er auf seine Ergänzungsfrage keine adäquate Antwort be-
kommt:

(2-187) (Wie lange bist du schon hier?
         Hopfen -)
         Wie lange du schon hier bist↓
         (Malz.)
         Wie lange du schon hier an der Theke bist↓
         (Bier trinke ich.) (Th 16)

Die Gründe für das Ausbleiben der erwarteten Antwort können akustischer Natur
oder auf den Hörer zurückzuführen sein, der meistens bewußt auf die gestellte
Frage überhaupt nicht antwortet - sei es, weil er nicht kooperationsbereit ist
oder sei es, weil er die Antwort nicht kennt oder parat hat und dies nicht direkt eingestehen möchte. Ein Vor-Text muß dem ultimativen Wort-Fragesatz vorangehen, denn die allgemeinen Höflichkeitsregeln lassen den ungeduldigen ultimativen
Ton initial nicht zu und die Semantik verbietet einen Matrixsatz (der ja aus-
serdem aus dem Kotext muß rekonstruiert werden können) der Tiefenstruktur wie
etwa den Imperativsatz *Antworte mir (endlich) auf meine Frage* oder den Aussagesatz *Ich möchte (jetzt endlich) wissen* als Diskurseröffnung.

Als zweiter Verb-Letzt-Fragesatz unterscheidet sich der ultimative Wort-
Fragesatz von dem deliberativen Wort-Fragesatz mit der Modalpartikel *wohl* intonatorisch unter anderem durch das fallende Tonmuster analog zu dem Tonmuster des
rekonstruierbaren Matrixsatzes. Ferner ist ein Starkakzent im deliberativen
Wort-Fragesatz nicht obligatorisch, und trägt er einen Starkakzent, so hat er in
diesem eine andere Funktion (etwa die eines Kontrastakzents) als die, der Antworterwartung Nachdruck zu verleihen. Diese und weitere intonatorische Eigenschaften des ultimativen Wort-Fragesatzes werden am Ende dieses Abschnitts genauer untersucht.

Der elliptische ultimative Wort-Fragesatz hat Wiederholungscharakter: Die
Übernahme der Proposition der handlungssequenzeröffnenden Frage, zu der die fehlende Information vom Hörer noch nicht geliefert wurde, kann für den Sprecher
logischerweise nur bedeuten, nochmals den Versuch zu unternehmen, nach dem ihm

unbekannten Sachverhalt zu fragen. Der Ton der Äußerung, der im Gegensatz zu dem exclamativen, damit Überraschung, Freude etc. anzeigenden für Ungeduld, Beharrlichkeit, Hartnäckigkeit und Zähe des Fragenden zeugt, mahnt den Hörer seinerseits zur natürlichen Antwort. Die Stellung des Starkakzents spricht ferner gegen eine Auslegung der Äußerung als Exclamativ, bei dem er zum Beispiel in (2-187) auf dem adverbialen *lange* stehen müßte.

Die Modalpartikeln, die unter 2.1.1. mit erotetischem Illokutionspotential für vereinbar befunden wurden und somit in dem vorangehenden Ergänzungsfragesatz vorkommen können, werden im ultimativen *w*-Fragesatz ausgelassen: Das Fehlen des Matrixsatzes ließe die Interpretation nicht nur als Indirektheitstyp von 'Frage' zu (wenn nicht etwa die Intonation disambiguierend wirken würde), so daß der ultimative Wort-Fragesatz keinen eigenen Satztyp mit den für ihn typischen Modalpartikeln bildet.

Wenn die oben genannten suprasegmentalen Eigenschaften unberücksichtigt bleiben, so zeigt sich außerdem, daß dem ultimativen Wortfragesatz auch eine nur für ihn typische Intonation fehlt: Wie aus der Tabelle 8 und aus den Oszillomink-Aufzeichnungen der weiblichen VP DVP7 (DVP7:8079: ultimativer Fragesatz; DVP7:8063: Exclamativsatz) und der männlichen VP DVP11 (DVP11:9081: ultimativer Fragesatz; DVP11:9065: Exclamativsatz) ersichtlich ist, sind die Grundfrequenz-Verläufe eines selbständigen *w*-V-L-Exclamativsatzes und eines expressiven, elliptischen, i. e. nicht selbständigen ultimativen *w*-Fragesatzes einander sehr ähnlich.[18] Bezeichnenderweise wurden die Aufnahmen zum ultimativen Fragesatz unter (2-188) in den Hörtests auch fast genauso durchgehend als Exclamative kategorisiert wie die Aufnahmen zum Exclamativsatz unter (2-189). Diese Beobachtungen zur Intonation bestätigen die Zuordnung des ultimativen Fragesatzes zu den Indirektheitstypen.

(2-188) Situation: Sprecher und ein anderer
    Sprecher 1: Wie blühen diese Blumen eigentlich?
    Sprecher 2: Das sind Kakteen.
    Sprecher 1: Nein! <u>Wie die blüh'n</u>?!? (Pro2-38)

(2-189) Situation: Sprecher und ein anderer
    Sprecher: Schau dir doch mal diese wunderschönen Kakteen an.
    <u>Wie die blüh'n</u>! (Pro2-30)

---

18 Es wird hier selbstverständlich vorausgesetzt, daß die NSn eine identische Lage aufweisen.

98

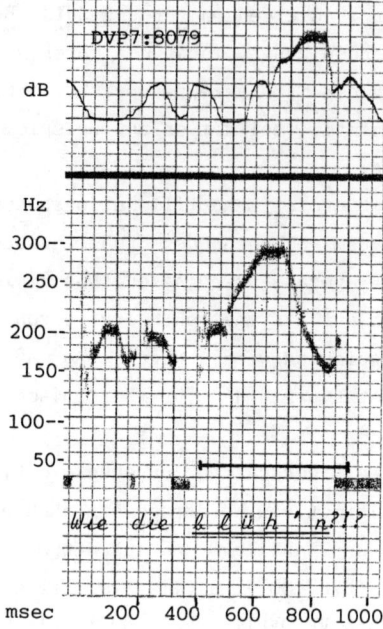

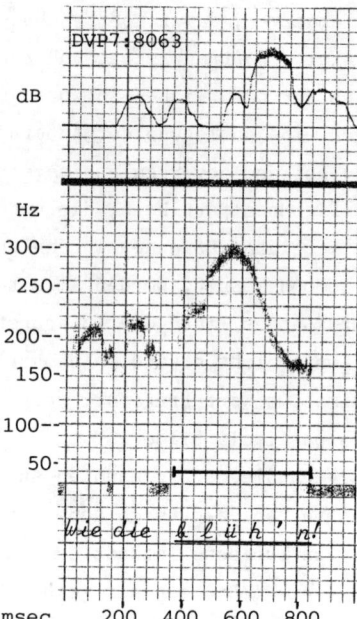

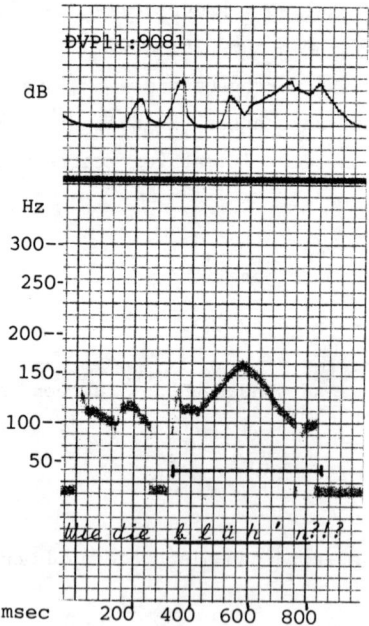

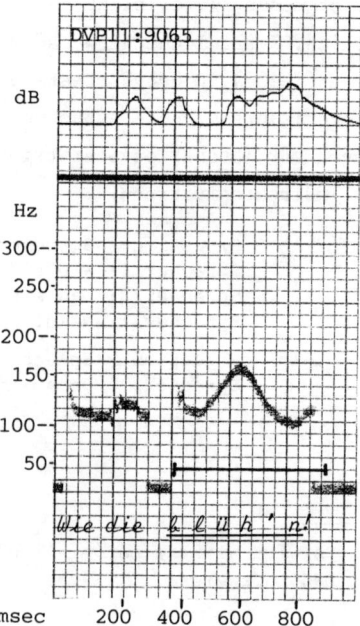

1. *Wie die blüh'n?!?* (er)
2. *Wie die blüh'n!* (ex)

1	2 Dauer in msec. Gesamt		Nukleuss.		3 Onset		4 Offset		5 absol. F_o-Max.		6 absol. F_o-Min.		7 F_o-Umfang		8 markante F_o-Bewegung		9 Lage Ampl.Max.	
DVP	er	ex	er	ex	er	ex	er	ex	er	ex	er	ex	er	ex	er	ex	er	ex
7	870	740	*blüh'n* 470	*blüh'n* 420	175	190	160	180	*blüh'n* 330	*blüh'n* 350	off 160	off 170	170	180	*blüh'n* 200− 330−=130 160=170	*blüh'n* 240− 350−=110 170=180	*blüh'n blüh'n*	*blüh'n blüh'n*
8	830	840	*blüh'n* 450	*blüh'n* 450	200	230	190	200	*blüh'n* 340	*blüh'n* 360	off 190	off 200	150	160	*blüh'n* 230− 340−=110 190=150	*blüh'n* 270− 360−=90 200=160	*blüh'n blüh'n*	*blüh'n blüh'n*
11	820	840	*blüh'n* 480	*blüh'n* 500	120	110	90	100	*blüh'n* 170	*blüh'n* 165	off 90	*blüh'n* 100	80	65	*blüh'n* 120− 170−=50 90=80	*blüh'n* 115− 165−=50 100=65	*blüh'n blüh'n*	*blüh'n* /die

Tabelle 8: Intonatorische Merkmale des Minimalpaares *ultimativer Fragesatz vs. Verb-Letzt-Exclamativsatz*

2.2.5. Wort-Fortsetzungsfragesatz

> (2-190) (A: Eigentlich kenne ich jetzt alle Einzelheiten.
>   Natürlich bis auf die eine ...)
>   B: Wo wir das gestohlene Geld dann verstecken sollen↑
>   (A: Ja, das ist mir noch schleierhaft.)

Das den bisher behandelten Fragetypen gemeinsame erotetische Merkmal, das *w*-Wort, ist der einzige in allen Wort-Fragesätzen anzutreffende Parameter; aufgrund der Definition ist ein Fragesatz ohne *w*-Wort kein Wort-Fragesatz. Dieses Grund-Merkmal veranlaßt mich auch, den hier aufgeführten elliptischen Satz-Fragesatz bzw. den elliptischen assertiven Fragesatz unter den Wort-Fragesätzen zu behandeln. Das *w*-Wort bleibt dann auch die einzige Gemeinsamkeit mit dem Ergänzungsfragesatz. Mit dem Rück-, dem Versicherungs- und dem deliberativen *w*-Fragesatz verbindet den Fortsetzungsfragesatz das steigende Tonmuster. Die Inakzeptabilität von Modalpartikeln teilt er mit den Mischtypen und dem ultimativen *w*-Fragesatz.

Die genannten Fragesätze, mit denen der *w*-V-L-Fortsetzungsfragesatz den hohen Offset gemeinsam hat, sind aufgrund anderer syntaktischer Merkmale so eindeutig zu unterscheiden, daß die ähnlichen Intonationsverläufe keine Interpretationsfehler zulassen. So macht die obligatorische Modalpartikel *wohl* des deliberativen *w*-V-L-Fragesatzes jede intonatorische Untersuchung überflüssig; die Verb-Letzt-Stellung ist in einem Versicherungsfragesatz nur möglich, wenn dieser durch eine subordinierende Konjunktion eingeleitet wird – daraus folgt wiederum die Verschiebung des *w*-Wortes ins Mittelfeld; der Zitat-Charakter des Rückfragesatzes bietet ein wichtiges Unterscheidungskriterium; für alle drei Fragetypen ist jedoch entscheidend, daß sie – im Gegensatz zum *w*-Fortsetzungsfragesatz – selbständige Satzmodi sind, mit denen der Sprecher seine Sprecher-Einstellung ausdrücken kann.

Die Fortsetzungsfrage ist – wie die Bezeichnung es schon nahelegt – eine reaktive Frage, die immer auf eine Assertion folgt. Der Sprecher fragt damit, ob er aus dem Vor-Text die richtige Schlußfolgerung gezogen, ob er die nicht ausgedrückte Bedeutung richtig aufgefaßt hat. Wie alle echten Fragen, so ist auch die Wort-Fortsetzungsfrage *per definitionem* initiativ (und zusätzlich reaktiv). Die Reaktion darauf ist, wenn der Sprechakt der Frage erfolgreich ist, eine natürliche Antwort durch den Hörer der Fortsetzungsfrage. Im Gegensatz zu adäquaten Antworten auf die bisher besprochenen Fragetypen fällt sie hier jedoch so aus, als handle es sich nicht um einen Wort-, sondern um einen Satz-Fragesatz. (Vgl. die obige Begründung für die Aufnahme dieses Typs bei den Wort-Fragesätzen!) Dies hängt mit dem getilgten Matrixsatz zusammen, der rekonstruiert werden kann als *Meinst du, Du meinst* etc. Die Ellipsenhaftigkeit des Fortsetzungsfragesatzes erklärt auch – wie bereits beim ultimativen Wort-Fragesatz – die Inakzeptabilität von Modalpartikeln.

Das steigende Tonmuster des Fortsetzungsfragesatzes schließt die Interpretation als Fortsetzungsassertion ((2-190a)) aus:

(2-190a) (A: Eigentlich kenne ich jetzt alle Einzelheiten.
                Natürlich bis auf die eine ...)
            B: Wo wir das gestohlene Geld dann verstecken sollen↑
            (A: Genau. Aber darüber haben wir uns ja schon mal unterhalten.)

Die Oszillomink-Aufzeichnungen zu den Aufnahmen der folgenden Sätze ((2-191): Fortsetzungsfragesatz; (2-192): expressive Fortsetzungsassertion) belegen die eindeutig unterschiedlichen intonatorischen Merkmale in diesem Minimalpaar: fallend-steigende F_o-Bewegung auf der NS der Frage- (DVP9:7570, DVP7:8071) und steigend-fallende F_o-Bewegung auf der NS der Aussage-Variante (DVP9:7568, DVP7:8068); hoher Offset der Frage- und tiefer Offset der Aussage-Variante:

(2-191) Situation: Sprecher und ein anderer vor ein paar Kakteen
                     stehend:
          Sprecher 1: Ich hab gestern etwas über diese Kakteen gele-
                      sen und weiß jetzt endlich, was ich schon immer
                      wissen wollte.
          Sprecher 2: Wie die blüh'n?
          Sprecher 1: Nein, wo die wachsen. (Pro2-34)

(2-192) Situation: Sprecher und ein anderer vor ein paar Kakteen
                     stehend:
          Sprecher 1: Ich weiß jetzt alles, was ich schon immer über
                      diese Kakteen wissen wollte.
          Sprecher 2: Wo die wachsen?
          Sprecher 1: Nein, wie die blüh'n. (Pro2-33)

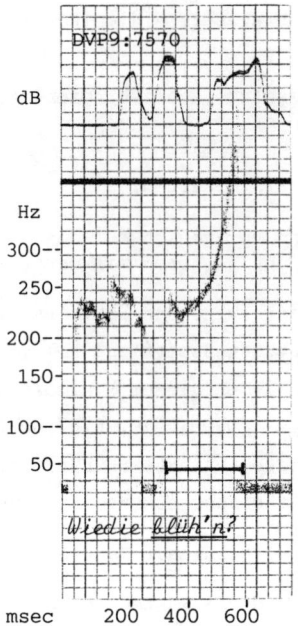

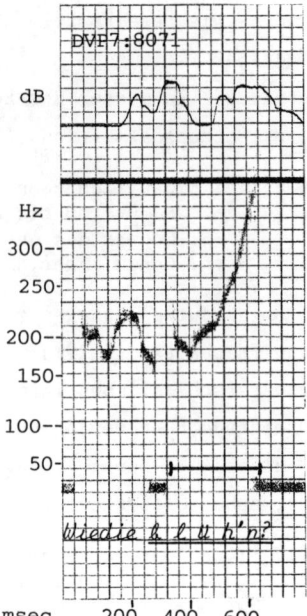

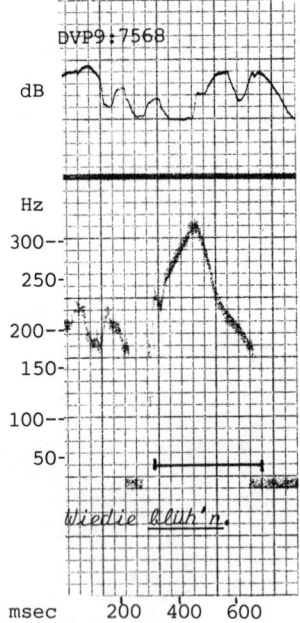

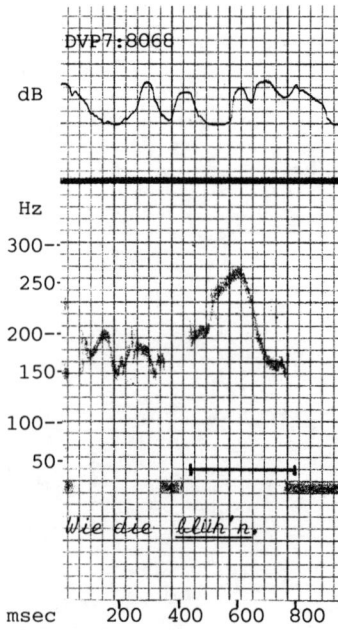

Das fallend-steigende Tonmuster und der hohe Offset, der obligatorische Vor- und Nach-Text (Assertion und Antwort, jeweils mit Sprecherwechsel) sowie die Inakzeptabilität der Exclamativ-Modalpartikeln schaffen schließlich eine Grenze zum w-Verb-Letzt-Exclamativsatz wie etwa in (2-193) und (2-194) (vgl. auch Tabelle 8). Die Oszillomink-Aufzeichnungen zu den Sätzen (2-195) (Fortsetzungsfragesatz: (DVP7:8071)) und (2-196) (w-Verb-Letzt-Exclamativsatz: (DVP7:8063)) demonstrieren die wiederum eindeutig unterschiedlichen intonatorischen Merkmale in diesem Minimalpaar:

(2-193) (Aber, Mensch, und wir haben von alledem nichts gewußt?)
Wie unrecht das von euch gewesen ist↓
(Ihr wißt doch, welche Teilnahme -) (Ak 156)

(2-194) (Oh, wenn ich an die alte Zeit in dem alten Vorderhause denke,)
wie schön sie war↓ (Ak 191)

(2-195) Situation: Sprecher und ein anderer vor ein paar Kakteen
            stehend:
         Sprecher 1: Ich hab gestern etwas über diese Kakteen gele-
            sen und weiß jetzt endlich, was ich schon immer
            wissen wollte.
         Sprecher 2: Wie die blüh'n?
         Sprecher 1: Nein, wo die wachsen. (Pro2-34)

(2-196) Situation: Sprecher und ein anderer
         Sprecher: Schau dir doch mal diese wunderschönen Kakteen an.
            Wie die blüh'n! (Pro2-30)

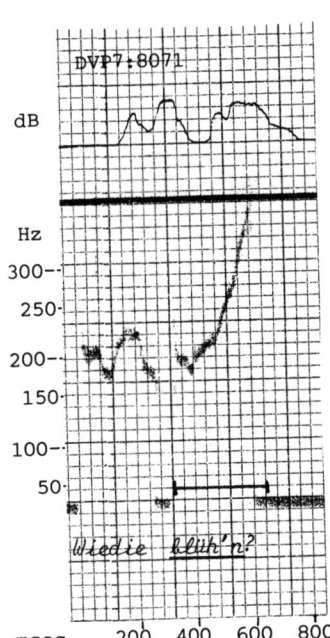

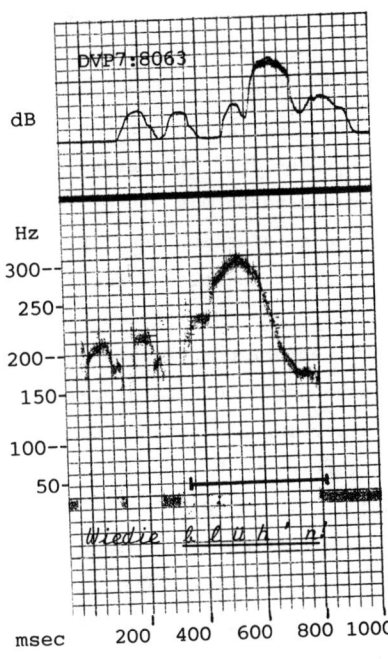

2.3. *w*-Ausdrücke mit bedingt erotetischer Sprechereinstellung

Eines der Kriterien, einen *w*-Satz als Frage zu definieren, war die Antworterwartung des Sprechers und die Antwortfähigkeit des Hörers. Waren u. a. beide vorhanden, wurde ein *w*-Satz als *w*-Frage interpretiert. Waren diese elementaren
Voraussetzungen (und andere oben besprochene Grundlagen) nicht gegeben, fiel die
Auslegung zugunsten eines nicht-erotetischen *w*-Ausdrucks aus. Dieses Subkapitel
handelt von semantisch-pragmatischen Mischtypen, die die meisten, aber nicht
alle an einen erotetischen Satz gestellten Bedingungen erfüllen und deshalb
weder eindeutig zum Ausdrücken einer erotetischen noch einer nicht-erotetischen
Sprechereinstellung angewendet werden können.

2.3.1. Wortfrage-Übernahme

(2-197) (Wie lange sitzen Sie schon hier?)
EIN GAST: Wie lange ich hier sitze↑
(Na, seit ungefähr, sagen wir, fünf Minuten vor sechs.) (Th 91)

(2-198) (Warum tun sie das eigentlich?)
Warum↑ (Vielleicht sind das Komplexe, und sie sehen in mir
eine Mutter, weil ich jedem gerecht werde.) (Th 109)

Das steigende Tonmuster der Wortfrage-Übernahme, das in einigen der behandelten
Fragetypen bereits ebenfalls vorgekommen ist, ließe in erster Linie auf eine
erotetische Interpretation des *w*-Wortes (und damit des ganzen Fragesatzes)
schließen. Auch sind sowohl mehrere Fragen desselben Sprechers hintereinander
als auch eine Frage als Reaktion (Gegen-Frage) akzeptabel, so daß der Vor-Text
die Auslegung als Frage durchaus zulassen würde.

Das entscheidende Kriterium in (2-197) und (2-198), das an der Funktion der
Wortfrage-Übernahme als Mittel zur Beseitigung des kognitiven Defizits zweifeln
läßt, ist die natürlich Antwort, der Nach-Text, der von der Ergänzungsfrage und
nicht von dem Verb-Letzt-Fragesatz hervorgerufen wird: Läßt man den letztgenannten Fragesatz aus, bleibt ein natürlicher Frage-Antwort-Dialog bestehen. Die
sprechakttheoretischen Regeln unterstützen das Analyse-Ergebnis, wobei die erste
Searle'sche Regel bereits ausreichend Beweis bietet: Dem Sprecher des *w*-Verb-
Letzt-Satzes muß die Antwort bekannt sein, da er sonst anschließend auf die
Ergänzungsfrage nicht antworten könnte. Wüßte in (2-197) der Antwortende wirklich nicht, wie lange er dort sitzt, könnte er die Antwort von sich aus auch
trotz einer zweiten Frage nicht geben. Statt eines an sich selbst gerichteten
Verb-Letzt-Fragesatzes müßte er in diesem Fall etwa die um ihn herum Sitzenden
mit einer Ergänzungsfrage wie *Wie lange sitze ich hier eigentlich schon?* um
Hilfe bitten.

Aus obigen Gründen, von denen die Antwort ohne Sprecherwechsel der wichtigste ist, kann dem *w*-Wort in der Wortfrage-Übernahme keine rein erotetische Funktion (mit Antwort-Obligation des Hörers) zukommen.[19] Die exclamative ist ebenfalls ausgeschlossen, da der Satz erstens keine Verwunderungsbekundung und zweitens keine selbständige Gesprächssequenz darstellt. Die eigentliche Aufgabe dieses Quasi-Zitats des Ergänzungsfragesatzes ist wohl auf die Taktik zurückzuführen, mehr Zeit zu gewinnen, um die Antwort auf die gestellte Frage zu überlegen und zu formulieren.

Der Zweck der Zeitgewinnung kommt auch in der folgenden Tabelle zum Ausdruck, in der außer dem Gesamt-Range die Gesamt-Dauer der strukturgleichen *w*-V-L-Fortsetzungsfragesätze ((2-199)), *w*-V-L-Rückfragesätze ((2-200)) und *w*-V-L-Frage-Übernahmen ((2-201)) sowie die absolute und die relative Dauer ihrer NS *blüh'n* aufgeführt sind:

(2-199) Situation: Sprecher und ein anderer vor ein paar Kakteen stehend:
Sprecher 1: Ich hab gestern etwas über diese Kakteen gelesen und weiß jetzt endlich, was ich schon immer wissen wollte.
Sprecher 2: Wie die blüh'n?
Sprecher 1: Nein, wo die wachsen. (Pro2-34)

(2-200) Situation: Sprecher und ein anderer
Sprecher 1: Weißt du, wie diese Kakteen blühen?
Sprecher 2: Wie die blüh'n? Das weiß doch jedes Kind! (Pro2-36)

(2-201) Situation: Sprecher und ein anderer
Sprecher 1: Weißt du, wie diese Kakteen blühen?
Sprecher 2: Laß mich mal überlegen! - Wie die blüh'n? Weiß und orange. (Pro2-35)

---

19   Es handelt sich hier ja grundsätzlich um einen Dialog zwischen A und B und nicht um einen Monolog von B, in dem der Sprecherwechsel *per definitionem* ausbleiben würde. Würde man den *w*-Verb-Letzt-Satz als monologisches Zwischenstück betrachten, so würde selbstverständlich ebenfalls keine Antwort (zumindest nicht vom Hörer des *w*-V-L-Satzes) erwartet.

Wié die blüh'n

1. *w*-V-L-Fortsetzungsfragesatz
2. *w*-V-L-Rückfragesatz
3. *w*-V-L-Frage-Übernahme

	1			2			3			4		
VP	Dauer in msec.						relative			Gesamt-Range		
	Gesamt			Nukleus.			Dauer NS			in Halbtönen		
	1	2	3	1	2	3	1	2	3	1	2	3
DVP7	660	630	800	310	330	390	1.4	1.6	1.5	10,7	13,1	8,2
DVP8	730	680	750	400	360	420	1.7	1.6	1.7	13,2	15,0	12,3
DVP9	580	530	600	260	240	290	1.3	1.5	1.5	11,0	13,0	11,6
DVP10	660	700	870	360	390	500	1.6	1.7	1.7	10,3	14,0	6,8
DVP11	620	770	880	330	410	440	1.6	1.6	1.5	15,2	16,4	9,0

Tabelle <u>9:</u> Intonatorische Merkmale des Minimaltripels
Fortsetzungsfragesatz vs. Rückfragesatz vs.
Frage-Übernahme

Es zeigt sich, daß diese strukturgleichen Ausdrücke in der Funktion einer Frage-Übernahme bei jedem Sprecher sowohl die längste Gesamt-Dauer als auch die längste NS-Dauer aufweisen. Die sprecherbezogen annähernd stabilen Werte für die relative Dauer der NS deuten darauf hin, daß aber nicht nur die NS einer Frage-Übernahme, sondern der gesamte Ausdruck gleichmäßig gedehnt wird. Diese Dehnung unterscheidet die Frage-Übernahme von den reinen Fragetypen, die bis auf die Äußerungen der DVP9 außerdem durch einen größeren Gesamt-Range gekennzeichnet sind. Alle hier behandelten *types* und *tokens* wurden zu fast 100% mit einem terminalen Rise und einem hohen Offset produziert. Da die F_o-Minima sprecherbezogen weitgehend konstante Werte aufweisen und der Offset zugleich das F_o-Maximum darstellt, kann aus dem Gesamt-Range die Schlußfolgerung gezogen werden, daß die Frage-Übernahmen den niedrigsten Offset haben.

Die Ergebnisse der Kategorisierungstests geben die Unentschlossenheit der Hörer über die Funktion der Frage-Übernahme wieder: von den gefällten 87 Urteilen fielen ca. 60% auf Exclamative, ca. 25% auf Fragen und 15% auf Aussagen. Der hohe Anteil der Nicht-Frageurteile zu den kontextlos vorgespielten Äußerungen läßt den Schluß zu, daß die Versuchspersonen den geringeren terminalen Anstieg und die längere Dehnung vorwiegend für nicht-erotetische Merkmale halten.

Die folgenden Zahlen verdeutlichen das Verhältnis der Frage- und der Nicht-Frageurteile in den Kategorisierungstests zu den *w*-V-L-Fortsetzungsfragesätzen, zu den *w*-V-L-Rückfragesätzen und zu den *w*-V-L-Frage-Übernahmen:

	Fortsetzungs-fragesätze	Rück-fragesätze	Frage-Übernahmen
Frage	72%	73%	25%
Aussage	5%	4%	15%
Exclamativ	23%	23%	60%

Anhand der unten aufgezeichneten Abbildungen einer Sprecherin (DVP8) und eines Sprechers (DVP10) sollen die besprochenen intonatorischen Unterschiede zwischen einem Fortsetzungsfragesatz (DVP8:7070; DVP10:8568), einem Rückfragesatz (DVP8: 7074; DVP10:8572) und einer Frage-Übernahme (DVP8:7072; DVP10:8570) demonstriert werden:

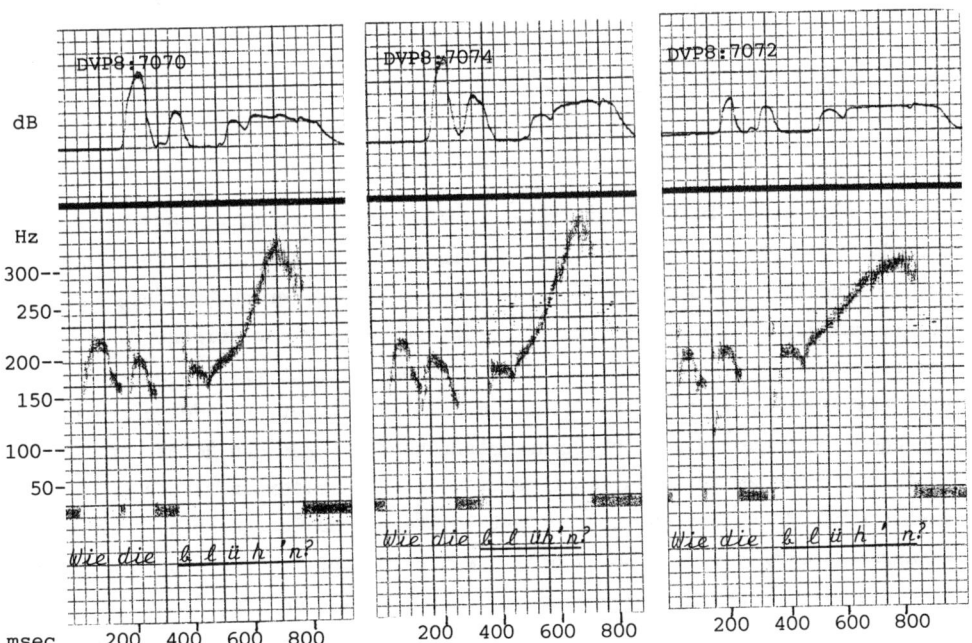

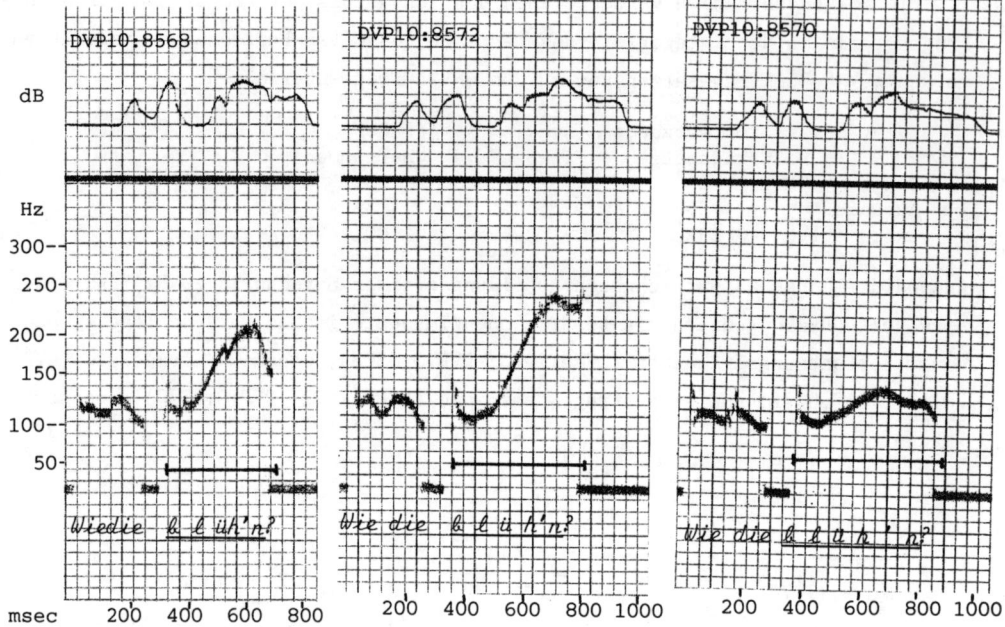

Man könnte den in der Oberflächenstruktur fehlenden Matrixsatz rekonstruieren als *Du fragst mich*↑ oder *Fragst du mich*↑. Aus diesen möglichen Bildungen des Zwischen-Textes zwischen der Ergänzungsfrage und der natürlichen Antwort folgt, daß das *w*-Wort in der Wortfrage-Übernahme zwar erotetische Funktion hat, daß es sich aber nicht um ein pures Ausdrücken der erotetischen Sprechereinstellung in unserem Sinne von 'Frage' mit Antwort-Erwartung oder gar -Obligationen oder Sanktionen bei Nicht-Beantwortung handelt. Für den Hörer hat die Wortfrage-Übernahme keine zur Antwort verpflichtenden, allerdings auch keine antwortverbietenden Konsequenzen, aber er hat meistens kaum Gelegenheit, sich überhaupt zu äußern, bevor der Sprecher schon in einem Zug auf die ursprüngliche Frage antwortet. Außerdem wird etwa eine Gegen-Frage nicht dadurch definiert, daß eine Frage einfach syntaktisch umgeformt zitiert wird, sondern sie bedarf u. a. einer eigenen, von der ihr vorangehenden Frage unterschiedlichen Proposition. Die elliptische, und deshalb mit Modalpartikeln inkompatible, Wortfrage-Übernahme ist vor allem ein Stilmittel, mit dem sich der Sprecher oft aus der Verlegenheit retten kann, wenn er die Antwort nicht gleich parat hat. Hiervon zeugen auch die etwas vorsichtigen Antworten mit *sagen wir* und *vielleicht*, die die Wahrheit der Proposition nicht als absolut angeben.

2.3.2. Rhetorischer Wort-Fragesatz

(2-202) (Hast du heute wieder mal kein Stündchen Zeit für uns übrig
gehabt, armes Männchen? Großer Gott, diese Berge von Akten!)
Was haben wir denn eigentlich noch von dir↓
((...) Die bösen Akten sind es diesmal nicht, mein armes Weibchen.
Es ist etwas viel Grimmigeres.) (Ak 5)

Daß der Hörer auf (2-202) reagiert, aber darauf keine echte Antwort gibt, obwohl
man davon ausgehen kann, daß der Adressat über sich selbst am besten Auskunft zu
geben vermag, ist die Ursache dafür, daß der Sprechakt als Frage nicht erfolgreich war (vgl. die vierte Searle'sche Regel). Wenn der Sprecher aber im Vor-
Text impliziert hat, daß der Hörer keine Zeit für seine Familie hat, so ist auch
sein aufrichtiges Interesse, eine Antwort zu bekommen, zu bezweifeln. Vielmehr
muß (2-202) als Feststellung verstanden werden, daß die Familie nichts mehr vom
Angesprochenen hat. Diese Feststellung scheint auch der Hörer zur Kenntnis zu
nehmen, denn seine Reaktion fällt als Erklärung aus, wobei er versucht, seine
Akten diesmal für unschuldig zu erklären. Sowohl der Sprecher als auch der Hörer
wissen also, daß der Hörer keine Zeit und seine Familie von ihm kaum noch etwas
hat.

Das gemeinsame Wissen des Sprechers und des Hörers und das Wissen, daß der
andere über dieses Wissen verfügt, sind die Grundlagen, aufgrund derer die
sprechakttheoretischen Bedingungen der Frage bei der - nach der traditionellen
Terminologie - rhetorischen Frage unerfüllt bleiben: Die rhetorische Frage ist
keine Frage, und deshalb ist eine Antwort darauf auch nicht nötig (vgl. Schmidt-
Radefeldt 1977:377).[20] Meibauer läßt eine Reaktion des Hörers zu: Er spricht von
einer bestimmten, vom Fragenden präferierten Antwort. Diese ist mit einer wahren
Antwort nicht gleichzusetzen, sondern sie besteht darin, "vielmehr im Sinne der
von dem Fragenden präferierten Antwort zu reagieren" (Meibauer 1986:90).

Laut Grésillon läßt die rhetorische Frage eine, aber nur eine Antwort zu
(1980:275), die nicht ausgesprochen zu werden braucht, da die rhetorische Frage
selbst dem Hörer bereits eine Meinung (eine bestimmte Sachverhaltsbeschreibung?)
strategisch aufzwingt (ebd.:277). So stellt (2-202) eine Verbalisierung dessen
dar, was beiden Gesprächspartnern schon bekannt ist. In einen Aussagesatz transformiert lautet das Beispiel: *Wir haben nichts mehr von dir.* Wählt der Sprecher
die Form des Fragesatzes statt des Aussagesatzes, so hat er die Möglichkeit,

---

20 Es drückt dies beispielsweise Mühlner noch bedingungsloser aus: "Die rhetorische Frage ist ihrem Inhalt nach gar keine Frage, sondern eine Aussage."
(Mühlner 1978:376)

aufgrund der Satzform auf eine angeblich gestellte Frage zu referieren, in (2-202) wäre dies etwa *Weiche nicht vom Thema ab, ich habe dich gefragt, was wir von dir noch haben* (vgl. Grésillon 1980:275).

Der oben beschriebene zugelassene Rückgriff auf einen Aussagesatz muß als eine der rhetorischen Frage zugrundeliegende erotetische Komponente bewertet werden. Der Vor-Text *Großer Gott, diese Berge von Akten* verleiht dem mitteilenden Fragesatz auch einen exclamativen Einschlag, so daß der Frageausdruck als assertiv-erotetisch-exclamativ bezeichnet werden kann; der rhetorische Fragemodus ist eine Mischung der drei Satzmodi Aussagemodus, Fragemodus und Exclamativmodus mit expressiver bzw. suggestiver Funktion (vgl. Schmidt-Radefeldt 1977:377 und Vandeweghe 1977:284).[21]

Syntaktische Merkmale der rhetorischen Fragesätze sind u. a. von Grésillon (1980) und insbesondere von Meibauer (1986) ausgearbeitet worden. Sie erwähnen die Modalpartikel *schon*, die in *w*-Sätzen ein rein rhetorisches Merkmal zu sein scheint. Meibauer, der "*Grade der Rhetorizität*" (1986:159) beobachtet, nennt diese Modalpartikel "rhetorizitätserzeugend". Im Gegensatz zu *wohl* und *denn*, die auch in Ergänzungsfragesätzen vorkommen, ist *schon* nur in rhetorischen Fragesätzen möglich:

> (2-203) Was bedeutet es <u>schon</u>, einen wehrlosen Baum zu entwurzeln↓
> (, meldete sich der Tiger zu Wort. Viel wichtiger ist es doch,
> daß man im Kampf seine Stärke beweist.) (Mr 73)

Die exclamativen Modalpartikeln *aber, doch* und *nicht* sowie die erotetische Modalpartikel *eigentlich* sind dagegen nur in *w*-Sätzen akzeptabel, die eindeutig entweder Exclamativ- oder Fragesätze sind. In den Fällen, in denen *schon* fehlt und der Adressat zu entscheiden hat, ob er durch seine Antwort gegen die Konversationsmaximen (vor allem gegen die Maxime der Relevanz) verstoßen würde, bleiben dem Hörer kontextuelle Richtlinien übrig, die er als Grundlagen für sein reaktives Verhalten benutzen kann (vgl. Schmidt-Radefeldt 1977:391 und Grésillon 1980:280 und 282). Im allgemeinen garantiert das Beachten der pragmatischen, am Anfang dieses Subkapitels genannten Kriterien einen reibungslosen Gesprächsablauf, so daß es nicht zu gelegentlich ausgesprochen peinlichen Situationen kommt, wenn der Adressat den Fragesatz als Ergänzungsfrage und nicht als rhetorische Frage, sei es absichtlich oder unabsichtlich, interpretiert und darauf antwortet:

---

21 Im Gegensatz zu Meibauer (vgl. 1986:184) und im Anschluß an Altmann (1987) nehme ich also einen eigenen rhetorischen Fragesatzmodus an.

(2-204) (A: Meine Damen und Herren!) Wo sonst noch können Sie einen so
tollen Wagen für so wenig Geld bekommen↓
(B: Das kann ich Ihnen sagen: Bei Autole & Wägele haben sie
denselben Wagen für 2000 DM weniger im Schaufenster stehen.)

Das Symbol der 'diametralen Umdeutung' (vgl. u. a. Grésillon 1980:280 und Meibauer 1986:156) wird in (2-202)-(2-204) bestätigt: In den beiden ersten Belegen
kann das w-Wort durch *nichts* und im letzten durch *nirgendwo* ersetzt werden:
Nirgendwo sonst können Sie einen so tollen Wagen für so wenig Geld bekommen.
Wunderlich spricht dieses "formale Merkmal für rhetorische Fragen" (Wunderlich
1979:307) unter Hinzuziehung der Akzentsetzung ebenfalls an. Meiner Ansicht nach
können seine auf die rhetorischen Satz-Fragesätze bezogenen Beobachtungen auf
rhetorische Wort-Fragesätze problemlos übertragen werden. In verkürzter Form be-
sagen sie,

> (...) daß die Negation der Proposition, aus der die (Entscheidungs)
> frage konstruiert wird, beansprucht wird. (...) Die rhetorische Frage
> hat darüber hinaus die illokutionäre Kraft, daß der Adressat zu einer
> negativen Antwort mobilisiert wird, d. h. die Behauptung sozusagen
> aus eigener Kraft nachvollziehen soll. (ebd.)

Der Konjunktiv II, ob mit oder ohne Negation, scheint oft in rhetorischen Fragesätzen vorzukommen, die ein Modalverb enthalten (vgl. Grésillon 1980:284 und
Meibauer 1986:156):

(2-205) Wer sollte um den Narren Bescheid wissen, wenn ich nicht↓ (Ak 141)

Es muß betont werden, daß *schon* und der Kontext die einzigen zuverlässigen
nicht-intonatorischen Merkmale des rhetorischen Wort-Fragesatzes sind, denn beispielsweise in (2-204) ist es die Werbesituation, durch die eine Antwort auf den
Fragesatz bereits inadäquat wird. Die anderen von Grésillon herausgearbeiteten
Merkmale sind entweder logische Folgen des bisher Besprochenen oder zumindest
keine verläßlichen Merkmale der Rhetorizität; so ist es selbstverständlich, daß
auf rhetorische *warum*-Fragen nicht mit *weil* geantwortet werden kann, wenn auf
eine rhetorische Frage überhaupt nicht geantwortet werden soll bzw. darf (vgl.
Grésillon 1980:284).

Die zur Untersuchung der Intonation aufgenommenen rhetorischen Fragesätze
erlauben keine direkten Minimalpaar-Vergleiche mit den entsprechenden Ergän-
zungsfrage- bzw. w-V-2-Exclamativsätzen, da ihre sequentiellen Eigenschaften
bzw. ihre kontextuelle Einbettung voneinander so verschieden sind, daß ein Einfluß auf den jeweiligen Intonationsverlauf nicht auszuschließen ist. Daher kann
hier die Intonation des rhetorischen Fragesatzes unter (2-206) nur global mit
der eines w-V-2-Exclamativsatzes unter (2-207) und mit der eines Ergänzungsfragesatzes unter (2-208) verglichen werden:

(2-206) Situation: Sprecher und ein anderer
           Sprecher 1: Willi hat Urlaub in Gelsenkirchen gemacht.
           Sprecher 2: Und? Was hat er denn alles gesehen?
           Sprecher 1: Na ja! <u>Was</u> <u>wird</u> <u>er</u> <u>denn</u> <u>schon</u> <u>alles</u> <u>gesehen</u>
                      <u>haben?</u> Er hat sich halt den Friedhof und ein
                      paar Kohlengruben angeschaut. (Pro2-40)

(2-207) Situation: Sprecher und ein anderer
           Sprecher 1: Willi fährt morgen für ein ganzes Jahr nach
                      Ägypten. <u>Was</u> <u>wird</u> <u>der</u> <u>dann</u> <u>schon</u> <u>alles</u> <u>gesehen</u>
                      <u>haben,</u> wenn er wiederkommt! (Pro2-39)

(2-208) Situation: Sprecher und ein anderer
           Sprecher 1: In einem Jahr wird Willi schon durch halb Ägypten
                      gereist sein.
           Sprecher 2: Und <u>was</u> <u>wird</u> <u>er</u> <u>dann</u> <u>schon</u> <u>alles</u> <u>gesehen</u> <u>haben?</u>
                      Glaubst du, daß er die Pyramiden dann schon
                      kennt? (Pro2-41)

In den Akzenttests wurde *se* in *gesehen* als Nukleussilbe des rhetorischen Fragesatzes und des Ergänzungsfragesatzes festgelegt. Dieses Ergebnis schließt die meisten ansonsten natürlichen Exclamativäußerungen aus einem möglichen Vergleich aus, da hier die NS fast immer auf dem definiten Pronomen *der* liegt. Es sollen hier deshalb zunächst diejenigen Parameter besprochen werden, die ohne Rücksicht auf die Lage der NS ermittelt werden können.

Die Gesamt-Dauer ist in den rhetorischen Fragesätzen am kürzesten und in den Exclamativsätzen am längsten. Der Gesamt-Range ist in den beiden Fragetypen gleich groß, aber kleiner als in den Exclamativsätzen.

Ein Vergleich der Fragesätze mit denjenigen Exclamativsätzen, in denen die NS ebenfalls auf *se* liegt, zeigt, daß sowohl die absolute als auch die relative Dauer der NS folgendermaßen abnimmt:

      Ergänzungsfragesatz < rhetorischer Fragesatz < Exclamativsatz

Der Range der NS ist in den rhetorischen Fragesätzen im Durchschnitt um 2 Halbtöne kleiner als in den Ergänzungsfragesätzen. Die F_o-Bewegung auf der NS der ersteren hat stets die Form steigend-fallend, verbunden mit einem tiefen Offset; auf der NS der letzteren kommt außer dieser Form auch die steigende vor, verbunden mit einem hohen Offset. Trotz der unterschiedlichen Lage der NSn zeigt sich außerdem, daß die NS eines rhetorischen Fragesatzes sowohl in Form als auch in Range der eines Exclamativsatzes ähnlich ist.

Die folgende Aufstellung zeigt die durchschnittlichen Werte für die analysierten Parameter in diesen Satztypen:

	rhetorischer Fragesatz	Ergänzungs- fragesatz	Exclamativ- satz
Gesamt-Dauer	1710 ms	1800 ms	1940 ms
absolute NS-Dauer	130 ms	110 ms	160 ms
relative NS-Dauer	0,92	0,80	0,98
Gesamt-Range	9 HT	9 HT	11 HT
NS-Range	6 HT	8 HT	6 HT
NS-Form	steigend- fallend	steigend (-fallend)	steigend- fallend
Offset	tief	tief/hoch	tief

In den intonatorischen Merkmalen ist der Misch-Charakter des rhetorischen Frage-satzes wiederzufinden, so wie er oben beschrieben wurde: Es fehlen der hohe Off-set und die einfach steigende F_o-Bewegung auf der NS; beide Kennzeichen für Ero-tetizität. Die NS ist gedehnter als in den Ergänzungsfrage-, aber weniger ge-dehnt als in den Exclamativsätzen. Der Gesamt-Range stimmt mit dem in dem rein erotetischen Typ überein, aber die NS-Form und der NS-Range entsprechen den je-weiligen Merkmalen in dem rein exclamativen Typ.

Die durchgeführten Kategorisierungstests unterstreichen diesen Misch-Charak-ter: Von den 170 abgegebenen Hörer-Urteilen zum Satz (2-206), der durch die Modalpartikel *schon* - verstärkt durch die Modalpartikel *denn* - eindeutig als rhetorischer Fragesatz gekennzeichnet ist, fielen 10% auf 'Aussage', 25% auf 'Frage' und 65% auf 'Exclamativ'.

Die folgenden Oszillomink-Aufzeichnungen demonstrieren jeweils einen rheto-rischen *w*-Fragesatz ((2-206): DVP9:7582), einen *w*-V-2-Exclamativsatz ((2-207): DVP9:7580) und einen Ergänzungsfragesatz ((2-208): DVP9:7584), gesprochen durch die weibliche Versuchsperson DVP9:

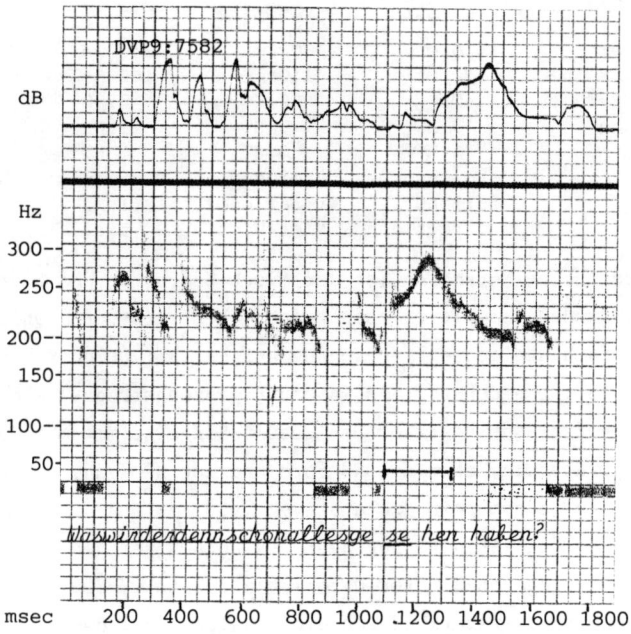

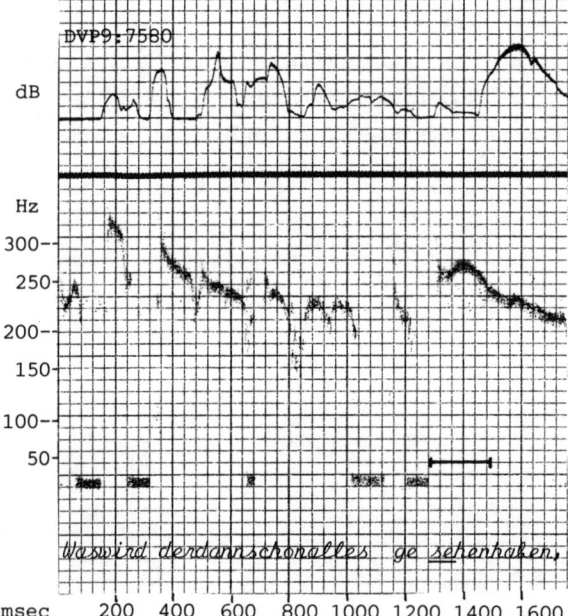

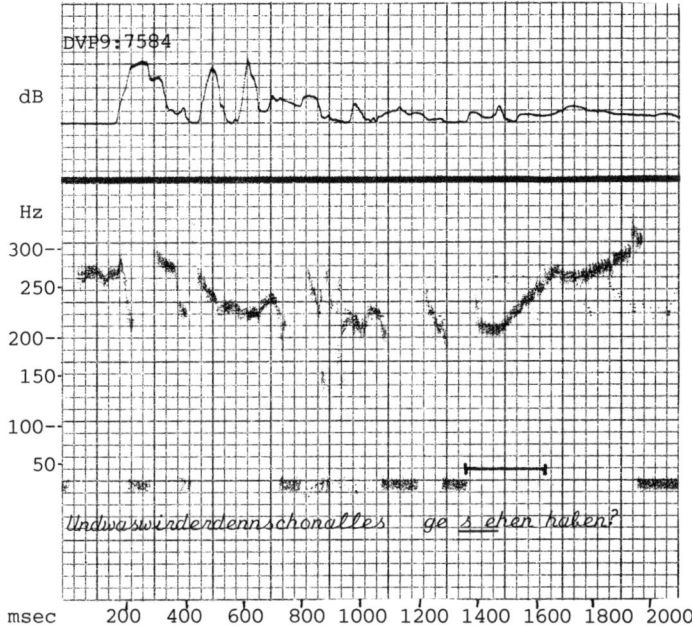

2.4. Exkurs zu *w*-Ausdrücken mit nicht-erotetischer Sprechereinstellung

Nachdem oben *w*-Sätze mit erotetischem und bedingt erotetischem Illokutionspotential besprochen wurden, sollen in diesem Subkapitel der Vollständigkeit halber *w*-Sätze mit anderem als erotetischem Illokutionspotential kurz dargestellt werden. Dabei werde ich diese Sätze nur so weit behandeln, wie dies wegen der Abgrenzung zu *w*-Fragesätzen nötig erscheint.

2.4.1. *w*-Exclamativ

Eine mit dem Ergänzungsfragemodus konkurrierende Interpretation ist der *w*-Verb-Zweit-Exclamativmodus, auf den des öfteren unter 2.1. eingegangen wurde.[22] Als Unterscheidungskriterien kommen in Frage die lexikalische Füllung des *w*-Wortes (die kausalen *w*-Wörter als Fragemerkmale und *welch ein* als tendenzielles Exclamativmerkmal), wertende Ausdrücke, die Intonation, die Modalpartikeln, die unbetonte Negation sowie der Kontext in der unter dem angegebenen Kapitel beschriebenen Weise. Nachdem dem Hörer oft nur noch die Intonation und der Kontext - dem Leser meist nur das Letztere - Hilfe leisten können, wenn er entscheiden soll, ob ihm eine Frage gestellt wurde oder ob der Sprecher sein derzeitiges Empfinden über einen gegebenen Sachverhalt ausdrückte, kommt diesen beiden Merkmalen eine besonders wichtige Rolle zu; wenn andere Merkmale fehlen, so greift der Hörer auf die Intonation und zuletzt auf den Kontext zurück. In (2-209) beispielsweise ist er auf diese Merkmale angewiesen:

---

22 Vgl. auch insbesondere Näf (1984) und (1987).

116

(2-209) Wie erstaunt waren die Jünglinge↓ (, als sie an der Spitze
des Zuges ein wunderschönes Mädchen bemerkten, das sie noch
nie in ihrem Dorf gesehen hatten.) (Mr 223)

Liegt auf *erstaunt* der Hauptakzent, so faßt der Hörer den *w*-Satz als Verwunderung ausdrückenden Exclamativ auf.[23] Erhält *Jünglinge* oder *wie* den stärksten
Akzent im Satz, so erwartet der Sprecher vom Hörer eine Antwort auf seine Ergänzungsfrage. Der auf den Kontext angewiesene Leser kann sich außer auf den Vor-
und Nach-Text auf die Situation berufen: Liest er (2-209) auf einem Fragebogen,
wird er ihn als Frage auffassen; steht (2-209) in einem Märchen – wie in diesem
Beleg –, so wird er ihn als Ausruf darüber verstehen, wie sehr erstaunt die
Jünglinge waren. Nicht zuletzt wirkt dabei im Hintergrund insbesondere die
fünfte sprechakttheoretische Bedingung (vgl. S. 10), ob der Hörer die Antwort
wissen kann: In einer Prüfungssituation kann man dies erwarten, in einem Märchen
nicht.

Daß die Auslegung in einigen Fällen durch die lexikalische Füllung zumindest
erleichtert werden kann, beweist (2-210):

(2-210) ("Mein großer Herrscher", sagte er, "ich bin zu Euch gekommen,
um Euch mitzuteilen, daß es in unserem Königreich seit einiger
Zeit zwei Könige gibt.")
Was redest du für einen Unsinn↓ (, erwiderte der König barsch.
"In meinem Land regiert nur einer, und das bin ich.") (Mr 115)

Es ist kaum sinnvoll, jemanden zu fragen, was für einen Unsinn er redet, da sich
Unsinn nur schwer differenzieren läßt. Eine mögliche natürliche Antwort wäre
beispielsweise *Großen*, aber es kommt wohl selten vor, daß jemand dies von sich
selbst sagt. So bleibt bei (2-210) nur die Auslegung als Kritik als die einzig
mögliche, was auch vom Nach-Text bestätigt wird: Er stellt keine Antwort des
Hörers dar.

Der Verb-Zweit-Wort-Exclamativsatz ist von der Verbstellung her ferner dem
Wort-Rückfragesatz und dem Versicherungsfragesatz ähnlich. Da alle diese nicht
gesprächssequenzeröffnend sein können, der Wort-Rückfragesatz und der Versicherungsfragesatz steigendes Tonmuster und der Versicherungsfragesatz außerdem einen Starkakzent auf dem Fragewort aufweisen, werden die Ambiguitäten insbesondere in der gesprochenen Variante weitgehend behoben. Insgesamt gelten als
Exclamativmerkmale die verschiedenen Parameter der Intonation in der unter 2.1.
und 2.2. dargestellten Weise. Weitere Exclamativmerkmale sind die Fähigkeit eines Ausdrucks, eine Gesprächssequenz zu eröffnen und sie allein darzustellen
(als Fortsetzung ist nicht eine Antwort, aber beispielsweise ein Kommentar u. ä.
akzeptabel), die Inkompatibilität mit der unbetonten Negation durch *nicht* und
mit Rückfragen, die Modalpartikeln *aber (auch)*, *doch* und *nicht*, tendenziell das
w-Wort *welch ein*, Interjektionen wie *ach* und *großer Gott* sowie die sprechakttheoretischen Bedingungen, auf den Exclamativ angewandt, insbesondere die Bedingung,
daß der Sachverhalt selbst sowohl dem Sprecher als auch dem Hörer bekannt sein
muß; der Exclamativmodus dient weder der Informationsbeschaffung noch etwa der
-verbreitung, sondern "to express the psychological state specified in the since-
rity condition about a state of affairs specified in the propositional content"
(Searle 1976:12). Wie beim Fragemodus, nimmt auch beim Exclamativmodus der Kontext eine übergeordnete Gesamtfunktion ein: Wenn er nicht wider-exclamativ ist,
so unterstreichen die oben genannten Exclamativmerkmale einzeln oder zusammen
die exclamative und blockieren gleichzeitig die erotetische Sprechereinstellung.

Der Wort-Fortsetzungsfragesatz, der deliberative und der ultimative Wort-
fragesatz stehen – ebenso wie die oben besprochenen Fragetypen in Opposition zum
Verb-Zweit-Wort-Exclamativsatz stehen – in Opposition zum V-L-Wort-Exclamativ-

---

23 Zu *w*-Konstruktionen s. Buscha (1976), Eggers (1972), Roncador (1977),
Stojanova-Jovčeva (1980), Suščinskij (1981) und Weuster (1983).

satz. Ein *w*-Wort als klammereröffnendes und das finite Verb als klammerschliessendes Element sind die auffallendsten syntaktischen Gemeinsamkeiten. Doch werden auch in dieser Oppositionsbildung wieder Grenzen gezogen, so daß FehlInterpretationen zum größten Teil ausgeschlossen werden können: Dem Fortsetzungsfragesatz muß eine Assertion vorausgehen, und er weist wie der deliberative Wort-Fragesatz steigendes Tonmuster auf. Dem ultimativen Wort-Fragesatz müssen eine (oder mehrere) Ergänzungsfragen vorangehen, und er erhält außerdem einen Starkakzent auf dem Fragewort. Der Verb-Letzt-Wort-Exclamativsatz hat immer fallendes Tonmuster, verbunden mit einem Starkakzent, der nicht auf dem *w*-Wort plaziert werden kann. Außerdem vermag er selbständig eine Gesprächssequenz darzustellen:

(2-211) Wie sie sich alle vermummen↓ (An 111)

Nicht nur die gesprächssequentielle Selbständigkeit, sondern auch deren Voraussetzungen - neben dem Kontext das Vermögen, selbständig eine propositionale Einstellung auszudrücken -, die es ermöglichen, auf einen Matrixsatz zu verzichten, dienen als Abgrenzungskriterien zu den unselbständigen Verb-Letzt-Sätzen:[24]

(2-212) (Ich habe nun beschlossen, lieber Hyameke, diesen kostbaren
Ring dir in Verwahrung zu geben.) Du magst daraus ersehen,
welch großes Vertrauen dein König in dich setzt↓ (Mr 122)
(2-213) Wer das Geheimnis eines Freundes verrät, muß dafür büßen↓ (Mr 120)

Das Vermögen, selbständig eine propositionale Einstellung auszudrücken, verbunden mit fallendem Tonmuster, dem Exclamativakzent, der Gesprächssequenzwertigkeit und dem entsprechenden Kontext sind Exclamativmerkmale, die für den Hörer eine Antwortverpflichtung nicht entstehen lassen. Wenn diese Voraussetzungen fehlen und wenn man vom Hörer eine Antwort erwarten kann, wenn z. B. statt der exclamativen Modalpartikeln *aber*, *doch* und *nicht* etwa *eigentlich* und *denn* eingesetzt werden können und wenn der Gesamtausdruck gar durch ein unbetontes *nicht* verneint werden kann, so kann mit dem *w*-Ausdruck nicht eine exclamative, sondern nur eine erotetische Sprechereinstellung ausgedrückt werden, d. h., er ist eine Frage mit allen daraus zu ziehenden Konsequenzen wie Antwortverpflichtung, bei deren Nicht-Befolgung mit eventuellen Sanktionen zu rechnen ist.

2.4.2. Schlagzeile

Die Verb-Letzt-Fragemodi haben der syntaktischen Form nach außer dem Exclamativsatz und den unselbständigen Verb-Letzt-Sätzen noch eine ähnliche, konkurrierende Konstruktion, die Schlagzeile. Darunter werden hier sowohl die "Überschriften in Presse und Publizistik" (Stojanova-Jovčeva 1980:26) als auch ohne unmittelbaren Nach-Text stehende (politische, kommerzielle etc.) Werbeparolen u. ä. kurze *w*-Ausdrücke verstanden, mit denen der Leser/Hörer zu einer Handlung bewogen werden soll. Diese Handlung kann je nach der Schlagzeile Lesen des betreffenden Artikels, Kaufen der empfohlenen Güter, Wählen eines Politikers aufgrund eines Plakats etc. sein. Solche Schlagzeilen stellen (2-214)-(2-217) dar:

(2-214) Wo man im Herbst noch baden kann↓ (SZ 19.9.84:35)
(2-215) Wie Sie in Ihrem Auslandsgeschäft das Währungsrisiko
vermeiden↓ (SZ 16.2.84:31)
(2-216) Warum der Affe dem Menschen ähnlich ist↓ (Mr 166)
(2-217) Warum einige Männer Haare auf der Brust tragen↓ (Mr 143)

Ein *w*-Wort am Satzanfang, das finite Verb als klammerschließendes Element und der in der Oberflächenstruktur fehlende Matrixsatz *Bei uns können Sie erfahren*,

---

24 Vgl. Helbig (1974)

Wir sagen Ihnen oder *Lesen Sie* sind syntaktische Gemeinsamkeiten mit dem deliberativen, dem ultimativen und dem Fortsetzungsfragesatz. Jedoch reduziert schon
der obligatorische Vor-Text bei dem ultimativen und dem Fortsetzungsfragesatz
die Auslegungsambiguitäten auf den deliberativen Fragesatz. Das fallende Tonmuster, die Rekonstruierbarkeit des Matrixsatzes und die damit verbundene Ellipsenhaftigkeit sowie das Fehlen eines Starkakzents sind weitere Kennzeichen der
Schlagzeile, die (abgesehen von dem letzten Kriterium) eine Grenze zum deliberativen *w*-Fragesatz zu bilden mithelfen. Die Inakzeptabilität von Modalpartikeln,
beruhend auf der Ellipsenhaftigkeit, und das Fehlen einer natürlichen Antwort
als Folgehandlung von seiten des Hörers/Lesers sind weitere Merkmale der Schlagzeile. Das Fehlen einer Ergänzungsfrage als Vor-Text schließt ferner die Interpretation als elliptische *w*-Antwort aus.

Es sprechen in (2-214)-(2-217) die sprechakttheoretischen Bedingungen der
Frage gegen eine Interpretation des *w*-Satzes als erotetisch: Dem Verfasser der
jeweiligen Schlagzeile ist die "Antwort" bekannt, da er sie im Artikel selbst
liefert bzw. in der Werbung diese etwa bei einem eventuellen Besuch zu geben
verspricht. Er kann daher kein aufrichtiges Interesse daran haben, vom Adressaten eine Antwort zu bekommen und dazu einen Frageversuch zu unternehmen. Der
Verfasser kann ferner weder erwarten, daß der ihm unbekannte Leser/Hörer die
Antwort weiß, noch kann er die Kooperativität eines beliebigen Lesers/Hörers
voraussetzen. Über allem steht der journalistische Grundsatz, daß der Autor den
Lesern etwas Neues zu bieten bemüht sein muß (Dies gilt für die Werbefachleute
selbstverständlich auch.), das heißt, daß er ihr Wissen erweitern und es nicht
abfragen soll. Abgesehen von Tests u. ä., denen sich der Leser freiwillig unter-
ziehen kann, fehlt dem Autor außerdem jede soziale Berechtigung, dem Leser echte
Fragen zu stellen.

Die Schlagzeile vervollständigt die Gruppe der elliptischen *w*-Verb-Letzt-
Sätze. Daß sie kein erotetisches, sondern assertives oder direktives Illokutionspotential aufweist, veranlaßt mich, sie zu den in diesem Kapitel besprochenen *w*-Ausdrücken zu zählen. Insofern auf die Schlagzeile Antworten folgen - ob
wortwörtlich die der Adressaten (beispielsweise der Interviewten) oder in Form
eines Berichts -, teilt sie mit Fragen eine Gemeinsamkeit, den obligatorischen
Nach-Text, der den Exclamativen fehlt. Da die Antwort aber erst über eine Ergänzungsfrage hervorgerufen werden kann und die oben behandelten Eigenschaften
gegen eine Einordnung der Schlagzeile zu Fragesätzen sprechen, erweist sich
meine Kategorisierung als *w*-Ausdruck mit nicht-erotetischem Illokutionspotential
als zutreffend.

2.4.3. *w*-Antwort

(2-218) (Läuft dein Wagen immer noch?)
   Und wie (er läuft)↓

(2-219) (Hast du die Maria in der letzten Zeit getroffen?)
   Und wo ich sie getroffen habe↓ (Auf einer kleinen Insel
   in der Südsee.)

(2-218) und (2-219) zeigen jeweils einen *w*-Ausdruck, der nur die Funktion einer
Antwort haben kann, die *w*-Antwort. Sie ist nicht-intonatorisch gekennzeichnet
durch die Verb-Letzt-Stellung, *und* vor dem *w*-Wort, die Inakzeptabilität der
Negation durch *nicht* sowie eine Entscheidungsfrage als obligatorischen Vor-Text.
Das letztgenannte Kriterium ist auch zugleich ein wider-erotetisches Merkmal,
denn der Hörer einer Entscheidungsfrage kann nicht zurückfragen, <u>wie</u> der Wagen
läuft, wenn er gerade gefragt wurde, ob er überhaupt noch läuft. Dies beruht
auf den sprechakttheoretischen Regeln, daß der Sprecher der Entscheidungsfrage
davon ausgeht, daß der Hörer die Antwort kennt und ferner, daß der Sprecher des
w-Satzes als die Antwort Kennender danach nicht fragen darf (Ausnahme: 'Prüfungs-

fragen'), schon gar nicht den Sprecher der Entscheidungsfrage, der die Antwort nicht kennt. Es schließt sich hier somit ein Kreis, der die Interpretation dieser *w*-Verb-Letzt-Sätze als bestätigende idiomatisierte Antwort auf die Entscheidungsfrage ermöglicht. *und* kann als obligatorischer Vorlauf angesehen werden, der die Realisierung eines Starkakzents auf dem ersten satzgliedwertigen Element, dem *w*-Wort, erleichtert.

Ein Matrixsatz läßt sich hier nicht konstruieren, so daß die *w*-Antwort nicht als Ellipse, sondern als selbständiger Verb-Letzt-Satztyp bezeichnet werden muß.[25] Es dürfte sich um einen Mischtyp aus einem *w*-Verb-Zweit-Exclamativsatz (*Wie gut läuft der Wagen*) und einem Aussagesatz ((*Ich sage dir,*) *wie er läuft*) handeln. *Ich wundere mich* als mögliche Sprechereinstellung verweist auf Exclamative, ebenso die Inakzeptabilität von Satznegation. Gegen eine Interpretation als Exclamativsatz sprechen u. a. der obligatorische Vor-Text, d. h., daß die *w*-Antwort nicht allein eine Gesprächssequenz darzustellen vermag, und ein Starkakzent auf dem *w*-Wort. Offensichtlich beschränkt sich die Verwunderungskomponente in diesem auch hörerbezogenen *w*-Ausdruck nicht auf die Verwunderung des Sprechers über den Sachverhalt, sondern diese Verwunderung soll in erster Linie mitgeteilt werden im Sinne von SAY und nicht nur bekundet werden im Sinne von EXPRESS (vgl. Lang 1981 und 1983) wie bei einem *w*-Exclamativ.

Da keine Minimalpaarbildung einer *w*-Antwort mit einem Fragetyp möglich ist, wird hier als zu weit führend auf eine eingehendere Diskussion über die intonatorischen Eigenschaften dieser Antwort-Sätze verzichtet. Es sollen lediglich zwei Oszillomink-Aufzeichnungen zum folgenden Testsatz kurz erläutert werden:

(2-220) Situation: Sprecher und ein anderer vor ein paar
                    unscheinbaren Kakteen stehend:
         Sprecher 1: Blühen diese Kakteen eigentlich?
         Sprecher 2: Und wie die blüh'n! (Pro2-32)

Die Aufzeichnung DVP9:7566 stellt die zu diesem Satz natürlichste Äußerung einer weiblichen Versuchsperson und die Aufzeichnung DVP12:9566 die einer männlichen Versuchsperson dar. Die erstere bekam im Natürlichkeitstest die Note 1,00 und die letztere 1,08. Beide wurden - wie alle anderen Äußerungen zu diesem Testsatz auch - im Kategorisierungstest einheitlich als Exclamativ bewertet. Im Akzenttest wurde als NS ebenso einheitlich das *w*-Wort *wie* festgelegt. Die Aufzeichnungen zeigen eine markante rise-fall-F_0-Bewegung auf der NS und in deren Umgebung: sie beträgt bei der DVP9 14 HT und bei der DVP12 13,4 HT. Auch der Gesamt-Range fällt mit 14,9 bzw. mit 16,5 HT im Verhältnis zu anderen Satztypen groß aus (vgl. Tabelle 17):

---

25 Die *w*-Antwort darf mit einer möglichen elliptischen Antwort (u. a. ohne *und* vor dem *w*-Wort) auf eine Ergänzungsfrage nicht verwechselt werden:

(2-194) (A: Was hast du dem Peter alles erzählt?)
        (B: (Ich habe ihm erzählt,) Was ich so gehört hab'↓

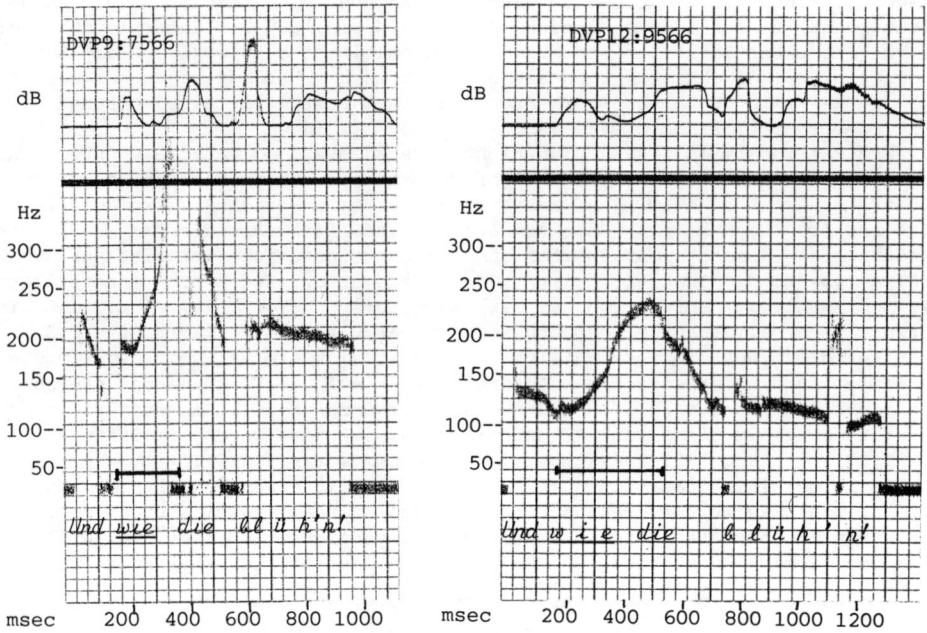

2.4.4. Verschiedene *w*-Verb-Letzt-Ausdrücke

In diesem letzten Abschnitt zu *w*-Ausdrücken sollen *w*-Verb-Letzt-Sätze betrachtet werden, die ein *w*-Wort am Satzanfang und fallendes Tonmuster aufweisen, die aber kein erotetisches Illokutionspotential beanspruchen können. Da es unmöglich ist, alle denkbaren Funktionstypen solcher Ausdrücke aufzuführen, will ich mich stellvertretend auf einige, besonders in der gesprochenen Sprache häufige *w*-Ausdrücke beschränken:

(2-221) (Kind: Ich habe gerade Tante Emma getroffen und habe sie
                auch gegrüßt.)
      Mutter: Wie es sich ja auch gehört↓

(2-222) (Mann: Bekannte haben mir heute einen gebrauchten Jaguar angeboten.
               Der war zwar nicht billig, aber in einwandfreiem Zustand.
               Den habe ich dann auch gekauft.)
      (Frau: (Mensch,) wo du doch unsere Geldlage genau kennst↓

(2-223) (A: Es ist heute große Mode, Windsurfing zu machen.)
      B: Weshalb (/Warum) wohl viele auch ständig mit dem Brett
             auf dem Autodach in der Stadt herumfahren↓

Diesen Ausdrücken ist gemeinsam, daß sie auf eine Assertion folgen, auf die sie Bezug nehmen. Dieser Bezug wird über das *w*-Wort hergestellt, das als Zusammenfassung der Vorgänger-Äußerung gedeutet werden kann: In (2-221) *wie = Du hast Tante Emma gegrüßt, (wie es sich ja auch gehört)*; in (2-222) *wo = Du hast einen Jaguar gekauft, (wo du doch unsere Geldlage genau kennst)*; in (2-223) *weshalb/ warum = Es ist große Mode, Windsurfing zu machen, (weshalb/warum wohl viele auch*

ständig mit dem Brett auf dem Autodach in der Stadt herumfahren). (2-221) hat
hier die Funktion einer bestätigenden, (2-222) einer tadelnden und (2-223) einer
vermutenden Assertion. Es ist bemerkenswert, welche Aufgabe das Tonmuster in
diesen *w*-Ausdrücken erfüllt: Bei steigendem Tonmuster müßte (2-223) als deliberative Frage mit Antworterwartung an B selbst verstanden werden (vgl. 2.2.1.).
(2-221) ist ohne die assertive Modalpartikel *ja* und ohne die Modalpartikel *auch*,
die in Wort-Fragesätzen nicht vorkommen können, etwa nach *Ich habe meinen Chef
zum Essen eingeladen* mit steigendem Tonmuster gesprochen als *w*-Wortsetzungs-
fragesatz denkbar. Das *w*-Wort *wo* scheint in der tadelnden Assertion (2-222) so
affektbezogen zu sein, daß es teilweise expressive Funktion ausübt. Es scheint,
daß sich Vorwürfe, die in der Form 'wo + Verb-Letzt' und oft mit der Modalpartikel *doch* ausgedrückt werden, auch durch steigendes Tonmuster und ohne Modalpartikel nicht in Fragesätze transformieren lassen. Sobald *wo* etwa in lokativer
Funktion erscheint, verschwindet diese Starrheit, und das steigende Tonmuster
vermag in einem entsprechenden, erotetischen, Kontext die Verb-Letzt-Assertion
in eine Frage zu wandeln: *Wo ihr euch verabredet hattet↑* ist eine akzeptable
Fortsetzungsfrage etwa auf die Aussage *Nach langem Suchen habe ich meine Freundin endlich gefunden.*

Die Gemeinsamkeiten dieser *w*-Ausdrücke mit dem Wort-Fortsetzungsfragesatz,
eine Assertion als obligatorischer Vor-Text und ein *w*-Wort am Anfang des *w*-Verb-
Letzt-Satzes, werden von dem unterschiedlichen Tonmuster und dem Kontext über-
deckt, so daß der Hörer Ausdrücke wie (2-221)-(2-223) als Fortsetzungsassertio-
nen auffaßt und sich zur Antwort nicht verpflichtet fühlt.

Die vorangehende Analyse der *w*-Sätze hat gezeigt, daß es sowohl syntaktische
als auch semantisch-pragmatische Indizien gibt, aufgrund derer sich die *w*-Sätze
in drei Klassen einteilen lassen: in solche, mit denen eine erotetische Sprechereinstellung ausgedrückt werden kann; in solche, mit denen eine erotetische
Sprechereinstellung nicht ausgedrückt werden kann; in solche, die eine Mischung
aus beiden darstellen. Im nächsten Kapitel will ich Fragesätze des Deutschen behandeln, die ohne Fragewort gebildet werden, wobei die Hauptaufgabe sein wird,
diese ebenfalls auf eventuelle erotetische Merkmale hin zu überprüfen. Damit
hoffe ich, das Ausdrücken der erotetischen Sprechereinstellung im Deutschen in
seiner Ganzheit erfassen und in einer Zusammenfassung am Ende dieser Arbeit mit
den Verhältnissen im Finnischen vergleichen zu können.

3. FRAGESÄTZE OHNE FRAGEWORT IM DEUTSCHEN

3.0. Einleitendes zu den deutschen Satz-Fragesätzen

Die Satz-Fragesätze des Deutschen greifen teilweise auf andere Merkmale als die Wort-Fragesätze zurück, um sich gegenüber den übrigen Satztypen abzuheben; der gravierendste Unterschied ist hier der Verzicht auf ein lexikalisches Merkmal wie das *w*-Wort. Jedoch muß auch u. a. der Entscheidungsfragesatz, analog zum Ergänzungsfragesatz der Haupttyp der Satzfragesätze, genügend markiert sein, damit der Fragende seinem Adressaten die Aufgabe übertragen kann, "aus dem mit der Frage abgesteckten Bereich möglicher Sachverhalte einen auszuwählen und eine entsprechende Antwort zu formulieren" (Heidolph et al. 1981:768). Somit besteht – auch wenn es aus pragmatischer Sicht eine Ober-Funktion der meisten Fragen gibt, nämlich

> (...) eine Information, die man noch nicht besitzt, aber haben möchte, herauszubekommen, oder aber (...), die Wahrheit einer Information, die man schon hat, oder die Wahrheit einer Vermutung, Meinung usw. herausbekommen (Haefele 1974:175) –

ein grundlegender semantischer Unterschied zwischen der Satz- und der Wortfrage: In der ersteren ist die potentielle Antwort bereits inkludiert. Anstatt eine Sachverhaltsbeschreibung zu ergänzen wie bei der Wortfrage, braucht der Hörer einer Satzfrage (Darunter werden im folgenden die "einfachen" Satzfragen verstanden, falls nicht ausdrücklich von alternativen Satzfragen die Rede ist.) den gegebenen Sachverhalt lediglich entweder zu bestätigen oder zu verneinen. 'Das Bestehen oder Nicht-Bestehen einer Relation zwischen den Hauptkonstituenten des Satzfragesatzes' (vgl. Rohrer 1971:113) würde auf (3-1) bezogen in (3-1a) oder (3-1b) als mögliche natürliche Antworten resultieren:

> (3-1) Können Mäuse eigentlich lachen↑ (SZ 27.11.84:13)

> (3-1a) Ja, Mäuse können lachen.

> (3-1b) Nein, Mäuse können nicht lachen.

Vom Haupttyp der Satz-Fragesätze ausgehend, sollen in den nächsten Abschnitten diejenigen Merkmale herausgearbeitet werden, mit denen der Sprecher seine Frage-

einstellung ausdrücken und eine natürliche Antwort evozieren kann. Andere Satz-
Fragesätze werden systematisch herangezogen werden mit dem Ziel, sie formal ähnlichen Satztypen gegenüber abzugrenzen. Um unnötige Wiederholungen zu vermeiden,
beziehe ich mich dabei so oft wie möglich auf die bei den Wort-Fragesätzen
herausgearbeiteten Ergebnisse.

3.1. Haupttyp der Satz-Fragesätze: der Entscheidungsfragesatz

Einer der deutlichsten formalen Unterschiede zwischen dem Ergänzungs- und dem
Entscheidungsfragesatz ist die Stellung des finiten Verbs. Während bei dem ersteren dem klammereröffnenden finiten Prädikatsteil ein Satzglied mit *w*-Wort vorangeht, kann bei dem letzteren kein satzgliedwertiges Element vor dem finiten Verb
stehen. Im Beispiel (3-2), das zwar einen Fragesatz, aber im Unterschied zu (3-1)
keinen Entscheidungsfragesatz darstellt, beeinflußt die Stellung des Subjekts vor
dem finiten Verb die Nicht-Zuordnung von (3-2) zu den Entscheidungsfragesätzen,
sondern zu den assertiven Fragesätzen, auf die unter 3.2.2. näher eingegangen
wird:

(3-2) (TISCHLER Ich habe gesagt: 50 Pfund.)
       LEHRER   Das bleibt Ihr letztes Wort↑ (An 14)

War eines der Kennzeichen des neutralen Ergänzungsfragesatzes das fallende Tonmuster, so zeichnet sich der neutrale Entscheidungsfragesatz u. a. durch das oft
steigende Tonmuster aus. (3-2) liefert jedoch sogleich einen Beweis dafür, daß
es sich bei dem steigenden Tonmuster um kein Merkmal handelt, das nur in Entscheidungsfragesätzen anzutreffen wäre.

In den traditionellen Grammatiken für das Deutsche werden lediglich die Verb-
Erst-Stellung und das steigende Tonmuster als Merkmale eines Entscheidungsfragesatzes genannt: "Das finite Verb tritt in der Entscheidungsfrage an die Satzspitze. Die Intonation ist interrogativ." (Helbig/Buscha 1972:542) Heidolph et
al. sprechen vom "festen Platz an der Satzspitze" (1981:769) und von "normaler
steigender Intonation" (ebd.). Mit diesen Merkmalen werde ich mich im folgenden
ebenfalls beschäftigen und außerdem versuchen, weitere Merkmale der Entscheidungsfragesätze ausfindig zu machen.

3.1.1. Die nicht-intonatorischen Merkmale

1. Der Verbalbereich in Entscheidungsfragesätzen

Verb-Erst wird von den meisten Linguisten mit dem Etikett "Besonderheit" versehen, da es von der angenommenen Grundstellung abweicht. So sprechen beispiels-

weise Heidolph et al. von der "Grundstruktur" mit Verb-Letzt und der "Grundposi-
tion" mit Verb-Zweit (1981:140) und Helbig/Buscha von der 'nicht ableitbaren
Grundstruktur eines nicht zusammengesetzten Aussagesatzes mit gewöhnlich Verb-
Zweit' (vgl. 1972:541). Der Entscheidungsfragesatz wird, da er sich in diese
Grundkategorien nicht einordnen läßt, als Ergebnis von Transformationen in der
Stellung der satzbildenden Elemente, vor allem des finiten Prädikatsteils, aufgefaßt. So bezeichnet etwa Brinkmann von seiner pragmatischen Sicht aus - jedoch
beruhend auf der Verb-Erst-Stellung des Satzes - den Entscheidungsfragesatz wie
alle anderen Verb-Erst-Sätze als "Partnersatz", 'weil der Sprecher sich damit an
seinen Gesprächspartner wendet' (vgl. Brinkmann 1962;1971:479 und 683). Die Kategorie der "Partnersätze" scheint nicht auf besonders fundierter Grundlage zu ba-
sieren, denn die Verb-Erst-Stellung garantiert noch keine Partnerbezogenheit, wie
weiter unten gezeigt werden soll.

Eine kommunikative Einteilung der Sätze analog zur syntaktischen Einteilung,
ausgehend von der Stellung des finiten Verbs, scheint überhaupt fragwürdig zu
sein, denn auch Flämigs Feststellung, daß Verb-Zweit als "die n e u t r a l e
G r u n d f o r m des Satzplans (gilt), von der man nur abweicht, wenn eine besondere Redeabsicht verwirklicht werden soll" (1964:316), erweckt Verwunderung:
warum sollte das Fragen das eine Mal "eine besondere Redeabsicht" (ebd.) - nämlich etwa mittels des Entscheidungsfragesatzes mit Verb-Erst - darstellen und
ein anderes Mal nicht, wie etwa mittels des Ergänzungsfragesatzes mit Verb-Zweit.

Daß der Entscheidungsfragesatz nicht der einzige Formtyp mit Verb-Erst ist,
wurde schon angesprochen. Mit den nicht-selbständigen Sätzen, in denen vor dem
klammereröffnenden finiten Verb kein satzgliedwertiges Element steht, brauchen
wir uns in dieser Arbeit nicht weiter zu beschäftigen, denn Sätze des Typs
(3-3) gehören zu einer Klasse von Äußerungen, die im Gegensatz zur Entscheidungsfrage kein selbständiges Illokutionspotential haben. Der eingeklammerte Teil
weist nur scheinbar Verb-Erst auf. Der vorangestellte konditionale Adverbialsatz
bedingt im Matrixsatz eine Inversion von Subjekt und finitem Verb, es handelt
sich jedoch um Verb-Zweit mit dem Adverbialsatz im Vorfeld:

(3-3) Hört ihr nicht auf mich→ (, werdet ihr es bitter bereuen.) (Mr 216)

Die Eigenschaft, selbständiges Illokutionspotential zu besitzen, ist ein so elementares Charakteristikum aller Fragen, daß sich bei Sätzen wie dem uneingelei-
teten Konditionalsatz in (3-3) für eine Abhebung von Fragesätzen jede nähere
Analyse bezüglich Intonation, Modalpartikeln etc. erübrigt.

Eine erste Gruppe der mit dem Entscheidungsfragesatz formal ähnlichen Satzmodi bilden die Verb-Erst-Imperativsätze. Von diesen sind die in der 2. P. Sg.
und Pl. ohne Subjekt in der Oberflächenstruktur die einzigen, die sich aufgrund

des Verbmodus gegenüber dem Entscheidungsfragesatz kontrastieren lassen, der nur im Indikativ oder Konjunktiv stehen kann. (3-4) und (3-5) zeigen die Fälle auf, in denen eine Auslegung als Entscheidungsfragesatz ausgeschlossen ist:

(3-4) Laß' ab von der Brigitte↓ (SZ 14.7.86:15)

(3-5) (Uno:) Freut Euch des Diesels↓ (SZ 6.11.86:39)

Die Verbmorphologie, das Fehlen der –st-Endung für die 2. P. Sg. Imperativ im Gegensatz zum Indikativ, garantiert auch im Falle von *du* als Subjekt die Interpretation als Aufforderung (vgl. Heidolph et al. 1981:535):

(3-6) Sieh du nicht so dumm aus↓ (Ak 94)

Dagegen bedarf die Auslegung von (3-7) weiterer Kriterien, denn das Beispiel kann nicht mehr als eindeutiger Imperativsatz verstanden werden. Die Identität der finiten Verbform in der 2. P. Pl. im Indikativ und Imperativ läßt beim Vorhandensein eines Subjekts in der Oberflächenstruktur aus der formalen Sicht sowohl eine Interpretation als Imperativsatz als auch als Entscheidungsfragesatz offen:

(3-7) Habt auch ihr gütigst nur noch eine kleine Weile Geduld
     mit uns↓/↑ (Ak 39)

Eine analoge verbmorphologische Übereinstimmung verursacht obligatorisch Ambiguität zwischen dem Imperativsatz in der Höflichkeitsform ((3-8) im Imperativ), dem Entscheidungsfragesatz in der Höflichkeitsform ((3-9) im Indikativ Präsens) und dem Entscheidungsfragesatz in der 3. P. Pl. Indikativ Präsens Aktiv ((3-10)). Die letztgenannte Interpretation wird in der geschriebenen deutschen Sprache durch die Kleinschreibung des Subjekts von den anderen unterschieden und auch in der gesprochenen Sprache meistens schon allein kontextuell als Fragesatz gesichert, so daß ich mich, da es mir hier vor allem nur allgemein um den Kontrast *Entscheidungsfragesatz vs. Imperativsatz* geht, nur mit Äußerungen wie in (3-8) und (3-9) beschäftigen werde und (3-9) und (3-10) unter dem Begriff 'Entscheidungsfragesatz' zusammenziehe:

(3-8) Lassen Sie das Vergnügen nicht aus↓
     (, brummte der "Junge aus dem Vogelsang".) (Ak 75)

(3-9) Kommen Sie oft hierher↑ (Th 29)

(3-10) Kommen sie da einzeln↑ (Th 119)

Die einzige Ausnahme, bei der jeweils immer nur eine Interpretation entweder als Entscheidungsfragesatz oder als Imperativsatz in Frage kommt, ist ein Verb-Erst-Satz mit der Kopula *sein*, deren Konjugationsform für die 3. P. Pl. Ind. Präs. Aktiv sich von der Höflichkeitsform im Imperativ unterscheidet. So kann aufgrund der Form (3-11) nur zum Ausdrücken einer mahnenden Aufforderung und (3-12) einer Entscheidungsfrage verwendet werden:

(3-11) Seien Sie nicht zu naseweis und ausfallend↓ (Ak 74)

(3-12) Sind Sie verheiratet↑ (Th 29)

Auf das Illokutionspotential von Ausdrücken des Typs (3-11) Bezug nehmend, soll die mit der 3. P. Pl. Konj. Präs. Aktiv identische Höflichkeitsform des Verbs *sein*, *seien*, als ein Merkmal bezeichnet werden, das in Entscheidungsfragesätzen nicht vorkommen kann. Damit zusammenhängend interessieren hier von den von Matzel/Ulvestad aufgezählten 'einschlägigen Varianten' (vgl. 1978:150) des Adhortativs diejenigen mit dem finiten Verb am Satzanfang, da solche Adhortativa weitere mit dem Entscheidungsfragesatz syntaktisch übereinstimmende Ausdrücke darstellen, wie (3-13)-(3-17) dies zeigen:

(3-13) Denken wir rücksichtslos weiter↓ (GK 10)

(3-14) Laß uns nach Möglichkeit vernünftig sprechen↓ (Ak 164)

(3-15) Laßt uns den Kampf beginnen↓ (Mr 64)

(3-16) Lassen Sie uns auf unser aller Wohl trinken↓

(3-17) Wollen wir auf unser aller Wohl trinken↓

Die Sätze (3-14) und (3-15), die Beispielen unter der vierten Variante, *Laß(t) uns gehen!*, bei Matzel/Ulvestad (ebd.) entsprechen, zeigen zwar Verb-Erst-Stellung, können jedoch als Adhortativsätze zu keinen Ambiguitäten mit den Entscheidungsfragesätzen führen: Das finite Verb steht jeweils im Imperativ, was eine Auslegung als Entscheidungsfragesatz ausschließt. Nach der Hinzufügung eines Subjekts würden sich diese Ausdrücke wie (3-6) und (3-7) interpretieren lassen, das heißt, daß sie durch diese Adjunktion ihren absolut adhortativen Charakter verlieren und nunmehr entweder als Imperativsatz in der 2. P. Sg. (3-14a) bzw. als Imperativsatz oder Entscheidungsfragesatz (3-15a) zu verstehen sind:

(3-14a) Laß du uns nach Möglichkeit vernünftig sprechen↓

(3-15a) Laßt ihr uns den Kampf beginnen↓/↑

Ausdrücke der Art (3-13), (3-16) und (3-17) bedürfen ebenfalls besonderer, noch zu erschließender Faktoren, damit die von der Verbmorphologie herrührenden Adhortativ-/Entscheidungsfragesatz-Ambiguitäten aufgehoben werden und jeweils nur eine Interpretation zugelassen ist. Bei (3-16) gibt es dazu noch die Interpretation als Imperativsatz in der Höflichkeitsform, so daß wir uns in Ausdrücken dieser Art mit dreifacher Ambiguität auseinanderzusetzen haben (vorausgesetzt, daß etwa das Tonmuster nicht festgelegt ist).

Eine letzte Gruppe von Imperativsätzen mit Verb-Erst bilden solche in der 3. P. Sg. Sie werden in der Umgangssprache jedoch durch andere Formen, und zwar vor allem mit *sollen* (im Ind. Präs.) ersetzt. Sie unterscheiden sich durch ihren konjunktivischen Verbmodus vom Entscheidungsfragesatz (Genaueres vgl. Winkler 1986:22ff.):

(3-18) Guck einer↓ (, wie der Mieze die Augen im Dunkeln leuchten!) (Ak 48)

Beispielsweise zu (3-18) kann unter anderem die folgende Ersatzform mit Verb-Zweit gebildet werden:

(3-18a) Es soll mal einer gucken, wie der Mieze die Augen im Dunkeln leuchten↓

Es erübrigt sich, die bisher angesprochenen Imperativsätze näher auf andere Merkmale hin zu überprüfen, da sich ein Entscheidungsfragesatz mit diesem Verbmodus nicht vereinbaren läßt. Anders verhält es sich mit dem Indikativ und dem Konjunktiv, die unter anderem in Ausdrücken erotetischen oder direktiven Illokutionspotentials vorkommen können. Durch diese weniger eingeschränkte Distribution entstehen für den Sprecher Verlegenheitssituationen, in denen er auf Mittel zurückgreifen muß, die seine Absicht spezifizieren. Mit Hilfe solcher Mittel wird dem Hörer deutlich gemacht, welche Handlung von diesem als Reaktion auf die vorangegangene Äußerung erwartet wird, das heißt, ob entweder eine echte verbale Antwort gewünscht wird oder ob "der (...) ausgedrückte Sachverhalt als noch 'zu verwirklichen' verstanden werden soll" (Heidolph et al. 1981:526).

Neben dem Verbmodus vermag das Tempus diese Satztypen zu charakterisieren: Ein Verb-Erst-Imperativsatz kann nicht in den Tempora stehen, mit denen das Geschehen als absolut vergangen bezeichnet wird, nämlich weder im Imperfekt noch im Plusquamperfekt. Ebensowenig sind die Futur-Formen in den Imperativsätzen akzeptabel. Als Grund hierfür vermutet Winkler den Zukunftsbezug der "präsentischen" Imperativformen (vgl. Winkler 1986:20). Als mögliche Imperativsatz-Tempora kommen also lediglich das Präsens ((3-11)) und das Perfekt ((3-19)) in Frage:

(3-19) Habe/Habt ja aufgeräumt, bis ich wieder zurück bin↓

Der Entscheidungsfragesatz kann in allen sechs Tempora stehen. Der Sprecher eines Entscheidungsfragesatzes hat also die Möglichkeit, sich auf einen Sachverhalt entweder vor, zu oder nach dem "Sprechzeitpunkt" (vgl. Baumgärtner/Wunderlich 1969) zu beziehen. Im Konjunktiv kann der Entscheidungsfragesatz im Präteritum, dem Plusquamperfekt und in den beiden *würde*-Formen stehen. Der Imperativsatz ist dagegen nur im Präsens und im Perfekt möglich. Damit erweist sich der Konjunktiv Präsens als ein Merkmal, das mit der erotetischen Sprechereinstellung nicht vereinbar ist, während der Konjunktiv Präteritum und der

Konjunktiv Plusquamperfekt in dieser Oppositionsbildung vom Sprecher zum
Ausdrücken der Frage-Einstellung verwendet werden können.

Heidolph et al. sprechen zugleich implizit die Tempora in den Imperativsätzen an, wenn sie schreiben: "Aufforderungssätzen entspricht die Intention, einen
künftigen Sachverhalt durch den Kommunikationspartner realisieren zu lassen."
((Heidolph et al. 1981:772); Unterstreichung von mir: L. L.-V.) Benutzt man die
Baumgärtner/Wunderlichsche Terminologie, kann für die Imperativausdrücke festgestellt werden, daß die "Aktzeit" - "das Zeitintervall des jeweiligen verbalen
Aktes" (Baumgärtner/Wunderlich 1969:35) - auf die "Sprechzeit" - "das Zeitintervall des jeweiligen Kommunikationsaktes Satz, in den der Hörer einbezogen ist"
(ebd.:34) - folgt.[1] Die Aufforderungen im Imperativ bilden den Grundtyp aller
Aufforderungen überhaupt. Es ist bezeichnend, daß sie alle die Komponenten
(+COLLOQU), (+PRÄSUMT) und (AKTZEIT NACH SPRECHZEIT) aufweisen, sich also analog
zu der unter anderen imperativischen Präsens-2-Variante von Baumgärtner/Wunderlich (1969:42 ff.) verhalten. Dies korreliert auch mit der Definition von Heidolph et al. (s. o.), in der die Rede von "Intention" ist, das heißt von etwas,
dessen Vollzug erst erfolgen dürfte: (+PRÄSUMT). (+COLLOQU) weist auf die "Auseinandersetzung" (Baumgärtner/Wunderlich 1969:42) zwischen dem Sprecher und dem
Hörer in der Aufforderungssituation hin und schließt eine "Erzählung oder Darstellung" (s. o.) aus. Mit der Realisierung des Sachverhaltes erst in der Zukunft
stimmt schließlich (AKTZEIT NACH SPRECHZEIT) überein. Diese erforderlichen Komponenten fehlen zumindest teilweise im Präteritum und im Plusquamperfekt, was zu
der bereits erwähnten Tempusbeschränkung führt. Aufgrund dieser Beschränkung können bei der Unterscheidung *Entscheidungsfragesatz vs. Imperativsatz* Verb-Erst-Ausdrücke in diesen Tempora dem Erstgenannten zugeordnet werden.

Das Genus Verbi bietet keinen weiteren Unterscheidungsfaktor, da sowohl der
Entscheidungsfragesatz ((3-20) und (3-21)) als auch der Verb-Erst-Imperativsatz
((3-22) und (3-23)) im Aktiv und im Passiv möglich sind:

(3-20) Haben Sie schon mal was von dem CCD-Chip gehört↑ (SZ 26.11.86:13)

(3-21) Sind Sie nicht aufgerufen worden↑ (GK 140)

(3-22) Seien Sie doch nicht besteuert↓ (SZ 6.11.86:61)

(3-23) Sei mir gegrüßt↓ (, liebe Hyäne!) (Mr 187)

Gruß-Formeln imperativischer Verbmarkierung im Zustandspassiv, wie in (3-23), sind jedoch erstarrte, nicht mehr produktive Ausdrücke. Der Sprecher ver-

---

1 Der Terminus "Betrachtzeit" - "das Zeitintervall einer Betrachtung des verbalen Aktes durch den Sprecher" (ebd.:36) - soll als für den vorliegenden
   Zweck bedeutungslos ausgelassen werden.

folgt mit ihnen außerdem nicht das Ziel, den Adressaten zu einer Handlung[2] zu bewegen, so daß solche Idiome nicht mehr die Funktion einer Aufforderung – auch nicht im weitesten Sinne – haben können.

Die Person und der Numerus eines Verb-Erst-Ausdrucks können bei der Kontrastierung *Imperativsatz vs. Entscheidungsfragesatz* bestimmend sein: Steht das Verb in der 1. P. Sg., so kann es sich nicht um einen Imperativsatz handeln. Der Sprecher kann sich selbst zu einer Antwort-Handlung mit einem Entscheidungsfragesatz provozieren, dessen finites Verb in der 1. P. Sg. steht, das heißt, daß der Adressant und der Adressat identisch sind (sog. Selbst-Frage); wenn der Sprecher aber nur sich – und nicht wie mit den Adhortativsätzen auch den Hörer – auffordern möchte, muß er sich obligatorisch in der 2. P. Sg. ansprechen: *Peter$_1$ zu Peter$_1$: Peter$_1$, beherrsche dich*↓.

Im Plural entstehen in der 1. und der 3. Person sowie in der Höflichkeitsform Funktionsambiguitäten, die auf die Formengleichheit in der ersteren zwischen dem Konjunktiv und dem Indikativ (Adhortativsatz vs. Entscheidungsfragesatz) und in der letzteren zwischen dem Imperativ und dem Indikativ (Aufforderungssatz in der Höflichkeitsform vs. Adhortativsatz vs. Entscheidungsfragesatz) zurückzuführen sind. Diese Fälle und solche in der 2. P. Pl., in denen ein Subjekt in der Oberflächenstruktur Ambiguität zwischen dem Indikativ und dem Imperativ (vgl. (3-7) und (3-15a)) verursacht, bedürfen noch zusätzlicher Unterscheidungskriterien.

Zieht man die kategoriale Füllung des Verbs als Unterscheidungsfaktor heran, so können lediglich die "Befindlichkeitsimpersonalien" in den Verb-Erst-Imperativsätzen ausgeschlossen werden (vgl. (3-24)).[3] Die Entscheidungsfragesätze kennen insgesamt keine Restriktionen, was die verschiedenen Verbkategorien anbetrifft. So sind hier "Befindlichkeitsimpersonalien" ((3-25)) genauso akzeptabel wie beispielsweise alle Vorgangs- ((3-26)) und Zustandsverben ((3-27)). Beispiele für Sub-Kategorien der Handlungsverben sind (3-28)-(3-30), die jeweils ein Verb der Klassen '*verba dicendi et sentiendi*', 'Fortbewegung' bzw. 'Essen und Trinken' enthalten:[4]

(3-24) [x]*Graue*↓ (vgl. Winkler 1986:Bsp. (519''))

(3-25) *Graut* es dir denn schon↑

---

2   Unter 'Handlung' wird auch das Unterlassen einer Handlung verstanden, durch das Aufforderungen wie *Laufe nicht*↓ bei Befolgung erfüllt werden.

3   Genaueres zur kategorialen Füllung des Verbs in den Verb-Erst-Imperativsätzen s. Winkler (1986:135ff).

4   Zur Unterscheidung zwischen 'Handlungs-' ('Tätigkeits-'), 'Vorgangs-' und 'Zustandsverb' wird u. a. auf Duden (1959;1973:64f). verwiesen.

(3-26) Sollte es mir genauso <u>ergangen sein</u>, wie meinem Bruder↑ (Mr 202)

(3-27) <u>Bist</u> du zum Sterben <u>bereit</u>↑ (Mr 135)

(3-28) <u>Hat</u> dein Vater die Wahrheit <u>gesagt</u>↑ (Mr 65)

(3-29) <u>Kommen</u> Sie oft hierher↑ (Th 29)

(3-30) Sollen wir wirklich die Fliegen, die wir von dem eitrigen Bein
       des alten Weibes gefangen haben, <u>aufessen</u>↑ (Mr 214)

Daß ferner Vollverben und Kopula ((3-31) und (3-32)), reflexive und nicht reflexive ((3-33) und (3-34)) sowie transitive und intransitive ((3-35) und (3-36))
Verben in den Entscheidungsfragesätzen vorkommen, zeigen die folgenden Sätze:

(3-31) <u>Hat</u> Leon Sie noch nicht <u>hineingeführt</u>↑ (Ak 79)

(3-32) <u>Sind</u> Sie verheiratet↑ (Th 29)

(3-33) Könnten Sie <u>sich</u> in einen wie mich <u>verlieben</u>↑ (GH 12)

(3-34) <u>Habe</u> ich schon wieder zu viel <u>gesagt</u>↑ (Ak 29)

(3-35) <u>Merken</u> das denn die Herren Kollegen gar nicht↑ (SZ 12./13.4.86:17)

(3-36) <u>Kommen</u> Sie Weihnachten zum Gänsebraten↑ (GH 16)

Die letzte, hier analysierte Verbkategorie sind die Modalverben. Es zeigt sich,
daß im Prädikat eines Verb-Erst-Imperativsatzes keine, aber im Prädikat eines
Entscheidungsfragesatzes unbeschränkt alle Modalverben stehen können:[5]

(3-37) <u>Kann</u> ich hochkommen↑ (GK 78)

(3-38) <u>Willst</u> du uns den Brief nicht lesen lassen oder vorlesen↑ (Ak 94)

(3-39) <u>Soll</u> das etwa wieder ein Stich auf mich sein↑ (Ak 26)

(3-40) <u>Dürfen</u> wir die historische Entwicklung skizzieren↑ (SZ 10.9.86:1)

(3-41) <u>Mußt</u> du dich nicht fertig machen↑ (GK 23)

(3-42) <u>Möchte</u> ich das ändern, wenn ich's könnte↑ (Ak 94)

Nach Überprüfung der prädikatsbezogenen Faktoren im Entscheidungsfragesatz
und im Verb-Erst-Imperativsatz sollen dieselben in verkürzter Form nach der
obigen Verfahrensweise in den anderen beiden Verb-Erst-Ausdrücken, dem Verb-
Erst-Exclamativsatz (vgl. auch Netter (1982) sowie Näf (1984) und (1987)) und
dem Verb-Erst-Wunschsatz (vgl. auch Scholz (1984) und (1987)), im Kontrast zum
Entscheidungsfragesatz erörtert werden. Unter V-1-Exclamativsätzen werden hier
expressive, selbständige Verb-Erst-Ausdrücke verstanden, mit denen die Sprechereinstellung *"sich wundern, daß"* (vgl. (3-43)) ausgedrückt werden kann. Mit den
Wunschsätzen sind ebenfalls selbständige Verb-Erst-Ausdrücke gemeint, mit denen
der Sachverhalt als "etwas vom Sprecher Gewünschtes, Erstrebtes" (Heidolph et al.

---

5   Zu Modalverben in den Verb-Erst-Imperativsätzen siehe Winkler (1986:296ff.)

1981:772) charakterisiert werden kann, jedoch ohne diesen durch den Hörer verwirklichen lassen zu wollen (vgl. ebd.) wie bei (3-44):

    (3-43) Hab ich eine Freude↓ (GK 38)

    (3-44) (Ach,) wäre ich doch in meinem Heimatdorf geblieben und hätte
        den ärmsten Schlucker geheiratet↓ (Mr 81)

Der Verb-Erst-Exclamativsatz kann im Indikativ (vgl. (3-43)) oder im Konjunktiv
(vgl. (3-45) stehen. Netter (1982:52) geht auf den Konjunktiv I ein: "er (Konjunktiv I) ist, wenn überhaupt, nur bei der Wiedergabe von Exklamativsätzen in
indirekter Rede akzeptabel." Da weder Netters Beispiel überzeugend ist, noch andere akzeptable Beispiele hierzu gefunden werden konnten, wird hier lediglich
Konjunktiv II als in den Verb-Erst-Exclamativsätzen möglicher konjunktivischer
Verbmodus angenommen:

    (3-45) Hätte der aber eine Freude gehabt, wenn ich hingefallen wäre↓

Im Verb-Erst-Wunschsatz ist nur Konjunktiv II möglich: "die Modus-/Tempusmarkie-
rung in Wunschsätzen ist auf Konjunktiv II beschränkt" (Scholz 1987:237) (vgl.
(3-44) und (3-46)):

    (3-46) (Oh,) wüßten es doch *alle* Kleinkinder dieser Welt↓ (SZ 13.11.86:1)

Ist der Verb-Erst-Wunschsatz also auf das Imperfekt ((3-46)) und das Plusquamperfekt ((3-44)) beschränkt, so kann der Verb-Erst-Exclamativsatz in allen indikativischen Tempora (vgl.: Präsens in (3-43); Imperfekt in (3-47); Perfekt in
(3-48); Plusquamperfekt in (3-49); Futur I in (3-50) und Futur II in (3-51)) und
von den konjunktivischen im Imperfekt (vgl. (3-52)) und im Plusquamperfekt (vgl.
(3-45)) stehen. Gleichwohl ergeben alle Personen und die Genera Vorgangs- und
Zustandspassiv bei beiden Satzmodi in all den oben genannten Kategorien akzeptable Äußerungen, in denen auch die entsprechenden Aktiv-Ausdrücke akzeptabel sind
(vgl. Wunschsätze: (3-53) und (3-54) sowie Exclamativsätze: (3-55) und (3-56)):

    (3-47) Bekamen wir aber Beine↓

    (3-48) Ist der das Gezeter, Gezerr, Geplärr und Geplapper da unten
        zu Hause auf die Nerven gefallen↓ (Ak 46)

    (3-49) Hatten die aber viel getrunken↓

    (3-50) Wird der sich aber freuen über das Geschenk↓

    (3-51) Werden wir vielleicht lustig ausgeschaut haben in unseren Kostümen↓

    (3-52) Wärest du aber ein hübscher Prinz↓

    (3-53) Wäre das Fleisch bloß etwas kürzer gebraten worden↓

    (3-54) Wäre das Buch bloß nicht so klein gedruckt↓

    (3-55) Ist das Fleisch vielleicht kurz gebraten worden↓

    (3-56) Ist das Buch vielleicht klein gedruckt↓

Die bisher besprochenen prädikatsbezogenen Daten des Entscheidungsfragesatzes lassen sich kontrastiv zu denen der anderen Verb-Erst-Ausdrücke folgendermaßen zusammenfassen:

- Im Imperativ konkurrieren nur die Höflichkeitsform und die 2. P. Pl. mit Subjekt in der Oberflächenstruktur mit den identischen Indikativformen des Entscheidungsfragesatzes (und des Verb-Erst-Exclamativsatzes).

- Alle indikativischen Tempusformen ergeben Ambiguität zwischen dem Entscheidungsfragesatz und dem Verb-Erst-Exclamativsatz; das Präsens und das Perfekt weisen
außerdem noch Ambiguitäten mit dem Verb-Erst-Imperativsatz auf. Betroffen sind
- wie oben genannt - die 2. P. Pl. mit Subjekt in der Oberflächenstruktur sowie
die Höflichkeitsform.

- Im Konjunktiv sind das Imperfekt und das Plusquamperfekt in allen Personen
dreifach ambig, nämlich zwischen dem Entscheidungsfrage-, dem Verb-Erst-Exclama-
tiv- und dem -Wunschsatz.

Die kategoriale Füllung des Verbs ändert nichts an diesen Ambiguitätsrela-
tionen zwischen dem Entscheidungsfrage-, dem Verb-Erst-Exclamativ- und dem
Wunschsatz, da alle Ausdruckstypen diesbezüglich nicht selektiv sind.[6]

Wegen der zahlreichen verbleibenden Quellen für Ambiguität der Verb-Erst-
Sätze müssen den Kommunikationspartnern noch weitere Mittel zum Decodieren der
jeweils beabsichtigten Funktion zur Verfügung stehen, da der Kommunikationsablauf sonst zu sehr belastet würde. Die Suche nach solchen potentiellen Interpre-
tationshilfen wird hier bei den Modalpartikeln angesetzt.

2. Modalpartikeln

Die Modalpartikeln *eigentlich*, *wohl*, *bloß*, *nur* und *denn* konnten als Merkmale
herausgearbeitet werden, die in den Wort-Fragesätzen vorkommen können. Hingegen
zeigte sich bei den Modalpartikeln *doch*, *aber* und *nicht*, daß diese in einem
Wort-Fragesatz ausgeschlossen sind. Um feststellen zu können, ob diese Ergebnisse generell für die erotetischen Satzmodi gelten, sollen diese Modalpartikeln
auch auf die Satz-Fragesätze hin überprüft werden. Des weiteren werden andere,
eventuell für Entscheidungsfragesätze spezifische oder umgekehrt in diesen inak-
zeptable Modalpartikeln im Vordergrund des Interesses stehen.

---

6   Vgl. hierzu auch Netter (1982) und Scholz (1984)

a) *eigentlich*

(3-57) Kannst du dir <u>eigentlich</u> eine Vorstellung davon machen, wie sehr ich mich alle Jahre wieder vor dem Allerheiligenfest fürchte↑
(SZ 31.10./1./2.11.86:17)

(3-58) Sind deine Haare <u>eigentlich</u> von Natur aus rot↑

(3-59) Wäre ich (<u>doch</u>/^{x}<u>eigentlich</u>) wie andere↓ (Ak 197)

(3-60) Ist das (^{x}<u>eigentlich</u>) eine Komödie↓ (Ak 27)

(3-61) Red (<u>doch</u>/^{x}<u>eigentlich</u>) nicht soviel darüber↓ (GK 98)

Auch bei Verb-Erst-Sätzen ist *eigentlich* nur mit dem Fragesatz kompatibel; mit Sätzen wie (3-57) und (3-58) fordert der Sprecher vom Hörer eine echte Antwort als primäre Folge-Handlung.

Da diese Modalpartikel in Verb-Erst-Wunschsätzen ((3-59)), -Exclamativsätzen ((3-60)) und -Imperativsätzen ((3-61)) inakzeptabel ist bzw. diesen in der geschriebenen Sprache die Interpretation als Entscheidungsfragesatz als die einzig mögliche auferlegt (was nicht selten zu fehlender Übereinstimmung mit dem Kontext führt), bleibt *eigentlich* in den Verb-Erst-Sätzen die Rolle eines Fragemerkmals erhalten.

b) *wohl*

Die Modalpartikel *wohl* stellte sich bereits beim Ergänzungsfragesatz als Fragesatz-Merkmal heraus, und sie vermag auch bei den Verb-Erst-Sätzen zur Unterscheidung der Satzmodi beizutragen: *wohl* kann in der Modalpartikelfunktion nur in Verb-Erst-Sätzen auftreten, mit denen der Sprecher seine präsumptiv-erwartende Frage-Einstellung zum gegebenen Sachverhalt ausdrückt und vom Hörer eine bestätigende Antwort erwartet (vgl. Bublitz (1978:86) und (3-62)-(3-64)). Somit ist diese Modalpartikel ausgeschlossen in Verb-Erst-Wunschsätzen ((3-65)), -Exclamativsätzen ((3-66)) und -Imperativsätzen ((3-67)):

(3-62) Weißt du <u>wohl</u> noch↑ (,Mutter?) (Ak 150)

(3-63) Denkt ihr <u>wohl</u> noch daran↑ (, ihr bösen Jungen?) (Ak 150)

(3-64) Erinnerst du dich <u>wohl</u> noch der Bank auf dem Osterberge↑
((...) Sie wartete meine Antwort nicht ab, sondern (...)) (Ak 195/6)

(3-65) (O) könnte ich euch (<u>doch</u>/^{x}<u>wohl</u>) mitnehmen↓ (Ak 70)

(3-66) Ist das (<u>aber</u>/^{x}<u>wohl</u>) eine Schwefelbande↓ (Ak 27)

(3-67) Lies es (<u>doch</u>/^{x}<u>wohl</u>) selber nach↓ (, wenn es dir Spaß macht;) (Ak 59)

c) *etwa*

Die Modalpartikel *etwa* kann nur in Verb-Erst-Sätzen vorkommen, in denen sie das erotetische Illokutionspotential sichert. Außerdem weisen u. a. Bublitz (1978: 65), Franck (1980:220) und König (1977:127) darauf hin, daß der Sprecher eines Entscheidungsfragesatzes mit *etwa* eine den erfragten Sachverhalt negierende Antwort für wünschenswerter hält als eine diesen bestätigende. Auch die folgenden Beispiele belegen diese Sprecher-Erwartung:

(3-68) Gehört die <u>etwa</u> auch schon zu den Schürzen, hinter denen du
dich im Dasein außerhalb der philosophischen Fakultät
verkriechen willst↑ ("Sehr!" lachte Velten Andres.) (Ak 65)

(3-69) Soll das <u>etwa</u> wieder ein Stich auf mich sein↑ (Ak 26)

(3-70) (Gibt es aber nicht ein Menschenrecht auf Mittagsschlaf?
Und wenn ja:)
Gilt es <u>etwa</u> nicht für Zollsekretäre↑ (SZ 13.11.86:1)

d) *auch*

(3-71) Sorgt ihr <u>auch</u> gut für es↑ (GK 92)

(3-72) Haben Sie nicht <u>auch</u> von ihr und ihren Reichtümern
in der Zeitung gelesen↑ (Ak 185)

(3-73) Habt ihr <u>auch</u> richtig verstanden, was euer Vater
euch aufgetragen hat↑ (Mr 209)

(3-74) (Sein weltüberwindend Lachen klingt mir fortwährend im Ohr. Ach,)
könnte ich das nur <u>auch</u> zu Papiere bringen wie es sich gehörte↓
(Ak 96/97)

(3-75) Na, schlägt die aber <u>auch</u> die Hände über unsern
Doktor zusammen↓ (Ak 98)

(3-76) (Albert,) sieh du <u>auch</u> mal her↓ (GK 102)

(3-71)-(3-73) zeigen Entscheidungsfragesätze mit der Modalpartikel *auch*, auf die der Sprecher eine zustimmende Antwort erwartet. Ich konnte keinen Entscheidungs-fragesatz mit *auch* finden, auf den dies nicht zutreffen würde, und gebe Franck deshalb recht, wenn sie es "zu den sog. Tendenzpartikeln" (1980:217) zählt. (3-71) kommt pragmatisch einer Aufforderung nahe, verlangt aber eine echte Antwort als primäre Folge-Handlung, so daß dieser Ausdruck als erotetisch zu betrachten ist. Dies ist nicht etwa auf den propositionalen Gehalt der Äußerung zurückzufüh-ren, sondern ist typisch für eine ganze Kategorie von Entscheidungsfragen mit *auch*, in denen der Hörer gefragt wird, ob er willens ist, eine bestimmte Handlung auszuführen. Franck (1980:217) und Bublitz (1978:120) sprechen in die-sem Zusammenhang von einer 'ermahnenden' Komponente, was etwas zu weit zu den Aufforderungen führen dürfte, denn (3-71)-(3-76) lassen feststellen, daß die

Modalpartikel *auch* nur in Fragesätzen vorkommt und nicht etwa in Verb-Erst-Imperativsätzen wie (3-76), in dem *auch* die Funktion einer Gradpartikel – ähnlich wie in dem Verb-Erst-Wunschsatz (3-74) – ausübt. In dem Verb-Erst-Exclamativsatz (3-75) behält es zwar seine Modalpartikel-Funktion bei, kann jedoch nicht ohne *aber* stehen, ohne auch hier dann zwangsläufig die Funktion einer Gradpartikel übernehmen zu müssen. Daraus kann ein neues Fragemerkmal beim Entscheidungsfragesatz gewonnen werden, das – wie die Modalpartikel *etwa* – beim Wort-Fragesatz noch nicht ausgezeichnet werden konnte.

e) *denn*

Die Modalpartikel *denn* scheint nur mit dem erotetischen Illokutionspotential vereinbar zu sein. In den Entscheidungsfragesätzen ((3-77) und (3-78)) ist sie also akzeptabel, in den Verb-Erst-Imperativsätzen ((3-79)), in den Verb-Erst-Wunschsätzen ((3-80)) und in den Verb-Erst-Exclamativsätzen ((3-81)) aber inakzeptabel:

> (3-77) Erkennt ihr mich <u>denn</u> nicht↑ (An 110)
> (3-78) Hat <u>denn</u> deine Frau immer noch so heftige Kopfschmerzen↑ (Mr 181)
> (3-79) Lach (<u>doch</u>/^{x}<u>denn</u>) nicht immer wie ein Michelin-Männchen↓ (An 7)
> (3-80) Wäre ich (<u>doch</u>/^{x}<u>denn</u>) eine Hexe und könnte zaubern↓
> (3-81) Spricht der (<u>aber</u>/^{x}<u>denn</u>) komisch↓

f) *aber, bitte, bloß, doch, eben, ja, mal, nicht, nur, ruhig, schon, vielleicht*

Modalpartikeln können, wie dies *eigentlich, wohl, etwa, denn* und *auch* bestätigen, den Entscheidungsfragesatz von den übrigen Verb-Erst-Sätzen abheben. Von Wichtigkeit sind hier aber auch die Modalpartikeln, die in den Entscheidungsfragesätzen nicht vorkommen können und die unten kurz besprochen werden. Sie lauten: *aber, bitte, bloß, doch, eben*[7], *ja mal, nicht, nur, ruhig, schon* und *vielleicht*. *aber*[8] und *vielleicht* treten nur in Exclamativsätzen auf:

> (3-82) Na, schlägt die <u>aber</u> auch die Hände über unsern Doktor zusammen↓ (Ak 98)
> (3-83) Ist das <u>vielleicht</u> eine Gaunerbande↓

---

7 Zur regionalen Verteilung von *eben* und *halt* vgl. Hentschel (1982).

8 Mit der Verwendung dieses Lexems als Modalpartikel oder als Konjunktion befaßt sich insbesondere Bublitz (1977).

bitte, já, ruhig und *schon* sind nur in Verb–Erst–Imperativsätzen akzeptabel:

(3-84) Gehen Sie <u>bitte</u>↓ (GK 140)

(3-85) Ziehen Sie es, <u>bitte</u>, kurz eben über, nur für mich ...↓ (GK 29)

(3-86) Sagen Sie es ihm nur <u>já</u> recht ordentlich, Herr Nachbar↓ (Ak 30)

(3-87) Überheben Sie sich <u>já</u> nicht über Ihre liebe Frau unbekannterweise, Herr Krumhardt↓ (Ak 190)

(3-88) Treten Sie für mich <u>ruhig</u> gern in Strümpfen auf↓ (GK 31)

(3-89) Bleibe du <u>ruhig</u> auf deinem Wege↓ (Ak 105)

(3-90) Gehen Sie <u>schon</u>↓

(3-91) Seien Sie <u>schon</u> ein bißchen großzügig↓

bloß, nur und *doch* sind mit den Verb–Erst–Imperativsätzen und den –Wunschsätzen, *mal* und *eben* mit den Verb–Erst–Imperativsätzen vereinbar:

(3-92) Machen Sie jetzt <u>bloß</u> keinen Scherz↓ (GK 53)

(3-93) Wäre ich <u>bloß</u> reich wie ein König↓

(3-94) Ja, sehen Sie sich <u>nur</u> drüben um↓ (Ak 195)

(3-95) Wäre ich <u>nur</u> reich wie ein König↓

(3-96) Setzen Sie sich <u>doch</u>, Velten↓ (Ak 72)

(3-97) O könnte ich euch <u>doch</u> mitnehmen↓ (Ak 70)

(3-98) Laß endlich <u>mal</u> meinen Vater aus dem Spiel↓ (Ak 49)

(3-99) Lassen Sie das Buch dann <u>eben</u> hier liegen↓

Auch wenn die Modalpartikeln einen wesentlichen Beitrag zu der Interpretation eines Satzes als Fragesatz oder als Nicht-Fragesatz leisten und somit auch in der geschriebenen Sprache als zuverlässige Merkmale fungieren, bleiben noch Fälle bestehen, in denen zusätzliche Merkmale zur Satztyp-Analyse notwendig sind: Verb–Erst–Sätze ohne Modalpartikel.

3. Negation

(3-100) Weiß er denn <u>nicht</u>, daß ich nicht fliegen kann↑ (Mr 173)

(3-101) Bist du denn <u>unglücklich</u>↑

(3-102) Liebst du ihn etwa <u>nicht</u>↑ (Mr 124)

(3-103) Hast du heute wieder mal <u>kein</u> Stündchen Zeit für uns übrig gehabt, armes Männchen↑ (Ak 5)

(3-104) Höre ja <u>nicht</u> auf den Narren, Freund Karl↓ Ak 105)

(3-105) Kommt ihr <u>nicht</u> zu früh↓/↑

(3-106) Überheben Sie sich ja <u>nicht</u> über Ihre liebe Frau unbekannterweise, Herr Krumhardt↓ (Ak 190)

(3-107) Mach doch <u>keinen</u> Unfug↓

(3-108) Ach, wäre ich doch (<u>nicht</u>) in meinem Heimatdorf geblieben↓ (Mr 81)

(3-109) O müßte ich doch <u>nicht</u> schon wieder in die Stadt↓

(3-110) Hätte sie den Gauner doch <u>nicht</u> geheiratet↓

(3-111) Na, schlägt die aber auch die Hände über unsern Doktor (^x<u>nicht</u>) zusammen↓ (Ak 98)

(3-112) Ist der das Gezeter, Gezerr, Geplärr und Geplapper da unten zu Hause (^x<u>nicht</u>) auf die Nerven gefallen↓ (Ak 46)

(3-113) Ist das vielleicht (^x<u>nicht</u>) eine Überraschung↓

(3-114) Hat der aber <u>kein</u> Glück gehabt↓

(3-115) Habe ich damals aber <u>Unglück</u> gehabt↓

(3-111)-(3-113) zeigen, daß *nicht* in der Funktion einer Negationspartikel in den Verb-Erst-Exclamativsätzen, ähnlich wie in den Wort-Exclamativsätzen, Inakzeptabilität verursacht. In dieser Hinsicht ist der Entscheidungsfragesatz ((3-100)-(3-103)), in dem alle Negationen sprachlich einwandfreie Ausdrücke erzeugen, von dem Verb-Erst-Exclamativsatz verschieden und dem Ergänzungsfragesatz gleich. Die Negationspartikel *nicht* kann bei den Verb-Erst-Sätzen jedoch nicht die Rolle eines Fragemerkmals übernehmen wie bei dem Ergänzungsfragesatz, da sie auch in den Verb-Erst-Imperativsätzen ((3-104)-(3-107)) und -Wunschsätzen ((3-108)-(3-110)) vorkommt und durchaus ambige Ausdrücke bestehen läßt, wie etwa (3-105) dies bestätigt. Hier können erst u. a. die Intonation in der gesprochenen und die Modalpartikeln in der geschriebenen Sprache interpretatorische Klarheit zwischen einer Aufforderung und einer Entscheidungsfrage verschaffen. Solche zusätzlichen Mittel sind notwendig auch bei den übrigen Negationen (vgl. (3-114) und (3-115)), die in allen Verb-Erst-Sätzen auftreten können und damit keinerlei satzmodus-anzeigende Qualifikationen besitzen.

4. Der sprachliche und außersprachliche Kontext

Unter Bezugnahme auf die Definition für 'Kontext' auf S. 34ff. sollen die verschiedenen, einem Verb-Erst-Satz folgenden Nach-Texte diskutiert werden, um auf eventuelle Satzmodus-Differenzen von diesem nicht-grammatikalischen Merkmal aus schließen zu können. Es gilt für die Frage-Lesart wie beim Wort-Fragesatz, daß der Nach-Text eine natürliche Antwort auf die Entscheidungsfrage darstellen muß (vgl. (3-116)) und die allgemeinen Voraussetzungen für 'Frage' (vgl. 1.3.) berücksichtigt worden sein müssen. Die Interpretationen der Verb-Erst-Ausdrücke als Wunsch ((3-117)) oder Exclamativ ((3-118)) setzen auch hier entweder das Fehlen des Nach-Textes oder lediglich eine stellungnehmende Reaktion des Hörers voraus. Handelt es sich um einen Imperativ-Satzmodus ((3-119)), fällt der nach-

folgende Handlungsakt zumeist nicht als sprachliche Äußerung, sondern als fak-
tisches, der Aufforderung genügendes Handeln aus (Eine zusätzliche verbale,
selbstverpflichtende Antwort ist hierzu möglich.):

> (3-116) Könnten Sie sich in einen wie mich verlieben↑
> ("Ja", erwiderte Rita.) (GH 12)
>
> (3-117) Ach, könnte ich das nur auch zu Papiere bringen, wie es sich gehörte↓
> (aber das vermag ich eben nicht (...)) (Ak 97)
>
> (3-118) (DIE ALTE Jetzt kommt die Rosel in unsere Tür.)
> Nein, hab ich eine Freude↓
> (DER ALTE Ruhig, ruhig.) (GK 38)
>
> (3-119) Sehen Sie sich nur bei ihm um, Herr Oberregierungsrat↓
> (Das tat ich nun bei dem trüben Licht der kleinen Lampe (...))
> (Ak 195)

Wie auf S. 34 ff. bereits aufgeführt wurde, ist der Kontext in der gesprochenen
Sprache von weniger Gewicht, da dort die Intonation die Illokutionspotentiale
meistens ausreichend kennzeichnet. In der geschriebenen Sprache ist die kontextuelle Einbettung bei der Interpretation der Ausdrücke hingegen oft hilfreich.
So kann die "explizite performative Formel" als eines von Hangs neun Fragesigna-
len auch bei der Entscheidungsfrage belegt werden:

> (3-120) Kann man da noch ruhig bleiben↑ _frage_ _ich_ _dich_↓ (Mr 129)

Ähnlich sind solche u. a. bei den Verb-Erst-Imperativsätzen zu finden:

> (3-121) _Ich_ _bitte_ _dich_, geh nicht fort↓ (Mr 17)

Die "personaldeiktische These", die "Zusammenfassung" und die "Deixis auf den
Sprecher" sind weitere von Hang ermittelte Fragesignale, auf die hier nur kurz
eingegangen wird. Die Letztgenannte stellt m. E. kein besonderes Fragesignal
dar, denn es ist ein allgemeines Phänomen in der sprachlichen Kommunikation, daß
man vor die jeweilige Äußerung ein performatives Verb in der 1. P. Sg. Ind.
Präs. Aktiv setzen kann, das als Teil des Sprechakts diesen explizieren soll;
es sind gerade Fragen u. a. dadurch definiert, daß man entweder vor die Frage
eine explizite performative Formel wie _Ich_ _frage_ _dich_ setzen oder die Frage
indirekt im nachhinein formulieren kann als etwa _Ich_ _habe_ _dich_ _gefragt,_ _ob_ _X._

Hangs Fragesignal "Zusammenfassung" "(...) besteht aus der Zusammenfassung
dessen bzw. der Schlußfolgerung aus dem, was der Partner gerade äußerte"
(1976:259). Wie bei der "Deixis auf den Sprecher" sind die Äußerungen der Interviewten auch bei der "Zusammenfassung" nicht als echte Antworten, sondern als
stellungnehmende sprachliche Reaktionen auf Aussagen, Behauptungen, Meinungen
etc. zu bewerten.

Daß der Interviewte auf die beiden vorgenannten - m. E. fälschlicherweise

als solche bezeichneten – Fragesignale eingeht, dürfte einzig und allein von der
Textsorte 'Interview' abhängen: Wenn der Moderator eine Sprechpause einlegt,
fühlt sich der Interviewte verpflichtet, das Gespräch in Gang zu halten, auch
wenn er keine Frage zu beantworten hat. Dadurch wird einerseits vermieden, daß
das Interview zu einem Quasi-Monolog des Moderators wird, und andererseits
gewinnt dieser Zeit und kann sich auf seinen nächsten "turn" vorbereiten. Dasselbe gilt für die "personaldeiktische These" (Hang 1976:264 ff.), die 'meistens
ebenfalls eine Schlußfolgerung aus der vorhergehenden Äußerung des Interviewten
ist' (vgl. ebd.: 264), allerdings mit dem Unterschied zur "Zusammenfassung" mit
also, daß hier der Interviewte 'explizit in der Höflichkeitsform angesprochen
wird' (vgl. ebd.). Doch wird auch etwa eine Aufforderung stets an einen Adressaten gerichtet[9], und es wird dabei lediglich in den nicht-kontrastiven imperativischen Aufforderungen in der 2. P. Sg. und in der 2. P. Pl. das Subjekt (i. e.
der Adressat) nicht explizit ausgedrückt. Insofern können diese drei Fragesignale Hangs nicht nur als für Fragemodi typisch bezeichnet werden, da sie jedes nur
einem erotetischen Satzmodus eigenen Kennzeichens entbehren.

Die Interjektionsanalysen von v. Roncador werden auf alle Verb-Erst-Sätze
erweitert:

(3-122) <u>Ach</u>, könnte ich das nur auch zu Papiere bringen, wie es sich
gehörte↓ (Ak 97)

(3-123) <u>Ach</u>, wäre ich doch in meinem Heimatdorf geblieben↓ (Mr 81)

(3-124) <u>O</u> könnte ich euch doch mitnehmen↓ (Ak 70)

(3-125) <u>Herr im Himmel</u>, habe ich eine Freude gehabt↓ (GK 39)

(3-126) <u>Na</u>, schlägt die aber auch die Hände über unsern Doktor zusammen↓
(Ak 98)

(3-127) <u>Ach</u>, ist der vielleicht ein Schwindler↓

(3-128) <u>Oh</u>, ist das ein schönes Haus↓

(3-129) <u>Oh</u>, hilf mir doch↓ (Mr 30)

(3-130) <u>O</u> Karl, bitte, bitte, werde mir nicht so wie der↓ (Ak 166)

(3-131) <u>Großer Gott</u>, ist er denn nicht bald fertig↑ (Ak 168)

ach und *oh* können sowohl in Verb-Erst-Exclamativsätzen ((3-127) und (3-128)) als
auch in Verb-Erst-Wunschsätzen ((3-122)-(3-124)) auftreten. Neben den zusammengesetzten wie *Herr im Himmel* ((3-125)) kommen einfache Interjektionen wie *na*
((3-126)) in den Verb-Erst-Exclamativsätzen vor. *o* (oder *oh*) scheint vor Verb-

---

9   Selbst mit dem unpersönlichen *Man nehme* wird etwa der Leser eines Rezepts
angesprochen.

Erst-Imperativsätzen ein Merkmal für besonders innige Bitten zu sein ((3-129) und (3-130)). Für Fragesätze konnten keine solchen Interjektionen belegt werden. Wohl kann etwa *ach* in Fragesätzen u. a. als Aufmerksamkeitssignal fungieren:

(3-132) Ach // ist das das alte Rathaus↑

(3-131) zeigt, daß auch sekundäre Interjektionen wie *großer Gott* in Entscheidungsfragesätzen möglich sind. Hier gilt wie beim Ergänzungsfragesatz, daß die Pause zwischen der Interjektion und dem Entscheidungsfragesatz bedeutend länger ist als zwischen der Interjektion und einem Verb-Erst-Satz anderen als erotetischen Illokutionspotentials.

Die Situation als kontextueller Faktor hat ihre Bedeutung auch bei den Verb-Erst-Sätzen. So garantiert bzw. unterstützt die Situationsbeschreibung das Erschließen der Funktion als Exclamativ ((3-133)), als Aufforderung ((3-134)), als Wunsch ((3-135)) oder als Entscheidungsfrage ((3-136)):

(3-133) (Als das Mädchen die schöne Puppe erblickte, glänzten ihre Augen vor Freude, und sie sagte:)
Ist das aber eine niedliche Puppe↓

(3-134) Treten Sie für mich ruhig gern in Strümpfen auf↓
((...) Die Frau geht hin und her, mit zunehmender Allüre.) (GK 31)

(3-135) (Erst schneidet man mir im Schlaf die Hand ab, und dann erzählt man dem König, ich sei eine Hexe!)
Ach, wäre ich doch in meinem Heimatdorf geblieben↓ (Mr 81)

(3-136) ("Ich bin doch da", tönte es in diesem Augenblick aus dem prall gefüllten Ledersack.)
War das eben nicht die Stimme der Schildkröte↑ (Mr 177)

Es erweist sich der Kontext auch beim Entscheidungsfrage-Satzmodus als "Ur-Fragemerkmal": Der Kontext kann nicht aufgehoben und so etwa im direktiven Kontext eine Frage akzeptabel gemacht werden ((3-137)), und umgekehrt kann im erotetischen Kontext keine Aufforderung ((3-138)) geäußert werden, auch wenn diese etwa durch eine Modalpartikel als solche gekennzeichnet wäre:

(3-137) ˣIch befehle dir: Gehst du denn zur Schule↑

(3-138) ˣIch frage dich: Geh já zur Schule↓

3.1.2. Die intonatorischen Merkmale

0. Allgemeines

Den Entscheidungsfragesatz intonatorisch von den formengleichen Ausdrücken abzuheben ist mein Ziel in diesem Kapitel, so wie ich unter 2.1.2. den Ergänzungsfragesatz intonatorisch zu charakterisieren versucht habe. Meine Zielsetzung
will ich - bedingt durch das mir zur Verfügung stehende Material - in drei Etap-
pen erreichen: Zuerst werde ich die Entscheidungsfragesätze den verschiedenen V-
1-Aufforderungssätzen gegenüberstellen (unter teilweiser Einbeziehung des V-1-
Exclamativsatzes). Anschließend vergleiche ich den Entscheidungsfrage-, den V-1-
Exclamativ- und den V-1-Wunschsatz und zuletzt den Entscheidungsfrage-, den V-1-
Exclamativ- und den sog. V-1-Ausrufesatz. Die Vorgehensweise wird hier mit der
bei den Wort-Fragesätzen weitgehend identisch sein, so daß ich auf eine genauere
Einführung an dieser Stelle verzichten kann.

1. Auswertung einzelner Oszillomink-Aufzeichnungen

Die Grundlage des ersten Vergleichs bilden die folgenden Entscheidungsfrage- und
V-1-Aufforderungssätze sowie ihre tabellarischen Übersichten:

(3-139) Situation: Sprecher und ein anderer
        Sprecher: "He! Ich rede mit Ihnen.
                   Schlafen Sie?" (Pro1-1)

(3-140) Situation: Sprecher und ein anderer
        Sprecher: "Ruhen Sie sich erst einmal aus!
                   Schlafen Sie!" (Pro1-2)

(3-141) Situation: Der Sprecher und seine Freunde
                   sehen eine lange Schlange vor
                   der Kinokasse.
        Sprecher: "Das dauert mir viel zu lange.
                   Was mich betrifft - ich stelle
                   mich nicht an. Stellt ihr euch
                   an?" (Pro1-3)

(3-142) Situation: Der Sprecher und seine Freunde
                   sehen eine lange Schlange vor
                   der Kinokasse.
        Sprecher: "Also diesmal seid ihr dran.
                   Ich stelle mich heute nicht
                   wieder so lange an. Los!
                   Stellt ihr euch an! (Pro1-5)

(3-143) Situation: Sprecher und andere
        Sprecher: "Was machen wir jetzt?
                   Gehen wir? (Pro1-9)

(3-144) Situation: Sprecher und andere
        Sprecher: "Hier haben wir nichts mehr
                   verloren. Gehen wir!" (Pro1-11)

1. *Schlafen Sie?* (er)
2. *Schlafen Sie!* (dir)

1	2				3		4		5		6		7		8		9	
	Dauer in msec. Gesamt		Nukleuss.		Onset		Offset		absol. F_o-Max.		absol. F_o-Min.		F_o-Umfang		markante F_o-Bewegung		Lage Ampl. Max.	
VP	er	dir	er	dir	er	dir	er	dir	er	dir	er	dir	er	dir	er	dir	er	dir
DVP1	580	600	*schla* 170	*schla* 150	235	250	380	190	off 380	*schla* 270	*schla* 170	off 190	210	80	Gesamt 235- 170- = 65 380 =210	Gesamt 250- 240- = 10 270- = 30 190 = 80	*schla*	*schla*
DVP2	600	560	*schla* 180	*schla* 160	210	170	320	160	off 320	*fen* 190	*schla* 110	*schla* 150	210	40	Gesamt 210- 110- =100 320- =210	Gesamt 170- 150- = 20 190- = 40 160- = 30	*fen*	*schla*
DVP4	-	630	-	*schla* 240	-	120	-	<100	-	*schla* 150	-	off <100	-	>50	-	Gesamt 120- 120- =Pl. 150- = 30 <100 =>50	-	*schla*

Tabelle 10: Intonatorische Merkmale des Minimalpaares *Entscheidungsfragesatz* vs. *Sie-Imperativsatz*

1. *Stellt ihr euch an?* (er)
2. *Stellt ihr euch an!* (dir)

1	2				3		4		5		6		7		8		9	
VP	Dauer in msec. Gesamt		NS		Onset		Offset		absol. F₀-Max.		absol. F₀-Min.		F₀-Umfang		markante F₀-Bewegung		Lage Ampl. Max.	
	er	dir	er	dir	er	dir	er	dir	er	dir	er	dir	er	dir	er	dir	er	dir
DVP1	770	810	*ihr* 130	*ihr* 90	240	250	360	190	*off ihr* 360	310	*ons off* 240	190	120	120	Gesamt 240– 240– =Pl. 360 =120	Gesamt 250– 310– = 60 190 =120	*stellt*	*stellt*
DVP2	800	710	*ihr ihr* 120	140	190	190	300	140	*off ihr* 300	280	*ihr off* 140	140	160	140	Gesamt 190– 140– = 50 300 =160	Gesamt 190– 170– = 20 280– =110 140 =140	*stellt*	*ihr*
DVP4	800	–	*ihr* 150	–	140	–	180	–	*ihr* 200	–	*stellt* 120	–	80	–	Gesamt 140– 120– = 20 200– = 80 180 = 20	–	*stellt*	–

Tabelle 11: Intonatorische Merkmale des Minimalpaares *Entscheidungsfragesatz* vs. *Ihr-Imperativsatz*

144

1. *Gehen wir?* (er)
2. *Gehen wir!* (dir)

1	2				3		4		5			6			7		8		9
VP	Dauer in msec. Gesamt / Nukleuss.				Onset		Offset		absol. F_0-Max.			absol. F_0-Min.			F_0-Umfang		markante F_0-Bewegung		Lage Ampl. Max.
	Gesamt		Nukleuss.																
	er	dir	er	dir	er	dir	er	dir	er	dir		er	dir		er	dir	er	dir	er dir
DVP1	460	480	*ge(hen)* 280	*ge(hen)* 260	220	250	420	190	off 420	ons 250		ons 220	off 190		200	60	Gesamt 220- 220- =Pl. 420	Gesamt 250- 190- = 60 190- =Pl.	*hen hen*
DVP2	440	420	*ge(hen)* 220	*ge(hen)* 240	170	200	320	130	off 320	ons 200		ons 170	off 130		150	70	Gesamt 170- 320	Gesamt 200- 150 130- = 70 130 =Pl.	*hen hen*
DVP5	500	680	*ge(hen)* 280	*ge(hen)* 360	120	80	240	60	off 240	*ge* 110		ons 120	off 60		120	50	Gesamt 120- 240	Gesamt 80- =120 110- = 30 60 = 50	*wir ge*

Tabelle 12: Intonatorische Merkmale des Minimalpaares *Entscheidungsfragesatz vs. Adhortativsatz*

Die obigen Tabellen, die die Daten für die Besprechung der Intonation als
Merkmal eines Entscheidungsfragesatzes beziehungsweise als Merkmal eines Aufforderungssatzes zusammenfassen, zeigen folgende allgemeine Tendenzen:

Zur Lage der Nukleussilbe:

Die Lage der NS bleibt bei allen Sprechern vom Satzmodus unberührt, d. h., die
NSn weisen jeweils im Minimalpaar eine identische Lage auf.

Zum Verlauf der Grundfrequenz:

- F_0-Onset: Bei der DVP1 ist als einzigem Sprecher bei der direktivischen Variante ein konstant höherer Onset feststellbar. Die übrigen Sprecher lassen keine
allgemeingültigen Aussagen zu.

- F_0-Offset: Die erotetischen Varianten eines jeden Minimalpaares weisen zu 100%
einen hohen Offset auf, der zugleich das absolute F_0-Maximum darstellt (Ausnahme: DVP4, Tabelle 11). Fungiert die Grundfrequenz als Merkmal eines Imperativ-
satzes, so befindet sich am Satzende deren Minimum (Ausnahme: DVP2, Tabelle 10),
d. h. ein tiefer Offset. Dies bedeutet, daß im allgemeinen das Tonmuster der
Fragesätze (DVP1:1001, DVP1:1005 und DVP1:1024) steigend und das der Aufforderungssätze (DVP1:1004, DVP1:1012 und DVP1:1027) fallend ist:

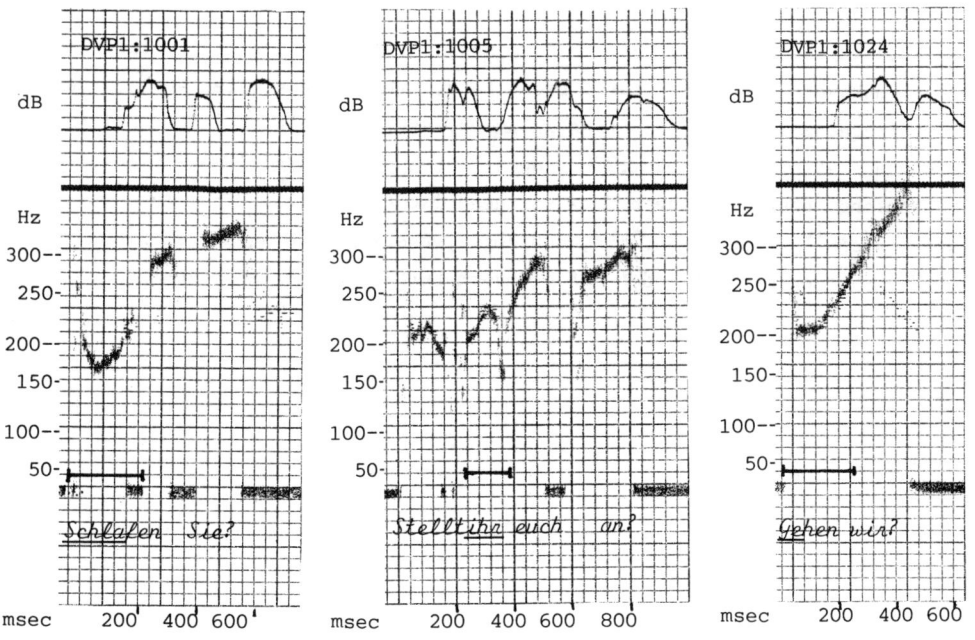

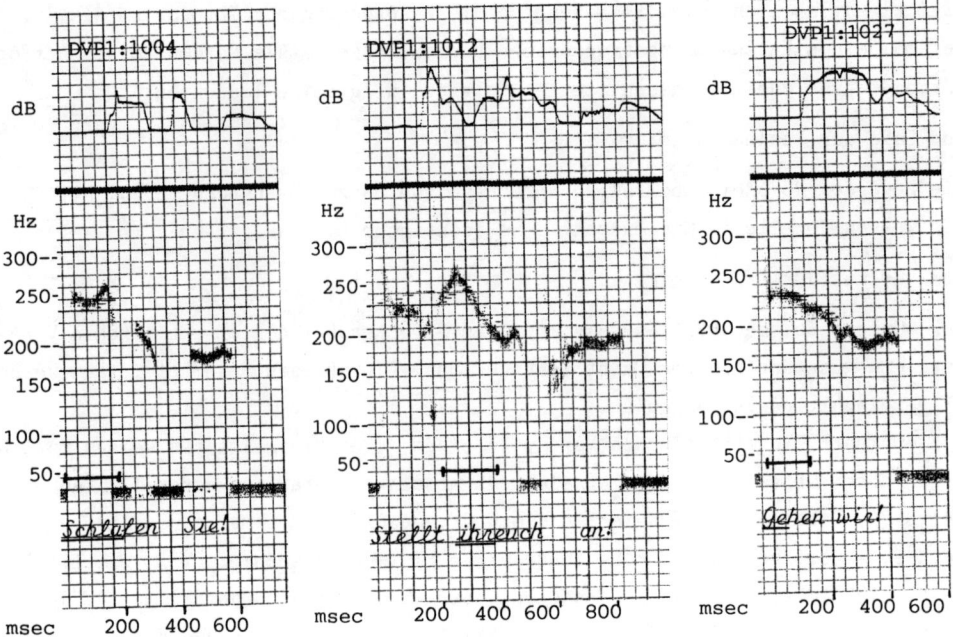

– Nukleussilbe und die größte F_o-Bewegung: Auf den NSn der Fragesätze findet eine konkave F_o-Bewegung statt. Diese hängt mit dem generellen Verlauf der Grundfrequenz in den Fragesätzen zusammen, der (nach einem – nicht obligatorischen – Abfall (vgl. DVP2:2002) oder Plateau (vgl. DVP1:1024 – s. o.) am Satzanfang) über den ganzen Satz steigend ist (vgl. DVP5:5018). Auch beispielsweise Klein[10] weist darauf hin, daß der F_o-Anstieg in Fragesätzen nicht zwingend am Satzende stattfinden muß, sondern bereits früher ansetzen kann.

---

10 "(...) it may be that 'question' is expressed by that early rise." (Klein 1980a:44)

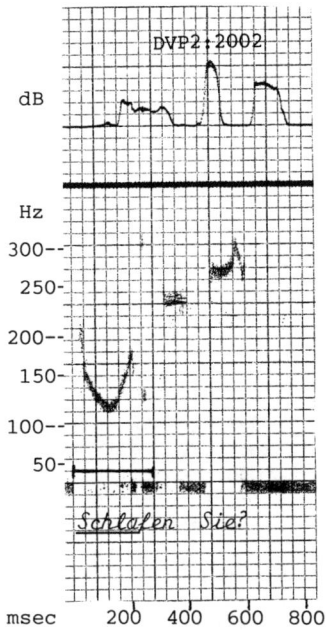 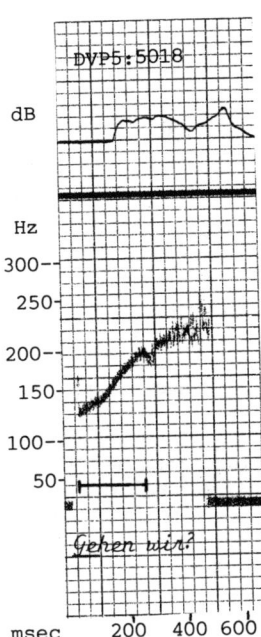

Die NSn der Aufforderungssätze zeichnen sich vorwiegend durch eine konvexe F_o-Bewegung aus. Im Gegensatz zu Fragesätzen ist es für die Aufforderungssätze typisch, daß dem F_o-Anstieg, der ein Teil der konvexen Bewegung ist, obligatorisch ein finaler F_o-Abfall folgt, der bereits auf der NS postiktisch ansetzen kann. Das Vorhandensein des terminalen F_o-Abfalls ist ein entscheidendes Merkmal der direktivischen Varianten in den vorliegenden Minimalpaaren, und er hängt mit dem tiefen Offset und der oben angesprochenen Deklination eng zusammen.

– Gesamt-Range: Der Gesamt-Range ist in den Fragesätzen größer als in den Aufforderungssätzen: Er beträgt für die ersteren im Durchschnitt 13 HT und für die letzteren 9 HT.

– Range der größten Bewegung: Der Range der F_o-Bewegung auf der NS und in deren Umgebung ist ebenfalls bei den Fragesätzen größer: Die Durchschnittswerte sind hier 8 HT für die Frage- und 6 HT für die Aufforderungssätze.

Zur Dauer:

– Gesamt-Dauer und Dauer der NS: Die Dauer-Werte müssen als intonatorische Merkmale hier weitgehend ignoriert werden, da sie weder individuell noch gemittelt über die akzeptablen Äußerungen aller Sprecher satzmodusspezifisch gedeutet wer-

148

den können. (Aus arbeitstechnischen Gründen konnte in Tabelle 12 nicht die Dauer von *ge-*, sondern es mußte die Gesamt-Dauer des Lexems gemessen werden.)

Zur Intensität:

Die Lage der Amplituden-Maxima ist unabhängig vom Satzmodus; sie befinden sich sowohl bei den Frage- als auch bei den Aufforderungssätzen vornehmlich am Satzanfang.

Zusammenfassung:

Die wichtigsten intonatorischen Unterschiede zwischen den Frage- und den Aufforderungsmodi sind hier in der Höhe des Offset, in der Form und im Umfang der NS-Bewegung sowie im F_o-Range der Gesamt-Äußerung zu finden.

Bemerkung: Aus der Tabelle 11 ist ersichtlich, daß die DVP4 in der erotetischen Variante einen terminalen F_o-Abfall produziert. Wenn wir zur Konkretisierung der Tabelle speziell die Oszillomink-Aufzeichnungen DVP4:4006 und DVP4:4012[11] miteinander vergleichen, so zeigt sich, daß der Sprecher den finalen F_o-Abfall im Fragesatz durch größeren F_o-"rise" im Fragesatz und größeren F_o-"fall" im Imperativsatz kompensiert, so daß der Offset des Letztgenannten insgesamt tiefer liegt. Diese Beobachtung widerspricht der von Isačenko/Schädlich (1966: 60), daß allein die Richtung des letzten 'Tonbruchs' - i. e. der letzten F_o-Bewegung - den Satzmodus bestimmend wäre. DVP4:4006 und DVP4:4012 liefern ferner den Gegenbeweis zur Behauptung dieser Autoren, daß "(...) sich eine Frage von einer nicht-interrogativen Äußerung nur durch den letzten Tonbruch und nicht, wie man häufig annimmt, durch ihren 'Melodieverlauf' (unterscheidet)" (ebd.):

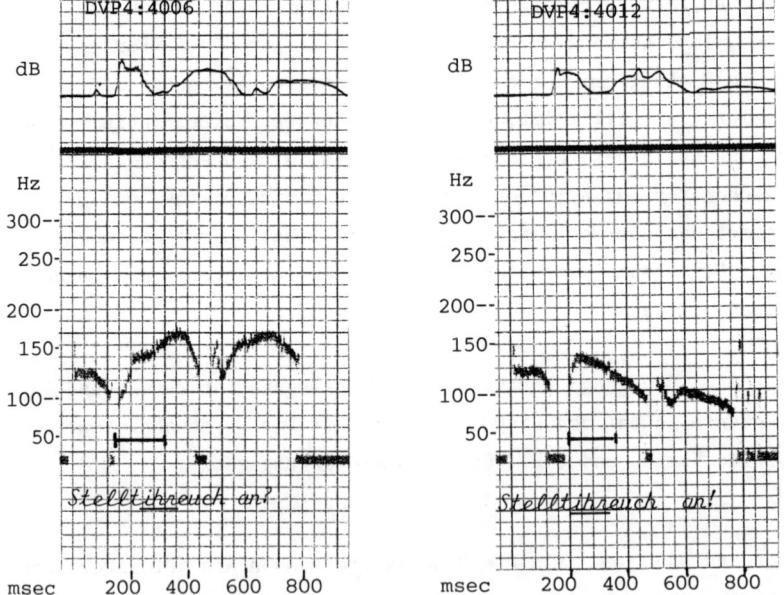

---

11 Wegen der nicht erreichten Kategorisierungsgrenze von 80% konnten die Imperativsätze in der Tabelle nicht berücksichtigt werden.

Die Figuren 13 und 14 (*Schlafen Sie*), 15 und 16 (*Stellt ihr euch an*) sowie 17
und 18 (*Gehen wir*) demonstrieren eine möglichst natürliche Äußerung des jeweiligen Satztyps durch eine weibliche und eine männliche Versuchsperson. Diese Abbildungen bezwecken ferner eine Konkretisierung der Daten aus den Tabellen 10-12
zur leichteren Vorstellung insbesondere über die Funktion der Grundfrequenz im
Satzmodussystem, denn 'ein Satz kann vielerlei Konturen haben, die sich durch
ihre verschiedenen Funktionen unterscheiden' (vgl. Klein 1982:296):

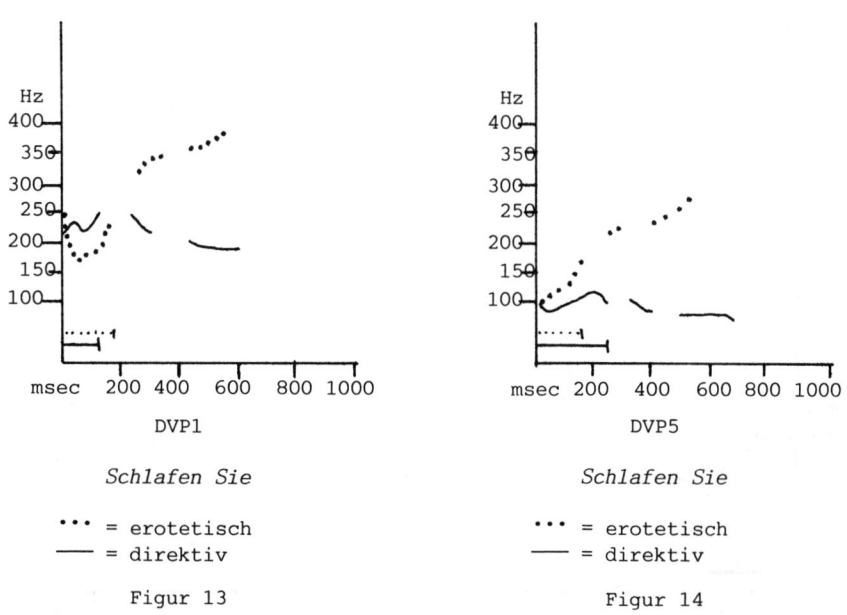

Schlafen Sie

... = erotetisch
——— = direktiv

Figur 13

Schlafen Sie

... = erotetisch
——— = direktiv

Figur 14

150

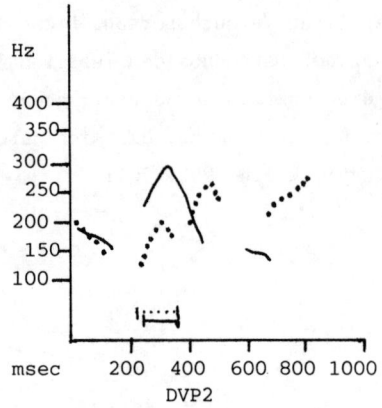

Stellt ihr euch an

••• = erotetisch
—— = direktiv

Figur 15

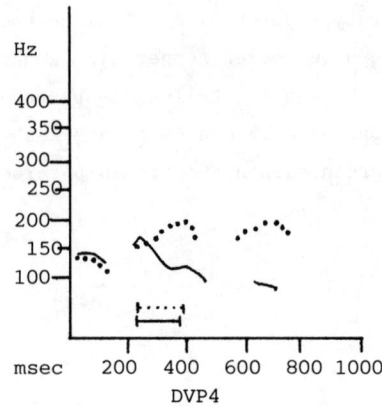

Stellt ihr euch an

••• = erotetisch
—— = direktiv

Figur 16

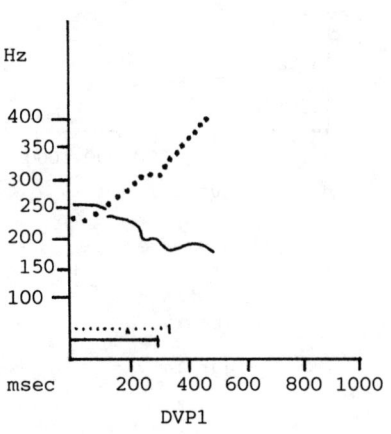

Gehen wir

••• = erotetisch
—— = direktiv

Figur 17

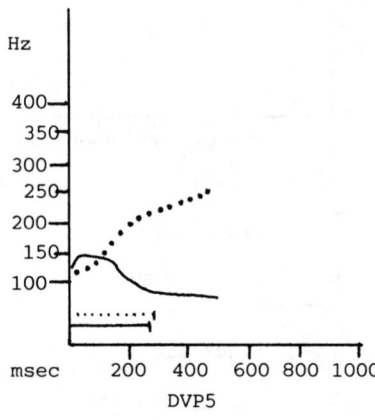

Gehen wir

••• = erotetisch
—— = direktiv

Figur 18

Die folgenden Oszillomink-Aufzeichnungen bieten den Übergang zu den nächsten
Minimalpaaren, in denen jeweils eine Variante exclamativ ist. Dem Offset als
differenzierendem Merkmal kommt auch hier eine wichtige Aufgabe zu: Ist er - wie
oben ausführlicher besprochen - zugleich das F_o-Maximum, so hat er die Funktion
eines erotetischen Merkmals; ist er im postiktischen Nachlauf das F_o-Minimum,
so ist er mit (-EROTETISCH) zu charakterisieren. Da insgesamt nur drei Äußerungen
die erforderliche Natürlichkeit bzw. Kategorisierung aufweisen, muß hier auf
Vergleiche in Einzelheiten verzichtet werden. DVP3:3005 (Entscheidungsfragesatz),
DVP3:3010 (V-1-Imperativsatz) und DVP3:3013 (V-1-Exclamativsatz) stellen eine
dreifache intonatorische Opposition dar, deren erstes und zweites Glied oben
genauer behandelt wurden und deren drittes Glied in (3-145) enthalten ist:

(3-145) Situation: Der Sprecher beobachtet zwei
                   Ulmer, wie sie vergeblich ver-
                   suchen, einen Balken durch das
                   Stadttor zu tragen.
        Sprecher: "Stellt ihr euch an! Laßt mich
                   mal machen!" (Pro1-7)

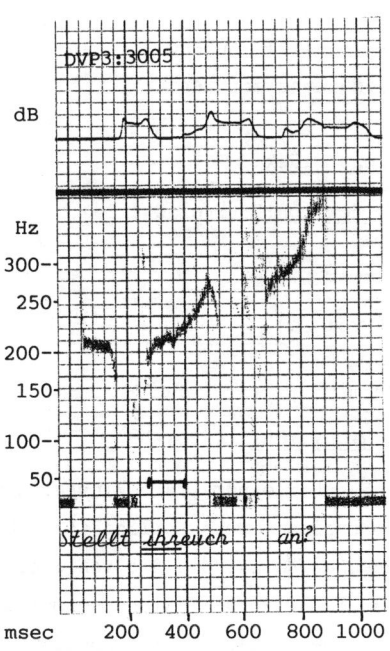
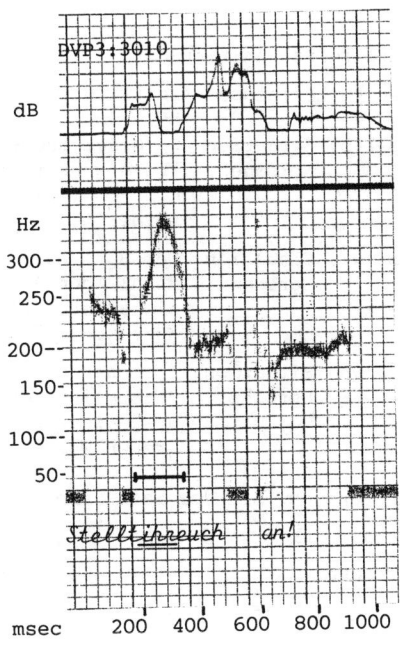

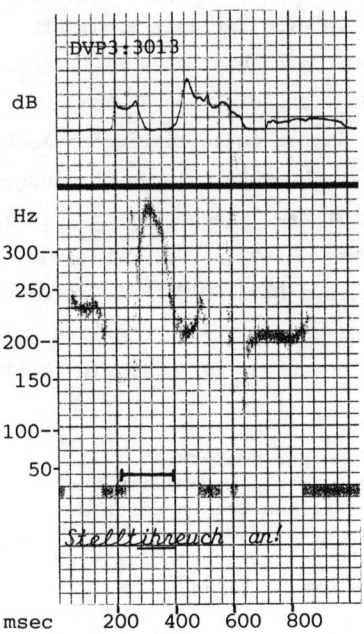

Eine dreifache Funktionsopposition – demonstriert allein anhand der intonatorischen Verhältnisse – sollte mit (3–146)–(3–148) evoziert werden:

(3–146) Situation: Sprecher und ein anderer
       Sprecher: "Kein Wunder, daß er nicht glück-
              lich ist. Wie ginge es mir in
              seiner Lage? _Wäre_ _ich_ _glücklich?_" (Pro1-34)

(3–147) Situation: Der Sprecher
       Sprecher: "Ach! Wenn doch nicht immer nur
              die anderen glücklich wären!
              Wäre _ich_ _glücklich!_" (Pro1-36)

(3–148) Situation: Sprecher und ein anderer
       Sprecher: "Was meinst du, wie ich mich
              über einen dicken Lottogewinn
              freuen würde. _Wäre_ _ich_ _glücklich!_" (Pro1-38)

Dieser Versuch, mit dem Satz _Wäre ich glücklich_ außer einer Frage-Einstellung
((3–146)) auch eine Wunsch- ((3–147)) und eine Exclamativeinstellung ((3–148))
auszudrücken, scheiterte bei allen Versuchspersonen daran, daß die von ihnen
gesprochenen Wunsch- und Exclamativsätze in der Natürlichkeit nicht einmal annähernd die Durchschnittsgrenze 2,5 erreichten. Dieses schlechte Abschneiden dürfte zum einen auf das konkrete, vorzulesende Beispiel, zum anderen aber darauf

zurückzuführen sein, daß die V-1-Wunsch- und -Exclamativsätze ohne Modalpartikel im alltäglichen Sprachgebrauch eher selten vorkommen und deshalb auf die Sprecher befremdend wirkten. Als Beispiele für die jeweiligen Realisierungen seien hier lediglich die möglichst natürlichen Äußerungen der DVP3 aufgeführt. Für den Zweck dieser Arbeit ist hier entscheidend, daß sich die Fragevariante (DVP3: 3079) in dieser ternären Funktionsopposition durch einen hohen Offset von den beiden anderen Typen (DVP3:3082 - Wunsch; DVP3:3086 - Exclamativ) abgrenzt:

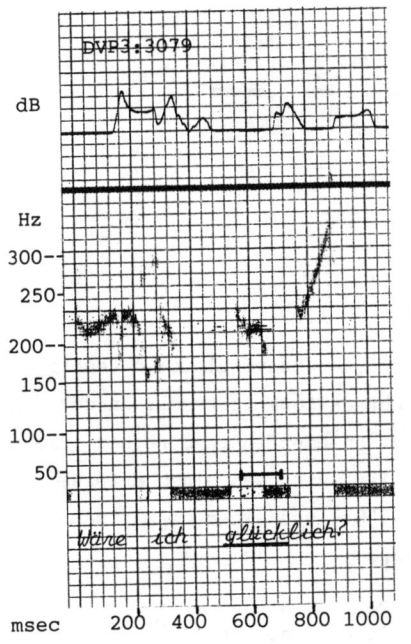 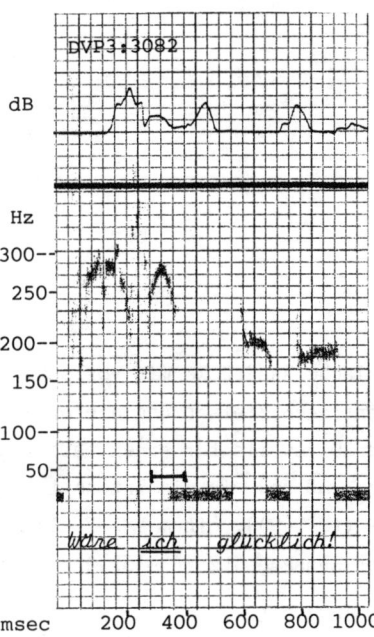

154

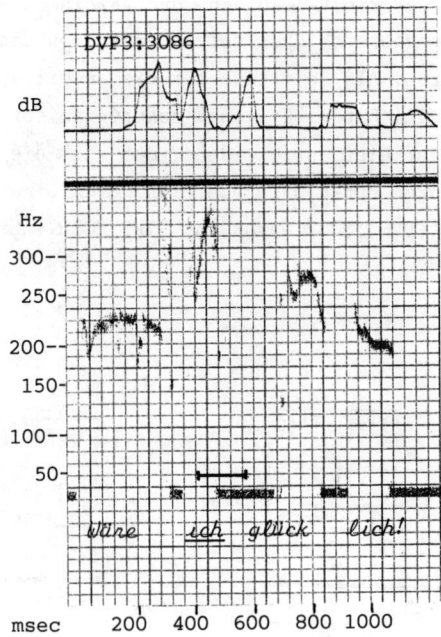

Elliptische Ausdrücke mit vollständigen Ausdrücken zu vergleichen gehört nicht zur zentralen Zielsetzung dieser Arbeit. Nichtsdestoweniger soll an den Figuren 19 und 20 jeweils für einen weiblichen und einen männlichen Sprecher demonstriert werden, daß und wie die Intonation imstande ist, zwischen einem Entscheidungs-frage- ((3-149)), einem V-1-Exclamativ- ((3-150)) und einem emphatischen ellip-tischen Aussagesatz ((3-151)) zu differenzieren[12]:

(3-149) Situation: Der Hörer blickt zum Fenster hinaus.
Der Sprecher möchte wissen, was ein
dritter macht.
Sprecher: "Was macht er denn gerade?" Rennt
der wieder?" (Pro1-21)

(3-150) Situation: Sprecher und Hörer sehen einen
gemeinsamen Freund über die
Straße laufen.
Sprecher: "Mensch, schau dir mal den an!
Rennt der wieder!" (Pro1-23)

---

12 Bezeichnungen wie 'V-1-Ausrufesatz' werden hier bewußt vermieden, denn es
erscheint mir plausibler, von Verb-Zweit-Aussagesätzen zu sprechen, bei denen das Vorfeld (beispielsweise durch ein Adverbiale wie *da*) nicht besetzt
ist.

(3-151) Situation: Sprecher und ein anderer
        Sprecher: "Da hab ich ihm tausendmal gesagt,
                   er soll immer schön langsam
                   gehen. - Und was passiert?
                   - <u>Rennt</u> <u>der</u> <u>wieder!</u>" (Pro1-25)

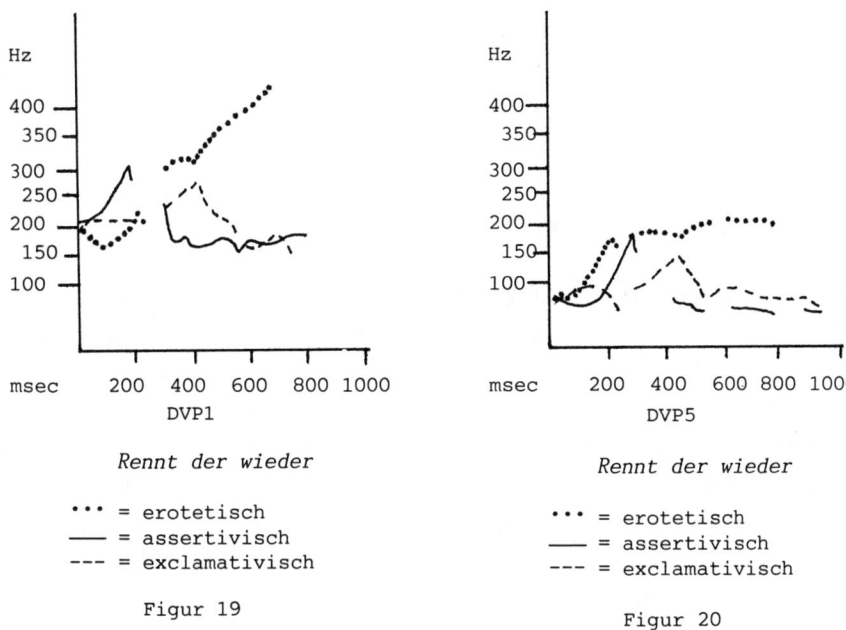

Rennt der wieder   *Rennt der wieder*

··· = erotetisch   ··· = erotetisch
——— = assertivisch   ——— = assertivisch
--- = exclamativisch   --- = exclamativisch

Figur 19   Figur 20

Die von Helfrich gemachte Beobachtung, daß Emotionen mit hoher Aktivierung,
beispielsweise Ärger, die Grundfrequenz erhöhen (vgl. Helfrich 1978:145), kann
hier für die verärgerte elliptische Aussage in (3-151) bestätigt werden, denn
der Gipfel auf der NS des Aussagesatzes liegt um ca. 40 Hz höher als der des
Exclamativsatzes. Für das Schwedische hat Bruce Ähnliches festgestellt und den
F_o-Range mit dem Onset in Beziehung gesetzt:

> The degree of involvement of the speaker is expressed as a variation
> in the Fo range of an utterance. (...) There is also a dependence bet-
> ween the Fo range and the value of the Fo starting point, which tends
> to increase with involvement (...). (Bruce 1982:114)

Weder die erreichbare Meßgenauigkeit noch das vorhandene Material erlauben hier
Stellungnahmen zu Bruces These. Es ist vielmehr mein Ziel, anhand der obigen
Figuren zu zeigen, daß sich die Realisierung als Frage außer durch einen gene-
rell unterschiedlichen F_o-Verlauf durch einen höheren Offset und durch eine

etwas kürzere Dauer von den beiden anderen abhebt. Die Exclamativvariante wird von beiden Sprechern zusätzlich durch die Lage des Nukleusakzents auf dem Demonstrativpronomen statt auf dem finiten Verb von den anderen Äußerungen abgegrenzt.

Nachdem es sich auch bei den Entscheidungsfragesätzen gezeigt hat, daß der Intonation, und insbesondere dem Verlauf der Grundfrequenz, der Status eines erotetischen Merkmals zusteht, wird unten kurz auf die Wirkung der Modalpartikeln auf die Intonation in Entscheidungsfragesätzen eingegangen.

3.1.3. Interaktion der intonatorischen und der nicht-intonatorischen Merkmale in Entscheidungsfragesätzen

Die Untersuchungen zur gegenseitigen Wirkung von Intonation und Modalpartikeln unter 2.1.3. zeigten, daß es sich hier um einander in der Funktion unterstützende Merkmale handelt, die jedoch weitgehend selbständig wirken, so daß das Vorhandensein einer Modalpartikel keine wesentlichen Änderungen auf die Intonation ausübt. Ohne in diesem Sub-Kapitel den Interferenzen genauer nachzugehen - dafür zeigten die Voruntersuchungen ein zu bescheidenes Ergebnis - werden die Oszillomink-Aufzeichnungen von je zwei Entscheidungsfragesätzen mit und ohne Modalpartikel zu (3-152)-(3-155) aufgeführt, realisiert von einer weiblichen und einer männlichen Versuchsperson:

(3-152) Situation: Der Hörer blickt zum Fenster hinaus.
Der Sprecher möchte wissen, was ein
dritter macht.
Sprecher: "Was macht er denn gerade? Rennt
der wieder?" ((Pro1-21), vgl. (3-149))

(3-153) Situation: Der Hörer blickt zum Fenster hinaus.
Der Sprecher möchte wissen, was ein
dritter macht.
Sprecher: "Was macht er denn gerade? Rennt
der etwa wieder?" (Pro1-22)

(3-154) Situation: Sprecher und ein anderer
Sprecher: "Kein Wunder, daß er nicht glücklich ist. Wie ginge es mir in
seiner Lage? Wäre ich glücklich?"
((Pro 1-34), vgl. (3-146))

(3-155) Situation: Sprecher und ein anderer
Sprecher: "Kein Wunder, daß er nicht glücklich ist. Wie ginge es mir in
seiner Lage? Wäre ich denn glücklich?" (Pro1-35)

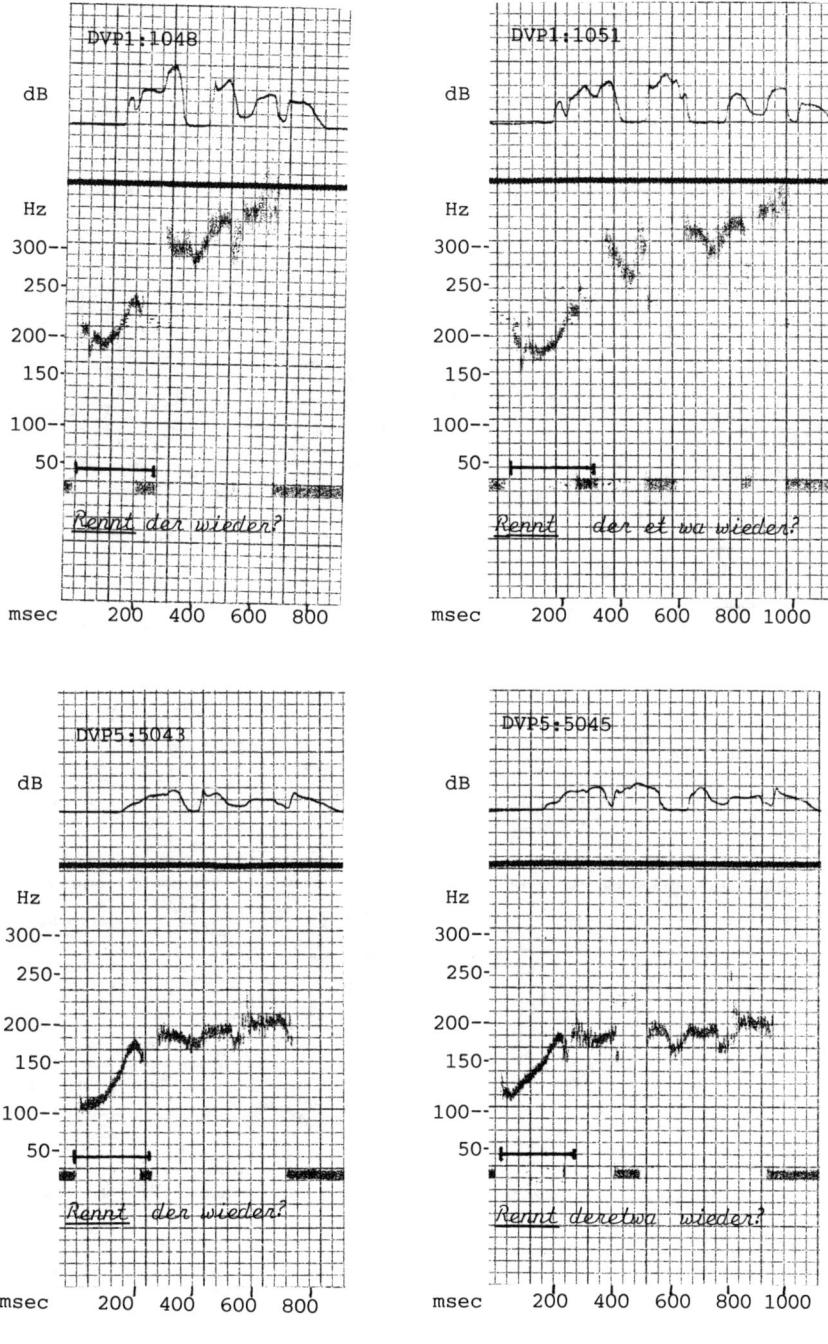

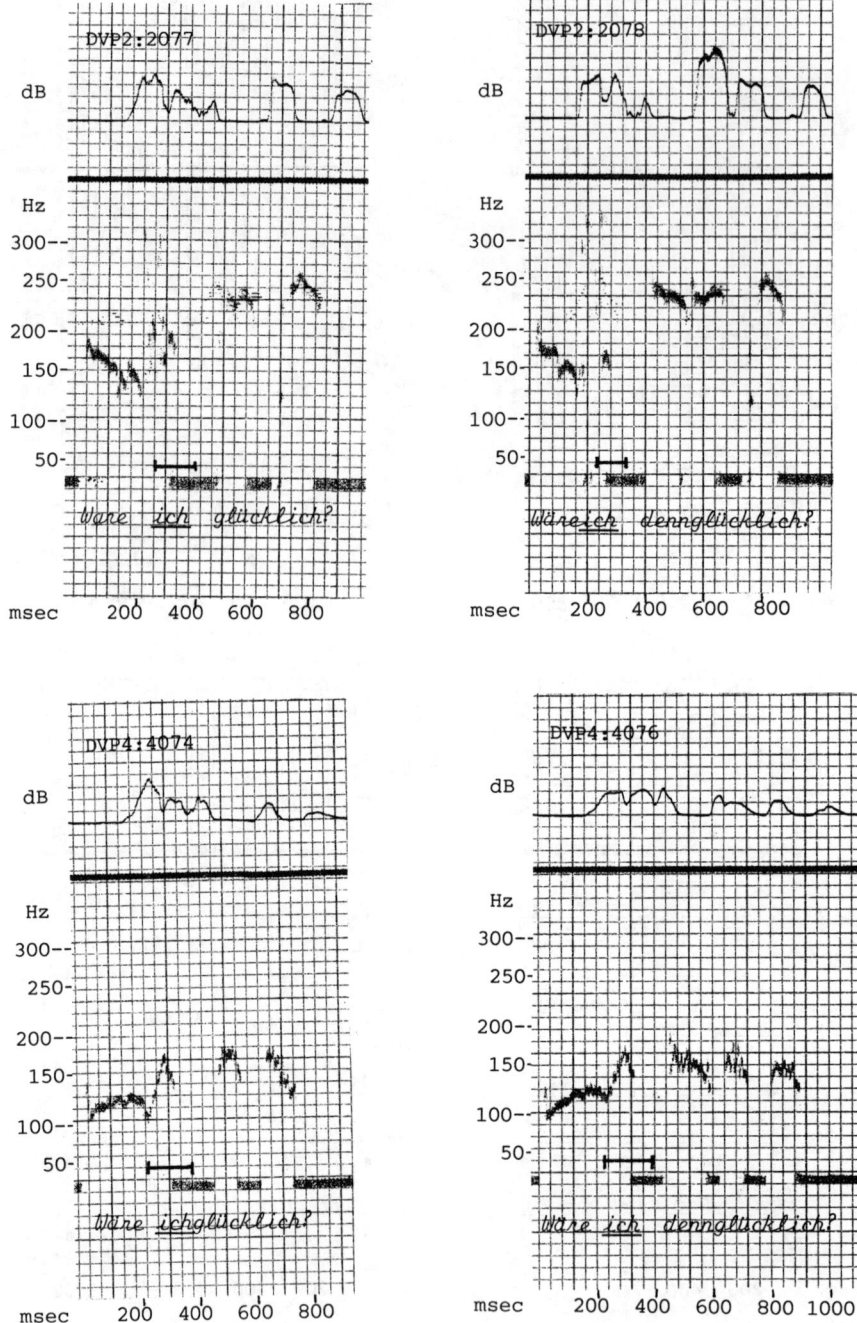

Aus den Abbildungen wird ersichtlich, daß auch bei den Entscheidungsfragesätzen die Konturen annähernd gleich bleiben unabhängig davon, ob in der Äußerung eine Modalpartikel enthalten ist. Ebenso ändert sich die Lage des Nukleusakzents nicht.

Als Hauptergebnis der vorangehenden Untersuchungen kann festgehalten werden, daß 'die Intonation eine der Hauptkomponenten des syntaktischen Grundmodells im Einklang mit der syntaktischen Füllung ist' (vgl. Zacher 1963:289). Hallidays relativ globale Feststellung, "If you change the intonation of a sentence you change its meaning" (Halliday 1976:225), kann im Sinne der vorliegenden Arbeit formuliert werden: Änderungen in der Sprechereinstellung führen zu Änderungen im Verlauf der Grundfrequenz, ja mitunter sogar in der gesamten Intonation. Daraus erklärt sich auch die Tatsache, daß bei beibehaltener Sprechereinstellung die F_o-Kontur von dem Merkmal 'Modalpartikel' nicht wesentlich geändert wird.

3.2. Subtypen, Mischtypen und Ellipsen in der Hierarchie der Satz-Fragesätze

Wie der Ergänzungsfragesatz nicht den einzigen Typ der Wort-Fragesätze darstellt, so lassen sich in der Kategorie der Satz-Fragesätze außer dem Entscheidungsfragesatz der deliberative Satz-Fragesatz als Subtyp des Haupttyps 'Entscheidungsfragesatz', der assertive Fragesatz, der Alternativfragesatz und der Satz-Rückfragesatz als Mischtypen sowie der ultimative Satz-Fragesatz und der Satz-Fortsetzungsfragesatz als Ellipsen hierarchisch festhalten. Die kurze Beschreibung dieser neben dem "traditionellen" Satz-Fragesatz, dem Entscheidungsfragesatz, existierenden Fragesätze ohne Fragewort soll mit der des deliberativen Satz-Fragesatzes beginnen.

3.2.1. Deliberativer Satz-Fragesatz

Das beim deliberativen *w*-Verb-Letzt-Fragemodus zur Sprechereinstellung, zur Antworterwartung, zu dem nicht rekonstruierbaren Matrixsatz der Tiefenstruktur und zu der daraus folgenden Selbständigkeit des Satztyps Gesagte gilt auch für den analogen Satz-Fragesatz. Die mögliche Modalpartikel *wohl* neben *mal* ist eine weitere nicht-intonatorische Gemeinsamkeit. Als klammereröffnendes Element ist beim deliberativen Verb-Letzt-Satz-Fragesatz jedoch nur *ob* möglich:

(3-156) <u>Ob</u> man in der Tanzschule auch Breakdancing lernt↑ (AZ 30.3.84:32)

(3-157) <u>Ob</u> wir am Hart wohl bald mit einer der stärksten Minderheiten innerhalb des Burgfriedens zu tun haben werden↑ (SZ 21.5.84:13)

Die Intonation dieses Satztyps wird anhand von (3–158) untersucht:

(3–158) Situation: Sprecher wartet auf seinen Freund und ist sich
                     nicht sicher, ob dieser kommt.
   Sprecher: <u>Ob</u> <u>er</u> <u>wohl</u> <u>kommt</u>? (Pro2–1)

Ob er wohl kommt?

1	2		3	4	5	6	7	8	9
VP	Dauer (ms) Ges.	NS	On-set	Off-set	absol. F_o-Max	absol. F_o-Min	F_o-Umf	markante F_o-Beweg.	Lage Ampl.Max
DVP7	780 *-wohl* 620	*kommt* 240	190	350	offset 350	onset 190	160	*er wohl kommt* 270- 200- = 70 350 =150	*er*
DVP8	800 *-wohl* 620	*kommt* 280	230	420	offset 420	*kommt* 190	230	*wohl kommt* 240- 190- = 50 420 =230	*er*
DVP11	750 *-wohl* 590	*kommt* 240	100	170	*kommt* 180	*wohl* 90	90	*kommt* 100- 180- = 80 170 = 10	*er*
DVP12	780 *-wohl* 580	*kommt* 280	150	280	offset 280	*wohl* 120	160	*wohl kommt* 150- 120- = 30 280 =160	*er*

<u>Tabelle 13:</u> Intonatorische Merkmale eines deliberativen Satz-Fragesatzes

Zur Lage der Hauptakzentsilbe:

Der Hauptakzent liegt bei allen Sprechern einheitlich auf dem finiten Verb am Satzende.

Zum Verlauf der Grundfrequenz:

– F_o-Onset: Die Höhe des F_o-Onset variiert zwischen 100–230 Hz und liegt bei den männlichen VPn tiefer als bei den weiblichen.

– F_o-Offset: Der deliberative Satz-Fragesatz weist – wie bereits der deliberative Wort-Fragesatz – am Satzende ausschließlich eine steigende Tonführung und einen hohen Offset auf.

- Nukleussilbe: Die NS zeigt eine (Level-)Rise-Form, auf die am Offset ein kleiner Abfall folgen kann (vgl. DVP8:7002: weibliche VP; DVP11:9002: männliche VP):

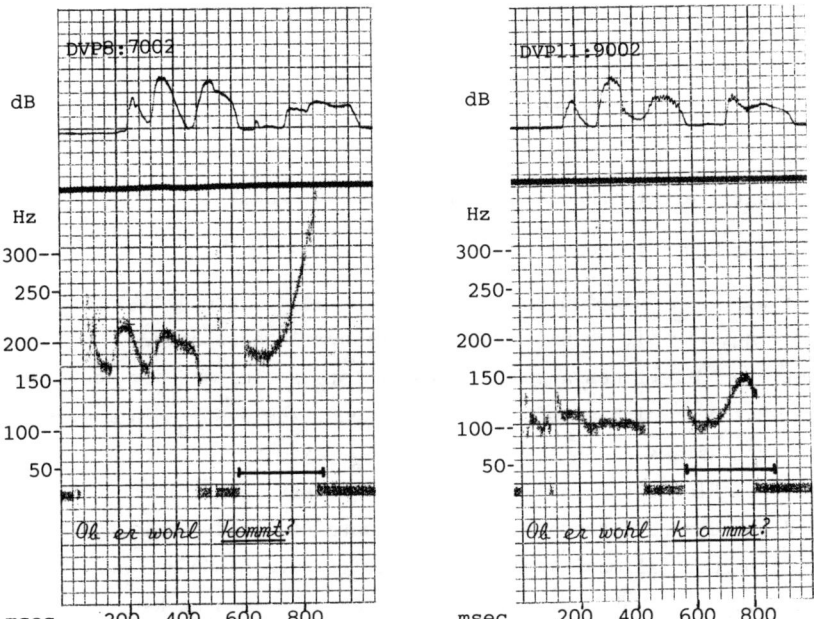

- Ranges: Der Gesamt-Range beträgt im Durchschnitt 11 Halbtöne und der Range der größten Bewegung 10 Halbtöne.

Zur Intensität:

Die Amplitudengipfel liegen einheitlich auf dem Subjektausdruck am Satzanfang.

Zusammenfassung:

Als wichtigste Ergebnisse dieses kurzen Überblicks sind der hohe Offset und die steigende F_o-Bewegung auf der NS festzuhalten.

3.2.2. Assertiver Fragesatz

Der assertive Fragesatz weist, ähnlich wie der Ergänzungsfragesatz u. a., Verb-Zweit auf. Im Vorfeld steht anstatt eines w-Wortes jedoch ein anderes satzgliedwertiges Element, und es ergibt sich die syntaktische Form eines Aussagesatzes:

(3-159) Du glaubst, daß dieser 'ungekrönte König' mein Gold
        unter die Armen verteilt↑ (Mr 115)

Daß die Intonation hier die unterscheidende Funktion übernimmt, wird aus der Tabelle 14 ersichtlich, die aufgrund der Daten zu (3-160) und (3-161) entstand:

(3-160) Situation: Sprecher und ein anderer
Sprecher: "Keine Widerrede. Du kommst." (Pro1-54)

(3-161) Situation: Sprecher und ein anderer
Sprecher: "Ist das tatsächlich wahr?
Du kommst? (Pro1-55)

Zur Lage der Hauptakzentsilbe:

Der Hauptakzent liegt unabhängig vom Satzmodus auf *kommst*.

Zum Verlauf der Grundfrequenz:

- F_o-Onset: Der Onset der Äußerungen mit erotetischer Sprechereinstellung liegt generell geringfügig (10-25 Hz) höher als der der Aussagesätze.
- F_o-Offset: Der Offset des Aussagesatzes ist stets tief und der des Fragesatzes stets hoch. Befindet sich am Offset des Aussagesatzes das F_o-Minimum, so ist der Offset des Fragesatzes identisch mit dessen F_o-Maximum.
- Nukleussilbe: Die Kontur ist auf der NS der assertiven Variante (steigend-)fallend und auf der NS der erotetischen Variante (fallend-)steigend.
- Ranges: In beiden Satzmodi wird zumeist der gesamte F_o-Umfang auf der NS in Anspruch genommen, so daß sowohl der NS- als auch der Gesamt-Range beim Aussagesatz 7 HT und beim Fragesatz 14-15 HT betragen.

Zur Dauer:

Die NS der erotetischen Variante weist eine längere Dauer auf als die der assertiven Variante. Die Dehnung ist auch aus der relativen Dauer der NS ersichtlich: hierfür ergaben sich im Durchschnitt 0,73 beim assertiven Fragesatz und 0,55 beim Aussagesatz.

Zur Intensität:

Die Amplitudengipfel liegen einheitlich auf der NS, d. h. auf dem finiten Verb am Satzende.

Zusammenfassung der wichtigsten Merkmale:

Zuverlässige Unterscheidungsmerkmale bieten hier: die Höhe des Offset, der NS- und der Gesamt-Range, die Form der NS-Bewegung sowie die Dauer der NS.

Wie das Ausdrücken der unterschiedlichen Sprechereinstellungen mit den unterschiedlichen Intonationskonturen korreliert, sollen für die Aussagesätze DVP2:2124 (weibliche VP) und DVP4:4115 (männliche VP) sowie für die assertiven Fragesätze DVP2:2126 (weibliche VP) und DVP4:4117 (männliche VP) konkret zeigen:

1. *Du kommst?* (er)
2. *Du kommst.* (ass)

1	2			3		4		5		6		7		8		9
	Dauer in msec. Gesamt	NS		Onset		Offset		absol. F$_o$-Max.		absol. F$_o$-Min.		F$_o$-Umfang		markante F$_o$-Bewegung		Lage Ampl. Max.
VP	er ass	er	ass	er ass		er ass		er ass		er ass		er ass		er	ass	er ass
DVP1	400 400	*kommst* 220 220		270 260		400 200		off *k o m m s t* 400 265		off *k o m m s t* 200 200		200 65		*kommst* 230- 200- = 30 400 =200	*kommst* 265- 200 = 65	*er* *k o m m s t*
DVP2	390 340	*kommst* 210 150		225 200		365 140		off *k o m m s t* 365 220		off *k o m m s t* 160 140		205 80		*kommst* 190- 160- = 30 140 365 =205	*kommst* 220- 140 = 80	*k o m m s t*
DVP4	420 470	*kommst* 280 270		160 150		275 100		off *k o m m s t* 275 160		off *k o m m s t* 130 100		145 60		*kommst* 130- 275 =145	*kommst* 145- 160- = 15 100 = 60	*k o m m s t*
DVP5	460 400	*kommst* 330 240		110 100		330 80		off *k o m m s t* 330 150		off *k o m m s t* 90 80		240 70		*kommst* 90- 330 =240	*kommst* 140- 150- = 10 80 = 70	*k o m m s t*

Tabelle 14: Intonatorische Merkmale des Minimalpaares *Assertiver Fragesatz vs. Aussagesatz*

164

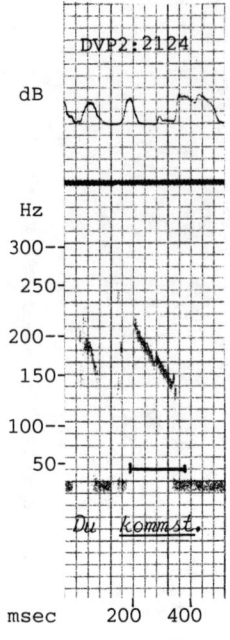

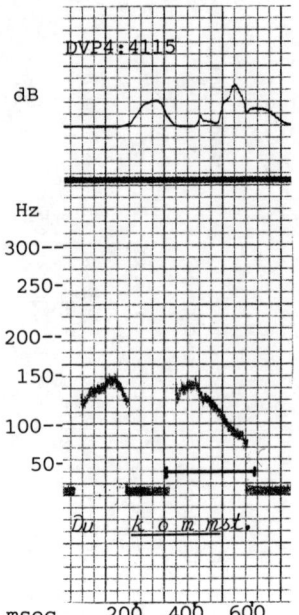

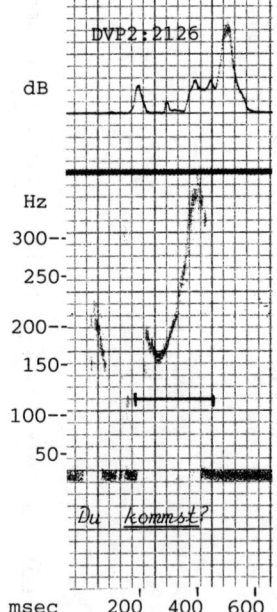

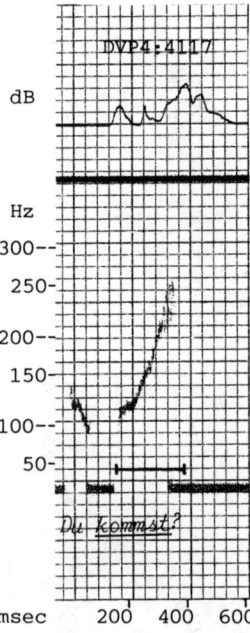

Das steigende Tonmuster und die Satzgliedstellung mit Verb-Zweit ergeben beim assertiven Fragesatz einen Mischtyp, der wiederum - wie alle bisher behandelten Mischtypen ja auch - mit Modalpartikeln nicht kompatibel ist; es verbinden sich hier formale und funktionale Eigenschaften eines Frage- und eines Aussagesatzes.

Weitere potentielle interpretatorische Ambiguitäten verursacht der Verb-Zweit-Exclamativmodus:

(3-162) (Bedgene, wir haben Fleisch, Menschenfleisch. Ah,)
das wird schmecken↓ (Mr 16)

(3-163) (Als er eines Abends wieder ohne Beute in die Höhle
zurückkehrte, fauchte er das ahnungslose Huhn an:)
Du bist ein faules Vieh↓ (Während ich den ganzen Tag im Wald
umherlaufe, um etwas Eßbares für uns aufzutreiben, legst du
dich den ganzen Tag auf die faule Haut!) (Mr 160)

Die Inakzeptabilität der Satznegation und die Modalpartikeln *doch*, *vielleicht* und *aber* sind die deutlichsten formalen, nicht-intonatorischen Abgrenzungskriterien zum assertiven Fragesatz:

(3-163a) Du bist doch/vielleicht/aber ein faules Vieh↓

Der tiefe Offset und die konvexe F_o-Bewegung in der Umgebung der NS beim Verb-Zweit-Exclamativsatz ((3-164); DVP3:3107 und (3-165); DVP3:3115) sind eindeutig von den entsprechenden Merkmalen beim assertiven Fragesatz (vgl. (3-161) und Tabelle 14) unterschieden:

(3-164) Situation: Sprecher und ein anderer
Sprecher: "Karl ist gestern das Fahrrad
geklaut worden. Mann! Der hat
geschimpft!" (Prol-46)

(3-165) Situation: Sprecher und ein anderer
Sprecher: "Also diese Maria! Die ist
naiv! Die glaubt immer noch
an den Weihnachtsmann!" (Prol-50)

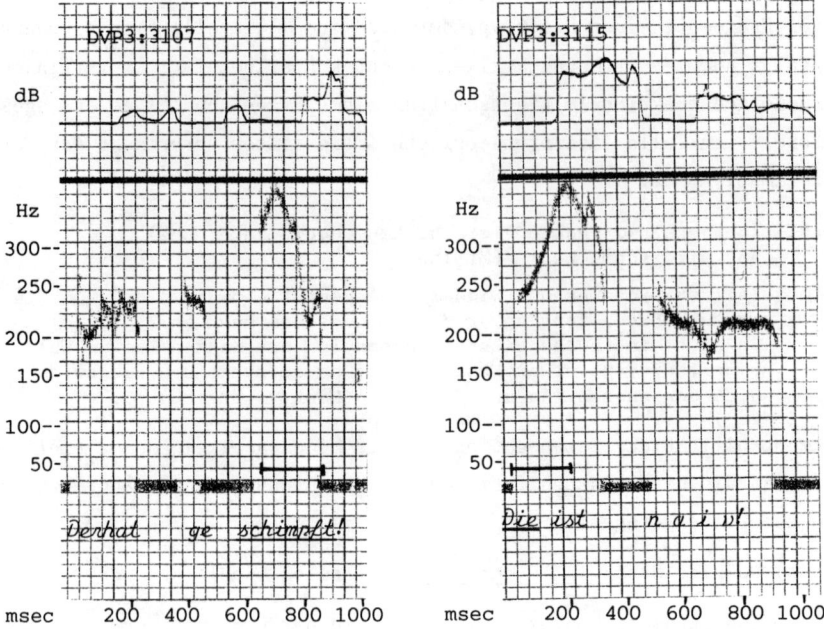

Dem Kontext kommt, wie zu erwarten, auch beim assertiven Fragesatz modusdetermi-
nierende Bedeutung zu. Zum Kontext gehören auch die "question tags", die aus
zwei Gründen an dieser Stelle besprochen werden, ohne mit dem kurzen Überblick
Vollständigkeit beanspruchen zu wollen:[13] Bei den w-Sätzen sind sie von geringer
Bedeutung, obwohl sie dort auch gelegentlich auftauchen (vgl. (3-166)). Die
meisten "tags" stehen bei den Verb-Zweit-Aussagesätzen (vgl. (3-167)-(3-180));
zumindest *nicht wahr* und *gell/gelt* können auch vor dem Ausdruck stehen. Die
"tags" haben die Funktion elliptischer, weiterführender Fragen. Ihr wichtigstes
intonatorisches Merkmal ist das steigende Tonmuster, die Aussagesätze selbst
weisen - wie für den Satzmodus typisch - fallendes Tonmuster auf:

(3-166) Was hab ich damit zu tun↓ Nicht↑ (Th 55)

(3-167) Du trinkst gern mal was↓ ja↑ (GK 105)

(3-168) Hinterher schläfst du mir ein hier oben↓ was↑ (GK 76)

---

13 Es wird hingewiesen beispielsweise auf Bublitz (1978:125ff.), der "tags"
   unter 'Vergewisserungsfrage' untersucht.

(3-169) Also, komm ich eben mal rauf↓ ja↑ (GK 75)[14]

(3-170) Fährst nicht mit dem Wagen↓ wie↑ (GK 60)[14]

(3-171) Ist aber doch kein schlechtes Ding↓ nein↑ (GK 59)[14]

(3-172) Nur manchmal mit dem Mundwerk ein bißchen vornean↓ gelt↑ (GK 59)

(3-173) Ihr Mann ist der Alte von oben↓ stimmt's↑ (GK 56)

(3-174) Malst sogar vom Fernsehen ab↓ was↑ (GK 55)[14]

(3-175) Nicht wahr↑ du machtest mich neulich darauf aufmerksam↓ (Ak 149)

(3-176) Gell↑ da schaugst, liebes Hollywood↓ (AZ 16./17.1.82:6)

(3-177) Zeugin Jehovas↓ hm↑ (GK 130)

(3-178) Noch was↓ hm↑ (GK 130)

(3-179) Jetzt hältst du aber mal die Klappe↓ ja↑ (GK 51)

(3-180) Und Sie würden mir dabei helfen↓ nicht wahr↑ (Ak 82)

3.2.3. Alternativfragesatz

Der semantische Unterschied zwischen dem Entscheidungs- und dem Alternativfrage-
modus besteht in der Art der Ausführung der Propositionen im Fragesatz: Im erstgenannten wird _ein_ Sachverhalt - in vollständiger Form mit Negation desselben -
dem Hörer entweder zur Bejahung oder zur Verneinung vorgestellt ((3-181)), im
letztgenannten sind es dagegen mindestens zwei (Anzahl theoretisch nicht limi-
tiert) Sachverhaltsbeschreibungen, von denen der Hörer die zutreffende(n) als
Antwort wählen soll ((3-182) und (3-183)):

(3-181) Bist du zum Sterben bereit↑ (Mr 135)

(3-182) (Ich frage dich nun,) hast du uns alle nur zum Narren gehalten↑
oder hast du die Wahrheit gesagt↓ (Mr 94)

(3-183) Wird man hineingeschoben↑ gehoben↑ oder getreten↓ (SZ 22.11.84:15)

Diese zwei Propositionen brauchen sich nicht unbedingt auszuschließen - darauf
weist auch beispielsweise Walther (1976:135) hin -, um aber eine semantisch akzeptable Frage zu bilden, dürfen sich die propositionalen Gehalte auch nicht total überschneiden. Das wird durch (3-184) belegt:

(3-184) ˣStimmt das↑ oder habe ich recht↓ [15]

---

14 Dies sind nur scheinbar Verb-Erst-Sätze. In der Oberflächenstruktur ist das
   Vorfeld nicht besetzt. Es fehlt in (3-169) ein Adverbiale (etwa _dann_), in
   (3-170) und (3-171) das Subjekt (_du_ bzw. _das/es_) etc. Werden diese
   Ellipsen ergänzt, so erweisen sich die Beispiele eindeutig als Verb-Zweit-
   Aussagesätze.

15 _stimmen_ bezieht sich auf die Sachverhaltsbeschreibung, die der Referent von
   ich gegeben hat. Dieses "ich" ist identisch mit "ich" in _Ich habe recht._
   stimmen und _recht haben_ beziehen sich auf dieselbe Sachverhaltsbeschreibung.

Sowohl der Entscheidungs- als auch der Alternativfragesatz weisen Verb-Erst auf. Ferner kommen alle Modi, Genera und Tempora, die im Entscheidungsfragesatz akzeptabel sind, auch im Alternativfragesatz vor. Die kategoriale Füllung des Prädikats unterliegt ebenfalls keinen Restriktionen. Der Kontext, wie am Beispiel (3-182) angedeutet, ist mit denselben Merkmalen kompatibel wie beim Entscheidungsfragesatz.

Das obligatorische exclusive *oder* zwischen den beiden funktionsgleichen Elementen ist ein Merkmal des Alternativfragesatzes. *oder* kann auch in einem Entscheidungsfragesatz vorkommen, es ist dort aber inclusiv zu interpretieren, da es die Negation der ersten Proposition ausdrücklich in die Antworterwartung einbezieht:

> (3-185) Kommst du morgen <u>oder</u> (kommst du morgen) nicht↑

In der Antworterwartung bezüglich eines Entscheidungs- und eines Alternativfragesatzes zeigen sich weitere Differenzen: Erwartet der Sprecher des ersteren eine Negation oder eine Affirmation des von ihm beschriebenen Sachverhalts, so ist für den Sprecher des letzteren sein Sprechakt der Frage erst dann geglückt, wenn der Adressat eine von den beiden Alternativen in Form eines (elliptischen) Aussagesatzes als die von ihm ausgewählte Antwort bekanntgibt. Die erwartete Antwort ist demnach der natürlichen Antwort auf eine Ergänzungsfrage ähnlicher als der auf eine Entscheidungsfrage. Noch deutlicher wird diese Ähnlichkeit bei den offenen Alternativfragesätzen, bei denen der Hörer selbst eine neue Assertion als Antwort geben kann, falls er keine von den Propositionen des Sprechers als natürliche Antwort anerkennt. Es sind aber auch Reaktionen wie *Beides* oder *Keines von beiden* möglich auf eine geschlossene Alternativfrage wie in (3-186) (und analog auf mehrgliedrige und offene):[16]

> (3-186) (Der König ließ daraufhin die drei Diener rufen, die den Ring
> ins Meer geworfen hatten.)
> Habt ihr diesen Ring ins Meer geschleudert↑ oder habt ihr euren
> König betrogen↓
> ("Wir haben Euch die Wahrheit gesagt",
> antwortete der älteste der Diener.) (Mr 136)

---

16 Zur Unterscheidung *offener vs. geschlossener Alternativfragesatz* s. auch
van Wijk/Kempen, die unterscheiden zwischen "'open-ended', (...) suggesting
that the listener may come up with a further, non-mentioned alternative"
und "'closed' (...) in the sense that one of the mentioned alternatives has
to be chosen." (1985:174)

Eine Reaktion wie diese verurteilt den Sprechakt der Frage als nicht geglückt, da der Sprecher keine natürliche Antwort, das heißt eine von den beiden Sachverhaltsbeschreibungen der Frage, erhält. Die Reaktion zeigt ferner, daß sich diese zur Auswahl gestellten Propositionen in der betreffenden Situation nach Ansicht des Hörers eventuell nicht ausschließen; der Sprecher geht ja von einer möglichen natürlichen Antwort auf seine Frage aus, wenn er das exclusive *oder* benutzt.

Die Intonation in Alternativfragesätzen wird anhand der folgenden Testsätze diskutiert. Es wird dabei unterschieden zwischen der Intonation in geschlossenen ((3-187) und (3-189)) und in offenen ((3-188) und (3-190)) sowie ferner zwischen zwei- ((3-187) und (3-188)) und dreigliedrigen ((3-189) und (3-190)) Alternativfragesätzen:

(3-187) Situation: Der Gastgeber hat zwei Sorten Kuchen zur Auswahl und bietet diese an.
        Gastgeber: <u>Möchten</u> <u>Sie</u> <u>Mohn</u> <u>oder</u> <u>Streusel?</u> (Pro2-42)

(3-188) Situation: Der Gastgeber hat mehrere Sorten Kuchen zur Auswahl und bietet diese an.
        Gastgeber: <u>Möchten</u> <u>Sie</u> <u>Mohn?</u> <u>Oder</u> <u>Streusel?</u>
        Gast: Ich möchte einen Obstkuchen. (Pro2-43)

(3-189) Situation: Der Gastgeber hat drei Sorten Kuchen zur Auswahl und bietet diese an.
        Gastgeber: Was möchten Sie von den drei Kuchen haben?
        <u>Möchten</u> <u>Sie</u> <u>Sahne,</u> <u>Mohn</u> <u>oder</u> <u>Streusel?</u> (Pro2-44)

(3-190) Situation: Der Gastgeber hat mehrere Sorten Kuchen zur Auswahl und bietet diese an.
        Gastgeber: Was möchten Sie von den Kuchen haben?
        <u>Möchten</u> <u>Sie</u> <u>Sahne,</u> <u>Mohn</u> <u>oder</u> <u>Streusel?</u>
        Gast: Ich möchte einen Käsekuchen. (Pro2-45)

Die folgenden intonatorischen Merkmale scheinen hier besonders wichtig zu sein:

- Offset: Die geschlossenen Alternativfragesätze werden ausschließlich mit einem tiefen Offset realisiert (DVP12:9587; zweigliedrig und DVP12:9591; mehrgliedrig). Bei den offenen zweigliedrigen Alternativfragesätzen ist die Höhe des Offset offensichtlich vom Sprecher und von der Anzahl der Alternativen abhängig: Bei den zweigliedrigen zeigten 6 aus 12, aber bei den dreigliedrigen lediglich 3 aus 16 Aufzeichnungen einen hohen Offset (Oszillomink-Aufzeichnungen s. u.):

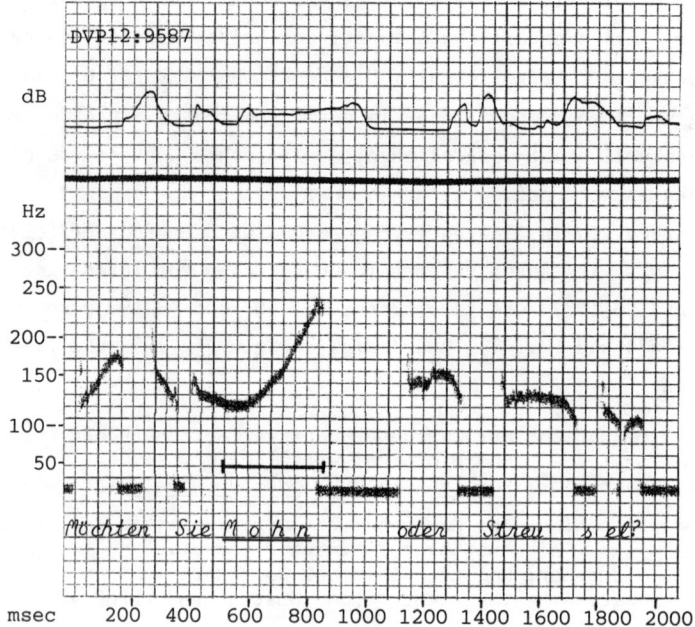

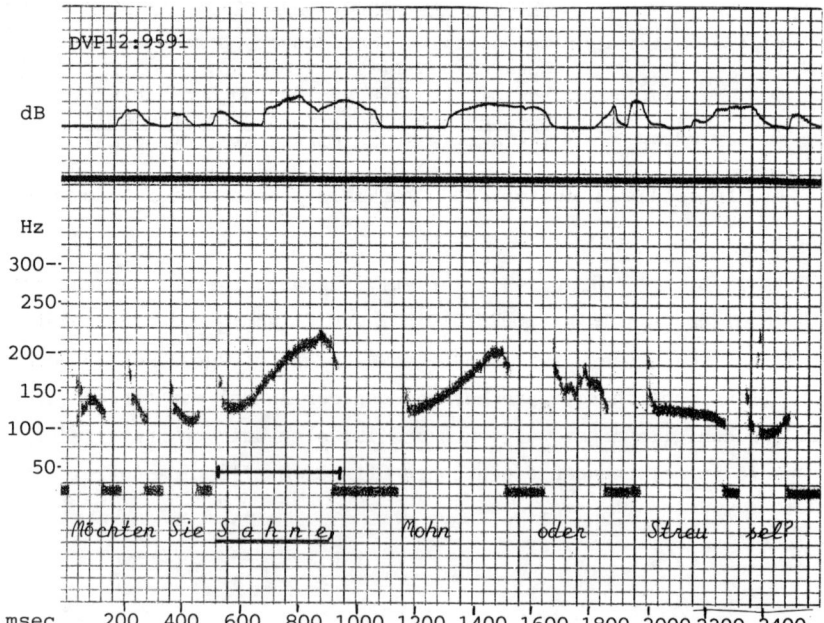

– Gesamt-F_o-Range: Der durchschnittliche Gesamt-Range der geschlossenen Alternativfragesätze beträgt 12–13 HT und der der offenen 13–14 HT. Innerhalb der offenen Varianten ist eine deutliche Tendenz feststellbar: Sind die offenen Alternativfragesätze bereits durch einen hohen Offset als solche gekennzeichnet, so weisen sie durchschnittlich einen um 3–4 HT kleineren Gesamt-Range auf als diejenigen mit einem tiefen Offset. Somit scheint der größere Gesamt-Range den hohen Offset teilweise ersetzen zu können. Entsprechende Beispiele für zweigliedrige Alternativfragesätze liefern die Aufzeichnungen DVP10:8587 mit 13 HT und einem hohen Offset sowie DVP12:9590 mit sogar 20 HT und einem tiefen Offset. Für dreigliedrige zeigen dies analog DVP11:9096 mit 8 HT und einem hohen Offset sowie DVP11:9098 mit 14 HT und einem tiefen Offset:

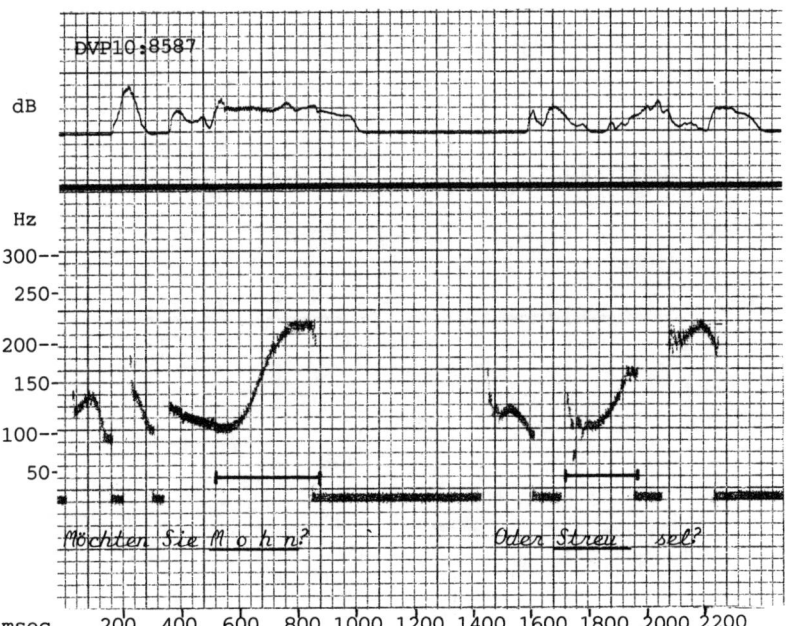

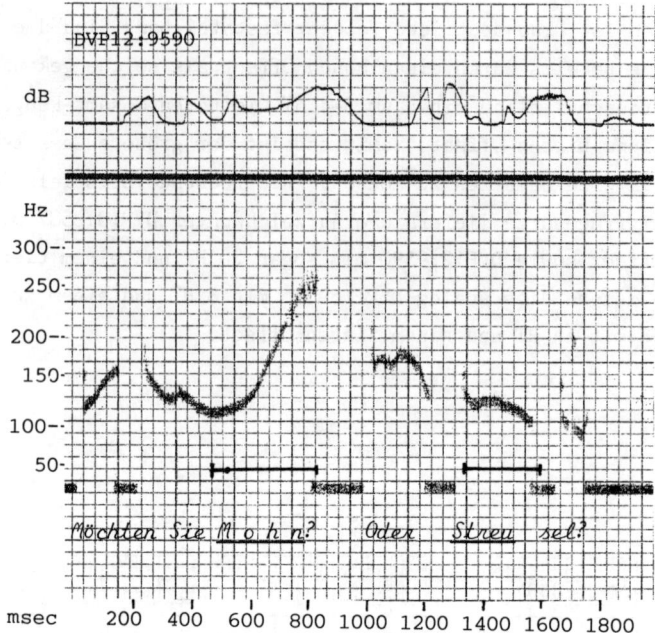

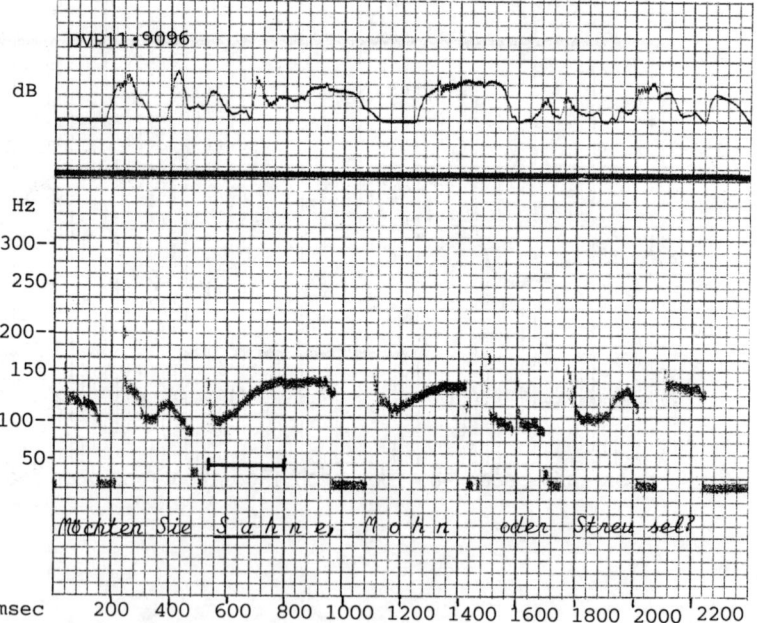

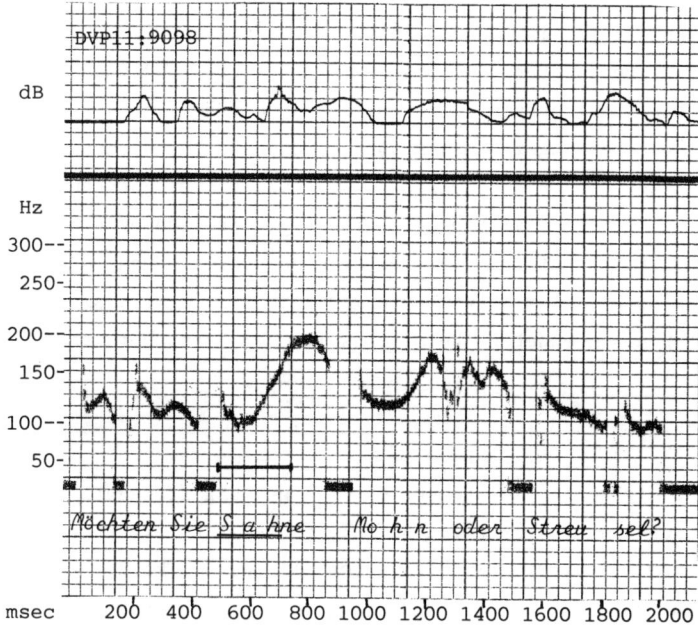

- F_o-Kontur auf der NS/auf den NSn: Auf allen nicht-letzten Alternativen und auf
der letzten Alternative eines offenen Alternativfragesatzes mit einem hohen Offset findet eine (Level-/Fall-)Rise-Bewegung statt. Auf der letzten Alternative
eines geschlossenen Alternativfragesatzes und eines offenen Alternativfragesatzes mit einem tiefen Offset ist die Bewegung fallend.

Zusammenfassend läßt sich nach dieser kurzen Erörterung des Alternativfragesatzes feststellen, daß er sich trotz der einem Entscheidungsfragesatz syntaktisch ähnlichen Form von diesem erheblich unterscheidet, insbesondere was die
Intonation betrifft. Ferner hat die erwartete Antwort mehr Ähnlichkeit mit der
auf einen Ergänzungs- als auf einen Entscheidungsfragesatz, jedoch mit dem
Unterschied, daß eine mögliche Antwort auf einen Ergänzungsfragesatz nicht schon
im Fragesatz selbst explizit enthalten ist.[17] Insofern kann man, wenn die Frage
im Zusammenhang mit der natürlichen Antwort darauf analysiert wird, die Alternativfrage als Mischung aus einer modifizierten Entscheidungs- und aus einer Er-

---

17 Implizit ist die restriktive Antworterwartung auch beim Ergänzungsfragesatz
    vorhanden, da das *w*-Wort etwa nur bestimmte Kategorien als natürliche Ant-
    wort zuläßt: *wieviel* eine Mengenangabe, *wann* eine Zeitangabe etc.

gänzungsfrage ansehen. Die Unverträglichkeit mit Modalpartikeln bestätigt diese Zuordnung des Alternativfragesatzes zu den Mischtypen. Wegen des fehlenden *w*-Wortes behandele ich ihn jedoch unter 'Satz-Fragesatz'.

Die obige Beobachtung des Mischtyps aus zwei Grundtypen halte ich für wichtiger als die Überlegungen in der Literatur darüber, ob der Alternativfragesatz einen dem Entscheidungsfragesatz übergeordneten oder dessen Grundtyp darstellt (vgl. etwa Hang (1976) und Conrad (1978)) und ob der Entscheidungsfragesatz eine Abkürzung des Alternativfragesatzes ist (vgl. Kretschmer (1938)); dem Alternativfragesatz kommt aufgrund der ihm eigenen erotetischen Merkmale und der daraus ableitbaren natürlichen Antwort vielmehr ein Stellenwert als eigenständiger Fragesatztyp neben anderen, beispielsweise dem Versicherungsfragesatz, zu.

3.2.4. Satz-Rückfragesatz

Der Wort-Rückfragesatz konnte nur einem Ergänzungsfragesatz folgen und ermöglichte so im nachhinein, *w*-Satzmodi auf die Erotetizität zu überprüfen, das heißt, wenn zu einem *w*-Satz eine Rückfrage gestellt werden kann, handelt es sich um eine Ergänzungsfrage. Der Satz-Rückfragesatz leistet nur teilweise solche funktionsunterscheidende Hilfe, denn er kann sowohl einem Entscheidungsfragesatz ((3-191)) als auch einem Imperativsatz ((3-192)) und einem Aussagesatz ((3-193)) folgen:

> (3-191) (Hat man denn gar keine Ruhe mehr↑) (Mr 128)
> Hat man gar keine Ruhe mehr↑
> (Ja, ich brauche jetzt endlich meine Ruhe.)

> (3-192) (Nehmt euch ein Beispiel dran↓) (An 38)
> Nehmt euch ein Beispiel dran↑
> (Ja, dann wird alles sicher gut gehen.)

> (3-193) (Der Peter hat von seinem Vater einen Jaguar bekommen↓)
> Der Peter hat von seinem Vater einen Jaguar bekommen↑
> (Ja, das hat er mir jedenfalls erzählt.)

Der Rückfragesatz auf einen Entscheidungsfragesatz ist mit diesem identisch bis auf die Inakzeptabilität von Modalpartikeln und intonatorische Merkmale, auf die unten kurz eingegangen wird. Die Sequenzierung leistet hier, wie beim Rückfragesatz auf einen Aussagesatz und auf einen Imperativsatz, die Funktionsunterscheidung, so daß sich der Vor-Text unmißverständlich als Grundtyp und der Rückfragesatz als Mischtyp aus diesem und einem Satz-Fragesatz auffassen lassen. Rückfragesätze auf Exclamativsätze sind generell inakzeptabel. Dies bestätigen auch die folgenden Beispiele:

(3-194) Was gibt es nicht alles zu erzählen↓ (GK 75)
ˣWas gibt es nicht alles zu erzählen↑

(3-195) Na, schlägt die aber auch die Hände über unsern Doktor
zusammen↓ ▽(Ak 98)
ˣSchlägt die die Hände über unsern Doktor zusammen↑

Die Intonation eines Satz-Rückfragesatzes untersuche ich anhand von (3-196):

(3-196) Situation: Sprecher und ein anderer, auf einen gemeinsamen
                    Freund wartend
         Sprecher 1: Weißt du, ob er kommt?
         Sprecher 2: Ob er kommt? Wie kommst du überhaupt dazu,
                     mich das zu fragen? Natürlich kommt er! (Pro2-4)

Ob er kommt?

1	2	3	4	5	6	7	8	9
VP	Dauer (ms) Ges. NS	On-set	Off-set	absol. F_o-Max	absol. F_o-Min	F_o-Umf	markante F_o-Beweg.	Lage Ampl.Max
DVP7	550 *kommt* 200	200	340	off 340	*er* 180	160	*kommt* 200- 340 =140	*er*
DVP8	660 *kommt* 260	240	400	off 400	*er* 180	220	*kommt* 200- 200- =Pl. 400 =200	*ob/kommt*
DVP11	630 *kommt* 220	100	230	off 230	*er* 90	140	*kommt* 100- 100- =Pl. 230 =130	*ob/er*
DVP12	550 *kommt* 220	120	280	off 280	*er* 90	190	*kommt* 130- 130- =Pl. 280 =150	*er*

Tabelle 15: Intonatorische Merkmale eines Satz-Rückfragesatzes

Zur Lage der Hauptakzentsilbe:

Der Hauptakzent liegt bei allen Sprechern einheitlich auf dem finiten Verb am Satzende.

Zum Verlauf der Grundfrequenz:

- F_o-Onset: Die Höhe des F_o-Onset variiert zwischen 100–240 Hz und liegt bei den männlichen VPn tiefer als bei den weiblichen.
- F_o-Offset: Der Satz-Rückfragesatz weist – wie der *w*-Rückfragesatz – am Satzende ausschließlich eine steigende Tonführung und einen hohen Offset auf.
- Nukleussilbe: Die NS zeigt eine (Level-)Rise-Form (vgl. DVP7:8008: weibliche VP; DVP12:9509: männliche VP):

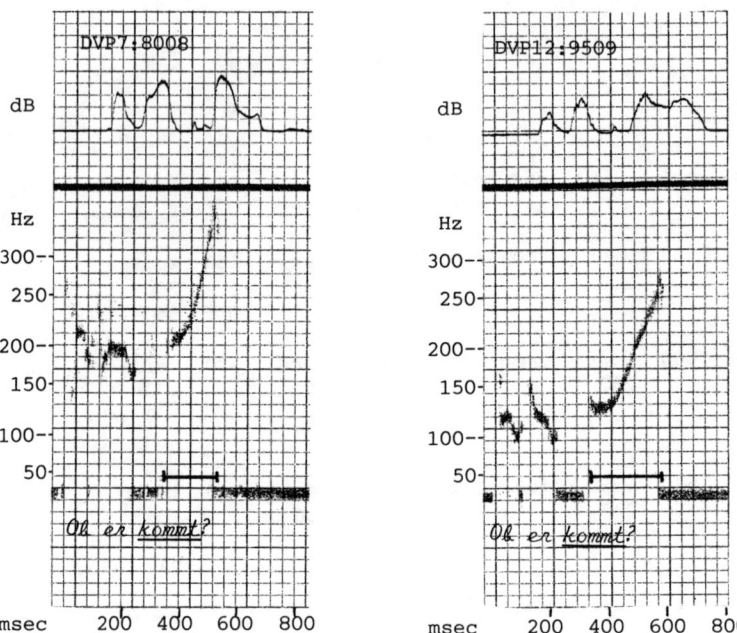

- Ranges: Der Gesamt-Range und der Range der größten Bewegung betragen ähnlich wie beim Wort-Rückfragesatz im Durchschnitt 14 bzw. 13 Halbtöne.

Zur Intensität:

Die Amplitudengipfel liegen vornehmlich am Satzanfang.

Zusammenfassung:

Die Auslassung von Modalpartikeln sowie der hohe Offset und die steigende F_o-Bewegung auf der NS sind neben der nach der Berechtigung des Vor-Textes fragenden Funktion des Satz-Rückfragesatzes die am meisten auffallenden Gemeinsamkeiten mit dem Wort-Rückfragesatz; vice versa sind die potentiellen Vor-Texte und das mögliche Auftreten des *w*-Wortes die einzigen Unterschiede zwischen den beiden Rückfragesatz-Varianten. Zum Entscheidungsfragesatz grenzen den Satz-Rückfragesatz der Zitat-Charakter und beispielsweise der durch den Vor-Text bedingte imperativische Verbmodus des Letztgenannten ab.

3.2.5. Ultimativer Satz-Fragesatz

(3-197) (A: Wollt ihr hier noch länger bleiben↑
   B: Gestern↓)
   A: Ob ihr hier noch länger bleiben wollt↓

Der ultimative Satz-Fragesatz zeigt, wie der deliberative Verb-Letzt-Satz-Fragesatz, End-Stellung des finiten Verbs und die subordinierende Konjunktion *ob* als klammereröffnendes Element. Aus Gründen der Höflichkeit muß auch diesem ultimativen Fragetyp, wie dem ultimativen *w*-Fragesatz, ein Vor-Text vorangehen. Außer der jeweils verschiedenen Sprechereinstellung kann die ultimative Satzfrage von der ultimativen Aufforderung formal-sequentiell durch den Vor-Text, d. h. durch den Kontext, abgegrenzt werden: Der ultimative Satzfragesatz ((3-197)) kann nur auf einen Satzfragesatz und der ultimative Aufforderungssatz ((3-198)) nur auf einen Imperativsatz folgen:

3-198) (Zieh' deine Schuhe sofort aus↓)
   (Der Angesprochene läuft in seinen Schuhen weiter.)
   Ob du wohl deine Schuhe sofort ausziehst↓

Die Modalpartikel *wohl* ist ein Merkmal des ultimativen Aufforderungssatzes. Der ultimative Satz-Fragesatz verhält sich gegenüber den Modalpartikeln wie der analoge Wort-Fragesatz, d. h., es sind in diesem elliptischen Typ sämtliche Modalpartikeln inakzeptabel.

Tabelle 16 und die folgenden Oszillomink-Aufzeichnungen zeigen die wesentlichen Unterschiede zu den oben behandelten Fragesatztypen und die Gemeinsamkeiten des ultimativen Satz-Fragesatzes mit dem ultimativen Wort-Fragesatz:

(3-199) Situation: Sprecher und ein anderer
   Sprecher 1: Kommt der Peter heute?
   Sprecher 2: Er geht heute schwimmen, besucht seine Großmutter, und er will in die Bibliothek gehen.
   Sprecher 1: Red doch nicht herum! <u>Ob er kommt</u>?!? (Pro2-5)

Ob er kommt?!?

1	2	3	4	5	6	7	8	9
VP	Dauer (ms) Ges. NS	On-set	Off-set	absol. F_o-Max	absol. F_o-Min	F_o-Umf	markante F_o-Beweg.	Lage Ampl.Max
DVP7	640 *kommt* 240	200	180	*kommt* 370	off 180	190	*kommt* 210- 370- =160 180 =190	*er*
DVP8	640 *kommt* 300	220	200	*kommt* 360	off 200	160	*kommt* 270- 360- = 90 200 =160	*kommt*
DVP11	640 *kommt* 280	110	100	*kommt* 180	*er* 90	90	*kommt* 120- 180- = 60 100 = 80	*kommt/ er*
DVP12	680 *kommt* 300	140	100	*kommt* 220	off 100	120	*kommt* 160- 220- = 60 100 =120	*kommt*

Tabelle 16: Intonatorische Merkmale eines ultimativen Fragesatzes

Zur Lage der Hauptakzentsilbe:

Der Hauptakzent liegt bei allen Sprechern einheitlich auf dem finiten Verb am Satzende.

Zum Verlauf der Grundfrequenz:

- F_o-Onset: Die Höhe des F_o-Onset variiert zwischen 110-220 Hz und liegt bei den männlichen VPn tiefer als bei den weiblichen.
- F_o-Offset: Der ultimative Satz-Fragesatz weist - wie bereits der ultimative Wort-Fragesatz - am Satzende ausschließlich eine konvexe F_o-Bewegung und einen tiefen Offset auf.
- Nukleussilbe: Die Nukleussilbe enthält das F_o-Maximum und zeigt insgesamt eine Rise-Fall-Form. Somit sind die NSn der beiden ultimativen Fragevarianten einander ähnlich (vgl. DVP7:8010: weibliche VP; DVP11:9010: männliche VP):

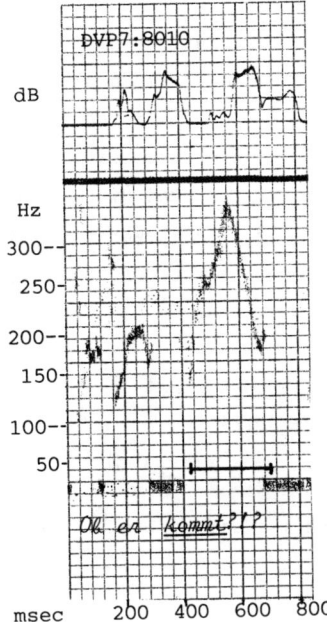 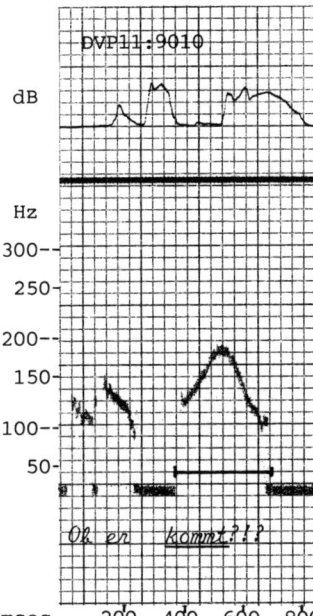

Ranges: Der Gesamt-Range und der Range der größten Bewegung betragen im Durchschnitt 12 Halbtöne.

Zur Dauer:

Die NS des ultimativen Satz-Fragesatzes ist im Verhältnis zu den NSn eines deliberativen Satz-Fragesatzes (s. Tabelle 13) und eines Satz-Rückfragesatzes (s. Tabelle 15) gedehnt.

Zur Intensität:

Die Amplitudenmaxima liegen hauptsächlich auf dem finiten Verb am Satzende und überlappen sich damit mit den F_o-Maxima.

Zusammenfassung:

Der tiefe Offset und die konvexe F_o-Bewegung im Bereich der gedehnten NS sind hier als die wichtigsten Merkmale der ultimativen Fragesätze insgesamt festzuhalten. Mit diesen Merkmalen hängt wohl auch die auffallende Kategorisierung dieser Sätze vornehmlich als Exclamativsätze zusammen, so wie dies beim ultimativen w-Fragesatz genauer besprochen wurde.

180

3.2.6. Satz-Fortsetzungsfragesatz

Der Wort-Fortsetzungsfragesatz zeigte End-Stellung des finiten Verbs, die auch
beim Satz-Fortsetzungsfragesatz zu beobachten ist. Ferner stimmen die beiden
Fortsetzungsfrage-Typen nicht-intonatorisch überein in der Ellipsenhaftigkeit
und in der dadurch verursachten Inakzeptabilität von Modalpartikeln, darin, daß
mit ihnen gleichzeitig auf die Vorgänger-Äußerung reagiert und eine Antwort
hervorgerufen werden kann sowie in der genau festgelegten kategorialen Füllung
des klammereröffnenden Elements; dieses Element des Satz-Fortsetzungsfragesatzes
kann jede subordinierende Konjunktion sein:

> (3-200) (Oh Herr, das soll meine Strafe sein↑)
>   Nur weil ich ein bißchen vor mich hingeredet habe↑   (GK 114)
>
> (3-201) (A: Hat der P̌eter vielleicht Sachen erzählt↓)
>   B: Auch daß er Vater geworden ist↑
>   (A: Nein, das hat er nicht gesagt↓)

Formal mit dem Satz-Fortsetzungsfragesatz ähnlich ist die Fortsetzungsassertion:

> (3-202) (A: Warum gehen wir nicht ins Kino↓)
>   B: Weil wir kein Geld haben↓
>
> (3-203) (A: Hat der M̌ax aber ein schlechtes Zeugnis bekommen↓)
>   B: Und nur weil er so faul war↓

Die wesentlichen Unterscheidungskriterien sind die gesprächssequenzbeendende
Funktion der Fortsetzungsassertion und die intonatorischen Merkmale. Die letzteren werden durch die Oszillomink-Aufzeichnungen zu den Aufnahmen der folgenden
Sätze ((3-204): Fortsetzungsfragesatz; DVP9:7524, DVP12:9525 - (3-205): Fortsetzungsassertion; DVP11:9014, DVP8:7015) belegt:

> (3-204) Situation: Sprecher und ein anderer
>   Sprecher 1: Anna hat mich ein paar Sachen über Peter
>   gefragt.
>   Sprecher 2: Auch, ob er kommt? (Pro2-12)
>
> (3-205) Situation: Sprecher und ein anderer, auf einen gemeinsamen
>   Freund wartend
>   Sprecher 1: Hast du eine Ahnung, ob er kommt?
>   Sprecher 2: Wie bitte? Was hast du mich gefragt?
>   Sprecher 1: Ob er kommt. (Pro2-7)

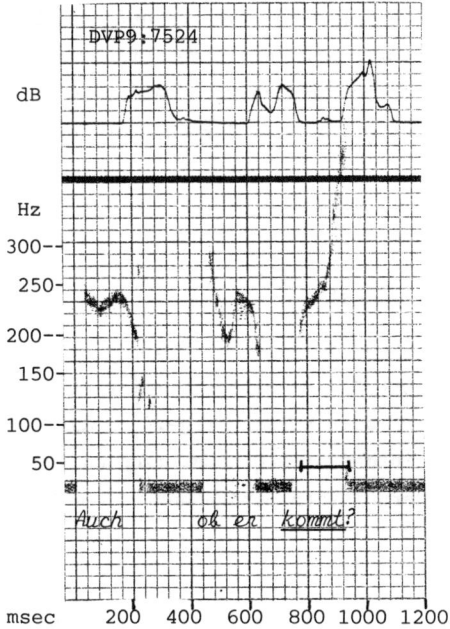

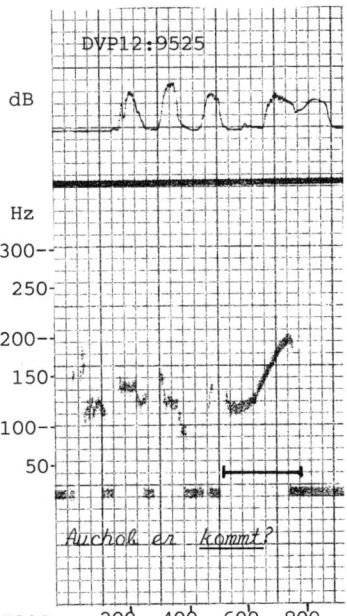

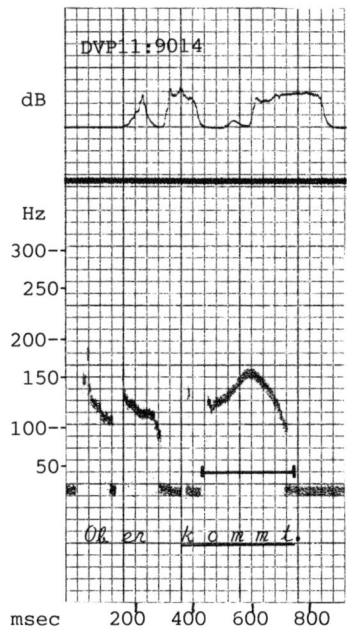

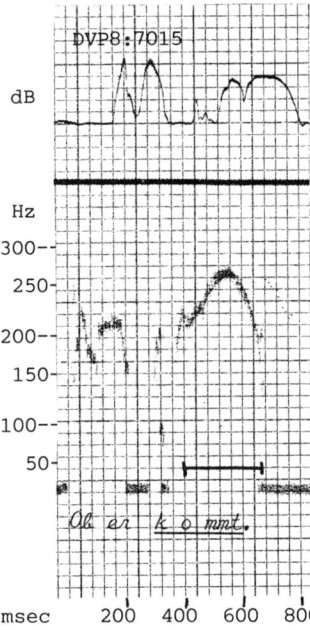

DVP9:7524 und DVP12:9525 zeigen die steigende F_o-Bewegung auf der NS der Frage-
sowie DVP11:9014 und DVP8:7015 die steigend-fallende F_o-Bewegung auf der NS der
Aussage-Variante. Aus den gleichen Aufzeichnungen sind der hohe Offset des
Fragesatzes und der tiefe Offset des Aussagesatzes ersichtlich. Außerdem ist der
Gesamt-Range des ersteren mit ca. 12 Halbtönen größer als der des letzteren mit
ca. 9 Halbtönen.

Ferner ist die drohende Aufforderung des Typs "*daß* + Subj. (+dativus ethicus) +
ja (+X) + verbum finitum" formal ähnlich:

    (3-206) Daß du mir já ein gutes Zeugnis bringst↓

Es fehlt in (3-206) ein gesprächssequenzeröffnender Vor-Text, und als Reaktion
wird eine faktische Handlung erwartet. Eine betonte Modalpartikel ist obligatorisch, und als solche kommen entweder *ja*, *bloß* oder *nur* in Frage. Das klammerer-
öffnende Element ist obligatorisch *daß*. Die intonatorischen Unterschiede zwischen
dem Fortsetzungsfragesatz und diesem Aufforderungssatz werden anhand der Beispiele (3-207) und (3-208) kurz besprochen:

    (3-207) Situation: Kind zu Mutter
           Kind: Der Nikolaus hat dem Opa nur Gutes über mich
                   erzählt.
           Mutter: Auch, <u>daß</u> <u>du</u> <u>brav</u> <u>bist?</u> (Pro2-22)
    (3-208) Situation: Mutter zum Kind
           Mutter: Und mach der Oma keinen Ärger! Hörst du?
                   <u>Daß</u> <u>du</u> <u>ja</u> <u>brav</u> <u>bist!</u> (Pro2-14)

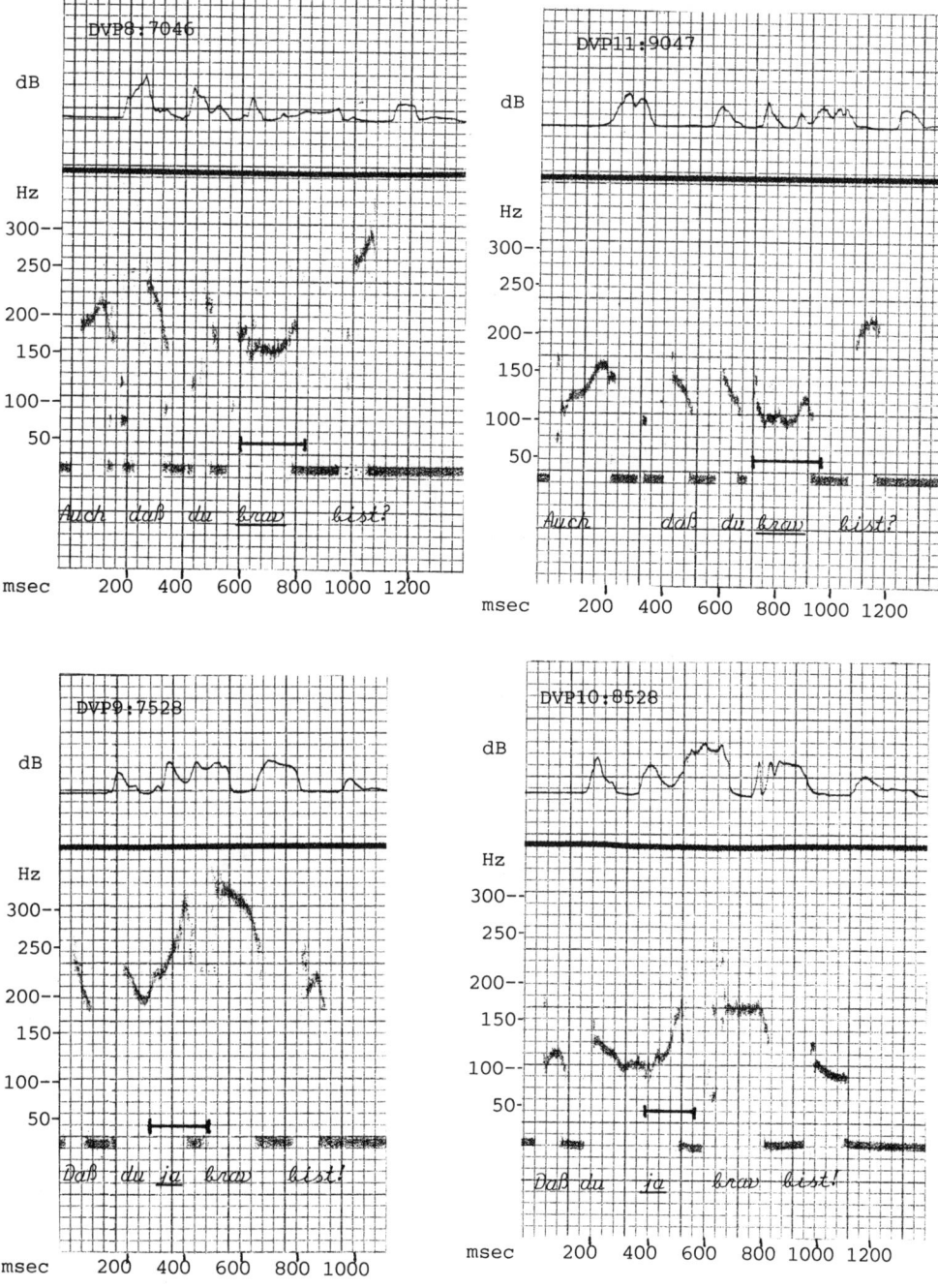

Auf DVP8:7046 und DVP11:9047 sind wiederum die (fallend-)steigende F_o-Bewegung und der hohe Offset des Fragesatzes sowie auf DVP9:7528 und DVP10:8528 die steigend-fallende F_o-Bewegung und der tiefe Offset des Aufforderungssatzes zu sehen. Auch in diesem Minimalpaar weist die Fragevariante mit ca. 13 Halbtönen einen größeren Gesamt-Range auf als die Aufforderungsvariante mit ca. 11 Halbtönen.

Mit *wenn* oder *daß* kann die Satzklammer eines Verb-Letzt-Wunschsatzes und nur mit *daß* die Klammer eines Verb-Letzt-Satz-Exclamativsatzes eröffnet werden. Die Verträglichkeit mit den Modalpartikeln *doch*, *nur* und *bloß* sowie der Konjunktiv Präteritum und Plusquamperfekt als einzige Modus- bzw. Tempuskategorien dieses Wunschsatzes neben der Selbständigkeit dieser beiden Ausdrücke sind nicht-intonatorische Kriterien, die eine Abgrenzung vom Satz-Fortsetzungsfragesatz gewährleisten:

(3-209) Daß/Wenn die Menschen doch/bloß/nur freundlicher wären↓

(3-210) Daß der sich ein Flugzeug leisten kann↓

Die Oszillomink-Aufzeichnungen (DVP8:7050) und (DVP12:9550) zum Testsatz (3-211) sowie die Oszillomink-Aufzeichnungen (DVP11:9041) und (DVP12:9541) zum Testsatz (3-212) verdeutlichen die intonatorischen Unterschiede zum Satz-Fortsetzungsfragesatz mit (fallend-)steigender F_o-Hauptbewegung und hohem Offset, so daß es hier keinerlei Überschneidungen bei der Modusinterpretation geben kann:

(3-211) Situation: Mutter jammert über böse Tochter
Sprecher: Ach, daß du doch so brav wärst wie dein Bruder! (Pro2-24)

(3-212) Situation: Oma wundert sich über den Enkel, der still in der Ecke sitzt
Oma: Daß du brav bist! Alle haben mir gesagt, daß du ein ungezogener und böser Bub wärst. (Pro2-19)

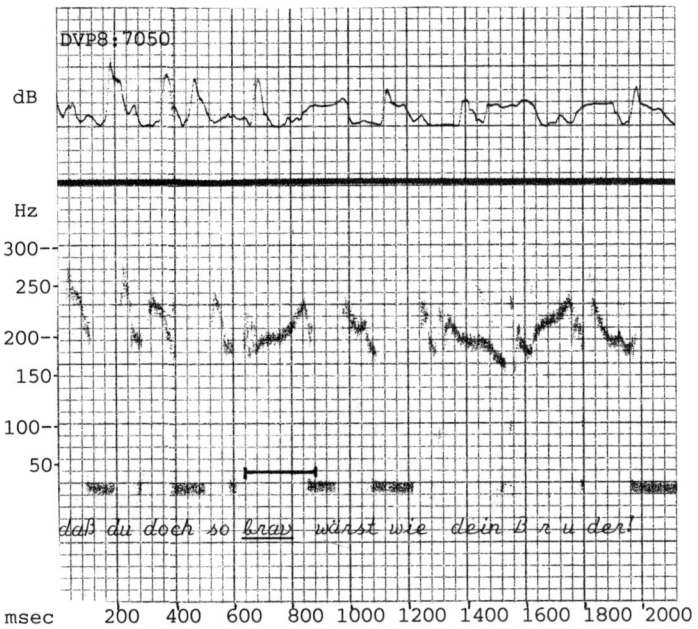

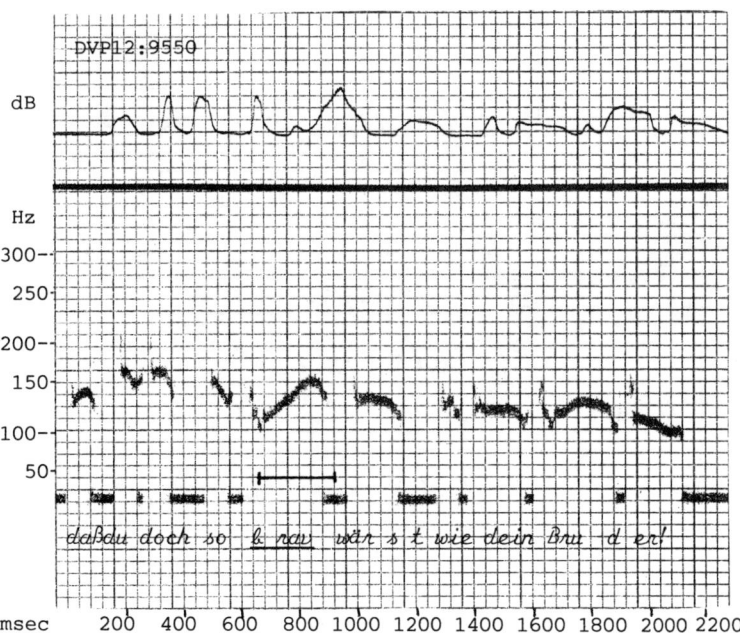

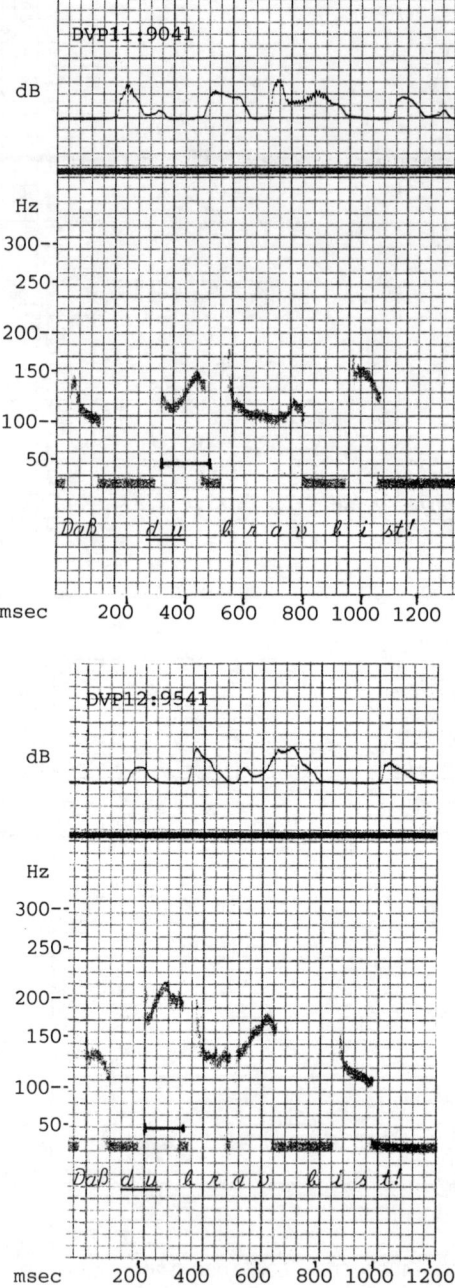

3.3.   Ausdrücke ohne *w*-Wort mit bedingt erotetischer Sprechereinstellung

3.3.1. Entscheidungsfrage-Übernahme und rhetorischer Satz-Fragesatz

(3-213) (A: Möchtest du morgen mit mir spazierengehen↑)
        B: Ob ich morgen mit dir spazierengehen möchte↑
        (Das kann ich dir heute noch nicht sagen.)

Analog zur Ergänzungsfrage-Übernahme läßt sich die Entscheidungsfrage-Übernahme
bilden. Die beiden Frageübernahme-Typen sind sich in ihrer Ellipsenhaftigkeit
und ihrer Funktion ähnlich, auch weisen beide Inakzeptabilität von Modalpartikeln auf. Die Entscheidungsfrage-Übernahme wird anstelle eines *w*-Wortes durch
die subordinierende Konjunktion *ob* am Satzanfang gekennzeichnet; diese Kennzeichnung stellt eine Gemeinsamkeit u. a. mit dem ultimativen und dem deliberativen Verb-Letzt-Satz-Fragesatz dar. Daß der letztere mit den Modalpartikeln *mal*
und *wohl* kompatibel ist, bietet ein Abgrenzungskriterium neben dem Unterschied,
daß beide Frage-Typen vom Fragenden, die Übernahme-Typen dagegen vom schließlich
Antwortenden gesprochen werden. Die Antwort des Hörers als Vor-Text eines ultimativen Satz-Fragesatzes dürfte Fehl-Interpretationen hier nicht zulassen. Wie
die folgenden Abbildungen zeigen, leistet die Intonation eine weitere Abgrenzung
zum ultimativen Fragesatz ((3-215);DVP12:9512): Die Intonation einer Frage-
Übernahme ((3-214);DVP12:9524) ist hauptsächlich gekennzeichnet durch einen
finalen Anstieg, einen hohen Offset und einen Gesamt-Range von ca. 13 Halbtönen:

(3-214) Situation: Sprecher und ein anderer, auf einen gemeinsamen
                    Freund wartend
        Sprecher 1: Weißt du, ob er kommt?
        Sprecher 2: Ob er kommt? Das weiß ich auch nicht. (Pro2-11)

(3-215) Situation: Sprecher und ein anderer
        Sprecher 1: Kommt der Peter heute?
        Sprecher 2: Er geht heute schwimmen, besucht seine Groß-
                    mutter, und er will in die Bibliothek gehen.
        Sprecher 1: Red doch nicht herum! Ob er kommt?!? (Pro2-5)
                                            (vgl. (3-199))

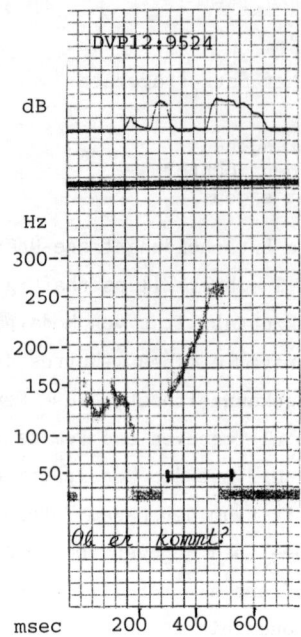

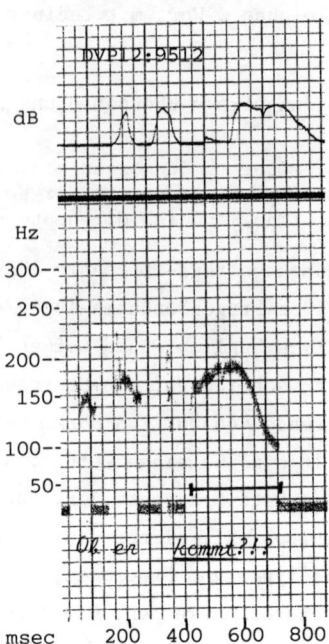

Da die rhetorische Frage bei den Wort-Fragen auch bereits eingehender erörtert wurde und die rhetorische Satz-Frage sich von der entsprechenden Wort-Frage semantisch-pragmatisch nicht unterscheidet, will ich mich hier kurz fassen:[18] Der rhetorische Satz-Fragesatz hat dieselbe syntaktische Form wie der Entscheidungsfragesatz. Möglich Modalpartikeln sind *etwa, vielleicht* und *denn*. Das Negieren des Fragesatzes und der Konjunktiv in den Tempora Imperfekt und Plusquamperfekt sind neben den bereits beim rhetorischen Wort-Fragesatz aufgezählten Kennzeichen für den rhetorischen Satz-Fragesatz typisch (vgl. u. a. Grésillon (1980) und Meibauer (1986)):

(3-216) Habe ich mich <u>etwa</u> heute noch nicht genug geärgert↑ (Ak 48)

(3-217) Sage ich <u>denn</u> <u>etwa</u> gegen den was↑ (Ak 49)

(3-218) Hab ich <u>vielleicht</u> den Stein geworfen↑ (An 108)

---

18 Zu diesem Satztyp wurden keine Testsätze aufgenommen, so daß intonatorische Merkmale wegen fehlender Oszillomink-Aufzeichnungen hier nicht besprochen werden können.

3.4.   In der Markierung mit Fragesätzen teilweise konkurrierende Ausdrücke
       ohne *w*-Wort und mit nicht-erotetischer Sprechereinstellung

3.4.1. Satz-Exclamativsatz

Mit der Interpretation von Verb-Erst-Sätzen als Entscheidungsfrage konkurriert
die Interpretation als Verb-Erst-Exclamativ ((3-219)), mit der Interpretation
von Verb-Zweit-Sätzen als assertive Frage die als Verb-Zweit-Exclamativ ((3-
220)) und mit der Interpretation von Verb-Letzt-*daß*-Sätzen als Fortsetzungsfrage
die als Verb-Letzt-Satz-Exclamativ ((3-221)):

(3-219) (Auf den ersten Blick$_\nabla$ wie die aussah!)
        Herr im Himmel$_\nabla$ habe ich eine Freude gehabt↓ (GK 39)
(3-220) Ihr seid ein Volk↓ (Herrgott im$_\nabla$Himmel, den es nicht gibt
        zu eurem Glück,) ihr seid ein Volk↓ (An 113)
(3-221) Daß der stets das Maul aufreißen muß↓

Die ausführlichere Erörterung zum *w*-Exclamativsatz kann sinngemäß für die Exclamativsätze ohne *w*-Wort übernommen werden, weshalb hier nur die wichtigsten Merkmale der Satz-Exclamativsätze genannt werden sollen, die oben herausgearbeitet
wurden: Elementar ist der Kontext mit dem Hintergrundswissen der Beteiligten. Er
muß das Ausdrücken einer "sich wundern, daß"-Einstellung zulassen, daß heißt, daß
die Interpretation eines Verb-Erst-, eines Verb-Zweit- bzw. eines Verb-Letzt-
Satzes als Exclamativ nur in einem pro-exclamativen Kontext möglich ist. Der
Satz-Exclamativsatz kann nicht durch *nicht* verneint und ebenso kann darauf keine
Rückfrage gestellt werden. Die Modalpartikeln *aber*, *nicht* und *vielleicht* erleichtern und verstärken das Ausdrücken der exclamativ-typischen Einstellung.
Der Sachverhalt, auf den referiert wird, muß zum gemeinsamen Wissen der Gesprächspartner - sofern anwesend - gehören, und an seiner Gültigkeit darf nicht
gezweifelt werden. Der Exclamativsatz selbst, der mit steigend-fallender F_o-
Hauptbewegung, tiefem Offset und einem Exclamativakzent realisiert wird, muß als
solcher eine abgeschlossene Gesprächssequenz darstellen können. Sind alle diese
und die sprechakttheoretischen sowie in der gesprochenen Sprache die intonatorischen Bedingungen erfüllt, werden die Interpretationen als Fragen oder andere,
von der Satzform her mögliche Interpretationen ausgeschlossen (vgl. auch Zaefferer (1983)).

3.4.2. Wunschsätze

Wünscht der Sprecher aufrichtig die Realisierung des von ihm beschriebenen Sachverhalts - jedoch nicht unbedingt durch den Hörer, für den Handlungsobligationen
nur bei den von ihm erfüllbaren Wünschen entstehen -, kann der betreffende Ausdruck nur als Wunsch interpretiert werden. Zu Merkmalen des Wunschsatzes gehören
der Konjunktiv als einzig möglicher Modus in den Tempora Imperfekt und Plusquamperfekt sowie in den *würde*-Formen. Die F_o-Hauptbewegung ist obligatorisch konvex. Die Wunschsätze sind mit den Modalpartikeln *doch*, *nur* und *bloß* kompatibel.
Der mit einem Verb-Erst-Satz ausgedrückte Wunsch ist im Gegensatz zur Entscheidungsfrage gesprächssequenzwertig. Der Kontext muß auch bei einem Wunschsatz selbstverständlich dem Sprechakt angepaßt sein, und der Sprecher darf nicht
etwas wünschen, was bereits der Fall, i. e. realisiert ist. Die Sprechereinstellung kann mit *wünschen*, *daß X* beschrieben werden:

(3-222) Situation: Der Sprecher und sein Freund jammern
                   über eine knappe Niederlage der Bayern.
        Sprecher: "Mein Gott! Steht dieser Rummenigge
                   allein vor dem Torwart und bringt den
                   Ball nicht ins Tor. Ach! Hätte er doch
                   getroffen!" (Prol-33)

190

Die Verb-Letzt-Wunschsätze sind ebenfalls durch eine steigend-fallende F_o-Kontur, einen tiefen Offset und die oben genannten Modalpartikeln gekennzeichnet, so daß Verwechslungsmöglichkeiten mit einem Satz-Fortsetzungsfragesatz ausgeschlossen werden können:

(3-223) Wenn die Arbeit doch endlich ein Ende nehmen würde↓

Mit diesem Wunsch soll der Teil der deutschen Fragesätze und der ihnen formal ähnlichen Ausdrücke beendet werden. Damit sind zwar elementare Strukturen des Deutschen aus der Untersuchung ausgeklammert worden, beispielsweise infinite Konstruktionen und Herausstellungstypen, aber im Rahmen der vorliegenden Arbeit kann auf diese umfangreichen Gebiete nicht eingegangen werden. Hierzu kommt, daß diese Bereiche von den intonatorischen Studien am DFG-Projekt bewußt ausgeschlossen wurden, so daß beispielsweise fehlende Oszillomink-Aufzeichnungen auch jede weitere Aussage unsicher machen würden. Zu den genannten Strukturfeldern sei hier deshalb lediglich auf Altmann (1981) und Fries (1983) hingewiesen, um in den nächsten Kapiteln die wichtigsten Erscheinungsformen finnischer Fragesätze und die ihnen formal ähnlichen Ausdrücke in bezug auf die deutschen zu besprechen.

4.   FRAGESÄTZE MIT FRAGEWORT IM FINNISCHEN

4.0.   Einleitendes zu den finnischen *m/k*-Fragesätzen

Das in den ersten drei Kapiteln umrissene deutsche Satzmodus-System wird in den
Untersuchungen zum Finnischen als Grundlage herangezogen. Ein besonderes Interesse wird auch hier der Sprechereinstellung "wissen wollen/fragen, *w-/ob*" und
den Möglichkeiten, diese nicht-propositional 'zu erkennen zu geben' (vgl. S.
10), gewidmet. Für das Finnische kann die mit einem Wort-Fragesatz ausdrückbare
Einstellung speziell mit "wissen wollen, *m/k-*" beschrieben werden, denn ähnlich
wie das Deutsche, kennt auch das Finnische Fragewörter, die entweder Pronomina
(*kuka* 'wer', *mikä* 'was' etc.) oder Adverbien (*milloin* 'wann', *kuinka* 'wie' etc.)
sind. Da sie mit *m* oder *k* anlauten, will ich die Wort-Fragesätze im Finnischen
m-, *k-* oder generell *m/k*-Fragesätze nennen.

Die hier eingeführten Bezeichnungen waren in der mir zur Verfügung stehenden
Literatur nicht zu finden, sie dürften analog zu dem deutschen Terminus '*w-*
Fragesatz' aber gerechtfertigt sein. Hakulinen/Karlsson erwähnen zwar diese An-
laute, sie sprechen jedoch von "hakukysymys" 'Suchfrage' (1979: u. a. 283). Die
Benennung ist von unserem Ansatz her rein funktional. Die Autoren unterscheiden
in der Terminologie nicht konsequent zwischen Form und Funktion und ermitteln
vorrangig von der Pragmatik, nicht von der Syntax ausgehend verschiedene Fragetypen: "aito kysymys" 'echte Frage', "tarkistuskysymys" 'Prüfungsfrage' (wört-
lich: 'Vergewisserungsfrage'. Die Beispiele und die Erläuterungen dazu lassen
jedoch den in der deutschen Literatur vorzufindenden pragmatischen Typ 'Lehrer-
frage' bzw. 'Prüfungsfrage' erkennen (vgl. Hakulinen/Karlsson 1979:286).),
"toissijainen kehotus" 'indirekte Aufforderung' etc. Da mir die einschlägige
finnische Literatur keine geeignete Alternative anbieten kann und - nicht zuletzt - weil ich konsequent bleiben will, bevorzuge ich auch weiterhin das von
mir schon im deutschen Teil dieser Arbeit angewandte Bezeichnungssystem mit Termini wie beispielsweise '*m/k*-Fragesatz' und '*m/k*-Ausdruck'.

Die zentrale Rolle der Intonation als differenzierendes Merkmal im deutschen
Satzmodus-System veranlaßte mich zu Untersuchungen darüber, ob diese Komponente

im Finnischen – trotz der ihr bescheinigten Eintönigkeit[1] – eine ähnliche
Funktion übernehmen kann. Zu diesem Zweck wurden Äußerungen finnischer Sprecher
aufgenommen, und die Oszillomink-Aufzeichnungen dieser Aufnahmen bieten auch
hier die Basis der intonatorischen Besprechungen.

4.1. Haupttyp der *m/k*-Fragesätze: der Ergänzungsfragesatz

Den Grundtyp aller Wort-Fragesätze stellt auch im Finnischen der Ergänzungsfragesatz dar. Hakanen erwähnt diese Benennung in ihrer deutschen Form und
übersetzt sie mit "täydennyskysymys" (1978:208). Bei ihm fällt jeder Fragesatz,
in dem "(...) in erster Linie eine Konstituente des Satzes im Fragefokus steht
(...)"[2] (ebd.), unter die Ergänzungsfragesätze. Damit spricht er die auch im
Finnischen angenommene, auf syntaktisch-semantischen Kriterien beruhende Opposition *Ergänzungsfragesatz vs. Entscheidungsfragesatz* bereits an. Dieser globalen
bidimensionalen Einteilung der Fragesätze und der weitgehenden Vernachlässigung
der Form- und Verwendungsdifferenzen innerhalb der beiden Gruppen begegneten wir
auch im Deutschen, wo wir sie als unzulässig erwiesen; es konnten dort mehrere
Wort-Fragesatztypen herausgearbeitet werden, von denen einer der Ergänzungsfragesatz ist. Im Finnischen will ich diesen Fragesatztyp mit den folgenden
grundlegenden Merkmalen skizzieren, die alle in einem vollständigen neutralen
Ergänzungsfragesatz anzutreffen sind:

a) Das erste Satzglied ist oder enthält ein *m/k*-Fragewort.
b) Das Subjekt steht vor dem finiten Verb.
c) Die F_o-Bewegung im Bereich der Hauptakzentsilbe ist konvex.
d) Der Offset ist tief.

a), c) und d) bilden keine Oppositionen zum Deutschen, denn in beiden Sprachen
sind sowohl der attributive ((4-1)) als auch der selbständige Gebrauch ((4-2))
der Fragewörter möglich und die steigend-fallende F_o-Bewegung sowie der tiefe
Offset üblich. Die S-V-O-Stellung kommt außerdem beispielsweise in finnischen
Aussagesätzen ((4-3)) vor, so daß sie, wie das konvexe Tonmuster und der tiefe
Offset, nicht den Wort-Fragesätzen vorbehalten ist:

(4-1) *Minkälaisella tuulella* täti Ottilia on tänään↓ (PP 130)
       'was für ein- Laune   Tante O.   sei- heute'

      'Was für eine Laune hat Tante Ottilia heute↓'

---

1 "Die Satzmelodie der finnischen Hochsprache kann im allgemeinen als eintönig
   und wenig ausdrucksvoll bezeichnet werden." (Sovijärvi 1956:23)

2 "(...) kysymyksen kohteena ensisijaisesti on lauseen jokin konstituentti
   (...)"

(4-2) _Mistä_ sinä sellaiset voimat olet saanut↓ (PP 104)
'woher du   solch-   Kraft hab- bekomm-'

'Wo hast du solche Kräfte her↓'

(4-3) _Seitsemän vuoden laihdutuskuuri ei onnistunut↓_ (HS 28.6.87:43)
'sieben Jahr Abmagerungskur n. geling-'[3]

'Die siebenjährige Abmagerungskur ist nicht gelungen↓'

4.1.1. Die nicht-intonatorischen Merkmale

1.   _m/k_-Wörter

Es konnten im Deutschen aus der Menge aller Fragewörter die kausalen _w_-Wörter
als zuverlässige Fragemerkmale in den Verb-Zweit-Wort-Fragesätzen ausgesondert
werden. Im Finnischen bewirkt außer den übrigen kausalen _m_-Wörtern (beispielsweise _miksi_ 'warum' oder _minkä takia_ 'warum') _niin_ 'so' zusammen mit _kuinka/
miten(kä)_ 'wie' (='wieso') ebenfalls nur den Ergänzungsfragesatz als einzig mögliche Auslegung von _m/k_-Sätzen. Die Orthographie (dt. ein Lexem, fi. eine Lexemgruppe) hat hier nur sprachspezifische Gründe und läßt die funktionsdeterminie-
rende Seite unberührt. Daß im Finnischen diese Lexemgruppe unabhängig von den
Lexemen _kuinka_ 'wie' oder _miten(kä)_ 'wie' existiert, zeigen folgende Beispiele:

(4-4) _(A: Minä en saakaan lomaa.)_

    'Ich kriege doch keinen Urlaub.'

   (B: Kuinka (/Miten(kä)) niin et saa   lomaa↓
   'wie   wie   so n. krieg- Urlaub.'

   'Wieso kriegst du keinen Urlaub↓'

(4-4a) [x]_Kuinka (/Miten(kä)) et saa   lomaa↓_
   'wie   wie   n. krieg- Urlaub'

   '[x]Wie kriegst du keinen Urlaub↓'

(4-5) _(Kummallista, ettei metsän takana ole mitään, hän sanoi
   Paperipojalle ja Paperitytölle._ 'Seltsam, daß es hinter
   dem Wald nichts gibt, sagte sie zu dem Papierjungen und
   dem Papiermädchen.')

   Kuinka niin kummallista↓ (sanoi Paperipoika.) (PP 186)
   'wie so seltsam   sag- Papierjunge'

   'Wieso seltsam↓ (sagte der Papierjunge.)'

(4-5a) _Kuinka kummallista↓_

   'Wie seltsam↓'

---

3   Die Bedeutung des Verneinungsverbs _ei_ 'nicht' wird in allen Personen ein-
    heitlich mit "n." abgekürzt.

(4-5a') _Kuinka k̬ummallista_↓
               ᵛ
        'Wie s̬eltsam↓'

Die a-Varianten ohne _niin_ 'so' sind entweder inakzeptabel ((4-4a)) oder sie
wechseln bei entsprechender Akzentlage und -art entweder in die Kategorie des
insistierenden Ergänzungsfragesatzes ((4-5a)) oder des Wort-Exclamativsatzes
((4-5a')) über. Daneben tritt _niin_ 'so' in _m/k_-Sätzen in verstärkender
Funktion auf, wobei es vor seinem Bezugsausdruck steht. Die Funktion des Ausdrucks kann erotetisch ((4-6)) oder exclamativ ((4-7)) sein:

(4-6) _Kuinka sinä nyt niin huolimaton olet, että oman nimesi hukkaat↓_
        'wie   du   bloß so   unachtsam sei- daß eigen Name   verlier-'

       (, isä sanoi.) (PP 307)

       'Wie kannst du bloß so unachtsam sein, daß du deinen eigenen Namen
       verlierst↓ (, sagte der Vater.)'

(4-7) _Voi kuinka silmiä väsytti (niin k̬ovasti)↓_ (PP 60)
        'ach wie   Auge   müde sei- so   sehr'

       'Ach, wie m̬üde ihre Augen (doch) waren↓'

Ein dem deutschen _welch ein_ entsprechendes, auch nur tendenziell exclamatives
_m/k_-Wort konnte nicht ermittelt werden. Die _m/k_-Wörter können (außer _kuinka_
(/miten(kä)) niin 'wieso') in Frage- ((4-6)), Exclamativ- ((4-7)) und Aussagesätzen ((4-8)) auftreten:

(4-8) _(Vihdoin ei auttanut muu kuin kutsua kokoon suuri tonttukokous,_
       jonka yksimielisenä päätöksenä oli että tonttu Tohelo karkotettiin
       pois koko Piippavallan tasavallasta. 'Zuletzt half weiter nichts,
       als die große Heinzelmännchenversammlung zusammenzurufen, deren
       einstimmiger Beschluß war, das Heinzelmännchen Tohelo aus der
       Republik Piippavalta auszuweisen.')

       Mikäpä siinä auttoi↓ (PP 90)
       'was Ø da   helf-'

       'Da blieb ihm nichts anderes übrig↓'

       (Murheisella mielellä tonttu Tohelo otti eväspussin kainaloonsa
       ja astui pois Piippavallan maasta (...)) 'Traurig nahm er seinen
       Jausenbeutel unter den Arm und verschwand aus Piippavalta (...)')

2.   Wortstellung

In der Wortstellung erfolgt im neutralen Ergänzungsfragesatz keine Inversion von
Subjekt und Prädikat, wie dies (4-1) und (4-2) demonstrieren. Wird aber aus
kommunikativen Gründen das Subjekt hervorgehoben, so steht es entweder am Satzanfang ((4-9)) oder am -ende ((4-10)) und wird stark betont. Die erstere Variante bringt eine End-Stellung des _m/k_-Wortes mit sich. Ein zum Subjekt attributiv

verwendetes Fragewort kann nur mit der gesamten Subjektkonstituente ans Satzende transformiert werden. Hier fallen der implizierte Kontrastakzent auf dem Subjekt und der Satzakzent auf dem Fragewort auf dem letztgenannten zusammen (vgl. (4-11) und (4-12)):

(4-9) *Pójat ovat missä↓*
'Junge sei- wo'
'ˣDie Jungen sind wo↓'

(4-10) *Missä ovat pójat↓*
'wo sei- Junge'
'Wo sind die Jungen↓'

(4-11) ˣ*Auto ajaa kadulla millainen↓*
'Auto fahr- Straße was für ein'
'ˣAuto fährt auf der Straße was für ein↓'

(4-12) *Kadulla ajaa millainen auto↓*
'Straße fahr- was für ein Auto'
'ˣAuf der Straße fährt was für ein Auto↓'

Mit einem tiefen Offset ist (4-9) im Deutschen als Ergänzungsfragesatz inakzeptabel. Mit einem hohen Offset und mit einem Starkakzent auf dem *w*-Wort (damit dieses vom Hörer als erotetisch und nicht als indefinit aufgefaßt wird) wären die deutschen Ausdrücke (4-9) und (4-12) auch als Versicherungsfragesätze denkbar (zu finnischen Versicherungsfragesätzen vgl. 4.2.3.). Diese Möglichkeit wird jedoch durch die nicht-initiale sequentielle Eigenschaft von (4-9) blockiert, so daß *(X(-Y)-V(-Y)-Fragewort)* als eine Ergänzungsfragekonstruktion bezeichnet werden darf, die im Finnischen, aber nicht im Deutschen akzeptabel ist. *X* kann jedes beliebige Satzglied (in (4-12) etwa ein Lokaladverbiale und in (4-13) ein Akkusativ-Objekt) sein, und *Y* ist fakultativ besetzt:

(4-13) *Kírjoja teiltä minä löydän tästä talosta mistä↓*
'Buch Sie ich find- dies- Haus wo'
'ˣBücher finde ich bei Ihnen in diesem Haus wo↓'

(4-14) *Huomenna minä tavoitan sinut kuinka↓*
'morgen ich erreich- du wie'
'ˣMorgen erreiche ich dich wie↓'

Somit haben wir von der potentiellen Anfangsstellung des Subjekts ausgehend generalisiert, daß in einem markierten finnischen Ergänzungsfragesatz auch die Wortfolge *das kontrastierte Element-Subjekt-Verb-Fragewort* möglich ist. Hakulinen/Karlsson erwähnen diesen Fragetyp als in Interviews häufigen und behaupten, daß er die Form eines Aussagesatzes aufweist (1979:284). Ich möchte beide Konstellationen modifizieren: Es kann beobachtet werden, daß dieser Fragetyp auch in der gesprochenen Alltagssprache an Häufigkeit gewinnt. Dieser Punkt muß jedoch mangels wissenschaftlich gesicherter Frequenzuntersuchungen weiteren Analysen vorbehalten bleiben. Anders verhält es sich mit der Satzform: Von dem transformationsgrammatischen Ansatz her haben die Autoren sicher recht, daß das Fragewort nicht topikalisiert worden ist. Ich halte jedoch das Vorhandensein, nicht die Stellung eines Fragewortes für ausschlaggebend und bezeichne deshalb auch Sätze mit Endstellung des Fragewortes als Wort-Fragesätze, es sei denn, daß die *m/k*-Konstituente durch eine Partikel wie *vaikka* 'wer weiß' unmittelbar davor oder *hyvänsä/tahansa* 'auch immer' unmittelbar danach ihre erotetische Funktion verliert:

(4-15) *Rosvoja saattoi olla <u>vaikka</u>   kuinka monta*↓ (PP 184)
      'Räuber könn- sei- wer weiß wie   viel'

      'Es konnten wer weiß wieviel Räuber sein↓'

(4-16) *Ja kaunis se olisi ollut kenen mielestä <u>hyvänsä</u> (<u>/tahansa)</u>*↓
      'und schön es sei- gew. wessen Meinung auch immer'   (PP 180)

      'Und schön wäre es nach wessen Meinung auch immer gewesen↓'

Knuutinen gibt ausschließlich affektive Gründe für die Nicht-Erststellung des Fragewortes an (1968:84ff.). Die Beispiele für die Endstellung des Fragewortes sind bei ihm ohne Ausnahme Kontaminationen eines Entscheidungs- und eines Ergänzungsfragesatzes wie etwa *<u>Onkos</u> Esteri katsastanut peiliin <u>milloin</u>?* (ebd.: 85) ' <u>Hat</u> Esteri in den Spiegel geschaut <u>wann</u>?' Im Deutschen entsprechen solchen Kontaminationsfragen semantisch Entscheidungsfragen mit einem *irgend*-Indefinitpronomen. Auf diese erwartet man eine Antwort, als ob es sich um eine Ergänzungsfrage handeln würde: *Haben Sie <u>irgendwann</u> in den Spiegel geschaut?* Ein *Ja* würde den Fragenden kaum zufriedenstellen, vielmehr geht es ihm meistens um temporale Angaben. Inwieweit affektive Gründe im Finnischen für solche Fragebildungen die Ursache sind, muß dahingestellt bleiben, aber sie gehören meines Erachtens vor allem in die familiäre Alltagssprache, wo der Sprecher nicht unter Zeitdruck und dadurch unter sprachökonomischen Zwängen steht, sondern sich den "Luxus" einer formal doppelten Frage leisten kann.

Die Fragesätze wiederum, die Knuutinen als Beispiele für die Stellung des Fragewortes mitten im Satz aufführt, sind ausnahmslos Sätze mit Linksversetzung wie *Sillä vaimon, <u>mistä</u> hän sen otti (...)* (ebd.: 85) 'Denn ein Frau, <u>wo</u> sollte er die hernehmen (...)' Betrachtet man den Satz ohne das linksversetzte Element, so steht das Fragewort am Satzanfang. Das erscheint mir legitim, denn ich sehe keinen semantischen Unterschied zwischen (4-17) und (4-17a):

(4-17) *Mutta Hassu Päähänpisto, missä se oli↓* (PP 88)
    'aber H.   P.   wo   er sei-'

    'Aber Hassu Päähänpisto, wo war der↓'

(4-17a) *Mutta missä Hassu Päähänpisto oli↓*
    'aber wo   H.   P.   sei-'

    'Aber wo war Hassu Päähänpisto↓'

Zusammenfassend kann festgehalten werden, daß in den Ergänzungsfragesätzen im Finnischen zu der Normalstellung des *m/k*-Wortes am Satzanfang die am Satzende hinzukommt. Die letztgenannte ist im Deutschen nicht akzeptabel und setzt auch im Finnischen zusätzliche Bedingungen, wie etwa Hervorhebung des Rhemas durch einen impliziten Kontrastakzent, voraus.

Die Endstellung des *m/k*-Wortes ist den Ergänzungsfragesätzen vorbehalten. In *m/k*-Exclamativen (vgl. (4-18) und (4-18a)) und *m/k*-Feststellungen (vgl. (4-19) und (4-19a)) führt sie zur Inakzeptabilität. Somit stellt sie ein erotetisches Merkmal dar:

(4-18) *Kuinka h*$\overset{\triangledown}{a}$*uskaa olisikaan saada   kaunis nukke↓*
    'wie   schön   sei- doch bekomm- hübsch Puppe'

    'Wie sch$\overset{\triangledown}{o}$n wäre es doch, eine hübsche Puppe zu bekommen↓'

(4-18a) ^{x}*Olisikaan saada   kaunis nukke kuinka h*$\overset{\triangledown}{a}$*uskaa↓*
    'sei- doch bekomm- hübsch Puppe wie   schön'

    '^{x}Wäre es doch, eine hübsche Puppe zu bekommen, wie schön↓'

(4-19) *(Matti oli surullinen.)*
    Mutta koskapa Matti ei olisikaan ollut surullinen↓
    'aber wann 0 M.   n. sei- doch gew. traurig'

    '(Matti war traurig.) Aber Matti war ja immer traurig↓'

(4-19a) ^{x}*Mutta Matti ei olisikaan ollut surullinen koskapa↓*
    'aber M.   n. sei- doch gew. traurig   wann ??'

    ' ?'

3.   Der Verbalbereich in *m/k*-Sätzen

Im prädikativen Bereich der finnischen *m/k*-Sätze soll zunächst die Stellung des finiten Verbs relativ zu anderen Stellungsgliedern, vor allem zum Subjekt, betrachtet werden. Anschließend sollen Tempus, Genus und Modus im Hinblick auf eventuelle funktionsunterscheidende Merkmale untersucht werden.

Die Wortstellung ist sowohl in einem Ergänzungsfrage- ((4-20)) als auch in einem *m/k*-Exclamativsatz ((4-21)) gewöhnlich *m/k-Wort - Subjekt - Verb*, wobei sich Elemente einfügen können zwischen all diese Grundstellungsvarianten sowie hinter das Verb:

(4-20) _Minkälaisella_ tuulella täti _Ottilia_ (sitten) _on_ tänään↓ (PP 130)
    'was für ein Laune   Tante O.   denn   sei- heute'

    'Was für eine Laune hat denn Tante Ottilia heute↓'

(4-21) _Voi_, _kuinka_ h$\overset{\triangledown}{y}$vä mieli _Maijalla_ _oli_ hänen kävellessään kotiin↓
                                                    (PP 174)

    'ach wie   gut Sinn Maija   hab- sie   lauf-   n.H.'

    'Ach, wie war es Maija w$\overset{\triangledown}{o}$hl, als sie nach Hause lief↓'

Knuutinen beobachtet die Inversion von Subjekt und finitem Verb bei Jotuni außer in stilistisch archaischen Fragesätzen (vgl. 1968:68) in solchen, deren "Subjektperson nicht durch Nominativ oder Partitiv des Nomens ausgedrückt ist"[4] (ebd. 69). (4-21a) demonstriert dies für Exclamativsätze. (4-22)-(4-24) zeigen weitere Beispiele, in denen das Subjekt jedoch im Nominativ steht. Mit dieser Stellung ist ein fast pathischer Akzent auf dem gegen Satzende zu transformierten Teil der _m/k_-Konstituente verbunden. Durch die V-S-Stellung erfährt der Exclamativsatz eine Quasi-Hyperexclamativität, und die Sätze liegen an der Grenze der Akzeptabilität. Zu beachten ist, daß nur die Diskontinuität der _m/k_-Konstituente den Ausdruck als noch einigermaßen akzeptabel erhält. Die b-Variante von (4-21) sowie die a-Varianten von (4-22)-(4-24) sind eindeutig inakzeptabel:

(4-21a) $^?$_Voi_, _kuinka_ _oli_ _Maijalla_ h$\overset{\triangledown}{y}$vä mieli hänen kävellessään kotiin↓

(4-21b) ^{x}_Voi_, _kuinka_ h$\overset{\triangledown}{y}$vä mieli _oli_ _Maijalla_ hänen kävellessään kotiin↓

(4-22) $^?$_Miten_ _tunsikaan_ _jakkara_ itsensä m$\overset{\triangledown}{u}$rheelliseksi↓ (s. PP 145)
    'wie   fühl-doch Hocker sich   traurig'

    'Wie fühlte sich der Hocker doch tr$\overset{\triangledown}{a}$urig↓'

(4-22a) ^{x}_Miten_ m$\overset{\triangledown}{u}$rheelliseksi _tunsikaan_ _jakkara_ itsensä↓

(4-23) $^?$_Miten_ _olikaan_ _se_ k$\overset{\triangledown}{u}$rjan näköinen↓
    'wie   sei-doch der leidend aussehend'

    'Wie sah der doch l$\overset{\triangledown}{e}$idend aus↓'

(4-23a) ^{x}_Miten_ k$\overset{\triangledown}{u}$rjan näköinen _olikaan_ _se_↓

(4-24) $^?$_Voi_ kuinka _on_   mets$\overset{\triangledown}{ä}$ suuri ja k$\overset{\triangledown}{a}$unis↓
    'ach wie   sei- Wald groß   und schön'

    'Ach wie ist der Wald gr$\overset{\triangledown}{o}$ß und sch$\overset{\triangledown}{o}$n↓'

(4-24a) ^{x}_Voi_ kuinka s$\overset{\triangledown}{u}$uri ja k$\overset{\triangledown}{a}$unis _on_ _metsä_↓

Wie oben bereits angesprochen, schreibt Matihaldi, die finnische Exclamativsätze am ausführlichsten behandelt (1979: insb. 182-186): "Die Wortstellung eines Exclamativs von der Form einer Frage (eines Fragesatzes? - L. L.-V.) ist relativ

---

4   "(...) subjektipersoona on ilmaistu muuten kuin nominin nominatiivilla tai partitiivilla."

fest"[5] (1979:185). In meinem Korpus befanden sich auch nur *m/k*-Exclamativsätze, in denen das Subjekt dem finiten Verb vorangeht. Die im Deutschen übliche Transformationsmöglichkeit eines Verb-Letzt-Exclamativsatzes in einen Verb-Zweit-Exclamativsatz ergibt im Finnischen im archaischen ((4-25a)) oder poetischen ((4-26)) Kontext akzeptable Ausdrücke. Fromm (1982:293) spricht in diesem Zusammenhang von einer rhetorischen Verneinung (vgl. (4-26)):

(4-25) *Miten nätti laukku sinulla onkaan↓*
    'wie hübsch Tasche du   hab-doch'
    'Was für eine hübsche Tasche du hast↓'

(4-25a) *ˣMiten onkaan sinulla nätti laukku↓*
    'Was hast du doch für eine hübsche Tasche↓'

(4-25b) *ˣMiten nätti laukku onkaan sinulla↓*
    'Was für eine hübsche Tasche hast du↓'

(4-26) *Kuinka kaunis onkaan Lappi↓* (Fromm 1982:293)
    'wie   schön   sei-doch Lappland'
    'Wie schön ist (nicht) Lappland↓' (ebd.)

Ist das Subjekt das Element mit der größten Rhematizität im *m/k*-Fragesatz, so wird es dem finiten Verb am Satzende nachgestellt:

(4-27) *Kenelle kuuluu tuo talo tuolla↓*
    'wem   gehör- jen- Haus dort'
    'Wem gehört jenes Haus dort↓'

(4-28) (Die Mutter vermißt Matti beim Essen:)
    Missä ihmeessä on   Matti↓
    'wo   bloß   sei- M.'
    'Wo ist bloß Matti↓'

(4-29) *Millainen   auto on   isälläsi↓*
    'was für ein Auto hab- Vater'
    'Was für ein Auto hat dein Vater↓'

Auch Knuutinens Beispiele für V-S-Stellung sind meiner Ansicht nach durchweg entweder stilistisch archaisch oder mit einem rhematischen Subjekt. Knuutinens Feststellung, daß diese Subjekte bei Jotuni betont sind und sich auf definite Gegenstände beziehen (1968:70), korreliert mit (4-27)-(4-29). Die Definitheit schließt die Rhematizität nicht aus, da die Referenten trotzdem zum Sprechzeitpunkt nicht bereits in die Diskussion eingeführt, d. h. vorerwähnt worden sind. Der rhematische Starkakzent, der auditiv einem Kontrastakzent ähnelt, unterstreicht den Fragefokus.

---

5   "Kysymyksen muotoisen huudahduksen sanajärjestys on melko kiinteä (...)"

Die Stellung des finiten Verbs vor dem Subjekt ist in den *m/k*-Fragesätzen insgesamt markiert, und der Sprecher macht davon nur Gebrauch, wenn er das Subjekt besonders hervorheben will. Hierzu eignet sich in den *m/k*-Fragesätzen nur die Stelle am Satzende, falls die erste Satzgliedstelle bereits durch das *m/k*-Wort besetzt ist, da fokussierten Konstituenten im Finnischen generell die Stellung entweder am Satzanfang oder -ende zukommt (vgl. Hakulinen/Karlsson 1979: 308). Mit der Hervorhebung hängt auch die relativ starke Betonung des Subjekts am Satzende zusammen, damit der normale Fragesatzakzent auf dem *m/k*-Wort "überboten" werden kann.

Andere Wortstellungsregularitäten, wie etwa solche der Adverbiale, müssen im Rahmen dieser Arbeit unerforscht bleiben. Sie würden für die Exclamativsatz-Ergänzungsfragesatz-Unterscheidung auch kaum wichtige Ergebnisse bringen, da die meisten - jedoch nicht alle - Exclamative kurz sind und lediglich aus der *m/k*-Konstituente, dem finiten Verb und dem Subjekt bestehen, insofern dieses nicht ein Personalpronomen der 1. oder 2. Person ist und gegebenenfalls in der Oberflächenstruktur fehlt.

Weder der Ergänzungsfrage- noch der Exclamativsatz ist in bezug auf die Person ((4-30)-(4-31)), das Tempus ((4-32) und (4-33)) oder das Genus ((4-34) und (4-35)) selektiv:

Ergänzungsfragesatz: 1., 2. und 3. P. Sg.:

(4-30) *Mistä (olen/) olet (/hän on) saanut nuo kengät↓* (PP 280)
'woher i. h. d. h. er hab- bekomm- jene Schuh'
'Woher habe ich/hast du/hat er die Schuhe da bekommen '

Ergänzungsfragesatz: 1., 2., und 3. P. Pl.:

(4-30a) *Mistä olemme/olette/he ovat saaneet nuo kengät↓*
'Woher haben wir/habt ihr/haben sie die Schuhe da bekommen↓'

m/k-Exclamativsatz: 1., 2. und 3. P. Sg.:

(4-31) *Miten kȧuniisti (minä saisinkaan /sinä saisitkaan/) se saisikaan*
'wie schön ich bekomm-doch du bekomm-doch der bekomm-doch
säkeet soimaan↓ (PP 266)
Vers kling-'
'Wie schȯn würde ich/würdest du/würde der doch die Verse klingen machen↓'

m/k-Exclamativsatz: 1., 2. und 3. P. Pl.:

(4-31a) *Miten kȧuniisti me saisimmekaan/te saisittekaan/he saisivatkaan säkeet soimaan↓*
'Wie schȯn würden wir/würdet ihr/würden sie doch die Verse klingen machen↓'

Ergänzungsfragesatz: Präs., Imp., Perf. und Plusq.:

(4-32) *Kuka minun vatsassani on (/oli/on ollut/oli ollut)↓* (PP 141)
  'wer mein- Bauch   ist war ist gew. war gew.'

  'Wer ist/war/ist gewesen/war gewesen in meinem Bauch↓'

m/k-Exclamativsatz: Präs., Imp., Perf. und Plusq.:

(4-33) *Voi kuinka k̆iire sillä (on/) oli (/on ollut/oli ollut)↓* (PP 232)
  'ach wie   Eile die   hat hatte hat geh. hatte geh.'

  'Ach wie hat/hatte die es (aber) ĕilig (gehabt)↓'

Ergänzungsfragesatz im Passiv:

(4-34) *Ketä etsitään↓* (PP 83)
  'wer such-'

  'Wer wird gesucht↓'

m/k-Exclamativsatz im Passiv:

(4-35) *Kuinka k̆ovaa   kaupungissa ajetaankaan↓*
  'wie schnell Stadt   fahr- doch'

  'Wie schn̆ell wird doch in der Stadt gefahren↓'

Von den Verbmodi sind sowohl im Ergänzungsfrage- als auch im *m/k*-Exclamativsatz
der Imperativ ausgeschlossen und der Indikativ akzeptabel. Der Konditionalis und
der Potentialis werden in der Literatur m. E. nicht zufriedenstellend behandelt.
Matihaldi beispielsweise bringt ausschließlich indikativische Belege und versieht sowohl den Konditionalis als auch den Potentialis in ihrer Tabelle 6
(1979:199) mit Fragezeichen. Ich verstehe das Fragezeichen, wie in sprachwissen-
schaftlichen Abhandlungen üblich, als Indikator dafür, daß der Satz an der
Grenze der Akzeptabilität liegt. In diesem speziellen Fall würde es bedeuten,
daß Matihaldi davon ausgeht, daß einige Sprecher des Finnischen Exclamativsätze
im Konditionalis oder Potentialis für akzeptabel halten. Hakulinen/Karlsson
(1979:293) schränken den Verbmodus in den Exclamativsätzen auf den Indikativ und
den Konjunktiv ein. In meinem Korpus befanden sich *m/k*-Exclamativsätze sowohl im
Konditional Präsens ((4-31) und (4-36)) als auch im Konditional Perfekt ((4-
37)):

(4-36) *Miten h̆erkkiä ja k̆auniita runokuvia se väläyttäisikään esiin↓* (PP 266)
  'wie   zart und schön   Gedicht   er zauber-   doch hervor'

  'Was für z̆arte und sch̆öne Gedichte würde er doch hervorzaubern↓'

(4-37) *Miten k̆auheaa   olisi ollut joutua jonkun villin ja huolimattoman*
  'wie   schrecklich sei- gew. gerat- ein-   wild und unachtsam

  koulupojan käsiin↓ (PP 267)
  Schuljunge Hand'

  'Wie schr̆ecklich wäre es (aber) gewesen, in die Hände irgendeines
  wilden und unachtsamen Schuljungen zu geraten↓'

Matihaldi sieht die Verwendung eines Exclamativsatzes darin, daß "der Sprecher
sich damit nur über etwas wundern kann, wovon er weiß oder glaubt, daß es wahr
ist"[6] (1979:184). Diese Wahrheitsbedingung schließt m. E. *m/k*-Exclamativsätze im
Potentialis keineswegs aus, denn in (4-38) und (4-39) dürfte der Sprecher gleichermaßen von der propositionalen Wahrheit des Exclamativsatzes überzeugt sein
wie beispielsweise in (4-37):

(4-38) *(Maija͜on aina niin huoliteltu.)*
Miten usein hänen täytyneekään käydä kampaajalla↓
'wie oft sie müss- doch geh- Friseuse'

'(Maija sieht immer so gepflegt aus.) Wie oft wird sie (doch) zur
Friseuse gehen müssen↓'

(4-39) *(Prinsessa oli hyvin pidetty.)*
Kuinka kova suru lieneekään vallinnut satumaassa hänen kuoltuaan↓
'w.f.e. tief Trauer hab- doch herrsch- Märchenland sie sterb-'

'(Die Prinzessin war sehr beliebt.) Was für eine tiefe Trauer muß
doch nach ihrem Tode im Märchenland geherrscht haben↓'

Der propositionale Gehalt all der *m/k*-Exclamativsätze, die im Potentialis akzeptabel sind, ist eng mit der Semantik des Modalverbs *müssen* verwandt. Der Sprecher gibt seinen festen Glauben darüber kund, daß der von ihm vermutete Sachverhalt nicht anders sein kann. Die Wahrheit der Proposition führt er vor allem auf
den Kontext (inclusive Hintergrundswissen) zurück, der nach Ansicht des Sprechers keine andere Möglichkeit offenläßt. Die Komponente der Vermutung ist in
den obigen Exclamativsätzen ebenfalls wesentlich, denn wenn der Sprecher nicht
nur vermutet und an die Wahrheit seiner Vermutung glaubt, sondern weiß, daß etwa
"Matti dumm ist", kann er (4-40) im Indikativ, aber nicht (4-40a) im Potentialis
ausrufen:

(4-40) *Kuinka Matti onkaan tyhmä↓*
'wie M. sei-doch dumm'

'Wie ist doch Matti dumm↓'

(4-40a) *ˣKuinka Matti lieneekään tyhmä↓*
'ˣWie wird Matti doch dumm sein↓'

Der Ergänzungsfragesatz ist außer im Indikativ ((4-1)) auch im Konditionalis
((4-41) und (4-42)) und im Potentialis ((4-43) und (4-44)) möglich. Im letzteren
Verbmodus unterliegt er nicht etwa ähnlichen Einschränkungen wie der *m/k*-Excla-
mativsatz:

---

6   "(...) puhuja voi ihmetellä vain sellaista, jonka hän tietää tai uskoo
todeksi."

(4-41) *Minkälaista onnea sitten tahtoisitte*↓ (PP 317) – Kond. Präs.
'was für   Glück denn   woll-'

'Was möchtet ihr denn für Glück↓'

(4-42) *Mistä minä lupaa olisin voinut kysyä*↓ – (, *kun te kaikki nukuitte?*)
'woher ich Erl. hab- könn- frag-' (PP 62) – Kond. Perf.

'Wo hätte ich nach der Erlaubnis fragen können↓ (, da ihr alle
geschlafen habt?)'

(4-43) *Millehän se lie nauranut*↓ (PP 26) – Pot. Perf.
'was wohl er hab- lach-'

'Worüber wird er wohl gelacht haben↓'

(4-44) *Mikä lienee ollut se tuli, joka häntä poltti*↓ (PP 255) – Pot. Perf.
'was sei- gew. das Feuer das er   brenn-'

'Was für ein Feuer wird es gewesen sein, das ihn brannte↓'

Knuutinen behauptet, daß der Indikativ in 'gewissen Fällen den Fragesätzen die
assertive Funktion verleiht, während der Konditionalis die erotetische Funktion
im allgemeinen beibehält' (vgl. 1968:52). Bei genauerer Betrachtung von Knuutinens Beispielen zeigt sich, daß die m/k-Feststellungen alle *-pA* 'doch' und die
meisten zusätzlich *-kAAn* 'doch' aufweisen. Solche ohne *-pA* sind entweder echte
oder rhetorische Fragen. Knuutinen schreibt ferner, daß 'auch Feststellungen im
Konditionalis stehen können, und daß dies die Analyse erschwert' (vgl. 1968:58).
So wie Knuutinen in seiner ganzen Arbeit die Partikelanalyse weitgehend vernach-
lässigt, hat er auch an dieser Stelle den Beitrag der Modalpartikeln zur Sprechereinstellung übersehen. Eine funktionale Unterscheidung zwischen einer m/k-
Feststellung und einer Ergänzungsfrage dürften nur die Modalpartikeln, nicht
aber verbale Kategorien leisten können.

Nachdem bei der kategorialen Füllung des Prädikats im Deutschen keine Fragemerkmale aufgefallen sind (vgl. S. 21 ff.), soll hier auf eine Untersuchung der
kategorialen Füllung in m/k-Sätzen verzichtet werden. Dieses Vorgehen scheint
mir nicht zuletzt deshalb berechtigt, weil sich die meisten Beispiele im entsprechenden deutschen Teil mit denselben Kategorien ins Finnische übersetzen
lassen, in denen die Verben in den Originalbelegen stehen. Da die dortige Kate-
gorien-Analyse keine ermutigenden Resultate brachte, ist dies für mich ein weiterer Grund, den prädikativen Bereich zu verlassen, um darauf nur noch in der
Zusammenfassung kurz zurückzukommen.

4. Modalpartikeln

Zusammenhänge zwischen den Satzmodi und den Modalpartikeln werden von den meisten Autoren vermutet, die sich mit dieser Thematik befassen. Diese potentiellen Satzmodus-Merkmale werden jedoch außer von Matihaldi (1979), die in ihrer Satzmodus-Analyse an einigen Stellen darauf eingeht, lediglich von Karttunen (1975), aber auch nur relativ kurz in dem Aufsatz "Functional constraints in Finnish Syntax" erörtert. Oberflächlich bleibt Karttunens Abhandlung neben der Kürze nicht zuletzt wegen der totalen Vernachlässigung anderer als enklitischer Partikeln. Im Hinblick auf die eher spärlich vorhandene Literatur zu Modalpartikeln im Finnischen erscheint die Behauptung von Abraham/Wuite unverständlich, das Finnische sei eine Sprache, "in der der Frage der Beschreibung der Abtönungspartikel immer schon besonderes Gewicht zukam" (Abraham/Wuite 1984:157). Dieses in seiner Komplexität sicher noch nicht bearbeitete Thema will ich hier insbesondere unter dem Gesichtspunkt angehen, die Funktionen der Modalpartikeln in *m/k*-Sätzen aufzudecken.[7]

Im Finnischen lassen sich die Partikeln in zwei morphologische Gruppen einteilen: in selbständige Lexeme und in Enklitika. Die pragmatische Bedeutung der letztgenannten wird von Hakulinen/Karlsson unterstrichen (vgl. 1979:327), die mit ihrer Bemerkung zu den ähnlichen Funktionen des unselbständigen *-hAn* 'wohl' und 'der dritten Sub-Gruppe der modalen Adverbien, der partikelhaften *muka* 'wohl', *muuten* 'übrigens', *sitä* '∅', *toki* 'doch', *tosin* 'allerdings' etc.' (vgl. ebd. 85), vermuten lassen, daß u. a. diese Lexeme neben den Enklitika den oben behandelten deutschen Modalpartikeln funktional entsprechen. Karttunen bespricht sechs von "at least a dozen clitic particles" (1975:232): *-kO*, *-kin*, *-kAAn*, *-hAn*, *-pA* und *-s*. Hakulinen/Karlsson erwähnen hierzu noch "das fast lexikalisierte" *-kA* (1979:327). Meine Analyse soll sich im folgenden ebenfalls auf die Behandlung dieser sieben Enklitika konzentrieren.

Alle Autoren, die sich mit den Enklitika befassen, sind sich über deren Vorkommen hauptsächlich in der gesprochenen Sprache einig: (...) there is an obvious similarity between Finnish and Finland Swedish in the sense that both use little intonation, but make extensive use of clitics, and 'småord' (Kleinwörter) respectively. (Östman 1977:187; ähnlich auch Karttunen (1975:232) und Hakulinen/Karlsson (1979:327)). In der geschriebenen Sprache werden die Aufgaben der Modalpartikeln teilweise von der Interpunktion übernommen. Diejenigen meiner Be-

---

7 Da in dieser Arbeit auf kontrastiv-pädagogische Aspekte nicht eingegangen wird, soll an dieser Stelle auf den Aufsatz "Abtönung im Finnischen und im Deutschen" (Kärnä 1983) lediglich hingewiesen werden.

lege, die aus Märchen stammen, zeigen eine hohe Frequenz an Modalpartikel-Enkli-
tika. Diese Häufigkeit dürfte sich durch die vielen Dialoge und sonstige, direkt
wiedergegebene Gespräche in der Textsorte 'Märchen' erklären. In narrativen
Texten nimmt die Häufigkeit der Modalpartikelfunktion der meistens polyfunktio-
nalen Enklitika ab. Das ist keineswegs gleichzusetzen mit der Abnahme der gesamten Frequenz aller dieser Morpheme, denn es haben etwa *-kin* 'nur' und *-kAAn*
'doch' außerdem u. a. Gradpartikelfunktionen zu erfüllen. Unter Auslassung anderer als Modalpartikelfunktionen will ich zunächst das Enklitikum *-kin* und anschließend die anderen Modalpartikeln im Rahmen der Satzmodi behandeln.

a) *-kin* 'nur', 'bloß', 'auch' u. a.

Die Modalpartikel *-kin* 'nur' ist in den *m/k*-Sätzen im Verhältnis zu den übrigen
Enklitika selten anzutreffen. Matihaldi führt den Satz *Miten he olivatkin näin*
harhautuneet! (1979:186) 'Wie konnten sie bloß so entgleisen!' als einzigen
Exclamativsatz mit *-kin* auf. Obwohl mir der Kontext zu diesem Ausdruck fehlt,
glaube ich darin vielmehr eine verwunderte Frage des besonders in der Umgangssprache häufigen und durchaus emphatischen, aber nicht exclamativen Typs zu erkennen:

> (4-45) *Kuinka joku vói̯kin olla niin typerä↓*
>   'wie jemand könn-<u>nur</u> sei- so doof'
>
>   'Wie kann jemand nur so doof sein↓'
>
> (4-46) *Kuinka hän jáksaakin aina puhua rikkauksistaan↓*
>   'wie   er könn- <u>nur</u> immer red- Reichtum'
>
>   'Wie kann er (auch) nur immer von seinen Reichtümern reden↓'

Der Sprecher erwartet mit (4-45) und (4-46) fast verzweifelt eine Antwort oder
zumindest eine teilnehmende Reaktion (da die Antwort dem Hörer kaum bekannt sein
kann) auf seine Äußerung. Auch der emphatische Akzent auf dem Verb, an das die
Modalpartikel angehängt wird, zeigt, daß es sich um keinen neutralen Ergänzungsfragesatz handelt. Einen Exclamativsatz ähnlichen propositionalen Gehalts, aber
ohne Antworterwartung, zeigen jeweils (4-45a) und (4-46a):

> (4-45a) *Että joku vói̯kin olla typerä↓*
>   'daß jemand könn-<u>aber</u> sei- doof'
>
>   'Daß jemand aber doof sein kann↓'
>
> (4-46a) *Että hän jáksaakin aina puhua rikkauksistaan↓*
>   'daß er könn- <u>doch</u> immer red- Reichtum'
>
>   'Daß er doch immer von seinen Reichtümern reden kann (/muß)↓'

Mein Korpus enthält keinen Beleg eines exclamativen *m/k*-Satzes mit der Modalpartikel *-kin*, und auch die folgenden a-Beispiele zeigen, daß die Originalbelege nicht mit *-kin* kombiniert werden können. Die b-Varianten beweisen die Möglichkeit der *-kin*-Modalpartikel in denselben Belegen anderer syntaktischer Form:

(4-47) *Huu, millainen kylmä viima kaapista käviↆ* (PP 53)
     'huh was für ein kalt Zug   Schrank komm-'
     'Huh, was für ein kalter Zug (doch) aus dem Schrank kamↆ'

(4-47a) *ˣHuu, millainen kylmä viima kaapista kävikinↆ*

(4-47b) *Huu, kylläpä kaapista kävikin kylmä viimaↆ*
     'huh aber 0 Schrank komm-<u>doch</u> kalt Zug'
     'Huh, kam da aber ein kalter Zug aus dem Schrankↆ'

(4-48) *Voi kuinka kiire sillä oliↆ* (PP 232)
     'ach wie   Eile sie   hab-'
     'Ach, wie eilig die es hatteↆ'

(4-48a) *ˣVoi kuinka kiire sillä olikinↆ*

(4-48b) *Voi että sillä olikin kiireↆ*
     'ach daß sie   hab-<u>aber</u> Eile'
     'Ach, hatte die es aber eiligↆ'

(4-49) enthält die Modalpartikel *-kin* in einer funktionell eindeutigen Ergänzungsfrage:

(4-49) *Mistä ne nyt juuri tulivat<u>kin</u> hänen mieleensäↆ* (PP 69)
     'woher sie jetzt gerade komm- <u>auch</u> sein- Sinn'
     'Wieso fielen die ihm (aber) auch gerade jetzt einↆ'

Das wichtigste Kennzeichen von *-kin* in dieser speziellen Funktion ist seine Stellung am finiten Verb, die jedoch nicht *eo ipso* etwa die Gradpartikel-[8] oder, wie in Karttunens Beispiel 12 b) *Ennustin kaunista säätä. Tuli<u>kin</u> kauhea myrsky.* (Karttunen 1975:234) 'Ich sagte schönes Wetter vorher. <u>Doch</u> es kam ein furchtbarer Sturm.', die konjunktionale Funktion ausschließt.[9] Ohne auf die Semantik von *-kin* in *m/k*-Sätzen näher einzugehen, kann hier festgehalten werden, daß *-kin* in Ergänzungsfragen - mit anderen Funktionen in *m/k*-Sätzen ist es nicht vereinbar - eine Verwunderungskomponente enthält, die vom Hörer in der Antwort beseitigt werden soll. Das Wichtigste für den Zweck dieser Arbeit ist wiederum die komplementäre Verteilung dieser Modalpartikel: Ihr Vorkommen nur in Ergänzungsfragesätzen erweist sie als Fragemerkmal.

---

8   Zu *-kin* in der Funktion einer Gradpartikel vgl. Vilkuna (1984).

9   Zu *-kin* in Aussagesätzen vgl. Vilppula (1984).

b)   *-kAAn* 'doch'

Diese Modalpartikel wird von Matinaldi in den *m/k*-Exclamativsätzen als natürlich
bezeichnet (vgl. 1979:184). Sie räumt jedoch ein, daß *-kAAn* kein obligatorisches
Element dieser Ausdrücke ist und führt das Exclamative eines *m/k*-Ausdrucks ohne
-kAAn u. a. auf die relativ feste Wortstellung in denselben zurück (vgl. ebd.
185). Matihaldi sagt leider nicht genauer, was sie unter der relativ festen
Wortstellung versteht, aber nach meinen Beobachtungen betrifft diese auf alle
Fälle die bereits angesprochene obligatorische Anfangsstellung des *m/k*-Wortes
u. a. in den Exclamativsätzen (vgl. S. 197 dieser Arbeit). Ferner ist die Diskontinuität des *m/k*-Elements in den Exclamativsätzen ein seltenes Phänomen (in
meinen Belegen in ca. 1 % aller Exclamativtokens):

    (4-50) *Voi voi, <u>kuinka</u> tästä tulee <u>h</u>[∇]<u>auskaa</u>*↓ (PP 64)
        'oh oh   wie   dies- werd- lustig'
        'Oh oh, wie wird das l[∇]ustig werden↓'

Im obigen Beispiel bereitet die gar doppelte Verwendung der Interjektion *voi*
'oh' den Hörer auf einen Exclamativsatz im Folge-Akt vor, und ohne Interjektion
wäre der Gesamtausdruck kaum akzeptabel:

    (4-50a) [?]*Kuinka tästä tulee h*[∇]*auskaa*↓

Durch Hinzufügung von *-kAAn* wird die Akzeptabilität wieder hergestellt:

    (4-50b) *Kuinka tästä tulee<u>kaan</u> h*[∇]*auskaa*↓

(4-50b) kann als Nachweis für Matihaldis Behauptung der Selbstverständlichkeit
von *-kAAn* in den *m/k*-Exclamativsätzen angesehen werden. Diese Modalpartikel
"rettet" die Exclamativität insbesondere in den Fällen, in denen sonstige exclamative Merkmale, beispielsweise Interjektionen, fehlen. Dabei kann die Kontinuität des *m/k*-Elements durchaus gegeben sein, wie etwa in (4-50c), doch erst *-kAAn*
verleiht dem Ausdruck die natürliche Exclamativität, das heißt, daß der Ausdruck
ohne *-kAAn* zwar akzeptabel ist, aber die Intonation im Finnischen überbean-
sprucht wird ((4-50d)), wenn allein dadurch der Unterschied zum Ergänzungsfragesatz ((4-50e)) hergestellt werden soll. So kann (4-50d) als eine in der
gesprochenen Sprache ohne eindeutige kontextuelle Absicherung ambige (Exclamativsatz vs. Ergänzungsfragesatz) Variante betrachtet werden:

    (4-50c) *Kuinka h*[∇]*auskaa tästä tulee<u>kaan</u>*↓
        'wie   lustig dies- werd-<u>doch</u>'
        'Wie wird das doch l[∇]ustig werden↓'
    (4-50d) [?]*Kuinka h*[∇]*auskaa tästä tulee*↓
        'Wie wird das l[∇]ustig werden↓'

(4-50e) *Kúinka hauskaa tästä tulee*↓
     'Wíe lustig wird das werden↓'

Hakulinen/Karlsson führen prosodische Mittel als Unterscheidungskriterium für Fälle auf, in denen der Satz aus semantischem Gesichtspunkt als Frage oder als Exclamativ interpretiert werden könnte, und wenn etwa *-kAAn* oder Interjektionen fehlen (vgl. 1979:293). Ihr Beispiel (127) entspricht meinen Varianten (4-50d) und (4-50e), aber auch ihr Exclamativsatztyp *Miten KORKEA tämä huone on!* (ebd.) 'Wie HOCH (hoch) dieses Zimmer ist!' dürfte mit nur äußerst geringer Wahrscheinlichkeit jemals in der Alltagssprache ausgerufen werden. Hier würde der Sprecher wohl eher auf Exclamativsätze wie *Onpas korkea huone!* 'Ist das (aber) ein hohes Zimmer!' zurückgreifen.

Mein Korpus zeigt, daß *m/k*-Exclamativsätze fast genauso oft mit wie auch ohne *-kAAn* gebildet werden. Die *-kAAn*-Analyse scheint aber mit der Analyse der Interjektionen eng zusammenzuhängen und würde ohne diese ein falsches Ergebnis liefern. Eine statistische Auswertung meiner *m/k*-Exclamativsatz-Belege deutet darauf hin, daß *m/k*-Exclamativsätze mit *-kAAn* zu achtzig Prozent ohne und nur zu zwanzig Prozent mit Interjektion gebildet werden. Bei den *m/k*-Exclamativsätzen ohne *-kAAn* kehrt sich diese Relation um: Es wird hier in achtzig Prozent dem Ausdruck eine Interjektion vorangestellt, und nur zwanzig Prozent behaupten ihre Exclamativität auch ohne zusätzliche Symbole. Diese wenigen Belege dürften meine Kritik an Hakulinen/Karlssons oben erwähnter intonatorischer *Exclamativsatz vs. Ergänzungsfragesatz*-Unterscheidung rechtfertigen, denn sie sind ausnahmslos schon aus semantischen Gründen als Fragen kaum möglich und bedürfen deshalb nicht eines unnatürlich starken Exclamativakzents, wie sie in Hakulinen/Karlssons Beispiel notwendig ist. So erscheinen mir beispielsweise (4-51) und (4-52) als Fragen kaum sinnvoll, denn der Sprecher würde etwa auf (4-51) die Antwort zwar wahrnehmen/fühlen, aber kaum ausdrücken können, und vom Hörer wären beide Fähigkeiten gar nicht erst einmal zu erwarten. In diesen Exclamativsätzen wird die illokutionäre Kraft u. a. durch die Unbeantwortbarkeit wegen der nicht möglichen graduellen Definition des Fragesatzfokus verstärkt, so daß (4-51) und (4-52) nur als Gefühlsausdrücke des jeweiligen Zustands ausgelegt werden können (abgesehen von indirekten Funktionen wie beispielsweise in (4-51) als mögliche Aufforderung zu schnellerer Essenszubereitung):

(4-51) *Miten nälkä minulla on*↓ (PP 246)
     'wie Hunger ich   hab-'
     'Was habe ich für einen Hunger↓'

(4-52) *Kuinka ilkeältä hänestä tuntui↓* (PP 176)
    'wie   gemein   er   s.vorkomm-'
    'Wie gemein er sich vorkam↓'

Die Interjektionen vor den *-kAAn-m/k*-Exclamativsätzen scheinen vorrangig sekun-
där ((4-53) und (4-54)) und vor den *m/k*-Exclamativsätzen ohne *-kAAn* ausschließlich primär ((4-55) und (4-56)) zu sein. Das heißt, daß in ersteren auf sie verzichtet werden kann ohne wesentlichen Verlust an expressiver Illokutionskraft,
in letzteren ist dies nicht möglich. Mit je größerer Emphase die sekundäre
Interjektion erzeugt wird, mit desto höherer Wahrscheinlichkeit legt der Sprecher zwischen der Interjektion und dem *m/k*-Ausdruck eine deutliche Sprechpause ein:

(4-53) *Voi ihme (//) millainen muutos hänessä yhtäkkiä tapahtuikaan↓* (PP 170)
    'ach Wunder   was f. e. Wandel er   plötzlich gescheh-doch'
    'Und was für ein Wunder, wie war er doch plötzlich verwandelt↓'

(4-54) *Voi kauhistus // mitä pyyheliina ensimmäiseksi näkikään*
    'ach Schreck   was (G.) Tuch als erstes   seh-doch'
    astiankuivaustelineellä↓ (PP 75)
    Gesch. Trocknen Brett'
    'Ach du Schreck, was sah das (Geschirr)Tuch doch gleich auf dem
    Brett im Geschirrschrank↓'

(4-55) *Voi kuinka silmiä väsytti   niin kovasti↓* (PP 60)
    'ach wie   Auge   müde sei- so   sehr'
    'Ach, wie müde ihre Augen (doch) waren↓'

(4-56) *Hui kuinka minä säikähdin (, huudahti unikko.)↓* (PP 239)
    'uh wie   ich   erschreck-   ruf-   Mohn'
    'Uh, wie ich (aber) erschrak↓ (, rief der Mohn.)'

In den meisten Fällen, in denen eine Interjektion fehlt, wird - wie die obigen
statistischen Werte zeigen - auf *-kAAn* zurückgegriffen. Es wird, wie die Modalpartikel *-kin*, an das finite Verb angehängt, was wiederum ein Kennzeichen dieser
Funktion etwa gegenüber der Gradpartikel-Funktion bietet. In der letztgenannten
ist der Fokus normalerweise beschränkter als der ganze Satz, und das Enklitikum
wird an den Fokus, beispielsweise an eine Nominalphrase, angehängt. Ferner ist
-kAAn in der Gradpartikel-Funktion fast ausschließlich in negierten Sätzen anzutreffen (vgl. Karttunen/Karttunen 1976). (4-57) zeigt, daß *-kAAn* in Exclamativsätzen nicht einmal mit "negative polarity items" verbunden wird:

(4-57) *Miten hyvä puu   tällä luodolla kasvaakaan↓* (PP 245)
    'wie gut Baum dies- Klippe   wachs-doch'
    'Was für ein guter Baum doch auf dieser Klippe wächst↓'

(4-57a) *Miten h$\overset{\triangledown}{y}$vä puu tällä luodolla joskus kasvoikaan*↓
     'wie gut Baum dies- Klippe jemals wachs-doch'
     'Was für ein g$\overset{\triangledown}{u}$ter Baum doch auf dieser Klippe einst gewachsen ist↓'

(4-57b) ^x*Miten hyvä puu tällä luodolla koskaan kasvoikaan*↓
                          'niemals'

    '^xWas für ein guter Baum doch auf dieser Klippe niemals gewachsen
                                         ist↓'

Hietaranta analysiert in seinem Aufsatz "-*kaan*, -*kään* -liitepartikkelin pragmatiikkaa" 'Zur Pragmatik der enklitischen Partikel -*kaan*, -*kään*' -*kAAn* in Fragesätzen, und seine Ergebnisse stimmen mit den unseren überein, obwohl er dies
nicht in unserem Sinne thematisiert: -*kAAn* kommt in *m/k*-Fragesätzen durchaus
vor, doch stellen diese keine Ergänzungs-, sondern u. a. deliberative Fragesätze
und Versicherungsfragesätze dar (s. 4.2.1. und 4.2.3.). Die Grenze zwischen
einer *m/k*-Feststellung und einem *m/k*-Fragesatz ist oft schwierig zu ziehen, und
noch schwieriger ist die Übersetzung einer finnischen *m/k*-Feststellung ins
Deutsche, ohne die semantischen Feinheiten des Originals untergehen zu lassen.
Matihaldi erwähnt diese *m/k*-Sätze in assertiver Funktion als Antworten auf eine
echte Frage und macht ihre richtige funktionale Interpretation – sicherlich zu-
recht – vom Kontext abhängig (vgl. 1979:87ff.). Sie behauptet ferner, daß eine
gewisse Konventionalisierung in der Auslegung stattfinde, doch fehlt bei ihr
leider jeder Hinweis auf eventuelle Merkmale außer dem Kontext, die der Konventionalisierung als Grundlage dienen könnten. Die Beispiele (4-58) und (4-59)
zeigen zwei *m*-Ausdrücke des Finnischen, die dem Sprecher im nachhinein nicht die
Möglichkeit offen lassen, sich auf den Fragetest *Ich habe dich gefragt, ob ...*
zu berufen. Die finnische Wiedergabe mit Einstellungsbeschreibung muß obligatorisch *Minä sanoin, että ...* 'Ich habe gesagt, daß ...' lauten:

(4-58) *(Mutta petäjä ei sanonut mitään.)*
    Ja mitäpä sanomista sillä olisi ollutkaan↓ (PP 255)
    'und was 0 sag-   sie   hab- geh. doch'

    '(Aber die Föhre sagte nichts.)
    'Und sie hätte auch kaum etwas zu sagen gehabt↓'

(4-59) *((...) ja kaikki lampaat olivat juosseet karkuun.)*
    Ja mitäpä apua niistä olisi ollutkaan↓ (PP 264)
    'und was 0 Hilfe sie   sei- gew. doch'

    '((...) und die ganzen Schafe waren weggelaufen.)
    Und die hätten auch nicht helfen können↓'

Treffen die beiden Enklitika -*pA* und -*kAAn* im selben Ausdruck zusammen, so weist
dieser einen so hohen Grad an assertiver Illokutionskraft auf, daß der Satz nur
die Funktion einer Feststellung haben kann. -*kAAn* erinnert hier an seine negative Polarität und unterscheidet sich darin von -*kAAn* in den Exclamativsätzen, in

denen *-pA* - darauf sei vorab hingewiesen - nicht vorkommt. Diese Differenzen den
Exclamativsätzen gegenüber ermöglichen eine eindeutige funktionale Analyse: Sie
legen *-kAAn* als ein Merkmal fest, das in Ergänzungsfragesätzen nicht vorkommen
kann. So sehr *-kAAn* mit der Exclamativität verbunden ist, ist sein Vorkommen in
zwei aufeinander folgenden *m/k*-Exclamativsätzen auf den ersten beschränkt:

(4-60) *Miten ka̍uniisti ja si̍rosti kirjaimet pyöristyivätkään*
'wie schön   und hübsch Buchstabe sich abrund-<u>doch</u>

ja miten su̍orina rivit pysyivät(ˣkään)↓ (PP 173)
und wie gerade Zeile bleib-   <u>doch</u>'

'Wie scho̍n u̍nd hu̍bsch rundeten sich doch die Buchstaben ab,
und wie gera̍de blieben (ˣdoch) die Zeilen↓'

c)   *-hAn* 'wohl'

Im Gegensatz zu *-kin* und *-kAAn*, die in der Modalpartikelfunktion an das finite
Verb angehängt werden, hat die Modalpartikel *-hAn* ihre feste Stellung am *m/k*-
Fragewort am Satzanfang. Sie beeinflußt die Wortstellung des Fragesatzes, indem
Fragewörter mit *-hAn* an die erste Stelle im Satz gebunden sind: Es sind *-hAn*-
Fragesätze mit Endstellung des *m/k*-Fragewortes inakzeptabel ((4-61a)):

(4-61) *Mistähän   sitä onnea saa*↓ (PP 316)
'woher <u>wohl</u> das Glück bekomm-'

'Wo man das Glück wohl bekommen wird↓'

(4-61a) ˣ*Sitä onnea saa mistähän*↓

-hAn ist ein Fragemerkmal. Es gibt dem Fragesatz einen freundlicheren, milderen
und zugleich dubitativen Einschlag, der damit zusammenhängen dürfte, daß "the
speaker is uncertain about whether the addressee know the answer" (Karttunen
1975a:6). Diese Unsicherheit berechtigt den Sprecher auch nicht zu einer neutralen Frage mit normaler Antworterwartung und mit Sanktionen bei Nicht-Beantwortung. Hakulinen/Karlsson haben daher mit dem Teil ihrer Behauptung zur pragmatischen Funktion von *-hAn* recht, daß es *m/k*-Fragen abmildert (vgl. 1979:288). Ob
es - wie sie an gleicher Stelle ferner behaupten - in diesen Rhetorizität verursacht, wird weiter unten (s. 4.2.1.) besprochen. (4-62) und (4-63) demonstrieren
Ergänzungsfragesätze mit *-hAn*.[10] (4-64) und (4-65) zeigen die Inakzeptabilität
von *-hAn* in *m/k*-Exclamativsätzen:

---

10 Die Dubitativität wird in (4-62) durch den Konditionalis (*voisi*) und in
(4-63) durch *mahtaa* verstärkt.

(4-62) *(Minä olen alkanut miettiä, että meiltä varmaan puuttuu jotakin.)*
Mitähän se voisi olla↓ (PP 316)
'was <u>wohl</u> das könn- sei-'

'Ich habe mir überlegt, daß uns sicherlich etwas fehlt.)
Was das wohl sein könnte↑'

(4-63) *Mitähän hän sillä mahtoi tarkoittaa↓* (PP 336)
'was <u>wohl</u> er das mög- mein-'

'Was er damit wohl gemeint haben wird↑'

(4-64) *Voi, miten(ˣhän) kevyt se oli↓* (PP 173)
'ach wie <u>wohl</u> leicht das sei-'

'Ach, wie war das (ˣwohl) leicht↓'

(4-65) *Hui, kuinka(ˣhan) ilkeältä se tuntui↓* (PP 193)
'huh wie <u>wohl</u> ekelhaft das s.anfühl-'

'Huh, wie ekelhaft das sich (ˣwohl) anfühlte↓'

d)   *-s*

Eine weitere enklitische Modalpartikel, die nur an das Fragewort angehängt werden kann, das dadurch wiederum an die erste Satzgliedstelle gebunden wird, ist *-s.* Karttunen beschreibt ihre pragmatische Bedeutung: "-<u>s</u> is very common in colloquial Finnish, to the point that the omission of an expected –<u>s</u> makes a sentence sound brusque and unfriendly rather than merely neutral." (1975:235) (4-66) und (4-67) sind Beispiele für *-s* in Ergänzungsfragesätzen, die dadurch einen freundlicheren Einschlag erhalten:

(4-66) *Mikäs serkkua vaivaa↓* (PP 79)
'was <u>denn</u> Kusine fehl-'

'Was fehlt denn der Kusine↓'

(4-67) *Mitäs ihmeen peliä tämä tämmöinen oikein on↓* (PP 104)
'was <u>denn</u> Wunder Spiel das hier eigentlich sei-'

'Was soll denn das (bloß) eigentlich↓'

Ferner kommt *-s* in Aussagesätzen vor, mit denen der Sprecher eine gewisse Hoffnungslosigkeit und Resignation ausdrücken will. Es kann in diese *m/k*-Sätze *muu* 'sonst' eingefügt werden:

(4-68) *Ja mikäs siinä (muu) auttoi↓*
'und was <u>denn</u> da sonst helf-'

'Und da half weiter nichts↓'

(4-69) *Mitäs minä siihen sitten muuta olisin osannut sanoa↓*
'was <u>denn</u> ich dazu dann sonst hab- könn- sag-'

'Ich habe dazu dann auch weiter nichts sagen können↓'

In *m/k*-Exclamativsätzen tritt *-s* nicht auf:

> (4-70) *Voi kuinka(^{x}s) hauskaa se olisi*↓ (PP 118)
> 'ach wie   0 lustig das sei-'
>
> 'Ach wie wäre das (^{x}?denn) lustig↓'

> (4-71) *Kuinka(^{x}s) hän säikähtikään nähdessään lampaittensa*
> 'wie   0 er erschreck- seh-   Schaf
>
> *muuttuneen koiriksi*↓ (PP 222)
> s.verwandel- Hund'
>
> 'Wie erschrak er (^{x}?denn), als er merkte, daß sich seine Schafe in Hunde verwandelt hatten↓'

Der Ergänzungsfragesatz läßt sich dem *m/k*-Aussagesatz gegenüber, von sequentiellen und kontextuellen Unterschieden abgesehen, u. a. durch die Plazierung des Satzakzents abgrenzen: Im Fragesatz fällt der Primärakzent auf den *m/k*-Ausdruck, aber im Aussagesatz tendiert er gegen das Satzende zu. Der Aussagesatz kann außerdem negiert werden, ohne daß sich der propositionale Gehalt oder die propositionale Einstellung des Sprechers ändern:

> (4-68a) *Eihän siinä mikään auttanut*↓
> 'n.ja da   etwas help-'
>
> 'Da half ja nichts↓'

> (4-69a) *Enhän minä siihen sitten mitään osannut sanoa*↓
> 'n.ja ich dazu   dann   etwas könn- sag-'
>
> 'Ich habe dazu dann ja (auch) nichts sagen können↓'

Ohne *-hAn*, welches – da der Satz obligatorisch mit dem Negationsverb *ei* beginnt – aus Gründen der Vokalharmonie hier stets *-hän* lautet, würden die a-Varianten allerdings in ihrer Semantik eine gewisse Komponente einbüßen, die am besten wohl mit "Selbstverständlichkeit" oder "Exclusivität anderer Möglichkeiten" beschrieben werden kann. Daß *-hAn*, *-pA* und *-s* semantisch-pragmatische Übereinstimmungen aufweisen, läßt bereits Karttunens Beobachtung "when an imperative is a plea rather than a command, –s is compeletely excluded, as are –han (–hAn) and –pa (–pA)" (1975:236) vermuten. (4-68) und (4-69) lassen sich ohne spürbare semantische Änderungen ferner mit *-pA* (fakultativ durch *-s* ergänzt) ausdrücken. Dies zeugt von einer gewissen semantischen Verwandtheit dieser drei Enklitika auch außerhalb der imperativischen Sätze:

> (4-68b) *Mikäpä(s) siinä auttoi*↓
> 'was ja0 da   help-'
>
> 'Da half ja nichts↓'

> (4-69b) *Mitäpä(s) minä siihen sitten olisin osannut sanoa*↓
> 'was ja0 ich dazu   dann   hab- könn- sag-'
>
> 'Ich habe dazu dann ja (auch) nichts sagen können↓'

Da ich hier die Semantik der Modalpartikeln nicht eingehend erforschen kann, muß ich mich mit der Zusammenfassung des Obigen begnügen: *m/k*-Sätze, mit denen die zum gegebenen Aktzeitpunkt[11] scheinbar einzig mögliche Handlung mitgeteilt wird, können sowohl *-s*, *-pA* als auch *-pAs* und – in einen Aussagesatz transformiert – außerdem *-hAn*, an das Negationsverb angehängt, annehmen. Der Ergänzungsfragesatz ist diesen Variationsmöglichkeiten nicht offen; dies dient als zusätzliches Unterscheidungsmerkmal zwischen *m/k*-Aussage- und Ergänzungsfragesätzen.

e)   *-kA* '??', *-pA* 'ja'

Nachdem *-kO* '?' nur in Ergänzungsfragesätzen und in anderen *m/k*-Fragesätzen auftritt, bleiben nur noch *-kA* '??' und *-pA* 'ja' zu analysieren. In *m/k*-Ausdrükken ist *-kA* fast lexikalisiert mit *miten* 'wie' (vgl. Hakulinen/Karlsson 1979: 327). Es scheinen hier keine illokutionären Untersuchungen von dieser Enklise aus möglich zu sein: Sie kann überall dort stehen, wo auch *miten* 'wie' akzeptabel ist, beispielsweise in Ergänzungsfragesätzen ((4-72)), *m/k*-Aussagesätzen ((4-73)) und *m/k*-Exclamativsätzen ((4-74)):

   (4-72) *Mitenkä tämä ovi aukeaa*↓
          'wie ?? dies- Tür s.öffn-'

          'Wie öffnet sich diese Tür↓'

   (4-73) *Mitenkäpä siihen muutenkaan olisin reagoinut*↓
          'wie ??ja darauf sonst auch hab-   reagier-'

          'Da hab ich ja (auch) nicht anders reagieren können↓'

   (4-74) *Mitenkä käunis koti   sinulla onkaan*↓
          'wie ?? schön Zuhause du   hab-doch'

          'Was du doch für ein schönes Zuhause hast↓'

-pA ist ein Merkmal, das mit der erotetischen Sprechereinstellung nicht vereinbar ist: Es kommt nur in Aussagesätzen vor (vgl. (4-68b) und (4-69b)); in Ergänzungsfragesätzen ((4-75)) und *m/k*-Exclamativsätzen ((4-76)) verursacht es Inakzeptabilität:

   (4-75) *Kuka(ˣpa) tuo poika on*↓
          'wer ja jen- Junge sei-'

          'Wer ist (ˣja) der Junge dort↓'

   (4-76) *Voi, kuinka(ˣpa) metsä on suuri ja käunis*↓ (PP 23)
          'ach wie   ja Wald sei- groß und schön'

          'Ach, wie ist (ˣja) der Wald groß und schön↓'

---

11 Zum Sprechzeitpunkt kann dem Sprecher eine andere Handlung durchaus plausibler erscheinen.

Bevor mit der Analyse der nicht-enklitischen Modalpartikeln fortgefahren wird, will ich eine Zwischenbilanz ziehen: Mit der Untersuchung der Enklitika wurde nachgewiesen, daß diese für die Form eines Ergänzungsfragesatzes bestimmend sind: *-kin* und *-hAn* können nur in einem Ergänzungsfragesatz vorkommen, aber *-kAAn* und *-pA* sind mit diesem Formtyp nicht vereinbar.

f) *ihme/kumma* 'bloß/nur'

Die beiden hier zu behandelnden Lexeme, *ihme* und *kumma* 'Wunder', die weitgehend Synonyme sind, scheinen erst auf dem Wege zu Modalpartikeln zu sein: Ist das *m/k*-Wort ein Pronomen, so werden *ihme* und *kumma* im selben Kasus flektiert wie das *m/k*-Wort ((4-77)-(4-80) und (4-82a)). Ist das *m/k*-Wort ein Adverb, so bleiben *ihme* und *kumma* konstant im Inessiv ((4-81) und (4-82)). In der Modalpartikelfunktion kommen sie nur in Fragesätzen vor:

(4-77) *Kuka* <u>*kumma*</u> *niitä voi   varastaa*↓ (PP 59)
     'wer <u>bloß</u>   sie   könn- klau-'

     'Wer kann sie bloß klauen↓'

(4-78) *Mitä* <u>*ihmettä*</u> *tuollainen hyödyttää*↓ (PP 37)
     'was <u>bloß</u>   das   nütz-'

     'Was nützt das bloß↓'

(4-79) *Missä* <u>*ihmeessä*</u> *se   mahtaa olla*↓ (PP 82)
     'wo <u>bloß</u>   das mög-   sei-'

     'Wo wird das bloß sein↓'

(4-80) *Mistä* <u>*ihmeestä*</u> *saan   tanssiaispuvun*↓ (PP 226)
     'woher <u>bloß</u>   bekomm- Tanzkleid'

     'Wo bekomme ich bloß ein Tanzkleid her↓'

(4-81) *Kuinka* <u>*kummassa*</u> *muuten saamme varkaan kiinni*↓ (PP 185)
     'wie <u>bloß</u>   sonst bekomm- Dieb   fest'

     'Wie würden wir den Dieb bloß sonst festnehmen können↓'

(4-82) *Miksi* (<u>*ihmeessä*</u>/^x<u>*ihmeeksi*</u>) *juuri hänen täytyy näin paljon kärsiä*↓
     'warum <u>bloß</u>   gerade er   müss- so   viel   leid-'

     'Warum bloß muß gerade er so viel leiden↓'   (PP 336)

(4-82a) *Miksi* <u>*kummaksi*</u> (/<u>*ihmeeksi*</u>/^x<u>*kummassa*</u>/^x<u>*ihmeessä*</u>) *sinä minua luulit*↓
     'was <u>bloß</u>   du   ich   glaub-'

     'Wofür hast du mich bloß gehalten↓'

Die Semantik der beiden Modalpartikeln ist der der deutschen *bloß* und *nur* ähnlich: Sie verstärken die Frageintention, indem sie durch eine Verwunderungskomponente den Appell an den Hörer richten, den Zustand der Verwunderung durch die Antwort aufzuheben. Auffallend ist die Verlagerung des Primärakzents vom Fragewort auf die Modalpartikel und die stärkere Emphase des Akzents im Frage-

satz mit *ihme/kumma*. In Fragesätzen stehen diese Modalpartikeln unmittelbar
nach dem *m/k*-Wort, und ihr Skopus ist der ganze Satz. Dieselben Lexeme kommen in
m/k-Exclamativsätzen vor, ihr Skopus ist in diesen jedoch auf die Bezugskonstituente beschränkt, vor der sie plaziert sind. Ferner weisen sie nur die Formen
ihmeen und *kumman* (Genitiv) auf. Sie haben hier die Funktion einer Verstärkungspartikel:

(4-83) *Miten (ihmeen)   pehmoiset kädet lapsella olivatkaan↓* (PP 273)
　　　 'wie 　wunderbar weich 　　 Hand Kind 　 hab- doch'

　　　 'Was für wunderbar weiche Hände das Kind doch hatte↓'

(4-84) *Miten (kumman) murheelliseksi jakkara tunsikaan itsensä↓* (PP 145)
　　　 'wie 　 seltsam traurig 　　　　 Hocker 　 fühl-doch sich'

　　　 'Wie seltsam traurig sich der Hocker doch fühlte↓'

(4-85) *Miten (ˣkumman) hirveästi 　 Arkamieltä pelottikaan↓* (PP 156)
　　　 'wie 　 seltsam schrecklich Angsthase s.fürcht-doch'

　　　 'Wie (ˣseltsam) schrecklich sich der Angsthase doch fürchtete↓'

(4-86) *Miten (ˣihmeen)   suloista on 　 levähtää puun oksalla↓* (PP 244)
　　　 'wie 　wunderbar herrlich sei- ausruh- 　Baum Zweig'

　　　 'Wie (ˣwunderbar) herrlich es (doch) ist, auf einem Baumzweig
　　　 auszuruhen↓'

ihmeen (wie das Verb *ihmetellä* 'sich wundern') scheint mit vorrangig positiver
und *kumman* (wie das Verb *kummastella* 'sich wundern') mit vorrangig negativer
Einstellung des Sprechers zum Sachverhalt zu kookkurrieren. Enthält der Exclamativsatz ein stark affektives Adjektiv, so wird die Verstärkungspartikel *kumman/
ihmeen* aus Gründen des Pleonasmus inakzeptabel.

g) 　　 *oikeastaan/oikein* 'eigentlich'

(4-87) *Kenellä Suomessa oikeastaan on 　 eniten valtaa↓*
　　　 'wer 　 Finnland eigentlich hab- meist 　Macht'

　　　 'Wer hat eigentlich die meiste Macht in Finnland↓'

(4-88) *Kuinka paljon vaatteita oikeastaan pitää varata 　　 Lapin matkalle↓*
　　　 'wie 　 viel 　Kleid 　　 eigentlich soll- reservier- Lappl.Reise'

　　　 'Wieviel Kleider muß man eigentlich für eine Reise nach Lappland
　　　 mitnehmen↓'

(4-89) *Mitä ihmettä te 　 äsken 　oikein 　　 juttelitte jostakin*
　　　 'was bloß 　　ihr vorhin eigentlich red- 　　 irgendein-

　　　 ikävystyttävästä olennosta↓ (PP 154)
　　　 langweilig 　　 Wesen'

　　　 'Was habt ihr eigentlich vorhin bloß von irgendeinem langweiligen
　　　 Wesen geredet↓'

(4-90) *Mitä merkillistä tämä nyt* <u>*oikein*</u> *on*↓ (PP 86)
'was sonderbar dies jetzt <u>eigentlich</u> sei-'

'Was soll eigentlich das jetzt bloß↓'

In der Modalpartikelfunktion kann *oikein* durch *oikeastaan* ersetzt werden, und ihre Distributionen sind auf *m/k*-Fragesätze beschränkt: Sie sind Fragemerkmale. Die Normalstellung von diesen Modalpartikeln scheint die vor dem Verb zu sein ((4-87)-(4-90)). Die Stellung nach dem finiten Verb ändert die Funktion dieser Lexeme in die eines Modaladverbials:

(4-87a) *Kenellä Suomessa on* <u>*oikeastaan*</u> *eniten valtaa*↓

'Wer hat in Finnland eigentlich die meiste Macht↓'

In der Funktion einer Verstärkungspartikel kann *oikein* durch *oikeastaan* nicht substituiert werden. *oikein* kann in dieser Funktion sowohl in *m/k*-Exclamativsätzen ((4-91)) als auch in Ergänzungsfragesätzen ((4-92)) vorkommen:

(4-91) *Voi, miten Allia (*<u>*oikein/*</u>^{x}<u>*oikeastaan*</u>*) hǎvetti*↓ (PP 119)
'ach wie Alli <u>richtig</u> s.schäm-'

'Ach, wie mußte Alli sich richtig schǎmen↓'

(4-92) *Mistä minä löydän* <u>*oikein*</u> *(/*^{x}<u>*oikeastaan*</u>*) halvan auton*↓
'woher ich find- <u>recht</u> billig Auto'

'Wo finde ich ein recht billiges Auto↓'

h) *sentään* 'aber', 'nur'

m/k-Sätze mit der Modalpartikel *sentään* sind exclamativ ((4-93) und (4-94)) und solche mit der Gradpartikel *sentään* erotetisch ((4-95) und (4-96)):

(4-93) *Ja voi kuinka pikkuruinen minä* <u>*sentään*</u> *olen*↓ (PP 23)
'und ach wie klein ich <u>aber</u> sei-'

'Und wie bin ich aber klein↓'

(4-94) *Miten kurjan näköinen se (*<u>*sentään*</u>*) olikaan*↓ (PP 40)
'wie leidend aussehend der <u>aber</u> sei-doch'

'Wie sah der aber leidend aus↓'

(4-95) *Miksi sellaista* <u>*sentään*</u> *väititkin (/väititkään)*↓
'warum so etwas <u>nur</u> behaupt-auch behaupt-auch'

'Warum hast du so etwas auch nur behauptet↓'

(4-96) *Kuinka kummassa joku* <u>*sentään*</u> *saattoi(kin) olla niin ilkeä,*
'wie bloß jemand <u>nur</u> könn- auch sei- so böse

että kävi salaa varastamassa niitä↓ (PP 59)
daß geh- heimlich stehl- sie'

'Wie hat es bloß jemand auch nur fertiggebracht,
sie heimlich zu klauen↓'

Diese Modalpartikel läßt sich in jeden beliebigen Exclamativsatz einfügen. Ihr kommt die Stellung vor dem finiten Verb zu, und ihr Skopus umfaßt den Gesamtausdruck, auf dessen Illokution sie verstärkend wirkt. Zu beachten ist, daß die Lage des Exclamativakzents von *sentään* unberührt bleibt.

In den Ergänzungsfragesätzen steht *sentään* im Zusammenhang mit einer Verlagerung des Primärakzents auf seine Bezugskonstituente; in (4-95) und (4-96) ist es das finite Verb, auf das es hier skalierend wirkt. *sentään* kann fakultativ durch die Gradpartikeln *-kin* oder *-kAAn* 'auch' ergänzt werden, es handelt sich dann um eine diskontinuierliche Gradpartikel. Mir ist unklar, nach welchen Kriterien der Sprecher beispielsweise in (4-95) zwischen *-kin* und *-kään* entscheidet. Es scheinen hier beide Gradpartikeln möglich zu sein, ohne daß sich die Sprechereinstellung ändern würde. *sentään* kann ausgelassen werden, ohne daß die Gradpartikel-Konstituente eine andere Funktion bekommen würde. Sie erhält dadurch jedoch eine neue Position auf einer vorgestellten Skala. Die Möglichkeiten mit der diskontinuierlichen Gradpartikel ((4-95)), ohne *sentään* ((4-95a)) und ohne Gradpartikel überhaupt ((4-95b)) sind auf der folgenden Skala gezeichnet:

(4-95a) *Miksi sellaista väititkin↓*

  'Warum hast du so etwas auch behauptet↓'

(4-95b) *Miksi sellaista väitit↓*

  'Warum hast du so etwas behauptet↓'

```
    ──────────────────────▶
    0        5        10
 (4-95b)  (4-95a)   (4-95)
```

sentään tritt in den Ergänzungsfragesätzen, aber nicht in den *m/k*-Exclamativsätzen, auch in der Funktion eines Adverbiale auf und wird da stets betont. *-kin* und *-kAAn* können hier nicht an das finite Verb angehängt werden. Die Stellung nach dem *m/k*-Wort wird bevorzugt:

(4-97) *(Tiedäthän, että Matti ei pidä autoista puhumisesta.)*
    Miksi <u>*sentään*</u> *kerroit hänelle uudesta rättisitikastasikin↓*
    'warum <u>trotzdem</u> erzähl- er   neu   Ente   auch'

  '(Du weißt ja, daß Matti es nicht mag, daß man von Autos redet.)
  Warum hast du ihm auch trotzdem von deiner neuen Ente erzählt↓'

i)   *sitten* 'denn', 'aber'

Diese Modalpartikel taucht sowohl in den *m/k*-Exclamativ- als auch in den Ergänzungsfragesätzen auf. In den erstgenannten bewirkt sie eine zusätzliche emphatische Verstärkung, in den letztgenannten unterstreicht sie die Erotetizität auf die gleiche Art wie das deutsche *denn* in *w*-Fragesätzen. Das Vorkommen dieser Modalpartikel ist m. E. in keiner Weise von der Sprechereinstellung abhängig: (4-98) und (4-99) belegen sie in Ergänzungsfragesätzen und (4-100) und (4-101) in *m/k*-Exclamativsätzen, die als solche bereits durch eine Interjektion bzw. *-kAAn* gesichert sind:

(4-98) *Mïkä minun nimeni* <u>*sitten*</u> *on*↓ (PP 307)
     'was mein- Name <u>denn</u> sei-'

     'Was ist denn mein Name↓'

(4-99) *Mïtä te* <u>*sitten*</u> *pelkäätte*↓ (PP 182)
     'was ihr <u>denn</u> fürcht-'

     'Wovor habt ihr denn Angst↓'

(4-100) *Voi, miten ïloiseksi Toppo Tuprunen (*<u>*sitten*</u>*) tuli nähdessään*
     'ach wie froh T. T. <u>aber</u> werd- seh-

     jälleen täti Ottilian↓ (PP 135)
     wieder Tante Ottilia'

     'Ach, wie wurde Toppo Tuprunen aber froh, als er Tante Ottilia wiedersah↓'

(4-101) *Miten hyvä puu tällä luodolla (*<u>*sitten*</u>*) kasvaakaan*↓ (PP 245)
     'w.f.e. gut Baum dies- Klippe <u>aber</u> wachs-'

     'Was wächst auf dieser Klippe aber für ein guter Baum↓'

j)   *nyt* 'denn'

nyt in seiner Modalpartikel-Funktion kann im Gegensatz u. a. zu *sitten* nur in Ergänzungsfragesätzen vorkommen ((4-102) und (4-103)). In den *m/k*-Exclamativsätzen hat es die Funktion eines Temporaladverbials ((4-104) und (4-105)). Diese Funktion ist auch in den Ergänzungsfragesätzen nicht ausgeschlossen ((4-106) und (4-107)):

(4-102) *Kuka siihen* <u>*nyt*</u> *lennähti*↓ (PP 239)
     'wer da <u>denn</u> flieg-'

     'Wer kam denn da angeflogen↓'

(4-103) *Mïkä tuohon meidän Mattiin* <u>*nyt*</u> *oikein on mennyt*↓ (PP 103)
     'was jen- unser- Matti <u>denn</u> eigentlich sei- geh-'

     'Was ist denn eigentlich in unseren Matti gefahren↓'

(4-104) *Millainen önni meitä (*<u>*nyt*</u>*) kohtasi*↓ (PP 267)
     'w. f. e. Glück wir <u>jetzt</u> treff-'

     'Was hat uns jetzt für ein Glück getroffen↓'

(4-105) *Millaiseen kunniaan ja ärvoon me (*<u>*nyt*</u>*) jouduimmekaan*↓ (PP 237)
     'w. f. e. Ehre und Ruhm wir <u>jetzt</u> gerat- doch'

     'Was ist uns doch jetzt an Ehre und Ruhm widerfahren↓'

(4-106) *Mistä ne ńyt juuri tulivatkin hänen mieleensä*↓ (PP 68/69)
'woher sie <u>jetzt</u> gerade komm- auch sein- Sinn'

'Wieso fielen die ihm auch gerade jetzt ein↓'

(4-107) *Missä Matti ńyt on*↓
'wo   Matti <u>jetzt</u> sei-'

'Wo ist Matti jetzt↓'

Die Modalpartikel *nyt* 'denn' erhält keinen Starkakzent, das Temporaladverbiale
nyt 'jetzt' wird aber kontrastiv entweder zu *damals* oder *später* betont. In (4-106) ist der Kontrastakzent mit dem Gradpartikelakzent – wegen *juuri* 'gerade' –
zusammengefallen.

k)   *vasta* 'doch'

Die letzte hier zu besprechende Modalpartikel ist *vasta*, die in dieser Funktion
nur in den *m/k*-Exclamativsätzen ((4-108) und (4-109)), nicht aber in den Ergänzungsfragesätzen ((4-110) und (4-111)) auftritt. Hakulinen/Karlsson erwähnen das
Lexem auch im Zusammenhang mit Gradpartikeln. Zwar gebrauchen sie diese Bezeichnung nicht, aber die Funktion ist an ihren Beispielen erkennbar (vgl. 1979:84).
(4-112) soll diese Verwendung in einem Fragesatz demonstrieren:

(4-108) *Huu, miten Pekkapaimenta (vasta) pelotti*↓ (PP 222/223)
'huh wie   Pekkahirt   <u>doch</u>   fürcht-'

'Huh, wie hatte doch Pekkahirt Angst↓'

(4-109) *Voi kuinka kiire sillä (vasta) oli*↓ (PP 232)
'ach wie   Eile der   <u>doch</u> hab-'

'Ach wie hatte der es doch eilig↓'

(4-110) *Mistä naapuri (ˣvasta) on saanut noin komeat kengät*↓ (PP 276)
'woher Nachbar <u>doch</u> hab- bekomm- so   prächtig Schuh'

'Wo hat der Nachbar so prächtige Schuhe her↓'

(4-111) *Miksi et (ˣvasta) jää   luokseni tänne kallioluodolle*↓ (PP 250)
'warum du n. <u>doch</u> bleib- bei mir hier Klippe'

'Warum willst du nicht bei mir hier auf der Klippe bleiben↓'

(4-112) *(A: Matti näyttää niin kalpealta.)*
       B: Mutta mikähän Pekkaa vasta vaivaa↓ *(Hänhän on aivan valkoinen!)*
       'aber was wohl Pekka <u>nur</u>   fehl-'

'(A: Matti sieht so blaß aus.)
    B: Aber was mag wohl nur dem Pekka fehlen↓ (Er ist ja ganz bleich!)'

Die elf hier besprochenen Modalpartikeln dürfen nicht als eine bereits vollständige Gruppe verstanden werden. Da es in dieser Arbeit jedoch nicht nur um eine
Modalpartikelanalyse geht, will ich mich mit diesen Beobachtungen begnügen. Ich

glaube jedoch, daß es im Finnischen noch weitere Modalpartikeln gibt, die – wie beispielsweise *vasta* 'doch' und *oikein* 'eigentlich' – mit der jeweiligen Sprechereinstellung eng zusammenhängen und zu den konstitutiven formalen Merkmalen eines *m/k*-Satzes gehören.

Aus den genannten Gründen will ich an dieser Stelle lediglich festhalten, daß die Modalpartikeln im Finnischen, wie im Deutschen, das Erotetische entweder unterstreichen oder blockieren können. Auch hat jedes der hier behandelten Lexeme zumindest eine weitere Funktion; darauf gründlicher einzugehen hätte uns jedoch zu weit vom Thema geführt. In der Modalpartikel-Funktion unterstreichen *-kin* 'nur, bloß', *-hAn* 'wohl', *ihme/kumma* 'nur, bloß', *oikein/oikeastaan* 'eigentlich' und *nyt* 'denn' die Erotetizität. *-kAAn* 'doch', *-pA* 'ja', *sentään* 'aber' und *vasta* 'doch' sind zumindest in den *m/k*-Sätzen mit der erotetischen Sprechereinstellung nicht vereinbar.

5.   Negation

Der Negierbarkeit eines *m/k*-Exclamativsatzes gilt unser ganz besonderes Interesse, erlaubte sie uns im Deutschen doch eine Satzmodus-Festlegung: Die *w*-Exclamativsätze können nicht wie die *w*-Fragesätze durch *nicht* verneint werden. Das Finnische verhält sich in dieser Hinsicht dem Deutschen gleich, d. h., daß die *m/k*-Exclamativsätze nicht durch *ei* 'nicht' ((4-113) und (4-114)) negiert werden können, aber daß die Wortnegationen hier die Akzeptabilität unberührt lassen ((4-115) und (4-116)):

(4-113) ^x*Miten kaunista se ei olekaan*
       'wie   schön   das   n.   sei-doch'
       '^xWie schön ist das doch nicht'

(4-114) ^x*Voi miten happamia ne eivät olleetkaan*
       'ach wie   sauer   die   n.   sei- doch'
       '^xAch wie waren die doch nicht sauer'

(4-115) *Miten epäsiististi hän pukeutuukaan*
       'wie   un ordentlich er   s.kleid-doch'
       'Wie kleidet er sich doch unordentlich'

(4-116) *Kuinka epäloogisesti hän ajatteleekaan*
       'wie   un logisch   er denk-   doch'
       'Wie denkt er doch unlogisch'

Die *m/k*-Feststellungen haben ohne explizite Negation durch *ei* 'nicht' eine negative Bedeutung ((4-117)). Dies gilt auch für die implizit negierten Sätze ((4-118)):

222

(4-117) *Kukapa sitä aina   jaksaakaan olla kohtelias↓*
        'wer0 0   immer könn- doch sei- höflich'

        'Niemand schafft es, immer höflich zu sein↓'

(4-118) *Missäpä olisikaan epäystävällisempiä myyjättäriä kuin tavarataloissa↓*
        'wo 0 geb- doch un freundlich   Verkäuferin als Warenhaus'

        'Nirgendwo gibt es unfreundlichere Verkäuferinnen als in den
        Warenhäusern↓'

Werden die *m/k*-Sätze mit *-pA* explizit negiert, so wird ihre Bedeutung positiv.
Die Verneinung rückt diese Sätze näher an die rhetorischen Fragesätze heran, und
sie sind mit *-kAAn* inkompatibel:

(4-119) *Kukapa ei mielellään asuisi(^{x}kaan) maalla↓*
        'wer0 n. gern   wohn-   doch Land'

        'Wer würde schon nicht gern auf dem Land wohnen↓'

(4-120) *Missäpä Pekka ei olisi(^{x}kaan) ollut↓*
        'wo 0 Pekka n. sei- doch gew.'

        'Wo wäre denn Pekka schon nicht gewesen↓'

Dies bestätigen auch Hakulinen/Karlsson, indem sie schreiben, daß 'negierte *m/k*-
Fragen gewöhnlich rhetorische Verwendung finden' (vgl. 1979:273). Die Autoren
führen auch lediglich explizit negierte Beispiele auf. Damit erweist sich die
explizite Negation im Finnischen als mit einem Exclamativ- und mit einem *m/k*-
Aussagesatz unvereinbar, aber als mit einem rhetorischen Fragesatz vereinbar.

Die Ergänzungsfragesätze lassen sich sowohl explizit ((4-121)) als auch implizit ((4-122)) negieren. Die explizite Negation kann sich mit *miksi* 'warum'
assimilieren zu *miksen (=miksi + en)* 'warum ich nicht (=warum + ich nicht)',
mikset (=miksi + et) 'warum du nicht (=warum + du nicht)' etc.:

(4-121) *Mikset   ole koskaan kysynyt↓* (PP 308)
        'warum n. hab- niemals frag-'

        'Warum hast du niemals gefragt↓'

(4-122) *Kuka pukeutuu epäsiististi↓*
        'wer s. kleid-unordentlich'

        'Wer kleidet sich unordentlich↓'

6.   Der sprachliche und der außersprachliche Kontext des *m/k*-Ausdrucks

Die Verben *kysyä* 'fragen' und *ihmetellä* 'sich wundern' mit ihren Ableitungen
sind auch im Finnischen relativ zuverlässige Fragemerkmale:

(4-123) *(Saanko kysyä:) ╫ kuka on   vastuussa   koneen   huollosta↓*
        'dürf-? frag-   wer sei- verantwortlich Maschine Wartung'

        '(Darf ich fragen:) ╫ wer ist zuständig für die Wartung der
                                                          Maschine↓'

(4-124) *(Poika katseli ihmeissään joulupukkia:)*
'Junge s.anseh- staunend Weihnachtsmann'
            ▽
Kuinka valkoinen sinun partasi onkaan↓
'wie weiß dein Bart sei-doch'

'(Der▽Junge sah sich den Weihnachtsmann staunend an:)
Wie weiß ist doch dein Bart↓'

Die assertive Funktion eines *m/k*-Satzes hängt mit dem Verb *sanoa* 'sagen' zusammen:

(4-125) *(Kaksi vanhusta keskustelee lastensa pitkäaikaisesta vaitiolosta.*
Toinen <u>sanoo</u> toiselle:) Kenelläpä nykyään vanhuksille aikaa olisikaan↓
'd.e. <u>sag-</u> d.a.'

'Zwei alte Menschen unterhalten sich über das lange Schweigen ihrer
Kinder. Der eine sagt zum anderen:) Es hat doch heutzutage keiner
mehr Zeit für alte Menschen↓'

Da sich der Kontext[12] im Finnischen in gleicher Weise wie im Deutschen auf die
Funktion des Wort-Fragesatzes oder eines mit diesem syntaktisch ähnlichen Satzes
auswirkt (mit dem Zusatz des assertiven Kontextes), sollen in diesem Kapitel nur
noch die Interjektionen kurz besprochen werden. Die primäre Interjektion *voi*
'ach' (mit eventuellen Zusätzen) scheint mit positiver Einstellung des Sprechers
zur Proposition des Exclamativsatzes ((4-126) und (4-127)), *huu/hui* 'huh' und
hyi 'pfui' mit negativer Einstellung ((4-128)-(4-130)) zusammenzuhängen:

(4-126) *Voi voi, kuinka tästä tulee häuskaa*↓
'ach ach wie dies- werd- lustig'
                        ▽
'Ach ach, wie wird dies lustig↓'

(4-127) *Voi, miten härtaasti se sellaisina hetkinä olisi halunnut olla*
'ach wie sehr er solch- Augenblick sei- woll- sei-'

suora, kaunis, uljas honka↓ (PP 245)
'gerade schön wacker Föhre'
                ▽
'Ach wie sehr hätte er in solchen Augenblicken eine gerade, schöne,
wackere Föhre sein wollen↓'

(4-128) *Huu, millainen kylmä viima kaapista kävi*↓ (PP 53)
'huh w. f. e. kalt Zug Schrank komm-'
                        ▽
'Huh, was für ein kalter Zug aus dem Schrank kam↓'

(4-129) *Hui, kuinka minä säikähdin*↓
'huh wie ich erschreck-'
                ▽
'Huh, wie ich erschrak↓'

(4-130) *Hyi, kuinka paha tyttö hän olikaan*↓ (PP 176)
'pfui w.f.e. böse Mädchen sie sei-doch'
                        ▽
'Pfui, was war sie doch für ein böses Mädchen↓'

---

12 Zu der Auffassung des Begriffs s. S. 34ff.

In den Ergänzungsfragesätzen kommt vor allem *kas* 'schau mal' vor, das in erster Linie ein Verwunderungssignal ist und eine deutliche Sprechpause vor dem *m/k*-Satz voraussetzt:

> (4-131) *Kas* /̸ *mikä jakkarani tuossa viruu*↓ (PP 145)
> 'schau mal welch- Hocker da h.lieg-'
>
> 'Schau mal /̸ welcher von meinen Hockern liegt (denn) da herum↓'

Es erscheinen außerdem sekundäre Interjektionen sowohl in den Exclamativsätzen als auch in den Ergänzungsfragesätzen. In den letzteren ist die Pause zwischen der Interjektion und dem *m/k*-Satz wiederum länger als in den ersteren:

> (4-132) *Ajatella, millainen k̆unniaan ja ărvoon me jouduimmekaan*↓ (PP 237)
> '<u>denken</u> w.f.e. Ehre und Ruhm wir gerat- doch'
>
> 'Denkt mal, was ist uns doch an Ĕhre und Rŭhm widerfahren↓'
>
> (4-133) *Voihan nenä* /̸ *missähän me nyt olemme*↓
> 'ach Nase wo wohl wir jetzt sei-'
>
> '<u>Ach</u> <u>du</u> <u>Schande</u> /̸ wo werden wir jetzt wohl sein↓'

Mit diesem kleinen Überblick über den Kontext schließe ich die Behandlung der Ergänzungsfragesätze ab, um im nächsten Abschnitt andere Wort-Fragesatztypen mit zumindest ihren wichtigsten Merkmalen zu kategorisieren. Die intonatorischen Merkmale werden jeweils am Ende der Wort-Fragesätze und der Satz-Fragesätze für alle Fragesatztypen, zu deren Realisierungen Oszillomink-Aufzeichnungen zur Verfügung stehen, in zusammengefaßter Form besprochen.

4.2.   Andere *m/k*-Fragesätze in der Hierarchie der Wort-Fragesätze

In der einschlägigen Literatur zu Fragesätzen im Finnischen wird weitgehend auf
die Behandlung von syntaktisch-morphologischen Merkmalen verzichtet, obwohl von
diesen aus mögliche Einteilungen in einheitlichere formale (und funktionale)
Gruppen wahrscheinlicher sind als beispielsweise die relativ heterogene Kategorie *hämmästelykysymys* 'Verwunderungsfrage' mit Belegen aus einem bloßen Fragewort, einem Entscheidungsfrage- und einem assertiven Fragesatz (Hakulinen/Karls-
son 1979:286).

Im folgenden wird in knapper Form eine Übersicht über sowohl formal als auch
funktional abgeschlossene Wort-Fragesatztypen angestrebt. Als Grundlage dient
das entsprechende Kapitel (2.2.) zum Deutschen.

4.2.1. Deliberativer Wort-Fragesatz

Dieser Wort-Fragesatz wird im Finnischen vor allem durch die Modalpartikeln *-hAn*
'wohl' und *-kAAn* 'wohl' gekennzeichnet:

(4-134) *Mikähän*   *väri parhaiten sopisi minulle↓* (PP 230)
        'welch-wohl Farbe am besten steh- ich'

        'Welche Farbe mir wohl am besten stehen würde↑'

(4-135) *Mitähän Malcolm mahtoi tällä hetkellä ajatella siellä aitassaan↓*
                                                                 (SE 75)
        'waswohl Malcolm mög- dies- Augenbl. denk-   dort   Speicher'

        'Woran Malcolm wohl im Augenblick auf seinem Speicher denken mochte↑'

(4-136) *Miten olisi metsän käynytkään↓ (, ellei hän vahingossa olisi*
        'wie sei- Wald   ergeh-wohl'

        iskenyt kirvestään kiveen (...)) (PP 102)

        'Wie es dem Wald wohl ergangen wäre↑ (, wenn er aus Versehen seine
        Axt nicht in einen Stein gehauen hätte (...))'

(4-137) *Mistä lienevätkään aallot sen siemenen kerran luodolle kantaneet*
                                                    (...)↓ (PP 244)
        'woher hab-   wohl Welle der Same   einst Klippe trag-'

        'Wo die Wellen den Samen wohl einst auf die Klippe hergetragen
        haben werden↑'

(4-138) *Mitähän meille mahtaakaan tapahtua↓* (PP 235)
        'was wohl wir   mög- wohl gescheh-'

        'Was uns wohl geschehen wird↑'

Die deliberativen Wort-Fragesätze mit *-hAn*, das - wie *-kAAn* - fakultativ ist,
aber die Antwortverpflichtung des Hörers demonstrativ aufhebt, unterscheiden
sich von den Ergänzungsfragesätzen mit derselben Modalpartikel in erster Linie

durch den Verbmodus: Der Konditionalis und der Potentialis (vgl. in (4-135) und (4-138) Ersatzform mit *mahtaa* 'mögen') sind die einzigen Verbmodi, die mit dem deliberativen Fragesatz vereinbar sind. Indem sie ihrerseits die Sprechereinstellung unterstreichen, ersetzen sie die im Finnischen weitgehend fehlenden Merkmale wie den hohen Offset und die Verb-Letzt-Stellung, die im Deutschen eine Abgrenzung ermöglichen. So weisen die Wort-Fragesätze mit *-hAn* im Indikativ eine Antwortverpflichtung des Hörers auf; solche im Konditionalis und Potentialis sind zwar mit einer Antwort-Erwartung verbunden, dem Hörer entstehen bei Nicht-Beantwortung jedoch keine Sanktionen; schließlich kann eine deliberative Frage auch im Finnischen eine Selbst-Frage sein. Moduskennzeichnend ist, daß *-hAn* in *m/k*-Exclamativsätzen nicht vorkommen kann.

-kAAn wird in den deliberativen Fragesätzen wegen der oben genannten Modusbeschränkungen nur an Verben im Konditionalis ((4-136)) oder Potentialis ((4-137)) angehängt. Diese Modusbeschränkung und das Fehlen eines Starkakzents auf dem *m/k*-Wort sowie dessen Anfangsstellung im Satz sind die wichtigsten syntaktischen Unterschiede zum Versicherungsfragesatz, in dem *-kAAn* ebenfalls vorkommt. Da die *m/k*-Exclamativsätze mit *-kAAn* zumeist im Indikativ stehen und in der gesprochenen Sprache außerdem durch die Akzentsetzung (im deliberativen Fragesatz auf dem rhematischen Element, im *m/k*-Exclamativsatz beispielsweise auf einem graduierbaren Element) vom deliberativen Fragesatz unterschieden werden, entstehen hier kaum Ambiguitäten.

Hietaranta kommt mit seiner Erläuterung zu dem Beispiel *Mikä sen Martan sukunimi olikaa* 'Wie hieß die Martta mit Nachnamen'[13] sehr in die Nähe des deliberativen Fragesatzes: "die ausgesprochene Frage stellt ausschließlich lautes Denken des Sprechers dar"[14] (1980:252). Meines Erachtens wird hier die Sprechereinstellung vom Autor nicht richtig aufgefaßt, denn der Sprecher beabsichtigt hier sehr wohl eine Frage mit Antwortverpflichtung des Hörers. Der angegebene fakultative Zusatz *katok kum muisti pettää* (ebd.) 'schau mal her, wie das Gedächtnis mich im Stich läßt' würde nach meinem Sprachempfinden die Aufhebung der Antwortverpflichtung auch nicht verstärken, wie Hietaranta an gleicher Stelle behauptet. Es scheint sich bei ihm die Kategorie des deliberativen Fragesatzes mit der des Versicherungsfragesatzes zu überschneiden: "Dadurch, daß der Sprecher die enklitische Partikel (-kaan) verwendet, drückt er meines Erachtens seinen Hörern oder

---

13 Mit Intonationsmarkierung: Wie hieß die Martta mit Nachnamen↑

14 "lausuttu kysymys on pelkästään puhujan ääneenajattelua."

seinem Hörer gegenüber aus, daß er den Namen früher schon gehört hat, an den er sich jetzt zu erinnern versucht (...)"[15] (1980:252). Gerade die erfüllte pragmatische Bedingung, daß der Sprecher glaubt, die Information bereits erhalten zu haben, ist neben dem indikativischen Verbmodus und einem Starkakzent auf *mikä* 'was: wie' für mich der wichtigste Anlaß, diesen Fragesatz den Versicherungs- und nicht den deliberativen Fragesätzen zuzuordnen. Ohne Antwortverpflichtung ist hingegen *Mikä(hän) sen Martan sukunimi olisi ollut(kaan)*↓[16] 'Wie die Martta wohl mit Nachnamen geheißen hätte↑'. Dieser Fragesatz stellt für mich als einzig möglicher die von Hietaranta wohl gemeinte 'Selbst-Frage' als Sub-Kategorie u. a. des deliberativen Fragesatzes dar.

4.2.2. Wort-Rückfragesatz

(4-139) *(A: Millä koneella Maija tulee↓)*
     B: Ettäkö millä   koneella Maija tulee↓
     'daß? welch- Maschine Maija komm-'

     (A: Niin, hänhän tulee tällä kerralla lentäen.
     B: Minä luulin, että hän tulee junalla kuten aina.)

     '(A: Mit welchem Flugzeug kommt Maija↓)
     B: Mit welchem Flugzeug Maija kommt↑
     (A: Ja, sie kommt diesmal ja mit einem Flugzeug.
     B: Ich dachte, sie wird mit dem Zug kommen wie immer.)'

(4-140) *(A: Kuinka ihmeessä sinä tänne löysit↓)*
     B: Ettäkö kuinka minä tänne   löysin↓
     'daß? wie   ich   hierher find-'

     (A: Niin, tännehän pitäisi olla vaikea löytää.
     B: Onhan tie viitoitettu.)

     '(A: Wie hast du bloß hierher gefunden↓)
     B: Wie ich hierher gefunden habe↑
     (A: Ja, es soll ja schwierig sein, hierher zu finden.
     B: Der Weg ist ja beschildert.)'

Der hohe Offset war eines der wichtigsten Merkmale des Wort-Rückfragesatzes im Deutschen. Das Finnische greift im Wort-Rückfragesatz auch auf ein Merkmal der Satz-Rückfragesätze zurück, nämlich auf die Frage-Partikel *-kO*. Sie wird an *että* 'daß' angehängt, dessen Vorhandensein u. a. neben Sequenzunterschieden den Wort-

---

15 "Liitepartikkelia käyttämällä puhuja nähdäkseni ilmaisee kuulijoilleen tai kuulijalleen, että on jo kyllä aiemmin kuullut nimen, jota nyt yrittää saada mieleensä (...)"

16 Es können hier beide Modalpartikeln - wie auch in (4-138) - oder nur eine von beiden stehen. Ohne Modalpartikel wäre der Satz kaum akzeptabel.

Rückfragesatz von der Frage-Übernahme abgrenzt. *että* stellt hier einen notwendigen Zusatz dar, damit auf den ganzen Frage-Akt von A erstaunt und nach der
Rechtfertigung fragend Bezug genommen werden kann. *ettäkö* erfüllt die gleiche
kennzeichnende Funktion wie das steigende Tonmuster im Deutschen.

Im übrigen verhalten sich die Wort-Rückfragesätze in beiden Sprachen gleich:
Es werden die Modalpartikeln weggelassen, wie beispielsweise *ihmeessä* 'bloß' in
(4-140). Sequentiell geht dem *m/k*-Rückfragesatz ein *m/k*-Fragesatz voran, dessen
Rechtfertigung den Folge-Akt gestaltet. Die Rückfrage kann ähnlich wie im Deutschen als Test für die Erotetizität des vorangehenden Satzes benutzt werden. So
kann sie beispielsweise nicht auf eine Feststellung gestellt werden und führt
hier zwangsweise zu Gesprächssequenzen folgender Art:

(4-141) *(A: Mikäpä siinä auttoi↓)* (PP 90)
 B: Ettäkö mikä siinä auttoi↓
 (A: En kysynyt, mikä siinä auttoi, vaan totesin,
 että siinä ei auttanut mikään.)

'(A: Da half nichts↓)
 B: Da half nichts↑)
 (A: Ich habe nicht gefragt, ob da etwas half, sondern ich
 habe festgestellt, daß da nichts half. = Ja, ich habe
 gesagt, daß da nichts half.)'

4.2.3. Versicherungsfragesatz

(4-142) *(Kenelle kuuluu tuo kaunis luumupuu? hän kysyi. Tyttö istui luumu-*
 puun alla ja kuuli kysymyksen. - Puu on minun, hän vastasi. (...))
 Kenelle kuuluikaan tuo kaunis luumupuu↓
 'wer gehör-doch jen- schön Pflaumenbaum'

 (hän kysyi. Tyttö nousi ja sanoi: - Puu on minun.) (PP 291/292)

 '(Wem gehört der schöne Pflaumenbaum dort? fragte er. Das Mädchen
 saß unter dem Pflaumenbaum und hörte die Frage. - Der Baum ist
 meiner, antwortete sie. (...))
 Wem gehörte der schöne Pflaumenbaum dort↑
 (fragte er. Das Mädchen stand auf und sagte: - Der Baum ist meiner.)'

(4-143) *(Kyllä niitä on olemassa vieläkin pienempiä ulkomailla. Kolibrit*
 esimerkiksi. (...) Mutta äiti sanoi, että ulkomailla on -)
 mitä ne nyt taas olivatkaan↓ (PP 6/7)
 'was sie nun wieder sei- doch'

 '(Es gibt schon noch kleinere im Ausland. Zum Beispiel die Kolibris.
 (...) Aber Mama sagte, daß es im Ausland gibt -)
 was waren die↑'

(4-144)   (- Milloin sinä olet ruvennut sanomaan minua sedäksi?
          - Minä rupesin kun sinä olit poissa niin kauan.)
          - Hä↓ (SE 154)
            'was'

          '(- Seit wann nennst du mich Onkel?
             - Ich nenne dich Onkel, weil du so lange
               weggeblieben bist.)
             - Was↑'

(4-145)   (A: Mikäpä siinä auttoi.) (PP 90)
           B: Mikäpä siinä mitä↓
              'was0 da   was'

          (A: Auttoi.)

          '(A: Da half nichts.)
            B: Da was↑
           (A: half nichts.)'

(4-146)   (A: Koska kävisimme Lahdessa?)
           B: Anteeksi, koska kävisimme missä↓
              'Bitte   wann geh-   wo'

          (A: Lahdessa.)

          '(A: Wann fahren wir nach Lahti?)
            B: Bitte, wann fahren wir wohin↑
           (A: Nach Lahti.)

(4-147)   (A: Asuneeko Maija vielä Helsingissä?)
           B: Että asuneeko Maija vielä missä↓
              'daß wohn- ? M.   noch wo'

          (A: Helsingissä.)

          '(A: Ob Maija wohl noch in Helsinki wohnt?)
            B: Ob Maija noch wo wohnt↑
           (A: In Helsinki.)

(4-148)   (A: Osta minulle tullessasi lehti!)
           B: 'Osta sinulle mitä↓ / Mitä minun pitääkään sinulle ostaa↓
              'kauf- du   was   was ich   soll-doch du   kauf-'

          (A: Lehti.)

          '(A: Kauf mir eine Zeitung, wenn du kommst!)
            B: Kauf dir was↑ / Was soll ich dir kaufen↑
           (A: Eine Zeitung.)'
                       ▽
(4-149)   (A: Kuinka suloinen Maija onkaan↓)
           B: Kuinka suloinen kuka onkaan↓
              'wie süß   wer sei-doch'

          (A: Maija.)
                       ▽
          '(A: Wie süß doch die Maija ist↓)
            B: Wie süß wer ist↑
           (A: Maija.)'

Das zum Versicherungsfragesatz im Deutschen Gesagte kann zum selben Fragesatztyp im Finnischen übernommen werden, insbesondere was den Vor-Text ((4-142)-
(4-145): Aussagesatz; (4-146): Ergänzungsfragesatz; (4-147): Satz-Fragesatz; (4-
148): Aufforderungssatz; (4-149): m/k-Exclamativsatz), den Ursprung (im allgemeinen mangelndes Verständnis des Vor-Textes), die Stellung der Fragewörter und
des Starkakzents sowie die Verbmodi ((4-142: Indikativ; (4-146): Konditionalis;
(4-147): Potentialis; (4-148): Imperativ) betrifft.

Die größten Unterschiede zwischen den beiden Sprachen bestehen auch bei diesem Fragesatztyp in der Wahl der Intonationskonturen und in der Verwendung der
Modalpartikeln. Wie der Wort-Rückfragesatz, wird auch der Versicherungsfragesatz
im Finnischen mit einem tiefen Offset realisiert. Der Starkakzent auf dem Fragewort und die Modalpartikel *-kAAn* 'doch', an einem nicht-imperativischen Verb,
sind die wichtigsten formalen Abgrenzungsmerkmale des Versicherungsfragesatzes
u. a. zum Ergänzungsfragesatz. Da ein Ergänzungsfragesatz nicht im Imperativ
stehen kann, besteht beim imperativischen Verbmodus des Versicherungsfragesatzes
keine Notwendigkeit zur Abgrenzung. Hier fehlt außerdem *-kAAn* aus Gründen, die
unten besprochen werden. Vorab sei erwähnt, daß die imperativische Variante von
(4-148) nur verwendet wird, wenn A undeutlich gesprochen hat, die indikativische
beispielsweise bei Zerstreutheit von B. Besteht der Vor-Text aus einem Satz-
Fragesatz, wird auf *-kAAn* ebenfalls verzichtet. Statt dessen kennzeichnet *että*
'daß' am Satzanfang und *-kO* '?' am finiten Verb den Satz als Versicherungsfragesatz.

Hietaranta[17] gibt für die Verwendung von *-kAAn* in Fragesätzen als Hauptgrund
an, daß der Sprecher damit dem Hörer signalisieren kann, daß er gesteht, die von
diesem verlangte Information früher bereits erhalten zu haben (1980:251;253).
Dieses Signalisieren liegt auch den deutschen Versicherungsfragesätzen zugrunde
und gilt damit als Beweis für die Einheitlichkeit des Funktionstyps: Hätte der
Sprecher die betreffende Information nicht früher erhalten, könnte er - von einigen Valenzbeschränkungen abgesehen - die Informationslücke nicht richtig füllen, d. h., das richtige Fragewort einsetzen. Da der deutsche Versicherungsfragesatz mit einer Modalpartikel nicht kompatibel ist und dennoch eine nochmalige
Bitte um Information signalisiert, muß die Semantik von *-kAAn* differenzierter
untersucht werden.

Die Notwendigkeit des oben genannten Signalisierens führt Hietaranta auf
zwei Ursachen zurück, die - wie er auch selbst schreibt - sich nicht auszu-

---

17 Hietaranta verwendet zwar nicht den Terminus 'Versicherungsfragesatz', son-
    dern spricht generell von 'Frage'. Seine Beispiele 1-4 lassen jedoch diesen
    speziellen Typ erkennen.

schließen brauchen (vgl. 1980:254): Erstens können mit *-kAAn* pragmatische und semantische Implikationen aus dem früheren Verlauf des Gesprächs aufrechterhalten werden. Ich möchte dies auf das gemeinsame Wissen der an der Diskussion Beteiligten erweitern; dies würde, auf das Beispiel (4-142) angewendet, ergeben: *Ich weiß, daß du weißt, daß ich weiß, daß ich schon (mindestens) einmal gefragt habe, wem dieser Pflaumenbaum gehört.* Das aus einem früheren Gespräch herrührende gemeinsame Wissen wird durch *-kAAn* angezeigt, um Antworten wie *Das habe ich dir ja schon mal gesagt.* vorzubeugen. Doch auch diese Implikationen vermag der Sprecher mit einem deutschen Versicherungsfragesatz ohne Modalpartikel zu vermitteln. Ferner kann sich der Sprecher mit *-kAAn* für die durch die Bitte um Wiederholung verursachte Kommunikationsstörung entschuldigen und somit (mindestens versuchen zu) vermeiden, daß sich der Hörer über die Störung ärgert (vgl. Hietaranta 1980:253). Dies halte ich für die zutreffendste pragmatische Interpretation von *-kAAn* in den Versicherungsfragesätzen und sehe hier die Übereinstimmung in der Funktion des steigenden Tonmusters im Deutschen und der Modalpartikel *-kAAn* im Finnischen. Das Beispiel (4-148) soll diese Überlegung verdeutlichen: Reagiert B statt mit einem der aufgezeichneten Versicherungsfragesätze mit einem Ergänzungsfragesatz *Mitä minun pitää sinulle ostaa* 'Was soll ich dir kaufen', muß B mit Erwiderungen wie *Bist du taub?*, *Hast du mir denn gar nicht zugehört?* rechnen. Bei (4-148) empfindet A nur einen Versicherungsfragesatz als adäquat, und B ist derjenige, der den Kommunikationsablauf belastet. Deshalb muß er sich, wenn er die Gesprächsmaximen beachtet, für diese Störung entschuldigen. Dies tut er im Finnischen mit der Modalpartikel *-kAAn* und im Deutschen mit der Intonation, gekennzeichnet u. a. durch den hohen Offset.

Eine Gegenprobe bieten diejenigen Versicherungsfragesätze, in denen *-kAAn* fehlt. Bei diesen Fällen hält der Sprecher des Versicherungsfragesatzes nicht sich, sondern den Hörer für verantwortlich für die Störung, und er sieht sich deshalb auch nicht veranlaßt, sich hierfür zu entschuldigen. Im Gegenteil bringt er durch das Weglassen von *-kAAn* bei Erhaltung des Starkakzents seinen Ärger darüber zum Ausdruck, daß der Hörer seiner Ansicht nach insbesondere gegen die Maxime der Relevanz verstoßen hat.

Die Versicherungsfragesätze im Finnischen können also analog zum Deutschen eingeteilt werden einerseits in Eigen-Versicherungsfragesätze und andererseits in Fremd-Versicherungsfragesätze (vgl. S. 82). Ihr gemeinsames Merkmal ist der Starkakzent auf dem "zu versichernden" *m/k*-Wort. Im Unterschied zum Eigen-Versicherungsfragesatz mit der Modalpartikel *-kAAn* weist der Fremd-Versicherungsfragesatz keine Modalpartikel auf.

4.2.4. Ultimativer Wort-Fragesatz

> (4-150) *(A: Kuinka kauan kestää lento Münchenistä Helsinkiin↓*
>   *B: Jouluna.)*
>   *A: Kuinka kauan lento Münchenistä Helsinkiin kestää↓*
>   'wie   lange Flug München   Helsinki   dauer-'
>
>   '(A: Wie lange dauert ein Flug von München nach Helsinki↓
>   B: Zu Weihnachten.)
>   A: Wie lange ein Flug von München nach Helsinki dauert↓

Der ultimative Wort-Fragesatz beruht im Finnischen auf der Leistung der Wortstellung und der Intonation. Diese heben das kommunikativ wichtigste Element im
Fragesatz hervor. Wiederholt der Sprecher seine Frage, auf die er keine adäquate
Antwort erhalten hat, stellt er das hervorzuhebende Element ans Satzende und
versieht es mit einem Starkakzent. (Da die erste Satzgliedstelle durch die *m/k*-
Konstituente besetzt bleibt, ist von den für die Hervorhebung vorgesehenen Stellen im Satz eben nur die am Satzende möglich.) Die *m/k*-Konstituente und das her-
vorgehobene Element bilden einen "Fragerahmen".

Den Starkakzent und den die Ungeduld des Sprechers anzeigenden Ton teilen
die beiden zu vergleichenden Sprachen bei diesem Fragesatztyp. Die obligatorische Verb-Letzt-Stellung im Deutschen unterscheidet sich von der freieren
Verb-Stellung im Finnischen. So wäre im entsprechenden Kontext auch ein ultimativer Fragesatz wie *Kuinka kauan kestää lento Helsinkiin Münchenistä?* denkbar.

Gegen die Auslegung als *m/k*-Exclamativsatz sprechen u. a. der obligatorische
Vor-Text, die Stellung des Starkakzents und die Inakzeptabilität von Modalpartikeln.

4.2.5. Wort-Fortsetzungsfragesatz

> (4-151) *(A: Olin sopinut Matin kanssa tapaamisesta kaupungilla,*
>   *ja löysinkin hänet lopulta Stockmannin edestä.)*
>   *B: Ai   missä olitte sopineetkin   tapaavanne vai↓*
>   'also wo   hab- vereinbar-auch treff-   oder'
>
>   *(A: Ei, vaan meidän piti tavata Sokoksen edessä, mutta Matti oli*
>   *muistanut paikan väärin, ja oli pelkkä sattuma, että yleensä*
>   *tapasimme ollenkaan.)*
>
>   '(A: Ich hatte mich mit Matti in der Stadt verabredet,
>   und ich traf ihn auch endlich vor Stockmann.)
>   B: Wo ihr euch auch verabredet hattet↑
>   (A: Nein, sondern wir wollten uns vor Sokos treffen, aber Matti
>   hatte den Ort verwechselt, und es war ein reiner Zufall,
>   daß wir einander überhaupt trafen.)'

Auch beim Wort-Fortsetzungsfragesatz wird im Finnischen wiederum auf eine Partikel – nämlich auf *ai* 'also' – und auf den "tag" *vai* 'oder' zurückgegriffen. Die Partikel *ai* kann weggelassen werden, aber der "tag" ist obligatorisch. Der "tag" scheint auch das eigentliche Fragemerkmal zu sein, denn wenn er fehlt, ist der *m/k*-Satz nur mit der assertiven Sprechereinstellung vereinbar, und die Funktion von *ai* ist die einer Interjektion. Dieser Funktionswandel ist mit einer obligatorischen Pause zwischen der Interjektion und dem *m/k*-Ausdruck sowie mit dem gemeinsamen Wissen des Sprechers und des Hörers verbunden:

(4-151a) *(A: Olin sopinut Matin kanssa tapaamisesta kaupungilla,*
ja löysinkin hänet lopulta Stockmannin edestä.)
B: *Ai ǂǂ missä olitte sopineetkin tapaavanne↓*

'(A: Ich hatte mich mit Matti in der Stadt verabredet,
und ich traf ihn auch endlich vor Stockmann.)
B: Ach ja ǂǂ wo ihr euch (ja) auch verabredet hattet↓'

Die die Erotetizität garantierende Funktion des "tags" *vai* 'oder' grenzt diesen Fragesatztyp zu den bisher behandelten finnischen Fragesatztypen ab: Im Versicherungsfragesatz sind alle "tags" inakzeptabel. Im Wort-Rückfragesatz würde *vai* in einer Übermarkierung der erotetischen Sprechereinstellung resultieren, weil *ettäkö* 'daß?' allein bereits demarkativ ist.

4.3. *m/k*-Ausdrücke mit bedingt erotetischer Sprechereinstellung

4.3.1. Wortfrage-Übernahme

(4-152) *(A: Miksi et sano totuutta↓)*
B: *Miksikö en sano totuutta↓ (No kun en tiedä sitä itsekään.)*
'warum? n. sag- Wahrheit'

'(A: Warum sagst du nicht die Wahrheit↓)
B: Warum ich die Wahrheit nicht sage↑
(Ich weiß sie doch auch selber nicht.)'

(4-153) *(A: Kenen kynällä kirjoitat↓)*
B: *Kenenkö kynällä kirjoitan↓ (Omallani tietysti.)*
'wessen? Stift   schreib-'

'(A: Mit wessen Stift schreibst du↓)
B: Mit wessen Stift ich schreibe↑
(Mit meinem eigenen selbstverständlich.)'

Dieser *m/k*-Satztyp zeigt wiederum die funktionale Entsprechung von *-kO* '?' im Finnischen und vom steigenden Tonmuster im Deutschen, wie wir sie schon beim Wort-Rückfragesatz feststellten. Die Verlegung des Primärakzents ans Satzende zeugt für fehlenden Appell an Kooperativität des Hörers, das heißt, es handelt sich nicht um eine echte Frage, sondern eher um eine taktische Wiederholung einer an den Sprecher gestellten Ergänzungsfrage mit der zusätzlichen Funktion einer Bestätigung, daß der Hörer diese ihm gestellte Ergänzungsfrage auch empfangen hat.

-kO '?' kommt in *m/k*-Sätzen außerdem nur im bereits erwähnten Wort-Rückfragesatz vor, doch wird es dort nicht an das Fragewort wie hier, sondern an *että* 'daß' angehängt. '*m/k*-Wort + *-kO*' ist der Wortfrage-Übernahme vorbehalten, und diese Kombination bedarf deshalb keiner weiteren Abgrenzungsanalyse, weder zu *m/k*-Fragesätzen noch zu anderen *m/k*-Ausdrücken.

4.3.2. Rhetorischer *m/k*-Fragesatz

Mit den aufgrund meines Korpus herausgearbeiteten und in der Literatur zu findenden Hinweisen will ich im folgenden den rhetorischen *m/k*-Fragesatz charakterisieren, insofern er sich von der entsprechenden deutschen Kategorie unterscheidet. Es zeigt sich, daß Modalpartikeln, insbesondere *-pA* und *-kAAn* von den enklitischen, häufig in den rhetorischen Fragesätzen vorkommen. Diese sind jedoch auch u. a. in Aussagesätzen (*-pA*) und in Exclamativsätzen (*-kAAn*) anzutreffen. Von diesen Partikeln aus können *m/k*-Satzmodi nicht determiniert werden, ja ich nehme an, daß sie zu den vielen Fehl-Interpretationen verleitet haben, die in der finnischen Literatur zu finden sind: Es werden oft *m/k*-Exclamative und -Feststellungen und sogar deliberative Fragen mit *-hAn* 'wohl' als rhetorische Fragen bezeichnet.

Die Modalpartikel *muka* scheint nur in rhetorischen *m/k*-Fragesätzen - ähnlich wie *schon* im Deutschen - vorzukommen und eine Antwort zu präferieren, aber nicht hervorzurufen; eine Antwortverpflichtung entsteht für den Hörer nicht, im Gegenteil soll durch *muka* eine Antwort unterdrückt werden. Dies demonstrieren (4-154) - ein rhetorischer Fragesatz mit *muka* und *-hän*: präferierte, aber unterdrückte Antwort -, (4-154a) - ein deliberativer Fragesatz mit *-hän*: ohne Antwortverpflichtung - und (4-154b) - ein Ergänzungsfragesatz mit Antwortverpflichtung -:

 (4-154) *Mitähän nuokin muka sienistä ymmärtävät*↓ (PP 26)
     'was<u>wohl</u> die auch <u>schon</u> Pilz versteh-'

     'Was werden die auch wohl schon von Pilzen verstehen↓'

 (4-154a) *Mitähän nuo ymmärtävät sienistä*↓
     'was<u>wohl</u> die versteh- Pilz'

     'Was die wohl von Pilzen verstehen↑'

 (4-154b) *Mitä nuo ymmärtävät sienistä*↓
     'was die versteh- Pilz'

     'Was verstehen die von Pilzen↓'

Weitere Beispiele für rhetorische *m/k*-Fragesätze mit *muka* sind:

(4-155) *Mitä sinulta muka puuttuu*↓ (PP 294)
     'was du   schon fehl-'

     'Was fehlt dir (denn) schon↓'

(4-156) *Mitäs tässä perunamaassa nyt sitten muka on ihmeellistä*↓ (PP 87)
     'was dies- Kartoffelacker nun denn schon sei- merkwürdig'

     'Was ist denn nun schon merkwürdig an diesem Kartoffelacker↓'

Karttunens Hinweis, daß die Modalpartikel *nyt* ein Merkmal des rhetorischen
Fragesatzes ((4-157)) ist (vgl. Karttunen/Karttunen 1976:113), kann nur teilweise bestätigt werden, denn wie (4-102) und (4-103) zeigen, kommt diese Modalpartikel auch in Ergänzungsfragesätzen vor:

(4-157) *Kukapa se (nyt) muukaan olisi latvasta ylettänyt omenoita ottamaan*↓
     'wer der nun sonst hab- Wipfel erreich- Apfel nehm-'(PP 62)

     'Wer hätte denn nun sonst die Äpfel vom Baumwipfel erreichen können↓'

-hAn und *sitten* sind nur zusammen mit *muka* und *-kin, -kO, ihme/kumma, oikeas-
taan/oikein, sentään* und *vasta* überhaupt nicht mit dem rhetorischen *m/k*-Frage-
satz kompatibel. *-kAAn, -pA* und *-s*, d. h. Modalpartikeln, die für Exclamativ-,
Aussage- und Fragesätze typisch sind, werden im rhetorischen Fragesatz, der –
wie auf Seite 110 konstatiert, – eine Mischung aus allen drei Typen darstellt,
am häufigsten verwendet:

(4-158) *Mitä(päs) sinunlaisesi lauhkea eläin sellaisilla tekisikään*↓ (PP 30)
     'was<u>denn</u> wie du   zahm Tier solch- tu- <u>auch</u>'

     'Was würde denn auch ein zahmes Tier wie du mit so was tun↓'

Ein wichtiges Kriterium für die formale Unterscheidung zwischen dem rhetorischen
Frage- und dem Ergänzungsfragesatz ist neben den Modalpartikeln die Akzentsetzung. Der Primärakzent liegt hier als Zeichen für fehlenden Appell an Koopera-
tion des Hörers am Satzende, nicht auf dem *m/k*-Ausdruck am Satzanfang wie beim
Ergänzungsfragesatz.

Die Unterscheidung zwischen einem rhetorischen Fragesatz und einem *m/k*-
Aussagesatz könnte eventuell aufgrund der Koordination getroffen werden. Diesen
Hinweis verdanke ich Pääkkönen, die in ihrem Aufsatz "Kysymyksiä" 'Fragen'
schreibt: "Ein zweiter Beweis für die Verwendung eines Satzes von der Form eines
Fragesatzes in der Funktion einer Behauptung ist dessen glatte Koordination mit
einem Hauptsatz (Aussagesatz?) ;"[18] (Pääkkönen 1980:173). Pääkkönens Beispiele
sind Satzfragesätze, mit denen sie den rhetorischen Fragesatz belegt, unter dem

---

18 "Toinen todiste kysymyslauseen muotopiirteet sisältävän lauseen käytöstä
    väitteen funktiossa on sen reipas rinnastaminen päälauseeseen:"

sie – wie Hakulinen/Karlsson – einen Ausdruck versteht, der 'nicht wortwörtlich
eine Behauptung ausdrückt, sondern diese oft impliziert'[19] (Hakulinen/Karlsson
1979:286). Pääkkönen unterscheidet nicht zwischen einer *m/k*-Feststellung/Be-
hauptung und einer rhetorischen *m/k*-Frage, so daß man die Koordination der beiden
Satzformen, des Aussagesatzes und des Fragesatzes, als Beweis nur für die Opposition (+EROTETISCH) vs. (–EROTETISCH), d. h. *Frage vs. Aussage/rhetorische
Frage* ansehen kann. Verfolgt man jedoch ihren Ansatz, so kann man ihn weiter
entwickeln: Es handelt sich bei einem *m/k*-Satz um einen *m/k*-Aussagesatz (in den
sich folglich auch die Modalpartikel *muka* eines rhetorischen Fragesatzes nicht
einfügen läßt), wenn im unmittelbaren Vor-Text eine Aussage desselben Sprechers
in Form eines Aussagesatzes erscheint:

> (4-159) *A zu B: Kadulla ei näy   yhtään ihmistä ja   kukapa siellä*
>   'Straße n. seh- kein- Mensch und wer   dort
>
>   *tällaisella ilmalla kävelisikään↓*
>   solch-   Wetter lauf-   auch'
>
>   'Auf der Straße ist kein Mensch zu sehen, und wer
>   sollte dort bei diesem Wetter auch laufen↓'

> (4-160) *A zu B: En ole tavannut Maijaa pitkiin aikoihin, ja koskapa*
>   'n. hab- treff- Maija lang   Zeit   und wann
>
>   *olisin häntä tavannutkaan, kun olin niin kauan poissa↓*
>   hab- sie treff- auch da sei- so lange weg'
>
>   'Ich habe Maija lange nicht mehr getroffen, und wann
>   sollte ich sie auch getroffen haben, da ich so lange
>   weg war↓'

Reagiert der Sprecher auf einen Zug seines Gesprächspartner – es findet also ein
Sprecherwechsel statt –, so handelt es sich bei dem *m/k*-Satz um einen rhetorischen *m/k*-Fragesatz, der auch mit *muka* 'schon' kompatibel ist:

> (4-161) *(A: En löydä uutta laukkuani.)*
>   *B: Mihinkäpä sinä sitä nyt   muka tarvitsisitkaan↓*
>   'wofür   du sie jetzt schon brauch-   auch'
>
>   '(A: Ich finde meine neue Tasche nicht.)
>   B: Wofür würdest du sie jetzt auch schon brauchen↓'

Dagegen stellt der *m/k*-Satz im Selbst-Gespräch unter (4-162) eine *m/k*-Assertion
dar, in der die Modalpartikel *muka* wiederum inakzeptabel ist:

> (4-162) *En löydä uutta laukkuani, mutta mihin minä sitä nyt tarvitsisinkaan↓*
>   'n. find- neu Tasche   aber wozu ich sie nun brauch-   auch'
>
>   'Ich finde meine neue Tasche nicht, aber ich brauche sie jetzt auch
>   nicht↓'

---

19 "(...) retorinen kysymys ei esitä kirjaimellisesti väitettä, vaan usein
   implikoi sen"

Anhavas Abhandlung "Kysymyssanojen ja relatiivipronominien syntaktinen erikoisasema" 'Syntaktische Sonderstellung der Fragewörter und Relativpronomina' bestätigt unsere Beobachtungen, denn Anhava führt nur erotetische Beispiele auf und
stellt fest: "Die Funktion der fragenden Wörter ist so verschieden von der der
bereits bekannten Satzglieder, daß man sie nicht miteinander koordinieren kann,
auch nicht einen Fragesatz mit einem andersartigen Satz."[20] (Anhava 1981:232) Da
Anhava nur die erotetische Funktion berücksichtigt und beispielsweise die assertive außer acht läßt, kann man anhand seiner These beweisen, daß ein *m/k*-Wort im
Finnischen auch assertive Funktion haben kann, nämlich in den Fällen, in denen
ein *m/k*-Satz mit einem Aussagesatz koordiniert werden kann. Die Akzeptabilität
von Koordinationen wie in (4-162) spricht dafür, daß das *m/k*-Wort hier keine
erotetische Funktion hat.

Die explizite Negation ist ein weiteres Indiz für den rhetorischen Fragesatz
in der Opposition *m/k-Aussagesatz vs. rhetorischer m/k-Fragesatz*. Hingegen dürften die Verbmodi keine Anhaltspunkte bieten, da sowohl der Indikativ als auch
der Konjunktiv in beiden auftreten. Der Potentialis ist weder mit dem *m/k*-
Aussagesatz noch mit dem rhetorischen *m/k*-Fragesatz kompatibel. Dieser Verbmodus
kann als funktionsdifferenzierend zwischen dem rhetorischen *m/k*-Fragesatz und
dem *m/k*-Aussagesatz einerseits und dem deliberativen Wort-Fragesatz andererseits
herangezogen werden, da er nur in der letzteren Kategorie anzutreffen ist.

Die Grenze zwischen einem *m/k*-Aussagesatz und einem rhetorischen *m/k*-
Fragesatz ist von den hier herausgearbeiteten Unterschieden abgesehen relativ
fließend. Die zugrundeliegende Sprechereinstellung kann beim rhetorischen Fragesatz jedoch nur durch das Verb *kysyä* 'fragen', beim *m/k*-Aussagesatz nur durch
sanoa 'sagen', *todeta* 'feststellen' oder ähnliche, die assertive Illokutionskraft widerspiegelnde Verben wiedergegeben werden.

4.4. *m/k*-Ausdrücke mit nicht-erotetischer Sprechereinstellung

Dieser Abschnitt stellt hauptsächlich einen komprimierten Abriß der im finnischen Teil dieser Arbeit an verschiedenen Stellen aufgetauchten *m/k*-Ausdrücke
dar. Es sollen vor allem ihre wichtigsten syntaktischen Eigenschaften, die bisher nur verstreut erwähnt wurden, zusammengefaßt werden. Auf die sequentiellen
und kontextuellen Aspekte sowie auf die propositionale Einstellung des Sprechers
wird hier nicht mehr eingegangen, insofern die entsprechenden Ausdrücke bereits
im Deutschen (s. S. 115ff.) behandelt wurden, da die Kategorisierungen in beiden Sprachen vor allem aufgrund dieser Faktoren vorgenommen wurden und folglich
miteinander übereinstimmen.

---

20 "Kysyvien sanojen funktio on siinä määrin erilainen kuin ennestään tuttujen
    lauseenjäsenten, ettei niitä sovi rinnastaa toisiinsa, ei myöskään kysymys-
    lausetta muuntyyppisen kanssa."

4.4.1. m/k-Exclamativsatz

Von den m/k-Wörtern ausgehend kann weder im Finnischen noch im Deutschen (vgl. welch ein) ein Exclamativsatz bereits identifiziert werden. In beiden Sprachen ist das m/k- bzw. das w-Wort jedoch an die erste Satzgliedstelle gebunden. Dies stellt im Finnischen einen Unterschied zum Ergänzungs- und zum Versicherungs- fragesatz dar, in denen das m/k-Wort ans Satzende transportiert werden kann. Was die gesamte m/k-Konstituente betrifft, so bewahrt sie fast ausnahmslos ihre Kontinuität. Wird diese jedoch gebrochen, so liegt der Grund meistens in der Stellung des finiten Verbs vor dem Subjekt; diese Stellung kommt in den fin- nischen m/k-Exclamativsätzen nur selten vor. Es ergänzen sich hier zwei unge- wöhnliche Erscheinungen – die Diskontinuität der m/k-Konstituente und die V-S- Stellung –, wodurch der Ausdruck zwar zumindest in der gesprochenen Sprache nicht gebräuchlich, aber akzeptabel wird.

Der Indikativ erweist sich als häufigster Modus des Exclamativs. Jedoch leistet weder der Verbmodus, das Genus, das Tempus noch die Person eine eindeu- tige Satzmodus-Interpretation eines m/k-Satzes: In diesen Bereichen konnten keine Inakzeptabilitäten, außer der generellen des Imperativs, festgestellt werden, so daß beispielsweise ein Ergänzungsfragesatz von einem m/k-Exclamativ- satz aufgrund dieser Kriterien nicht unterschieden werden kann.

Beim m/k-Exclamativsatz unterstützt der Primärakzent, der bevorzugt auf wertenden Elementen plaziert wird und auf einem m/k-Wort ausgeschlossen ist, die Abgrenzung vom neutralen Ergänzungsfrage-, dem Versicherungsfrage- und dem ulti- mativen Fragesatz. Zu weiteren intonatorischen Eigenschaften der m/k-Sätze wer- de ich unter 4.5. zurückkommen.

Die Unverträglichkeit mit einer expliziten Negation durch das Verneinungs- verb ei 'nicht', die Wiedergabe mit dem Verb ihmetellä 'sich wundern' und einige Modalpartikeln wirken auch im Finnischen satzmodusdeterminierend: -kAAn 'doch' und -kA 'Ø' sind von den enklitischen und sitten 'aber', vasta 'doch' und sen- tään 'aber' von den selbständigen in den m/k-Exclamativsätzen akzeptabel. Vor allem -kin 'nur/bloß', -hAn 'wohl', ihme/kumma 'nur/bloß', oikein 'eigentlich' und nyt 'denn' bilden den Gegenpol, da sie nur in den Ergänzungsfragesätzen akzeptabel sind.

4.4.2. m/k-Aussagesatz

Die Modalpartikeln -pA 'Ø', -kAAn 'doch' und -s 'Ø', die sogar alle in einem m/k-Aussagesatz vorkommen können, sind neben dem Primärakzent am Satzende und der obligatorischen Stellung des m/k-Wortes am Satzanfang die wichtigsten Unter- scheidungskriterien dem Ergänzungsfragesatz gegenüber. Bezeichnend ist ferner, daß der m/k-Aussagesatz nicht initiativ wie der Ergänzungsfragesatz oder ge- sprächssequenzwertig wie der m/k-Exclamativsatz sein kann. Ihm muß immer eine Sachverhaltsbeschreibung vorangehen, auf die mit dem m/k-Ausdruck referiert wird. Die Wiedergabe dieses nicht explizit negierbaren Ausdrucks erfolgt am zu- treffendsten mit sanoa 'sagen'.

(4-8) belegt den Gebrauch des Indikativs und (4-163) den des Konditionalis. Für den Potentialis konnte kein Beleg gefunden werden, was zur Unterscheidung von den anderen m/k-Sä⁺zen beiträgt:

(4-163) *(A: Kirja jäi vielä kesken, vaikka yritin saada sen loppuun.)*
         B: Kukapas lukisikaan 200 sivua illassa↓
         'wer 0 les- doch 200 Seite Abend'

         '(A: Obwohl ich versucht habe, das Buch fertig zu lesen,
            habe ich es nicht geschafft.)
         B: Es liest doch auch kein Mensch 200 Seiten an einem Abend↓

4.4.3. Verschiedene *m/k*-Ausdrücke

Die **Schlagzeile** kann im Finnischen vom Ergänzungsfragesatz durch den Primärakzent am Satzende und durch die Inakzeptabilität von Modalpartikeln unterschieden
werden:

(4-164) *Miksi(*^{x}*hän) et oppisi(*^{x}*kin) vieraita kieliä*↓ (Reklame von *inlingua*)
'warum wohl n. lern- doch fremd   Sprache'

'Warum nicht Fremdsprachen lernen↑'

(4-165) *Mitä(*^{x}*hän) männynkävyille tapahtui(*^{x}*kaan)*↓ (PP 235)
'was wohl Kieferzapfen gescheh- doch'

'Was mit den Kieferzapfen geschah↓'

Eine **Antwort** kann ein *m/k*-Ausdruck nur mit einem Zusatz wie *arvaa vaan* 'rate mal
nur', *tietäisitpä vaan* 'wenn du nur wüßtest' etc. darstellen. Dies spricht wieder für eine nur sekundäre Funktion der Intonation im Finnischen, vermag doch im
Deutschen ein Starkakzent auf dem *w*-Wort, verbunden mit einer konvexen F$_o$-Kontur
und einem tiefen Offset, die *w*-Antwort weitgehend zu charakterisieren. In beiden
Sprachen sind sowohl Modalpartikeln als auch eine explizite Negation bei diesem
Satztyp inakzeptabel:

(4-166) *(A: Vieläkö käyt usein etelässä?)*
    *B: Arvaa vaan (*ǀ́ǀ*) kuinka usein*↓ *(Vähintäin viisi kertaa vuodessa.)*
    'rate nur   wie   oft'

'(A: Fährst du immer noch so oft in den Süden?)
    B: Und wie oft↓ (Mindestens fünfmal im Jahr.)'

4.5.   Intonation in den finnischen *m/k*-Sätzen

4.5.0. Allgemeines

In den bisherigen Untersuchungen zur Intonation des Finnischen wird deren Rolle
als Satzmodus-Merkmal unterschiedlich bewertet: So bescheinigt Kallioinen (1968)
der Intonation im Finnischen lediglich eine expressive Funktion, die sich etwa
in einer 'die Verwunderung ausdrückenden Pseudofrage' durch einen Nukleus von
erhöhter Grundfrequenz, Intensität und Dauer auszeichnet.

Nach Ansicht Freihoffs hat die Intonation ebenfalls nur eine abtönende
Funktion, und 'sie kann bei der Identifikation eines Fragesatzes keine entscheidende Bedeutung haben' (vgl. Freihoff (1974:69)). Freihoff bezieht sich mit
seinen Aussagen - ohne konkrete Beispiele zu geben - über das Finnische hinaus
außer auf das Englische auch auf seine Muttersprache Deutsch.

Hirvonen (1970) analysiert in seiner Untersuchung "Finnish and English Communicative Intonation" Aussagen, Fragen und Aufforderungen und ordnet die beiden
letzteren 'in die Kategorie ein, mit der das Interesse des Hörers auf das Gesagte
besonders gelenkt werden soll. Neben anderen syntaktischen "Appell-Merkmalen"

– beispielsweise dem Fragewort, der Fragepartikel –kO und dem imperativischen
Verbmodus – stellt Hirvonen zwischen den genannten Satztypen intonatorische
Unterschiede fest:

> Intonation also has a distinctive function in Finnish. The intonation
> of general questions, particular questions, and imperatives differs
> markedly from the normal breath-group both perceptually and acousti-
> cally. (Hirvonen 1970:39)

> 1) It (a high initial pitch) is identified with an appeal to the
> listener by native Finnish listeners;
> 2) It (a high initial pitch) is consistently used in sentences containing
> an appeal to the listener by native Finnish speakers. (Hirvonen 1970:44)

Hirvonens Beispiele für den kontradiktorischen Aussagesatz ((4-167)) und für den
kolloquialen Fragesatz ((4-168)) belegen die Distinktivität der Intonation;
diese unterscheiden sich allein intonatorisch durch die Höhe des F_o-Gipfels am
Satzanfang (vgl. Hirvonen (1970:47)):

(4-167) *Osaat sä uida.*
      'könn- du schwimm-'

      'Du kannst (sehr wohl) schwimmen.'

(4-168) *Osaatsä uida?*
      'könn-du schwimm-'

      'Kannst du schwimmen?'

Iivonen stellt fest:

> There is no special interrogative intonation in Finnish, in the sense
> that a certain <u>pitch pattern</u> should be used to signal out questions
> and only questions. (...) If certain patterns contribute to the interro-
> gative function, they are in any case optional. (Iivonen 1978:52/53)

Laut Iivonen (ebd. 50) beeinflussen mehrere Faktoren die Höhe des satzintialen
F_o-Gipfels:

<u>higher</u> <u>Fo peak</u>	<u>lower</u> <u>Fo peak</u>
question	statement
indicative mood	conditional mood (-isi-)
contrastive stress	thematic stress
word with the suffix /-han/	no suffix
word with the suffix /-kin/	no suffix
noun	verb

Bei einer anderen Zusammenfassung führt Iivonen weitere Faktoren auf, die die
Höhe des F_o-Gipfels beeinflussen:

Nouns, questions and shouted utterances yielded higher beginnings than verbs, statements (Unterstreichungen: L. L.-V.) and non-shouted utterances, respectively, but the conclusion was drawn that, at a more general level, raising and lowering the initial Fo curve both depend on the total accentual pattern of the sentence concerned. (Iivonen 1983:21)

Da das Interesse in der vorliegenden Arbeit nicht nur der Intonation gewidmet ist, müssen die obigen Zitate hier lediglich als Ergebnisse von Untersuchungen betrachtet werden, die im Hinblick auf völlig andere Zielsetzungen entstanden, als es die unseren sind. Es wird hier nicht angestrebt, diese Ergebnisse etwa zu überprüfen, sondern - sie im Hintergrund behaltend - vor allem Fragesätze des Finnischen intonatorisch zu skizzieren.

Um die Funktion der Intonation im Satzmodus-System des Finnischen mit der des Deutschen vergleichen zu können, wurden zwei Korpora intonatorischer Minimalpaare mit 2 - 11 Oppositionen gebildet (zum Beispiel: Ergänzungsfragesatz vs. m/k-Exclamativsatz vs. Versicherungsfragesatz vs. rhetorischer Fragesatz vs. Schlagzeile etc.). Das Konstruieren der 94 Testsätze und die Aufnahmen mit fünf Sprechern des Finnischen[21] (FVP1 und FVP2 sind weibliche und FVP3, FVP4 und FVP5 männliche VPn) auf einer Otari MTR-10-Anlage im schalltoten Raum des Instituts für Phonetik der Universität Turku erfolgten in der im deutschen Teil beschriebenen Weise, so daß auf ein näheres Eingehen auf die Details hier verzichtet wird.

An den produzierten, insgesamt 895 Sätzen wurden mit durchschnittlich acht Versuchspersonen die gleichen Tests durchgeführt, wie sie zum Deutschen ausführlicher geschildert werden (vgl. S. 42): Akzent-Test, Identifikationstest und Natürlichkeitstest. Lediglich beim letztgenannten wurde die Skala neu aufgestellt mit: 1) *luonnollinen* 'natürlich' 2) *menettelee* 'noch natürlich' 3) *epäluonnollinen* 'unnatürlich'.

Im folgenden werden Sätze besprochen, bei denen mindestens 75% der Versuchspersonen den Satzmodus richtig identifizieren konnten. Als Natürlichkeitsgrenze gilt ebenfalls 75%, d. h., daß mindestens 75% der Versuchspersonen den Satz als "natürlich" oder "noch natürlich" beurteilten.

---

21 Um die Auswertung des Materials zu vereinfachen und um eventuelle Interferenzerscheinungen ausschließen zu können, mußten die Versuchspersonen die folgenden Bedingungen erfüllen: 23-29 Jahre alt, Geburtsort und Wohnort im südlichen/süd-westlichen Finnland, ohne starken dialektalen Einschlag, Nicht-Sprachstudent.

4.5.1. Auswertung einzelner Oszillomink-Aufzeichnungen

Es werden unten die zu (4-169)-(4-171) angefertigten Oszillomink-Aufzeichnungen
verglichen, um genauere Kenntnis über die Leistung der Intonation innerhalb des
Frage-Satzmodus im Finnischen zu gewinnen. Dabei stellt (4-169) ein Beispiel für
einen Ergänzungsfragesatz, (4-170) für einen Versicherungsfragesatz und (4-171)
für einen rhetorischen Fragesatz dar:

(4-169) 'Situation: Der Sprecher kann die Dauer der Reise
                     nicht schätzen und fragt im Reisebüro:'

         Sprecher: *"Kuinka kauan matka voi kestää?"*
                     'wie   lange Reise/ könn- dauer-'
                              Fahrt

                     'Wie lange kann die Reise dauern?' (Pro3-1)

(4-170) 'Situation: Zwei Sprecher unterhalten sich:
         Sprecher 1: "Die Reise kann sogar 25 Jahre dauern."
         Sprecher 2: "Das kann nicht wahr sein!"'

                     "Kuinka kauan matka voi   kestää?!?"
                     'wie   lange Reise könn- dauer-'

                     'Die Reise kann wie lange dauern?!?' (Pro3-5)

(4-171) 'Situation: Zwei Sprecher unterhalten sich:
         Sprecher 1: "Wird das aber wieder eine lange und
                     anstrengende Reise werden!"
         Sprecher 2: "Übertreibe doch nicht!"'

                     Kuinka kauan matka nyt muka voi   kestää?
                     'wie   lange Reise denn schon könn- dauer-'

                     'Wie lange kann die Reise denn schon dauern?
                     Länger als zwei Tage werden wir dort nicht
                     bleiben.' (Pro3-7)

Zur Lage der Hauptakzentsilbe:

Im Ergänzungs- (FVP2:2002) und im Versicherungsfragesatz (FVP2:2009; beide weibliche VP) befindet sich die Hauptakzentsilbe auf *kuin*. Beim rhetorischen
Fragesatz verlagert sich die Nukleussilbe vom Satzanfang in die Satzmitte, entweder auf *mat* oder auf *mu*:

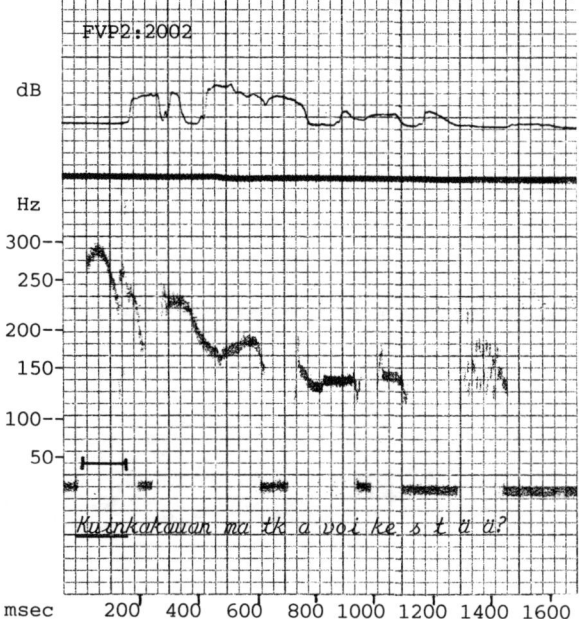

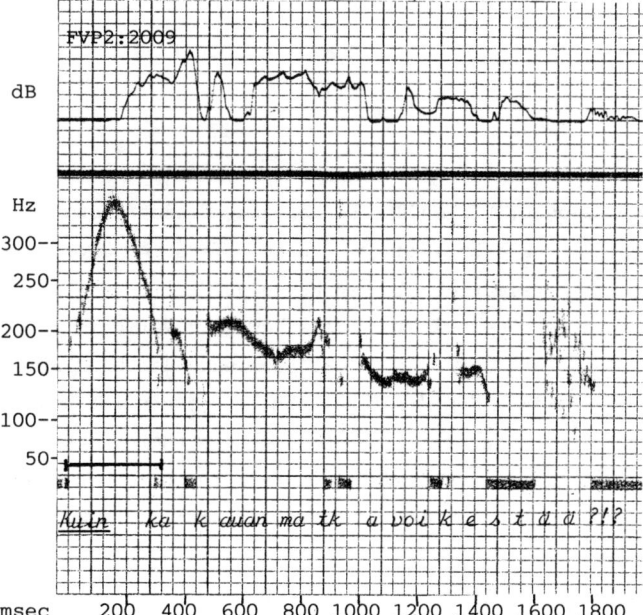

244

Zum Verlauf der Grundfrequenz:

- F_o-Onset: Der F_o-Onset liegt bei den meisten Sprechern im rhetorischen Fragesatz am tiefsten (vgl. FVP2:2014):

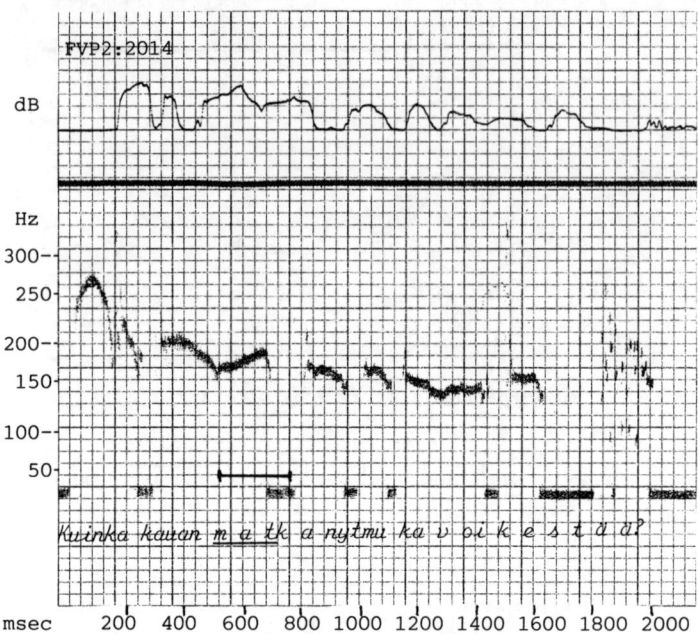

- F_o-Offset: Der F_o-Offset ist ausnahmslos tief.
- größte F_o-Bewegung: Die größte F_o-Bewegung findet stets auf dem *m/k*-Ausdruck
statt und enthält beim Ergänzungs- und beim Versicherungsfragesatz somit auch
die NS. Lediglich beim rhetorischen Fragesatz fällt also die NS nicht in den
Bereich der größten F_o-Bewegung. Diese Bewegung weist in allen Satzmodi eine
konvexe Form auf, und darauf befindet sich auch das F_o-Maximum der Gesamt-
Kontur. Das F_o-Maximum des Versicherungsfragesatzes ist höher als das des Ergänzungsfragesatzes und ferner das F_o-Maximum des rhetorischen Fragesatzes kleiner als das des Ergänzungsfragesatzes. Beim rhetorischen Fragesatz befindet sich
die NS meistens im Bereich der zweitgrößten, ebenfalls konvexen Bewegung auf dem
Subjektsausdruck *matka*.
- Gegen Ende der zweitgrößten, konvexen F_o-Bewegung auf *matka* erreichen die
meisten Sprecher ihr relativ konstant bleibendes F_o-Minimum. Anschließend verläuft die F_o-Kurve in der Nähe der unteren Deklinationslinie weiter. Am Satzende
sind Laryngalisierungserscheinungen häufig.

- Gesamt-Range und Range der größten Bewegung: Bedingt durch die sprecherbezogen
relativ konstant bleibenden Minima- und die oben erläuterten modusabhängigen
Maxima-Werte, fallen beide Range-Parameter beim rhetorischen Fragesatz am kleinsten und beim Versicherungsfragesatz am größten aus.

Zur Dauer:

Sowohl die Gesamt-Dauer als auch die Dauer der Nukleussilbe nehmen beim Versicherungsfragesatz (Durchschnittswerte 1730 msec bzw. 280 msec) im Verhältnis zum
Ergänzungsfragesatz (Durchschnittswerte 1580 msec bzw. 140 msec) zu. Beim rhetorischen Fragesatz kann festgestellt werden, daß ein niedrigeres F_o-Maximum auf
dem m/k-Ausdruck durch eine verlängerte Dauer der darauf stattfindenden größten
Bewegung "kompensiert" wird. Dies zeigt auch ein Vergleich der Oszillomink-Aufzeichnungen FVP2:2014 (s.o.; weibliche VP) und FVP4:4021 (s.u.; männliche VP).
Die erstere weist ein F_o-Maximum von 280 Hz und eine m/k-Ausdruck-Dauer von ca.
520 msec und die letztere ein F_o-Maximum von 140 Hz und eine m/k-Ausdruck-Dauer
von ca. 640 msec auf:

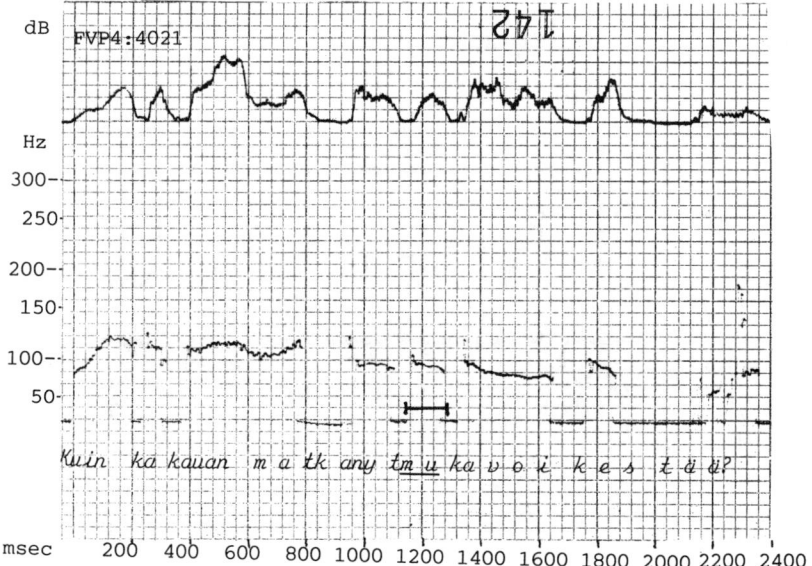

Zur Intensität:

Beim rhetorischen Fragesatz ist weder in Bezug auf die Lage noch auf die Höhe
des Intensitätsmaximums eine einheitliche Aussage möglich. Hingegen kann eine Zu-

nahme der Intensität auf dem *m/k*-Ausdruck beim Versicherungsfragesatz im Verhältnis zum Ergänzungsfragesatz festgestellt werden. Außer an den oben wiedergegebenen Aufzeichnungen FVP2:2002 und FVP2:2009 wird dies durch die Aufzeichnungen FVP1:1002 (Ergänzungsfragesatz) und FVP1:1012 (Versicherungsfragesatz) belegt:

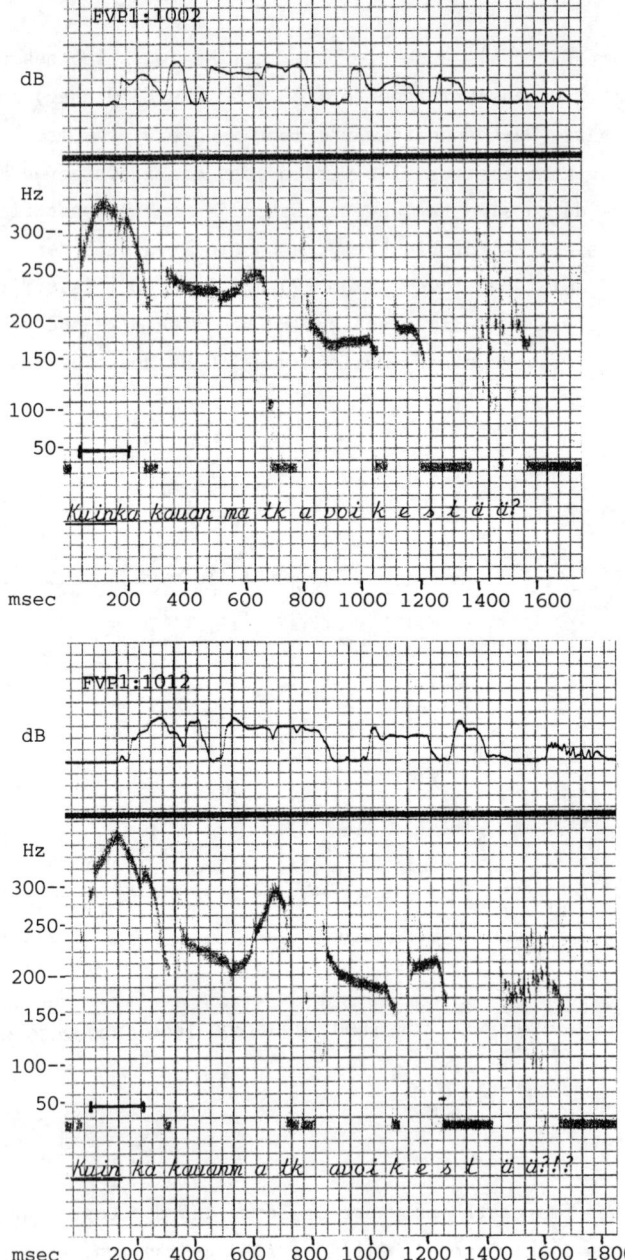

Einen weiteren Beweis dafür, daß die Intonation auch im Finnischen vom jeweiligen Satzmodus abhängig ist, erhält man anhand der Oszillomink-Aufzeichnungen zum
Exclamativsatz unter (4-172):

> (4-172) 'Situation: Dem Sprecher wird die Dauer der Fahrt
> ungemütlich:'
>
> Sprecher: *"Voi kuinka kauan matka voi kestää!"*
> 'ach/ wie lange Fahrt könn- dauer-'
> oh/weh
>
> 'Oh weh, wie lange die Fahrt dauern kann!" (Pro3-3)

FVP2:2006 (weibliche VP) und FVP4: 4011 (männliche VP) erweisen, daß sich die
Intonation erheblich ändert, wenn die Sprechereinstellung statt mit *fragen, m/k*
beispielsweise mit *sich wundern, m/k* beschrieben werden kann:

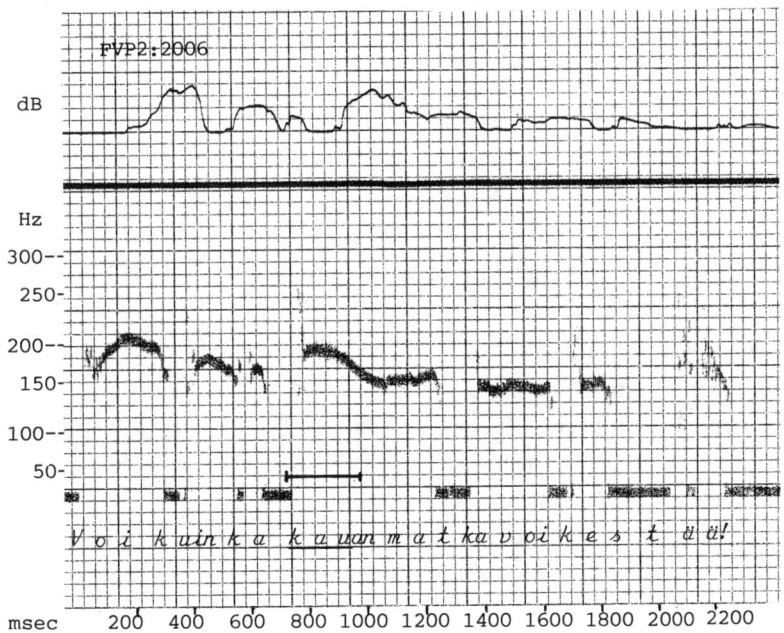

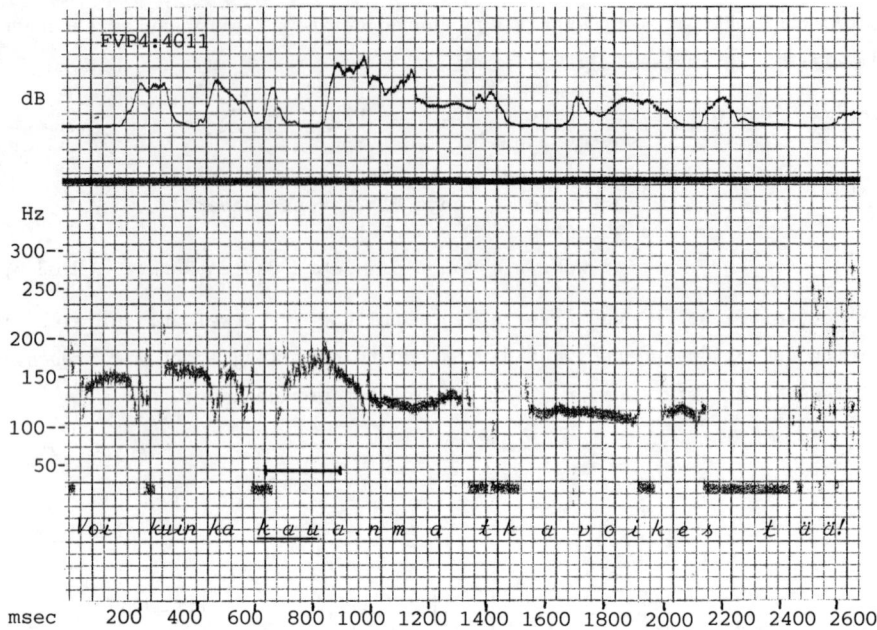

- Die Nukleussilbe befindet sich zwar innerhalb der größten F_o-Bewegung, i. e. des *m/k*-Ausdrucks, aber nicht auf *kuin* wie bei den rein erotetischen Varianten, sondern auf *kau*.

- Auch das F_o-Maximum verlagert sich auf diese Silbe und überlappt sich hier mit dem Amplituden-Maximum.

- Der Range der größten, konvexen Bewegung ist im allgemeinen kleiner als der Range eines der Frage-Satzmodi.

- Bedingt durch das kleinere F_o-Maximum des Exclamativsatzes und das relativ konstante F_o-Minimum einer jeden Versuchsperson, fällt auch der Gesamt-Range des Exclamativsatzes kleiner aus als der der Fragesätze.

- Der kleinere Range des Exclamativsatzes wird wiederum durch die längere Dauer der Nukleussilbe und der Gesamt-Äußerung "kompensiert": So beträgt die durchschnittliche Gesamt-Dauer des Exclamativsatzes 2170 msec gegenüber 1580 msec des Ergänzungsfragesatzes und 1730 msec des Versicherungsfragesatzes. Die unterschiedliche Lage der Nukleussilbe erlaubt keinen entsprechenden Direktvergleich.

Insgesamt zeigt sich, daß der Versicherungsfragesatz die größte F_o-Bewegung und der Ergänzungsfragesatz ebenfalls eine größere F_o-Bewegung auf der erstmöglichen Nukleussilbe am Satzanfang aufweisen. Im Gegensatz zu diesen befinden sich die Nukleussilben der Exclamativsätze und der rhetorischen Fragesätze nicht am Satzanfang. Es zeigt sich ferner, daß die Dauer im finnischen Satzmodus-System eine wesentlich größere Rolle als im Deutschen spielt. Darüber, ob mit dem rhetorischen Wort-Fragesatz an den Hörer weniger appelliert wird als mit dem Exclamativsatz, soll hier jedoch keine Aussage gewagt werden.

Die Unterschiede zwischen den "Appell-Satzmodi" und den "Nicht-Appell-Satzmodi" im satzinitialen F_o-Verlauf einerseits und in den Dauerverhältnissen andererseits werden anhand der folgenden Abbildung noch einmal hervorgehoben. Es handelt sich hier um die F_o-Verläufe eines Ergänzungsfrage-, eines Versicherungsfrage- und eines Exclamativsatzes, gesprochen von der männlichen Versuchsperson FVP3:

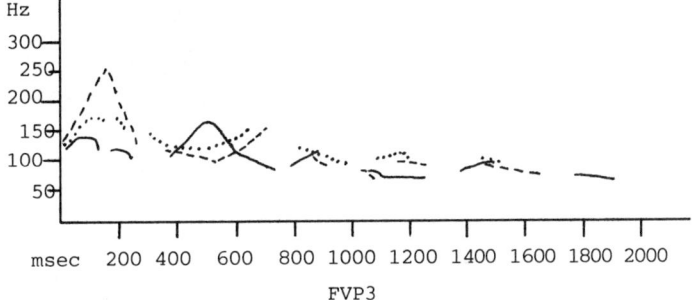

FVP3

Kuinka kauan matka voi kestää

••• = Ergänzungsfragesatz
--- = Versicherungsfragesatz
—— = Exclamativsatz

Figur 21

Der Zusammenhang zwischen der Form (vor allem der Höhe des F_o-Maximums und der Dauer des *m/k*-Ausdrucks) und der Funktion (Insistieren auf Antwort) der F_o-Bewegung am Satzanfang kommt auch an dem ultimativen Fragesatz unter (4-173) deutlich zum Ausdruck:

(4-173) 'Situation: Zwei Sprecher unterhalten sich:'
    Sprecher 1: *Kuinka kauan matka voi   kestää?*
           'wie   lange Fahrt könn- dauer-'

           'Wie lange kann die Fahrt dauern?'
  'Sprecher 2: "Sie dauert lange."'
    Sprecher 1: *Kuinka kauan?*
           'wie   lange'

           'Wie lange?'
  'Sprecher 2: Lange, lange.'
    Sprecher 1: *Kuinka kauan?*
           'wie   lange'

           'Wie lange?' (Pro3-11)

250

Zur Demonstration werden hier die Oszillomink-Aufzeichnungen einer weiblichen VP herangezogen: Bei der zweiten (elliptischen) Wiederholung des Fragesatzes (FVP2: 2029) weist das F_o-Maximum eine Höhe von 460 Hz gegenüber 310 Hz bei der ersten Wiederholung (FVP2:2028) und 290 Hz beim Ergänzungsfragesatz (FVP2:2027) auf. Die Dauer des m/k-Ausdrucks nimmt von 480 msec beim Ergänzungsfragesatz auf 740 msec bei der ersten und auf 920 msec bei der zweiten Wiederholung zu:

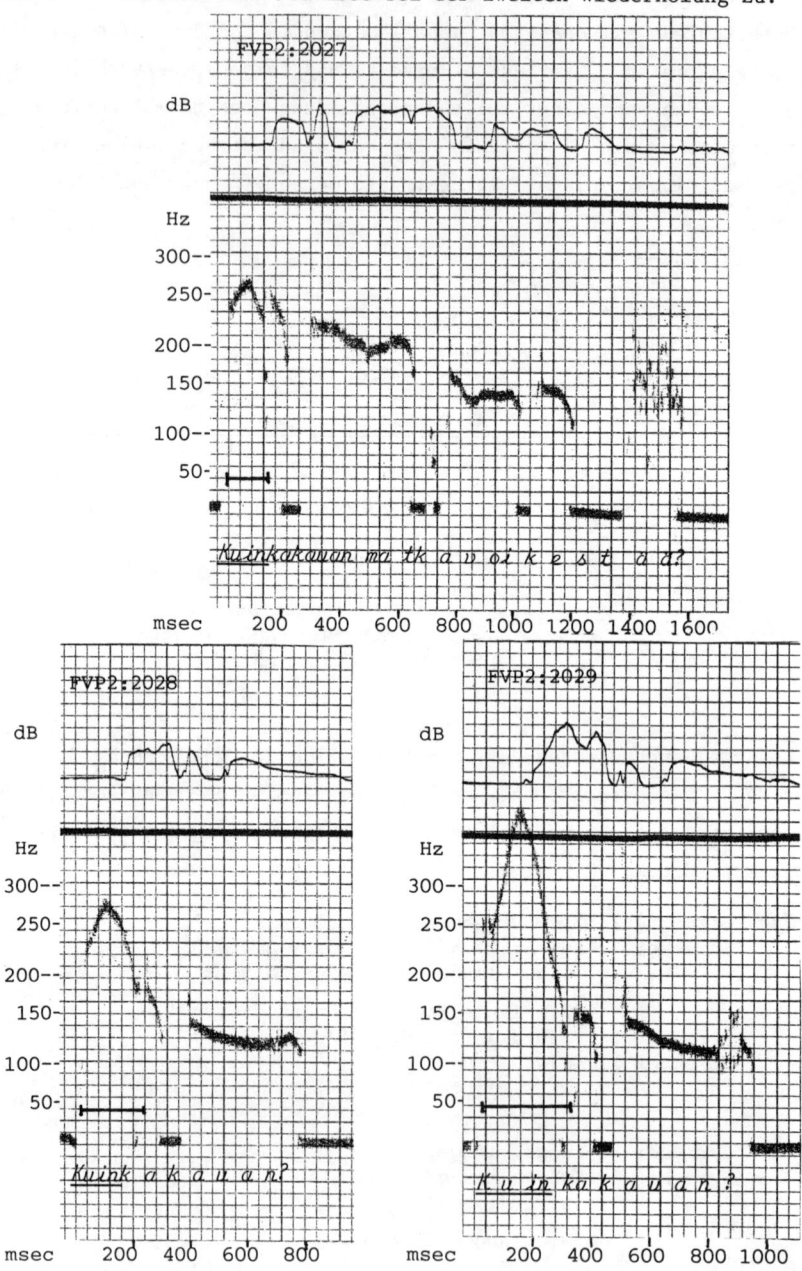

So wie *Kuinka kauan matka voi kestää* wurde auch der Satz *Mitä asiaa hänellä olisi* in Kontexte eingebettet, in denen nur eine einzige Satzmodus-Lesart möglich schien. Die Oszillomink-Aufzeichnungen der männlichen VP FVP3 zu den Sätzen (4-174)-(4-177) (Ergänzungsfragesatz, Versicherungsfragesatz, rhetorischer *m/k*-Fragesatz und *m/k*-Aussagesatz) sollen hier an einem weiteren Beispiel belegen, welche Bedeutung dem satzinitialen Grundfrequenz-Verlauf im Finnischen zukommt:

(4-174) 'Situation: Dem Sprecher hat man gerade mitgeteilt, daß Nieminen ihn sprechen möchte. Der Sprecher hat nur wenig Zeit, und er fragt deshalb:'

Sprecher: *Mitä asiaa hänellä olisi?*
'welch- Sache/ er hab-'
Angelegenheit

'Was möchte er?' (Pro3-23)

(i.S.v. 'In welcher Angelegenheit kommt er?')

(4-175) 'Situation: Zwei Sprecher unterhalten sich:
Sprecher 1: "Nieminen möchte dich wegen des Tagewerks sprechen."'

Sprecher 2: *Mitä asiaa hänellä olisi?!?*
'welch- Sache/ er hab-'

'Er möchte mich wegen was sprechen?!?' (Pro3-25)

(4-176) 'Situation: Zwei Sprecher unterhalten sich:
Sprecher 1: "Nieminen möchte dich sprechen."'

Sprecher 2: *Mitä asiaa hänellä muka olisi?*
'welch- Sache er schon hab-'

'Wegen was möchte er mich denn schon sprechen?
Der will natürlich wieder nur dies und das (/unnützes Zeug) reden.' (Pro3-27)

(4-177) 'Situation: Der Sprecher und ein anderer
Sprecher: "Nieminen hat man hier schon lange nicht mehr gesehen, aber"'

mitäpä asiaa hänellä olisikaan.
'wasØ Sache er hab-'

'aber er hat hier ja auch nichts zu suchen.' (Pro3-29)

Wie bei *Kuinka kauan matka voi kestää* nehmen auch hier mit abnehmender Appell-Funktion die Höhe des F_o-Maximums und die Dauer des *m/k*-Ausdrucks ab. An diesen konkreten Beispielen betragen die Werte jeweils:

	F_o-Maximum	Dauer des *m/k*-Ausdrucks
Versicherungsfragesatz (FVP3:3071):	240 Hz	ca. 900 msec
Ergänzungsfragesatz (FVP3:3066)	150 Hz	ca. 800 msec
rhetorischer		
m/k-Fragesatz (FVP3:3075)	120 Hz	ca. 600 msec
m/k-Aussagesatz (-*pä*) (FVP3:3080)	100 Hz	ca. 600 msec

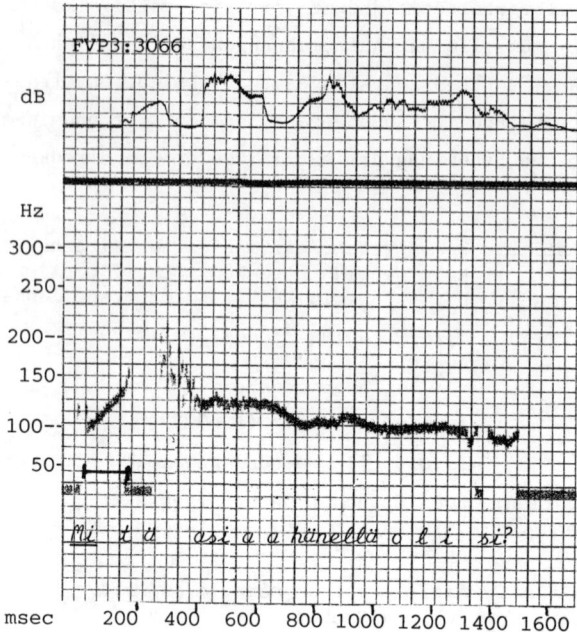

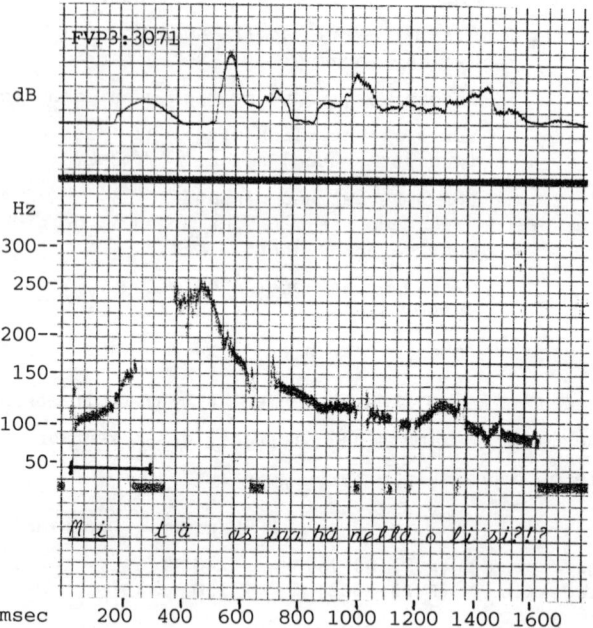

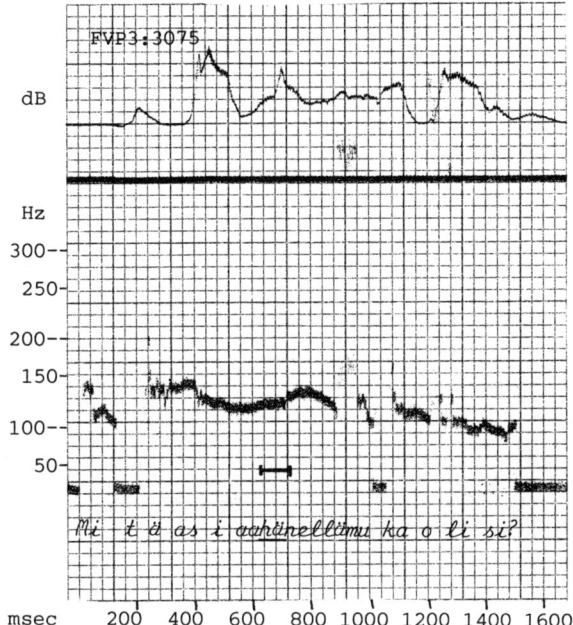

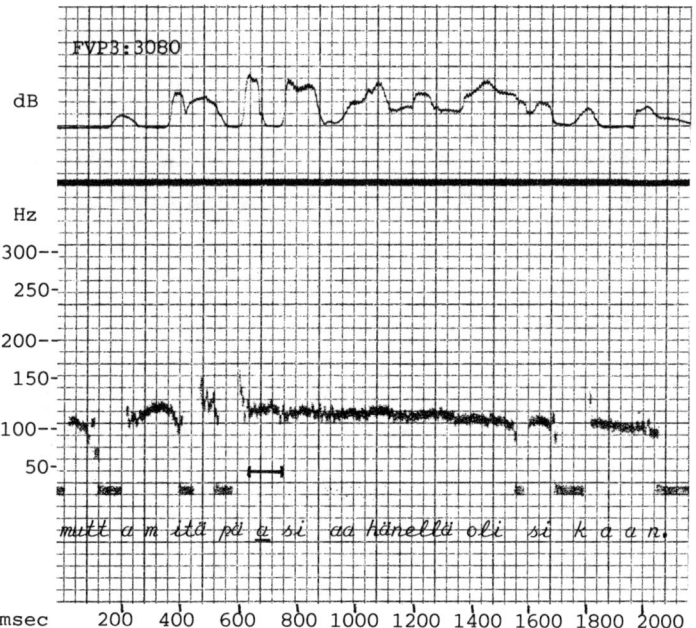

5.   FRAGESÄTZE OHNE FRAGEWORT IM FINNISCHEN

5.0.   Einleitendes zu den finnischen Satz-Fragesätzen

Der deutsche Wort-Fragesatz mit seinem wichtigsten Merkmal, dem *w*-Wort, hat
– wie im vorigen Kapitel herausgearbeitet – im Finnischen seine Entsprechung im
m/k-Fragesatz. Analog zu dieser Ähnlichkeit in der Typologie der Fragesätze
verfügt das Finnische, wie das Deutsche, ebenfalls über eine weitere Kategorie
von Fragesätzen, nämlich über Satz-Fragesätze, das heißt Fragesätze ohne
Fragewort. Hakulinen/Karlsson nennen diese Fragesätze global *vaihtoehtokysymys*
'Alternativfrage'[1] und unterteilen sie in *joko/tai-kysymys* 'entweder/oder-
Frage'[2] und *disjunktiivinen kysymys* 'disjunktive Frage'[3] (vgl. Hakulinen/Karls-
son 1979:281). Sie schreiben auch selbst, daß 'diese Terminologie die Unterschiede in den betreffenden Typen nicht widerspiegelt und deshalb nicht sehr
glücklich gewählt ist' (vgl. Anmerkung: ebd.). Den häufigeren Terminus *kyllä/ei-
kysymys* 'ja/nein-Frage' für Entscheidungsfragesätze, welcher von den Autoren
ebenfalls erwähnt wird (vgl. ebd.), *–kO-kysymys* '-kO-Frage' (Väätäinen 1977:22)
oder *ratkaisukysymys* 'Entscheidungsfrage' (vgl. u. a. Hakanen 1978:208) sehe ich
als zutreffender an. Jedoch soll auch dieses Kapitel nicht mit Terminologischem
belastet werden, sondern es werden für die verschiedenen Fragesatztypen die Benennungen übernommen, die in dem Kapitel zum deutschen Satz-Fragesatz bereits
eingeführt wurden.

5.1.   Haupttyp der Satz-Fragesätze: der Entscheidungsfragesatz

Die wichtigsten Merkmale eines neutralen finnischen Entscheidungsfragesatzes
sind:

---

1   Dieser Typ entspricht unserer Kategorie 'Satz-Fragesatz'.

2   Dieser Typ entspricht unserer Kategorie 'Entscheidungsfragesatz'.

3   Dieser Typ entspricht unserer Kategorie 'Alternativfragesatz'.

a) Die enklitische Partikel *–kO* am ersten Stellungsglied.

b) Das Subjekt geht bei allen Nicht–V–1–Sätzen dem finiten Verb voran.

c) Der Offset ist tief.

Die Partikel *–kO* wird an das finite Verb angehängt, wenn die gesamte Proposition rhematisch ist, i. e. den Fragefokus bildet:

> (5–1) *Menenkö minä hakemaan haravan↓* (PP 186)
> 'geh–? ich hol– Harke'
>
> 'Soll ich eine Harke holen↑'

Das finite Verb kann auch das Verneinungsverb *ei* sein. Im Gegensatz zum Deutschen kann im Finnischen somit am Anfang eines Entscheidungsfragesatzes eine explizite Satznegation stehen:

> (5–2) *Etkö sinä sitten ole yhtään mustasukkainen↓* (SE 44)
> 'n.? du denn sei– überh. eifersüchtig'
>
> 'Bist du denn überhaupt nicht eifersüchtig↑'

Wird im Fragesatz ein Satzglied fokussiert, so wird es an den Satzanfang transportiert, und es erhält die *–kO*–Enklise:

> (5–3) *Isäsikö on käskenyt sinun sanoa noin↓* (PP 281)
> 'Vater? hab– befehl– du sag– so'
>
> 'Hat dein Vater dir befohlen, das zu sagen↑'

> (5–4) *Pääsiäismunaako se Elviira siinä ihmettelee↓* (PP 55)
> 'Osterei die Elviira da bewunder–'
>
> 'Ist es das Osterei, das die Elviira da bewundert↑'

> (5–5) *Joko olet löytänyt kynäni↓* (PP 177)
> 'schon hab– find– Stift'
>
> 'Hast du meinen Stift endlich gefunden↑'

Wie (5–3)–(5–5) zeigen, kann jedes satzgliedwertige Element (Subj., Obj., Adv.) in einem finnischen Entscheidungsfragesatz auf diese Weise fokussiert werden. Dies ist ein wesentlicher Unterschied zum Deutschen, das sich hierzu der Akzentuierung (Starkakzent auf dem Fragefokus) oder der Spaltsatz–Konstruktionen bedient. (5–4a) belegt eine Spaltsatz–Erscheinung im Finnischen, die auf den Einfluß des Schwedischen zurückzuführen ist. (5–5a) erweist den Starkakzent als Fokussierungsmittel in einem finnischen Entscheidungsfragesatz als unnatürlich. Ohne Starkakzent und mit dem finiten Verb am Satzanfang ist der Fragesatz akzeptabel; dabei steht die gesamte Proposition im Fragefokus ((5–5b)):

> (5–4a) *Onko se pääsiäismuna, mitä se Elviira siinä ihmettelee↓*
> 'sei–? es Osterei was die Elviira da bewunder–'
>
> 'Ist es das Osterei, das die Elviira da bewundert↑'

(5-5a) ˣOletko jo   löytänyt kynäni↓
'hab-? schon find-   Stift'
'ˣHast du meinen Stift endlich gefunden↑'

(5-5b) Oletko jo   löytänyt kynäni↓
'hab-? schon find-   Stift'

'Hast du schon meinen Stift gefunden↑'

Dem Entscheidungsfragesatz formal ähnlich ist der –kO-Aussagesatz:

(5-6) Mutta kauankos ne   puhtaina pysyivät↓   (PP 19)
'aber lange?0 sie sauber   bleib-'

'Aber die blieben nicht lange sauber↓'

(5-7) (Hän kiskaisi oven pois saranoiltaan, mutta)
siitäkös Matti välitti↓   (PP 104/5)
'das ? 0 Matti s.kümmer-'

'(Er riß die Tür herunter, aber) Matti kümmerte sich nicht drum↓'

Ich will im weiteren Verlauf der Arbeit auf den –kO-Aussagesatz nicht mehr eingehen, da er sich dem m/k-Aussagesatz ähnlich verhält (vgl. o. die Koordination
in (5–7)). Die Modalpartikel –s ist in meinem Korpus in allen –kO-Aussagesätzen
vertreten, und sie hat hier die Funktion, den Sachverhalt als selbstverständlich
und erwartungsgemäß darzustellen. Die Komponente des Selbstverständlichen verbietet auch in diesem Aussagesatztyp den Potentialis als Modus des Vermuteten
oder Wahrscheinlichen. Im Gegensatz zum m/k-Aussagesatz kann der –kO-Aussagesatz
eine explizite Negation enthalten:

(5-8) Eikös vain olekin   Pekka itse↓
'n.?0 doch sei-auch Pekka selbst'

'Das ist doch tatsächlich Pekka selbst↓'

(5-9) Eikö se vain olekin   Liisan kenkä↓ (PP202)
'n.? das doch sei-auch Liisa Schuh'

'Das ist doch tatsächlich Liisas Schuh↓'

Die Lage des Primärakzents auf dem rhematischsten Element am Satzende, die Inakzeptabilität des Potentialis und die Modalpartikeln –s und –kin mit den kontextuellen Kennzeichen, die sich bei dem m/k-Aussagesatz herausstellten, sichern
den –kO-Aussagesatz gegen eine Interpretation als Entscheidungsfragesatz ab.

Der Verb-Erst-Satz-Exclamativsatz ((5-10)) und der Verb-Erst-Wunschsatz ((5-
11) weisen das enklitische –kO nicht auf, so daß im Finnischen hier keine weiteren Abgrenzungskriterien dem Entscheidungsfragesatz gegenüber nötig sind:

(5-10) Olipa   siinä jonoa   kerrakseen↓   (PP 83)
'sei-aber da   Schlange wahrhaftig'

'War das aber eine Schlange↓'

(5-11) *Oi voi, olisinpa   sittenkin ottanut kiltin pyyheliinan miehekseni*↓
       'oh weh hab- aber doch   nehm- brav Geschirrt. Mann' (PP 76)

       'Oh weh, hätte ich aber doch das brave Geschirrtuch geheiratet↓'

Der Entscheidungsfragesatz ist temporal nicht beschränkt (vgl. (5-4): Präsens; (5-12): Imperfekt; (5-3): Perfekt; (5-13): Plusquamperfekt):

(5-12) *Lensikö hän tännepäin*↓ (PP 243)
       'flieg-? er i.d.Richtung'

       'Flog er in diese Richtung↑'

(5-13) *Oliko hän ollut Roomassa*↓
       'sei-? er gew- Rom'

       'War er in Rom gewesen↑'

Wir können zusammenfassen: Der Entscheidungsfragesatz ist nicht selektiv, sondern kann in allen Tempora, Genera und Personen des Finnischen stehen; von den Verbmodi ist lediglich der Imperativ inakzeptabel. Auch in diesem Kapitel soll auf die kategoriale Füllung des Prädikats nicht mehr eingegangen werden, sondern ich verweise hierzu lediglich auf die Begründung im Zusammenhang mit den Wort-Fragesätzen und auf die Ergebnisse bei der Behandlung der deutschen Entscheidungsfragesätze.

Von den Modalpartikeln können in einem Entscheidungsfragesatz *-s* 'denn', *-kin* 'denn', *-kAAn* 'etwa' und *sitten* 'denn' vorkommen:

(5-14) *Mutta voikos_   sillä lentää*↓ (PP 54)
       'aber könn-?denn damit flieg-'

       'Aber kann man damit denn fliegen↑'

(5-15) *Eikö meillä olekin   sievää ja kodikasta*↓ (PP 115)
       'n.? wir   sei-denn hübsch und gemütlich'

       'Ist es bei uns denn nicht hübsch und gemütlich↑'

(5-16) *Eikö tämä (...) olekaan   kahvila*↓ (PP 50)
       'n.? dies-   sei-etwa Café'

       'Ist das etwa kein Café↑'

(5-17) *No, pystytkö sinä sitten näkemään, mitä kaunista on*
       'na könn- ? du denn   seh-   was schön sei-
       risaisissa sukissa↓ (PP 270)
       zerrissen Strumpf'

       'Kannst du denn an zerrissenen Strümpfen etwas Schönes sehen↑'

Zur Wortstellung bringt Knuutinen Beispiele, in denen beispielsweise ein Prädikativum mit *-kO* am Satzanfang und das Subjekt am Satzende ohne *-kO* gleichzeitig (!) betont werden (sollen), und in denen das finite Verb vor dem Subjekt steht:

Ja vanhako on lapsi (...) 'Und alt? sei- Kind: Und wie alt ist das Kind?' (Knuutinen 1968:73). Diese Erscheinung muß wohl als dialektal bezeichnet werden, denn
nach meinen Erkenntnissen findet keine Inversion statt, wenn solche Konstruktionen statt *Kuinka vanha lapsi on?* 'Wie alt Kind sei-: Wie alt ist das Kind?'
überhaupt verwendet werden. Soll eine kommunikative Hervorhebung des Subjekts
erreicht werden, so genügt hierzu auch die Verlegung des Primärakzents von der
Konstituente mit *-kO* – wo er unmarkiert ist – auf das Subjekt: *Vanhako lápsi on?*
Somit dürften Knuutinens Beispiele für die Voranstellung des finiten Verbs vor
dem Subjekt Einzelerscheinungen darstellen, die Jotuni in ihrem ostfinnischen
Dialekt aus dem Gebiet Savo verwendet.[4] Mein Korpus weist keinen entsprechenden
Beleg auf.

Die Negation kann im Entscheidungsfragesatz explizit ausgedrückt werden. Das
Negationsverb steht dabei samt der Enklise *-kO* am Satzanfang. Auf die kontextuelle Absicherung der Interpretation eines Entscheidungsfragesatzes will ich
auch hier nicht mehr eingehen, sondern verweise auf die Abhandlung im deutschen
Teil (S. 137ff.). Die Wiedergabe/Beschreibung der Sprechereinstellung erfolgt
ähnlich wie beim Entscheidungsfragesatz im Deutschen mit dem Verb *kysyä* 'fragen'.

5.2. Andere Satz-Fragesätze in der Hierarchie der Fragesätze ohne *m/k*-Wort

Analog zum Abschnitt 3.2. werde ich mich in diesem Abschnitt mit verschiedenen
Fragesatztypen ohne Fragewort im Finnischen auseinandersetzen. Die Benennungen
und Kategorisierungen der Typen entnehme ich ebenfalls dem genannten Abschnitt.

5.2.1. Alternativfragesatz

Es sollen hier nur Unterschiede zum Alternativfragesatz im Deutschen diskutiert
werden, weshalb ich auf die theoretischen Bedingungen und beispielsweise auf
eine Beschreibung des Verb-Bereichs – zumal sie sich in beiden Sprachen gleich
verhalten – nicht mehr eingehen werde. (5-18)-(5-20) zeigen jeweils einen Alternativfragesatz, (5-21) einen Entscheidungsfragesatz:

> (5-18) *Syödäänkö me énnen saunaa↓ vai saunan jálkeen↓* (SE 34)
> 'ess- ? wir vor Sauna oder Sauna nach'
> 'Essen wir vór der Sauna↑ oder nách der Sauna↓'

---

4 "(...) on helposti todettavissa, että Jotunin (...) novelleiden väkevä savo-
lainen väri ja aito kansanomaisuus ovat kuitenkin ilmeisiä." '(...) es ist
leicht festzustellen, daß eine starke savolaxe Färbung und echte Volksnähe
in Jotunis Novellen jedoch herausragend sind.' (Knuutinen 1968:89)

(5-19) *Vieläkö pystyt vastaamaan*↓ *vai joko kielesi on jäätynyt*↓ (PP 339)
'noch? könn- antwort- oder schon? Zunge sei- erfrier-'

'Kannst du noch antworten↑ oder ist deine Zunge schon erfroren↓'

(5-20) *Haluatko kahvia*↓ *vai teetä*↓
'woll-? Kaffee oder Tee'

'Willst du Kaffee↑ oder Tee↓'

(5-21) *Mutta eikö sitä voi panna läävään tai aitaukseen*↓ (SE 53)
'aber n.? es könn- steck- Stall oder Umzäunung'

'Aber kann man es nicht in den Stall oder in die Umzäunung stecken↑'

Das finnische *vai* 'oder' ist ausschließlich exclusiv. Das inclusive *oder* des
Deutschen wird durch ein anderes Morphem, *tai*, ausgedrückt. Aufgrund dieser
morphematischen Unterscheidung kann es nicht zu Fehl-Interpretationen kommen, so
daß der Hörer eine Antwort *kyllä* 'ja' oder *ei* 'nein' auf einen Alternativfragesatz geben würde, sondern *vai* sichert eine ähnliche Antwort ab, als handle es
sich um einen Ergänzungsfragesatz.

Der Offset bleibt in einem finnischen Alternativfragesatz konstant tief. Die
Alternativen erhalten jeweils einen Starkakzent (Kontrastakzent?). In einem Entscheidungsfragesatz erhalten die mit *tai* verbundenen Elemente keine Starkakzen-
te, was neben dem morphematischen einen intonatorischen Kontrast bietet. Ferner
sind – ähnlich wie im Deutschen – Modalpartikeln in einem Alternativfragesatz
inakzeptabel.

5.2.2. Assertiver Fragesatz

Es wird in der finnischen Literatur gelegentlich behauptet, daß die Frageintona-
tion (fallend-steigende F_o-Hauptbewegung und hoher Offset?) finnische Aussagesätze (!) funktional als Fragen bestimmen würde. Väätäinen und Knuutinen haben
im Anschluß an Penttilä das Vorhandensein mehrerer Partikeln und Adverbiale bestätigt, die sicherlich die Funktionen der Intonation im Deutschen übernehmen,
denn nach meinen Beobachtungen – und dabei unterstützen mich die Aussagen von
Hirvonen, Kallioinen und Östman – wird die erotetische Sprechereinstellung im
Finnischen nicht entscheidend mit Hilfe der Intonation, sondern hauptsächlich
mit Hilfe der Modalpartikeln, der "tags" und des Kontextes ausgedrückt. Verläßt
sich der Sprecher jedoch allein auf den Kontext, so riskiert er in hohem Maße
eine Fehl-Interpretation von seiten des Hörers als Assertion. Aus diesem Grunde
sind in der finnischen Umgangssprache Gesprächssequenzen nicht selten, in denen
der Sprecher nach einer Pause, während der er auf eine Antwort des Hörers gewar-
tet hat, *vai* 'oder' hinzuzufügen gezwungen wird, um dem Hörer zu signalisieren, daß es sich um einen Frage- und nicht um einen Aussage-Satz gehandelt hat:

> (5-22) A: *Ja Maija sai taas hyvän todistuksen*↓
> B: -
> A: *Vai*↓
> B: *Niin sai juu.*
>
> 'A: Und Maija bekam wieder ein gutes Zeugnis↑
> B: -
> A: Oder↑
> B: Ja, das stimmt.

Die hohe Quote des Nicht-Glückens solcher assertiven Fragen ist wohl mitbestim-
mend dafür, daß sie in der gesprochenen Sprache weitgehend vermieden und nur
dann verwendet werden, wenn sowohl der Sprecher als auch der Hörer aus dem Kontext und dem gemeinsamen Wissen schließen können, daß der Sprecher den Sachverhalt nicht beschreibt und daß der Gesprächsbeitrag nur als Frage zu interpretieren ist.

Zu den Modalpartikeln, die häufig zur Demonstration der erotetischen Sprechereinstellung in einem assertiven Fragesatz herangezogen werden, gehört *kai*
'doch'. Es kann am Satzanfang stehen:

> (5-23) <u>*Kai*</u> *olet nähnyt hienon pesäni*↓ (PP 230)
> '<u>doch</u> hab- seh- fein Nest'
>
> 'Du hast mein feines Nest gesehen↑'
>
> (5-24) <u>*Kai*</u> *sinulla on   tarpeeksi suuri säkki*↓ (PP 157)
> '<u>doch</u> du   hab- genug   groß Sack'
>
> 'Du hast einen genügend großen Sack↑'

In dieser Stellung kann *kai* auch in einem Aussagesatz vorkommen, um gegensätzli-
che Vermutungen/Behauptungen des Hörers energisch abzuschlagen:

> (5-25) <u>*Kai*</u> *minä nyt oman   kummilapseni nimen muistan*↓ (PP 314)
> '<u>doch</u> ich wohl eigen- Patenkind   Name s.erinner-'
>
> 'Ich erinnere mich doch wohl noch an den Namen meines
> eigenen Patenkindes↓'

Der entscheidende Unterschied zwischen (5-23) und (5-24) einerseits und (5-25)
andererseits liegt in der Kompatibilität mit der Modalpartikel *nyt*: In dieser
Funktion kann *nyt* nur in den Aussagesätzen mit *kai*, aber nicht in den assertiven
Fragesätzen mit *kai* stehen. *kai* weist zwei mögliche Stellungsvarianten auf, nämlich die Anfangsstellung in nicht-negierten (s. o.) und die Zweitstellung in negierten Fragesätzen ((5-26) und (5-27); vgl. auch Väätäinen 1977):

> (5-26) *Ei* <u>*kai*</u> *vain ole maanjäristys*↓ (PP 199)
> 'n. <u>wohl</u> doch sei- Erdbeben'
>
> 'Es ist doch nicht Erdbeben↑'

(5-27) *Ei kai sinulla vain ole oireita*↓ (SE 95)
'n. <u>wohl</u> du   doch hab- Symptom'
'Du hast aber doch nicht Symptome↑'

In die nicht-negierten Sätze läßt sich *kyllä* 'Ø' einfügen. Diese Adjunktion kann auch an Väätäinens Beispielen zu *kai* durchgeführt werden, ohne deren Akzeptabilität zu beeinträchtigen:

(5-23a) <u>*Kyllä*</u> *kai olet nähnyt hienon pesäni*↓
'Du hast mein feines Nest gesehen↑'

(5-24a) <u>*Kyllä*</u> *kai sinulla on tarpeeksi suuri säkki*↓
'Du hast einen genügend großen Sack↑'

-hAn in Aussagesätzen (!), angehängt an das erste Stellungsglied, wird auch von Väätäinen, in Übereinstimmung mit Penttilä und auf diesen Bezug nehmend, als Merkmal für assertive Fragen aufgeführt, die eine bereits einigermaßen klare Sachverhaltsbeschreibung bestätigen sollen (vgl. Väätäinen 1977:37). M. E. zeigt *-hAn* in den assertiven Fragesätzen, daß der Hörer kontextuell (vom gemeinsamen Wissen her?) wissen muß, daß der Sprecher keine Berechtigung hat, den Sachverhalt als bekannt, selbstverständlich etc. festzustellen. In (5-28) beispielsweise, das einen *-hAn*-Beleg am Anfang eines Märchens darstellt, darf angenommen werden, daß der Sprecher (/Autor) nicht für <u>alle</u> behaupten kann, daß sie Toppo Tuprunen kennen, *ergo*: es kann sich nur um einen Fragesatz handeln:

(5-28) *Kaikki<u>han</u> tuntevat Toppo Tuprusen*↓ (PP 128)
'alle <u>doch</u> kenn-   T.   Tuprunen'
'Alle kennen doch Toppo Tuprunen↑'

varmaan ' wohl', das ebenfalls von Penttilä genannt wird, kommt in assertiven Fragesätzen meines Korpus' oft vor:

(5-29) *Se on varmaan teidän*↓ *((...) Ei, ei se ole minun.)* (PP 172)
'das sei- wohl   Ihr-'
'Das gehört Ihnen↑' ((...) Nein, es gehört mir nicht.)'

varmasti 'bestimmt' kommt dagegen in Aussagesätzen vor, mit denen der Sprecher seine feste Überzeugung darüber zum Ausdruck bringt, daß die Sachverhaltsbeschreibung zutrifft. Diesen Unterschied will ich an (5-29a) und (5-29b) andeuten, um zugleich meine Zuordnung von *varmaan* zu Modalpartikeln und *varmasti* zu Modaladverbialen zu rechtfertigen:

(5-29a) *Se on varmaan teidän*↓
'Das gehört Ihnen↑' (=Ich frage Sie, ob meine Vermutung zutrifft, daß es Ihnen gehört.)

(5-29b) *Se on varmasti teidän*↓

    'Das gehört bestimmt Ihnen↓' (=Ich bin davon überzeugt und will
              auch Sie davon überzeugen, daß es Ihnen gehört.)

In (5-29b) hat der Sprecher hinreichende Evidenz für seine Behauptung, in (5-29a) reicht seine Evidenz nur für eine Vermutung, die vom Hörer bestätigt werden soll. Es steht dabei immer eine positive Antwortpräferenz im Vordergrund.

    Das von Knuutinen (1968:39) genannte Verb *taitaa* in assertiven Fragesätzen belegt (5-30):

(5-30) *Mummo taitaa olla kaukaa maalta*↓
      'a.D. mög- sei- weit Land'

    (*, kun kaikki on niin outoa teille.*) (PP 53)

    'Die alte Dame kommt wohl weit vom Land her↑
    (, da Ihnen alles so fremd ist.)

Andere von Väätäinen oder Knuutinen genannte erotetische Merkmale konnte ich in meinem Korpus für assertive Fragesätze nicht finden. Knuutinen schreibt besonders bei *jos* 'wenn' (1968:32) und *kun* 'daß' (ebd. 34), daß diese in der erotetischen Funktion zum Dialekt von Nord-Savolax gehören, den Jotuni verwendet. Ob sie in allen Beispielen Knuutinens tatsächlich in Fragefunktion stehen, muß letzten Endes bezweifelt werden. Die Reaktionen des Hörers in den Beispielen dürften oft von anderen Faktoren hervorgerufen werden, wie etwa in *Ja vanhako on lapsi, jos saa kysyä* 'Und wie alt ist das Kind, wenn man fragen darf' von *-kO* und der Phrase *wenn man fragen darf* (vgl. Knuutinen 1968:33).

    Ähnliche Erscheinungen, wie sie im deutschen Teil bereits besprochen wurden, kommen auch im Finnischen vor. Mit *siis* 'also' scheint der Sprecher beispielsweise das vom Hörer vorher Gesagte zusammenzufassen. Eine Reaktion (/Antwort?) wird jedoch eher vom Kontext als von der Zusammenfassung selbst hervorgerufen:

(5-31) *(Lähden pois aikaisemmin, jos oireita alkaa ilmaantua.*
      Kunhan minun vain ei tarvitse nukkua vuohen kanssa
      samassa huoneessa.)
      - *Sinä et siis kaadu kuolleena maahan siinä silmän-*
      räpäyksessä kun näet sen↓
      ((...)
      - *En, ole huoletta.*) (SE 52/53)

    '(Ich gehe früher weg, wenn Symptome kommen. Wenn ich
    bloß nicht mit einer Ziege im selben Zimmer zu schlafen
    brauche.)
    - Du kippst also nicht tot um in dem Moment, wo du
    sie siehst↑
    ((...)
    - Nein, sei unbesorgt.)

vai 'oder' hat als "tag" allein oder in Verbindung mit *mitä* 'was' beziehungsweise *kuinka* 'wie' ähnliche, die Erotetizität garantierende Funktion wie *oder* im Deutschen. Sie können am Ende eines Entscheidungsfrage- ((5-32)) oder eines Aussagesatzes ((5-33) und (5-34)) stehen:

(5-32) *Onks   se   jonkinlainen kosto↓ vai↓* (SE 154)
      'sei-? das eine Art   Rache oder'

      'Das ist eine Art Rache↓ oder↑'

(5-33) *Jarrut epäkunnossa↓ vai mitä↓* (PP 39)
      'Bremse Unordnung   oder was'

      'Die Bremsen nicht in Ordnung↓ was↑'

(5-34) *Etpä   taida tuntea minua↓ vai kuinka↓* (PP 98)
      'n.wohl mög- kenn- ich   oder wie'

      'Du kennst mich wohl nicht↓ wie↑'

(5-34) spricht gegen Karttunens These "-pa emphasizes assertions and discourages response" (1975:235). Zumindest bewegt dieses Beispiel mich dazu, die Möglichkeit zu beachten, daß das Verb *taitaa* so starke erotetische Funktion hat, daß es die Funktion des Enklitikums *-pA* als nicht-erotetisches Merkmal übertrifft. Durch den "tag" *vai kuinka* wird die Fragefunktion von (5-34) unterstrichen, durch *taitaa* jedoch bereits abgesichert.

Mit dem Negationsverb *ei* 'nicht' können verschiedene "tags" gebildet werden. Enthält der Ausdruck eine explizite Negation, so wird diese mit *-hän* in derselben Person als "tag" verwendet. Ohne explizite Negation im Ausdruck selbst lautet der "tag" *eikö*, das heißt, es wird die *-kO*-Enklise an *ei* angehängt und mit Zusätzen wie *vaan, totta* und *niin* versehen:

(5-35) *Eihän   ole peukaloinen maailman pienin lintu↓ äiti↓ eihän↓* (PP 6)
      'n.doch sei- Däumling   Welt   kleinst Vogel Mama n.doch'

      'Der Däumling ist doch nicht der kleinste Vogel der Welt↓ Mama↓ nicht↑'

(5-36) *Ylösalaisin maassa emme   pidä tuollaisesta↓ emmehän↓* (PP 112)
      'Andersrum Land   wir n. mög- so etwas   wir n. doch'

      'Im Andersrum Land mögen wir so etwas nicht↓ stimmt's↑'

(5-37) *Maija on   kaunis tyttö↓ eikö totta↓ / eikö vaan↓*
      'Maija sei- schön Mädchen n.? wahr   n.? doch'

      'Maija ist ein schönes Mädchen↓ nicht wahr↑ / nicht↑'

(5-38) *Meidän on   parasta toimia pian↓ eikö niin↓*
      'wir   sei- best   handel- bald n.? so'

      'Am besten handeln wir bald↓ nicht↑'

In der Umgangssprache sind *täh* und *häh* häufig. Sie werden vorrangig an Entscheidungsfragesätze mit Negation angefügt:

(5-39) *Eiks ole hieno auto*↓ *häh*↓/ *täh*↓
    'n.? sei- fein Auto was   was'

    'Das ist ein feines Auto↓ hm↑'

An Satz-Fragesätzen, auf die eine positive Antwort, ein Versprechen, erwartet
wird, befindet sich häufig *jooko(s)/juuko(s)* 'ja', das sich zusammensetzt aus
der umgangssprachlichen bejahenden Antwort *juu/joo* und der Partikel *-ko* sowie
aus dem fakultativen *-s*. Diese Fragesätze weisen keine explizite Negation, aber
-han auf:

(5-40) *Saanhan   minä ottaa koiran*↓ *jooko(s)*↓ / *juuko(s)*↓
    'dürf-doch ich nehm- Hund   ja ?   ja ?'

    'Ich darf mir doch einen Hund nehmen↓ ja↑

Neutral im Hinblick auf die erwartete Antwort ist *niinkö* an einem Aussagesatz:

(5-41) *Luulet, että Pekka on   Mattia pitempi*↓ *niinkö*↓
    'glaub- daß Pekka sei- Matti länger   so ?'

    'Du glaubst, daß Pekka größer ist als Matti↓ ja↑'

m/k-Ausdrücke, die Feststellungen oder Exclamative sind, sowie Exclamative und
Wünsche ohne *m/k*-Wort sind begrenzt mit einigen "tags" kompatibel. Dies will ich
an den folgenden Beispielen demonstrieren, um zu zeigen, daß die "tags" auch im
Finnischen nicht allein an Aussagesätze oder Satz-Fragesätze gebunden sind. Auf
näheres Eingehen auf eventuelle Regelmäßigkeiten in der Kompatibilität muß ich
im Rahmen dieser Arbeit verzichten:

(5-42) *Onpa   täällä kaunista*↓ // *eikö vaan*↓
    'sei-aber hier   schön   n.? doch'

    'Ist es hier aber schön↓ // nicht wahr↑'

(5-43) *Miten kaunista täällä onkaan*↓ // *eikö totta*↓
    'wie   schön   hier sei-doch n.? wahr'

    'Wie schön es hier doch ist↓ // nicht↑'

Die obligatorische Pause in (5-42) und (5-43) zwischen dem "tag" und dem Ausdruck wirft die Frage auf, ob es sich hier noch um "tags" oder um elliptische
Fragesätze handelt, die bereits zur nächsten Gesprächssequenz gehören. Da jedoch
auch zwischen einem Aussagesatz und einem "tag" fakultativ eine Sprechpause ein-
gelegt werden kann, scheint mir dieser Problembereich so weitgehend, daß es hier
nur angedeutet werden kann.

5.2.3. Satz-Fortsetzungsfragesatz

Der Satz-Fortsetzungsfragesatz weist im Finnischen oft *-pA* auf. Dies zeugt dafür, daß die Enklise in bestimmten Ausdruckstypen doch auch mit der erotetischen Sprechereinstellung vereinbar ist. *entä* '?und' ist ein Merkmal des Fortsetzungsfragesatzes im Finnischen. Es kann vor *jos* 'wenn' ('im Falle, daß') und *kun* 'wenn' (temporal) stehen, ja ist es vor dem letzteren in dieser Fragesatz-Kategorie sogar obligatorisch:

(5-44) *(Kuka kuuntelee lintujen laulua (...)?)*
        Entä kun sade täyttää vesiruukun, eikä kukaan tyhjennä sitä↓
                                                                    (PP 316)
        'und wenn Regen füll- Wasserkrug und niemand entleer- der'
        '(Wer hört dem Singen der Vögel zu (...)?)
        Und wenn der Regen den Wasserkrug füllt, und keiner ihn entleert↑'

(5-45) *(...)*
        Entäpä   jos se loppuu↓ (PP 78)
        'und aber wenn es ausgeh-'
        'Aber wenn es ausgeht↑'

(5-46) *Mutta (entä) jospa   ei onneni sittenkään ole täällä↓* (PP 301)
        'aber und   wenn aber n. Glück doch   sei- hier'
        'Aber wenn mein Glück doch nicht hier ist↑'

(5-47) *(...)*
        (Entä) Jospa   hän valvoisikin koko yön   ikkunassaan
        'und   wenn aber sie aufwach-   ganz Nacht Fenster'

        ja vartioisi puuta↓ (PP 60)
        und bewach- Baum'

        'Und wenn sie aber die ganze Nacht an ihrem Fenster aufwachen
        und den Baum bewachen würde↑'

Väätäinen führt zwei Vorkommensarten von *entä* auf, das sie syntaktisch und semantisch-pragmatisch charakterisiert: "Es erscheint am Anfang von Fragen, die mit dem vorausgehenden Kontext verbunden sind, und lenkt die Aufmerksamkeit auf einen Aspekt, der das Behandelte (die Sachverhaltsbeschreibung?) ergänzt oder damit verbunden ist, aber der vorher nicht genannt worden ist (...)."[5] (Väätäinen 1977:36) Die erste von Väätäinen genannte Erscheinungsart von *entä* ist die in elliptischen Fragesätzen. Es handelt sich hier um keine spezielle Fragesatz-Kategorie, die sich sequenziell oder pragmatisch vom Entscheidungs- oder vom Ergänzungsfragesatz unterscheiden würde. Für uns ist lediglich interessant,

---

5   "Se esiintyy edeltävään kontekstiin liittyvien kysymysten alussa ja kiin-
    nittää huomion johonkin käsiteltyä täydentävään tai siihen liittyvään, mutta
    aiemmin mainitsettomaan seikkaan (...)."

die Entsprechung von *entä* und von steigendem Tonmuster im Deutschen festzuhalten:

> (5-48) *Kuinka kauan kirje viipyy*↓
>   *(...)*
>   *Entä sähke*↓ (SE 52)
>
>   'Wie lange braucht ein Brief↓
>   (...)
>   Und ein Telegramm↑'
>
> (5-49) - *Soitatko Maijalle*↓
>   - *Kyllä.*
>   - *Entä Matille*↓
>
>   '- Rufst du Maija an↑
>   - Ja.
>   - Und Matti↑'

Daß es sich bei *entä* um ein selbständiges Fragemorphem handelt, wie Väätäinen behauptet (1977:36), glaube ich nicht, denn es kann auch vor einem vollständigen Satz stehen (vgl. (5-47)). Zwei selbständige Fragemorpheme nacheinander führen dagegen zur Inakzeptabilität:

> (5-50) ˣ*Missä kuinka kauan Matti on*↓
>   'wo   wie   lange Matti sei-'
>   'ˣWo wie lange ist Matti↓'

Die zweite von Väätäinen erwähnte Erscheinungsart von *entä* entspricht unserem 'Fortsetzungsfragesatz'. Dagegen sind Knuutinens Beispiele für *jos* 'wenn' wiederum dialektal und zum Teil Phrasen, in denen *jos* etwa mit dem Verb *kysyä* 'fragen' korreliert (*jos saan kysyä* 'wenn ich fragen darf' (1968:33)), und die einem Fragesatz mit einem *m/k*-Wort beziehungsweise *-kO* folgen. So dürfte *jos* selbst in diesen Beispielen die Sprechereinstellung kaum beeinflussen. Knuutinens *kun*- 'wenn' Beispiele sind m. E. überhaupt kaum erotetisch, sondern vorwurfsvolle Assertionen.

Fortsetzungsfragesätze mit *entä* sind nicht der einzige Typ in dieser Kategorie:

> (5-51) *(A: Meidän täytyy elää nyt säästöliekillä.)*
>   *B: Ai   että saadaan uusi auto vai*↓
>   'ach daß bekomm- neu Auto oder'
>
>   '(A: Wir müssen jetzt auf Sparflamme leben.)
>   B: Damit wir ein neues Autos bekommen↑

Der "tag" *vai* 'oder' garantiert hier die Fragefunktion und übernimmt die Aufgabe des steigenden Tonmusters und des hohen Offset im Deutschen. Er grenzt den Fortsetzungsfragesatz von *että*- 'daß' Exclamativen ab, die mit "tags" nicht kompatibel sind:

(5-52) *Ja   että ne ovat hyviä↓* (SE 7)
     'und daß die sei- gut'
     'Sind die (aber) gut↓'

Die *kun-* 'wenn' Fragesätze haben als formal ähnlichen Typ den Wunschsatz mit
-pA, das nur in diesem Wunschsatz-Typ, aber nicht an *kun* im Fragesatz stehen
kann. Der Wunschsatz kann seinerseits nicht *entä* enthalten:

(5-53) *Kunpa olisin rikas mies↓*

     'Wenn ich doch ein reicher Mann wäre↓'

In der Adverbial-Funktion kommt *jos* 'vielleicht' in Aussagesätzen vor, in denen
entä wiederum nicht akzeptabel ist:

(5-54) *(A: Missähän miehet ovat näin kauan↓)*
    B: Jos   he ovat löytäneet hyvän marjapaikan↓
      'vielleicht sie hab- find-   gut Beerenplatz'
  '(A: Wo die Männer wohl so lange bleiben↑)
    B: Vielleicht haben sie eine Stelle mit vielen Beeren gefunden↓'

entä und *vai* sind die Merkmale des Satz-Fortsetzungsfragesatzes, die im Finnischen diese Kategorie kennzeichnen. Ohne sie kann der Satz funktional nicht
eindeutig als Frage interpretiert werden, da andere Merkmale wie Modalpartikeln
und ein Unterschied im Tonmuster zu formal ähnlichen Typen fehlen.

5.2.4. Deliberativer Satz-Fragesatz

Die enklitische Modalpartikel *-hAn* ist ein elementares Merkmal sowohl des deliberativen Wort- als auch Satz-Fragesatzes. Die Modalpartikel *-kAAn* ist im
letzteren dagegen ausgeschlossen. Dies dürfte daher rühren, daß drei Enklisen an
einer Konstituente überhaupt selten sind und *-hAn* und *-kAAn* sich im besonderen
ausschließen. Auf *-kO* folgt, wenn das Verb im Indikativ oder Konditionalis
steht, immer *-hAn*. *-kOhAn* ist ein so sicherer Aufheber der Antwortverpflichtung,
daß im deliberativen Satz-Fragesatz im Gegensatz zum deliberativen Wort-Fragesatz eben auch der Indikativ möglich ist. Dabei kann, wie beim Entscheidungsfragesatz, statt des finiten Verbs jedes satzgliedwertige Element am Satzanfang
stehen (vgl. (5-57)):

(5-55) *Onkohan   isä   antanut minulle anteeksi↓ (, hän ajatteli itsekseen.)*
     'hab-?wohl Vater geb-   ich   Verzeihung'   (PP 170)
     'Ob der Vater mir wohl verziehen hat↑ (, dachte er vor sich hin.)

(5-56) *Olisikohan se tuon lepänlehden alla↓* (PP 82)
     'sei-? wohl es jen- Erlenblatt unter'
     'Ob es wohl unter jenem Erlenblatt wäre↑'

(5-57) *Jokohan   me   kohta tulemme maailman loppuun*↓ (PP 17)
     'schon?wohl wir bald komm-   Welt   Ende'

     'Ob wir schon bald am Ende der Welt anlangen werden↑'

Nur in den Fällen, in denen das finite Verb im Potentialis steht ((5-58) und (5-59)) oder *mahtaa* 'mögen' lautet ((5-60)), ist *-hAn* fakultativ:

(5-58) *Mahtaneeko(han) näillä olla mitään virkaa*↓ *(hän tuumi.)* (PP 121)
     'mög-   ? wohl dies- hab- ein-   Aufgabe'

     'Ob diese wohl etwas taugen↑ (dachte er.)'

(5-59) *Lieneeköhän tämä uutta muotia*↓
     'sei- ? wohl dies- neu   Mode'

     'Ob dies wohl die neue Mode sein wird↑'

(5-60) *Mutta mahtaisiko(han) hänkään minua enää huolia   tällaisena*↓*(PP 145)*
     'aber mög-   ? wohl er mind.ich   noch hab-woll- so'

     'Aber ob mindestens er mich wohl noch so haben möchte↑'

5.2.5. Satz-Rückfragesatz

(5-61) *(A: Oletko sinä onnellinen*↓*)*
       B: *Ai   että olenko minä onnellinen vai*↓
         'ach daß sei-? ich glücklich oder'

     '(A: Bist du glücklich↑)
       B: Ob ich glücklich bin↑'

Wie beim Wort-Rückfragesatz, wird beim Satz-Rückfragesatz statt eines steigenden Tonmusters auf *että* 'daß' und fakultativ auf den "tag" *vai* 'oder' zurückgegriffen. Ähnlich wie bei allen anderen reaktiven Fragesätzen kann am Anfang des Satz-Rückfragesatzes *ai* 'ach' stehen. In der geschriebenen Sprache, wo der Vor- und Nach-Text sowie das Fragezeichen die Interpretation erleichtern, können Rückfragesätze auch ohne *että* 'daß' und *vai* 'oder' vorkommen; in der gesprochenen Sprache würden sie den Kommunikationsablauf wegen der großen Gefahr der Fehl-Interpretation etwa als Entscheidungsfragesatz allzusehr gefährden. In (5-62) etwa würde der Sprecher des Rückfragesatzes bei einer eventuellen Fehl-Interpretation als Aussagesatz keine Antwort erhalten:

(5-62) *(- (...) mutta minä en voisi kuvitellakaan, että me olisimme naimisissa keskenämme.)*
- Et voisi kuvitella↓
'n. könn- sich vorstell-'
(...)
(- En missään tapauksessa (...)) (SE 37/38)
'(- (...) aber ich könnte mir nicht einmal vorstellen, daß wir miteinander verheiratet wären.)
- Du könntest (es) dir nicht vorstellen↑
(...)
(- Auf keinen Fall (...))'

Rückfragen können weder auf Wünsche ((5-63)) noch auf Exclamative ((5-64)) gestellt werden. Rückfragesätze auf Aussagesätze ((5-65)) enthalten nicht *-kO* der Fragesätze:

(5-63) *(Tulisipa jo kesä*↓*)*
ˣ*Että tulisipa jo kesä vai*↓
'daß komm- doch schon Sommer oder'
'(Käme doch endlich der Sommer↓)
ˣKäme doch endlich der Sommer↑'

(5-64) *(Onpa h*∇*ieno auto*↓*)*
ˣ*Että onpa hieno auto vai*↓
'daß sei-aber fein Auto oder'
'(Ist das aber ein f∇eines Auto↓)
ˣIst das ein feines Auto↑'

(5-65) *(Kukat kukkivat jo*↓*)*
Että kukat kukkivat jo vai↓
'daß Blume blüh- schon oder'
'(Die Blumen blühen schon↓)
Die Blumen blühen schon↑'

5.2.6. Ultimativer Satz-Fragesatz

Der ultimative Satz-Fragesatz zeigt dieselben Merkmale der Hervorhebung durch Wiederholung und Intonation wie der entsprechende Wort-Fragesatz im Finnischen. Aus diesem Grunde will ich lediglich auf die Kapitel 3.2.5. und 4.2.4. hinweisen und ein Beispiel aufführen:

(5-66) A: *Onko sinulla koira*↓
    B: *Aika paljon*↓
    A: *Onko sinulla koira*↓
    B: *Ja aika useinkin*↓
    A: *Koira*↓ *// onko sinulla koira*↓
       'Hund   hab-? du   Hund'

 'A: Hast du einen Hund↑
  B: Ziemlich viel↓
  A: Ob du einen Hund hast↓
  B: Und auch ziemlich oft↓
  A: Ob du einen Hund hast↓

5.3. Ausdrücke ohne *m/k*-Wort mit bedingt erotetischer Sprechereinstellung

5.3.1. Entscheidungsfrage-Übernahme

-kO ist ein Merkmal der Frage-Übernahme im Finnischen und ersetzt das steigende Tonmuster des Deutschen zumindest teilweise. Die Inakzeptabilität von Modalpartikeln in dieser Kategorie teilen diese Sprachen:

(5-67) *(Pidätkö sinä tosiaankin kovin omenista*↓*)*
    'mög- ? du   wirklich   sehr Apfel'

    Pidänkö↓ *sanoi kuu*↓ (PP 63)
    'mög- ?   sag- Mond'

    '(Magst du Äpfel wirklich sehr↑)
      Ob ich sie mag↑ sagte der Mond↓'

(5-68) *(A: Onko   sinulla paljon kukkia*↓*)*
    'hab-? du   viel Blume'

    B: Onko   minulla paljon kukkia↓
    'hab-? ich   viel Blume'

    (B: No ei minulla niitä niin paljonkaan ole↓*)*

    '(A: Hast du viele Blumen↑)
      B: Ob ich viele Blumen habe↑
        (Na so viele habe ich nun auch wieder nicht↓)

5.3.2. Rhetorischer Satz-Fragesatz

(5-69) *Hänkö* <u>*muka*</u> *uskaltaisi tulla tänne   tähän aikaan yöstä*↓ (PP 157)
'er? etwa sich trau- komm- hierher dies- Zeit   Nacht'

'Würde der sich etwa trauen, nachts um diese Zeit hierher zu kommen↑'

(5-70) *Tuommoistako mies* <u>*nyt*</u> *pelkää*↓ (PP 85)
'so etwas ? Mann etwa Angst hab-'

'Würde ein Mann vor so was etwa Angst haben↑'

Auch beim rhetorischen Satz-Fragesatz im Finnischen verweise ich auf den entsprechenden Wort-Fragesatz (S. 234ff.). Die Akzeptabilität von Modalpartikeln ist der einzige grundlegende Unterschied: *-pA* und *-kAAn*, die im Wort-Fragesatz häufig sind, verursachen im Satz-Fragesatz Inakzeptabilität. *muka* und *nyt* sind hingegen, wie bereits im rhetorischen Wort-Fragesatz, akzeptabel, ja das erstere schließt das Ausdrücken einer jeden anderen Sprechereinstellung aus.

5.4. Ausdrücke ohne *m/k*-Wort mit nicht-erotetischer Sprechereinstellung

Da im Finnischen weder der Satz-Exclamativsatz noch der Verb-Erst-Wunschsatz mit den Satz-Fragesätzen formengleich ist, soll in diesem Abschnitt nur noch die *-kO*-Antwort kurz besprochen werden.

5.4.1. *-kO*-Antwort

Das zum *m/k*-Ausdruck als Antwort Gesagte (S. 239) kann hier übernommen werden, denn auch die *-kO*-Antwort benötigt den Zusatz *arvaa vaan* 'rate mal nur' o. ä.:

(5-71) *(Paleletko*↓*)*
'frier-'

Arvaa vaan↓ *(≠≠) palelenko*↓ *(Olen kohta jäässä*↓*)*
'rat- nur   frier- ?   sei- bald Eis'

'(Frierst du↑)
Und ob ich friere↓ (Ich bin bald erfroren↓)'

5.5.   Intonation in den finnischen Satz-Fragesätzen

5.5.0. Allgemeines

In diesem Abschnitt soll die Rolle der Intonation als syntaktisches Merkmal in den finnischen Satz-Fragesätzen untersucht werden. Die Vorgehensweise entspricht der im Abschnitt 4.5. zu den *m/k*-Fragesätzen. Der Schwerpunkt wird auch hier auf dem Grundtyp, dem Entscheidungsfragesatz, liegen, dessen intonatorische Markierung anhand von Oszillomink-Aufzeichnungen untersucht und der anderer Satztypen gegenübergestellt wird.

5.5.1. Auswertung einzelner Oszillomink-Aufzeichnungen

Einführend wird die Realisierung des Entscheidungsfragesatzes unter (5-72) durch eine weibliche (FVP2:2086) und eine männliche (FVP3:3086) Versuchsperson dargestellt:

(5-72) 'Situation: Man weiß noch nicht mit Sicherheit, ob
            Pekka kommen wird. Der Sprecher zum anderen:

    Sprecher: *"Tuleeko Pekka?"*
            'komm-? Pekka'

        'Kommt Pekka?' (Pro3-32)

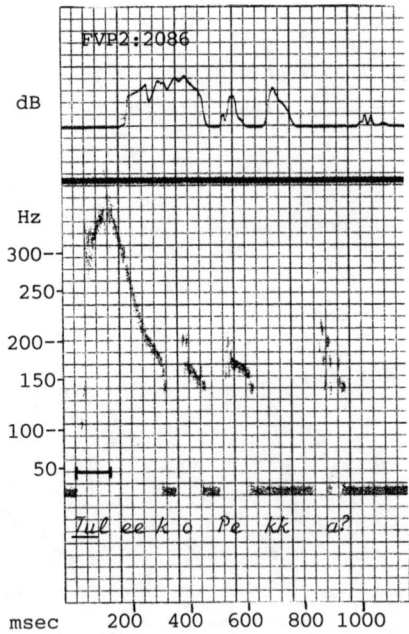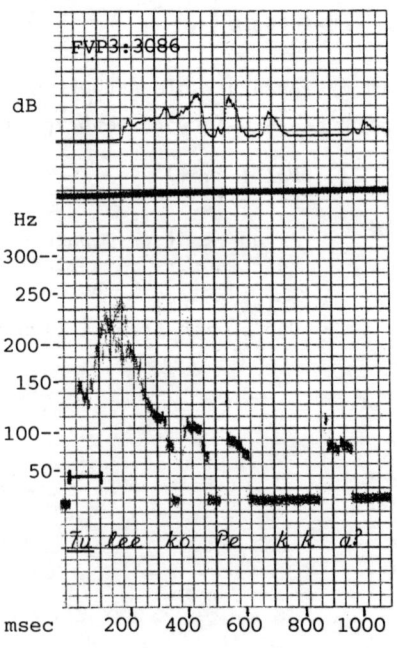

Zur Lage der Hauptakzentsilbe:

Bei diesem möglichst neutral eingebetteten Entscheidungsfragesatz mit Verb-Erst wurde der Hauptakzent ausnahmslos auf den ersten beiden Silben wahrgenommen, also innerhalb des *-ko*-Ausdrucks.

Zum Verlauf der Grundfrequenz:

Analog zu den *m/k*-Fragesätzen, bei denen die größte F_o-Bewegung auf dem *m/k*-Ausdruck stattfindet, fällt beim Entscheidungsfragesatz die konvexe Hauptbewegung mit dem F_o-Maximum in den Bereich des *-kO*-Ausdrucks am Satzanfang. Der Range dieser Bewegung ist identisch (oder beinahe identisch) mit dem Gesamt-Range, d. h. daß am Ende des fallenden Teils der Bewegung das (Fast-)F_o-Minimum der Gesamt-Äußerung erreicht wird und die F_o-Kontur danach bis zum Satzende in der Nähe der unteren Deklinationslinie verläuft. Als Unterschied zum Deutschen ist hier vor allem festzuhalten, daß der Offset auch beim Entscheidungsfragesatz tief ist.

Die nächsten Beispielsätze stellen eine dreigliedrige intonatorische Opposition für die Stammsilbe *juo* dar, die die Rolle der Intonation als Satzmodus-Merkmal deutlich zur Geltung kommen läßt. Es handelt sich hier um die Satztypen Entscheidungsfragesatz ((5-73/a)), (Antwort)-Assertion ((5-73/b)) und Imperativsatz ((5-74)):

(5-73) 'Situation: Zwei Sprecher unterhalten sich:'

      Sprecher 1: *"Juoko   Matti teetä?"* (/a)

               'trink-? Matti Tee'
               'Trinkt Matti Tee?'

      Sprecher 2: *"Juo."* (/b)

               'trink-'
               'Ja, er trinkt Tee.' (Pro3-45)

(5-74) 'Situation: Der Sprecher zu seinem bockigen Kind,
               das nicht die geringste Absicht zeigt,
               sein Milchglas anzurühren:'

      Sprecher: *"Juo!"*

             'trink-'
             'Trink!' (Pro3-47)

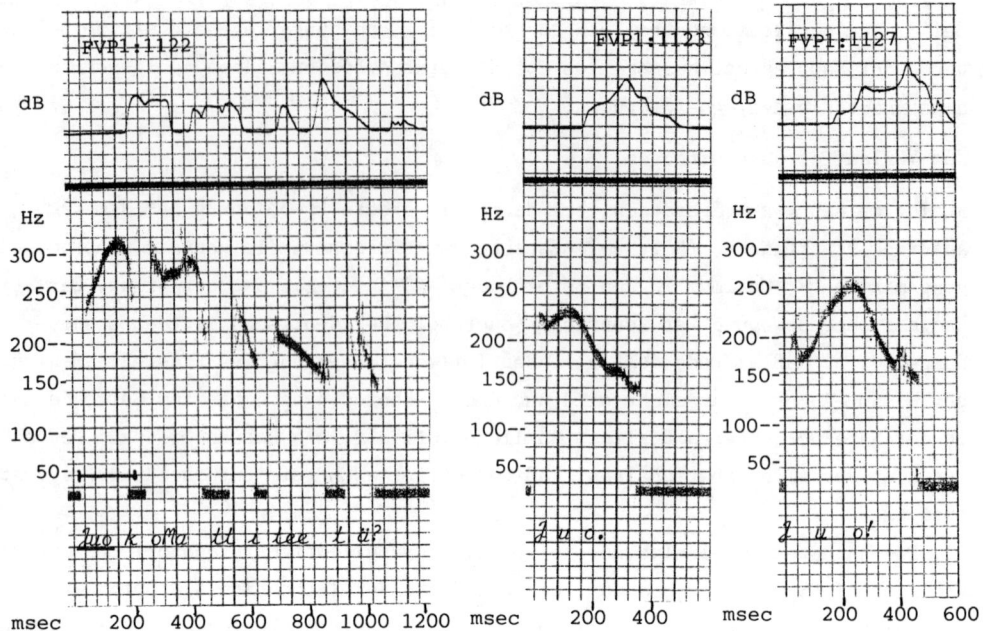

Die Abbildungen zu der weiblichen Versuchsperson FVP1 zeigen wiederum das sprecherbezogen relativ konstante, vom Satzmodus unabhängige F_o-Minimum (hier am Satzende ca. 140 Hz). Satzmodusspezifische Kennzeichen sind:

– F_o-Maximum: Die Höhe des F_o-Maximums ist satzmodusabhängig. Der Nicht-Appell-
Satzmodus Antwort-Assertion (FVP1:1123) weist ein kleineres F_o-Maximum auf als
die beiden Appell-Satzmodi Entscheidungsfragesatz (FVP1:1122) und Imperativsatz
(FVP1:1127).

– F_o-Range: Aus den obigen Beobachtungen zum satzmodusunabhängigen F_o-Minimum
und zum satzmodusabhängigen F_o-Maximum folgt, daß auch der F_o-Range der Appell-
Satzmodi größer ist als der der Nicht-Appell-Satzmodi.

– Dauer von *juo*: Die Dauer von *juo* nimmt folgendermaßen ab:

  Imperativsatz > Antwort-Assertion > Entscheidungsfragesatz

– Intensität auf *juo*: Die Intensität auf *juo* nimmt ebenfalls in der obigen Reihenfolge ab, d. h. daß sie beim Imperativsatz am größten und beim Entscheidungsfragesatz am kleinsten ist.

Die folgenden Beispielsätze mit ihren Aufzeichnungen gelten der Rolle der Intonation als unterscheidendes Merkmal zwischen einem Grund- und einem Sub-Typ, nämlich zwischen dem Entscheidungsfragesatz ((5-75)) und dem deliberativen Fragesatz ((5-76)). Hier wird zu untersuchen sein, wie sich die Intonation eines mit Antwort-Erwartung verbundenen Satztyps von der eines damit nur fakultativ verbundenen Satztyps unterscheidet. Die Intonation dieser erotetischen Satztypen wird ferner mit der Intonation eines Satz-Exclamativsatzes ((5-77)), also eines nicht-erotetischen Satztyps, verglichen:

> (5-75) 'Situation: Der Sprecher zum anderen:
>
> Sprecher: "*Omenistako Matti piti?*"
> 'Apfel   ? Matti mög-'
>
> 'Waren es Äpfel, die Matti so gern mochte?' (Pro3-34)

> (5-76) 'Situation: Der Sprecher denkt laut auf dem Weg zum
> Einkaufen:'
>
> Sprecher: "*Omenistakohan Matti piti?*"
> 'Apfel   ? wohl Matti mög-'
>
> 'Ob es wohl Äpfel waren, die
> Matti so gern mochte?' (Pro3-35)

> (5-77) 'Situation: Der Sprecher zum anderen:'
> Sprecher: "Matti war ein Gourmand: Er aß gern
> allerlei Gemüse und Obst, aber
>
> *omenistakos   Matti vasta piti!*
> 'Apfel   ? vielleicht Matti erst mög-'
>
> 'Äpfel hat der vielleicht erst
> recht gern gemocht!' (Pro3-37)

Wie den Oszillomink-Aufzeichnungen der männlichen Versuchsperson FVP3 entnommen werden kann, teilen alle drei Satztypen die satzinitiale Lage des Hauptakzents: Dieser wurde stets entweder auf der ersten oder zweiten Silbe, also innerhalb des Segments *ome* wahrgenommen. Ferner teilen sie die konvexe Form der größten F_o-Bewegung und deren Lage auf dem *-kO*-Ausdruck.

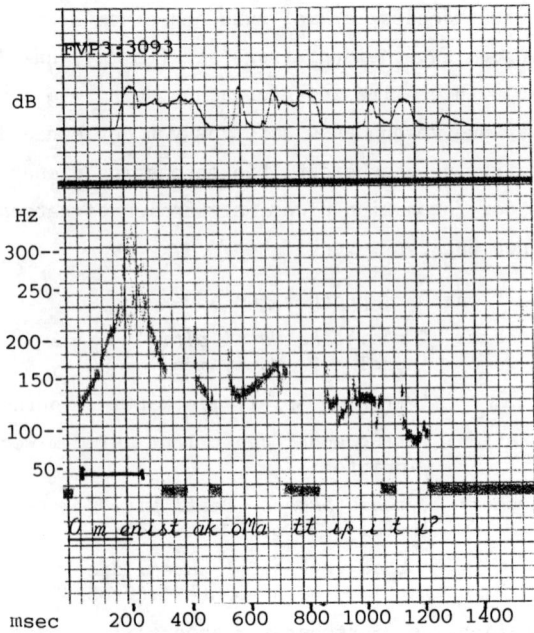

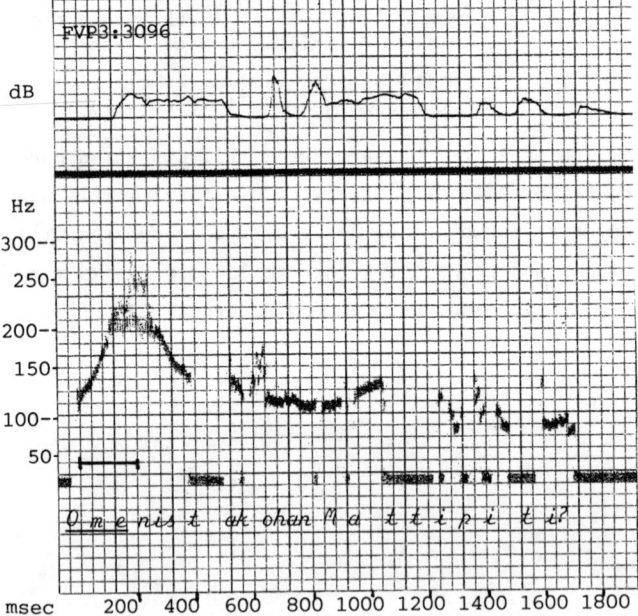

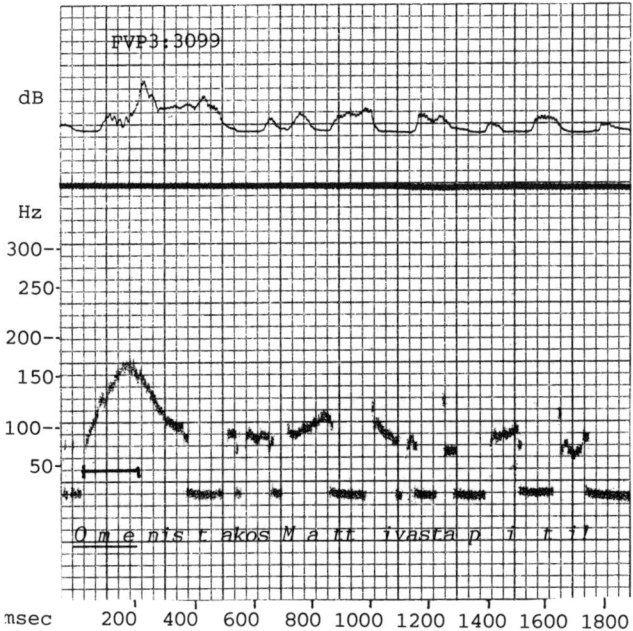

Die auffallendsten Unterschiede sind:
- Die Höhe des F_o-Maximums nimmt in der folgenden Reihenfolge ab:

    Entscheidungsfragesatz > deliberativer Satz-Fragesatz > Satz-Exclamativsatz

- Der Range der größten Bewegung und der Gesamt-Range der Äußerung nehmen
ebenfalls in der oben genannten Reihenfolge ab.
- Die Dauer der Äußerung (gemessen ohne die Dauer der Modalpartikeln) und der
Sequenz der Hauptakzentsilben (*ome*) nehmen in der folgenden Reihenfolge ab:

    deliberativer Satz-Fragesatz > Satz-Exclamativsatz > Entscheidungsfragesatz

Auch hier ist somit insgesamt erkennbar, daß die Appell-Funktion mit einem hohen
satzinitialen F_o-Maximum und einem großen F_o-Range verbunden ist. Die Antwort-
Erwartung scheint jedoch keine Dehnung der Hauptakzentsilbe oder der Äußerung
vorauszusetzen, denn der Entscheidungsfragesatz weist sowohl die kürzeste Ge-
samt- als auch die kürzeste Hauptakzentsilbendauer auf.

   Abschließend wird die Bedeutung der satzinitialen Intonation als Modus-
Merkmal an einem weiteren Satz-Fragesatz demonstriert, nämlich an einem assertiven Fragesatz; hier soll kurz darauf eingegangen werden, wie sich die Intonation
dieses Fragesatz-Typs von der eines formgleichen Aussagesatzes unterscheidet.

Die Oszillomink-Aufzeichnung FVP1:1113 zeigt den F_o-Verlauf des assertiven Fragesatzes unter (5-78) und die Oszillomink-Aufzeichnung FVP1:1106 den F_o-Verlauf des Aussagesatzes unter (5-79). Kennzeichnend für beide Sätze ist die Modalpartikel *kai* 'wohl' am Satzanfang:

> (5-78) 'Situation: Der Sprecher ist nicht ganz sicher, ob die
> übrigen Anwesenden Matti kennen, der sich
> der Gesellschaft etwas verspätet anschließt:
>
> Sprecher: *"Kai Matti tunnetaan?"*
> 'wohl Matti kenn-(Passiv)'
>
> 'Matti ist bekannt? Er war der beste Sportler
> des vergangenen Jahres und wird nun Ehrenmit-
> glied unseres Vereins.' (Pro3-42)
>
> (5-79) 'Situation: Der Sprecher zum anderen
>
> Sprecher: *"Kai Matti tunnetaan."*
> 'wohl Matti kenn-(Passiv)
>
> 'Natürlich ist Matti bekannt.
>
> (i.S.v. 'Sehr wohl wird Matti gekannt.')
> Er ist ja sogar im Ausland berühmt.' (Pro3-40)

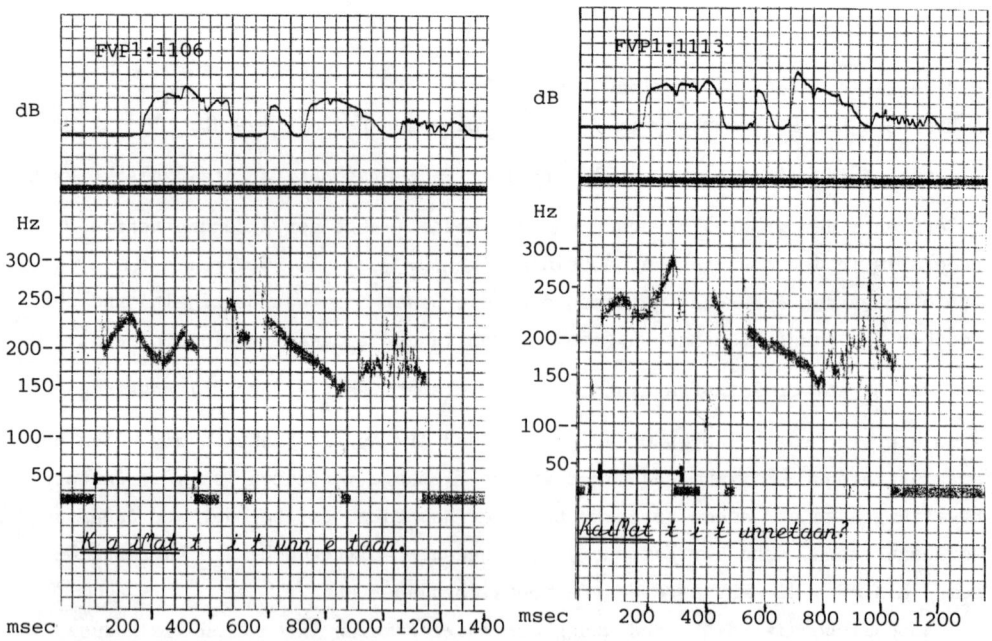

Die Hauptakzentsilbe wurde entweder auf der Modalpartikel *kai* oder auf dem Subjektsausdruck *Matti* wahrgenommen. Die größten Grundfrequenzbewegungen am Satzanfang weisen in beiden Satzmodi eine konvexe Form auf.

Die wichtigsten intonatorischen Unterschiede zwischen den beiden Satzmodi sind wiederum am Satzanfang zu finden:
- Die Dauer des Segments *kai Mat* ist bei der Fragesatz-Variante kürzer als bei der Aussagesatz-Variante.
- Der Range auf diesem Segment ist im Fragesatz ebenfalls größer als im Aussagesatz. Da der Range auf der Hauptakzentsilbe und in deren Umgebung bei diesem Minimalpaar außerdem für den Gesamt-Range ausschlaggebend ist, so folgt daraus, daß auch der Gesamt-Range des Fragesatzes größer ist als der des Aussagesatzes.
- Der Onset des Fragesatzes liegt höher als der des Aussagesatzes.

Als essentiell für die Intonation eines Satz-Fragesatzes im Finnischen können insgesamt die im Verhältnis zu den Nicht-Frage-Satzmodi größeren satzinitialen F_o-Bewegungen, der größere Gesamt-Range und die kürzere Dauer angesehen werden. Im Gegensatz zum Deutschen, wo sich bei den Satz-Fragesätzen meist der hohe Offset und die konkave F_o-Hauptbewegung bei der Abgrenzung zu den anderen Satzmodi entscheidend auswirken, ist im Finnischen also der Umfang der F_o-Bewegung am Satzanfang ausschlaggebend.

6.   ZUSAMMENFASSUNG

Die vorangehenden Kapitel haben gezeigt, daß das Deutsche und das Finnische über ähnliche Satzmodus-Systeme – und innerhalb dieser über parallele Fragemodus-Systeme – verfügen: In beiden Sprachen hat der Sprecher die Möglichkeit, seine Frageeinstellung außer mit den Grundtypen (dem Ergänzungs- und dem Entscheidungsfragesatz) mit anderen Wort- bzw. Satz-Fragesätzen auszudrücken. Da aber weder im Deutschen noch im Finnischen Form und Funktion in einem 1:1-Verhältnis zueinander stehen, müssen die Frage-Modi von konkurrierenden Satzmodi abgegrenzt werden, das heißt die erotetischen Ausdrücke müssen von den nicht-erotetischen Ausdrücken unterschieden werden. Daß diese syntaktisch-pragmatischen Unterscheidungen sprachspezifisch sind, ist bei den verschiedenen Fragesatz-Typen bereits des öfteren angedeutet worden. Es gilt nunmehr, die Ergebnisse kontrastierend zu systematisieren.

Zu den wichtigsten Merkmalen der Wort-Fragesätze im Deutschen gehört das Vorhandensein eines *w*-Wortes, dessen Bedeutung insbesondere bei den Fragesatz-Typen deutlich wird, die ein wesentliches Merkmal der Satz-Fragesätze, den hohen Offset (vgl. *w*-Rückfragesatz, Versicherungsfragesatz, *w*-Fortsetzungsfragesatz und deliberativer *w*-Verb-Letzt-Fragesatz) aufweisen. Zu den erotetischen Merkmalen gehören ferner die Inakzeptabilität der Verb-Erst-Stellung (Verb-Zweit: Ergänzungsfragesatz, *w*-Rückfragesatz, deliberativer *w*-Verb-Zweit-Fragesatz und Versicherungsfragesatz; Verb-Letzt: deliberativer *w*-Verb-Letzt-Fragesatz und ultimativer *w*-Fragesatz) sowie des imperativischen Verbmodus (er ist im Versicherungsfragesatz eventuell akzeptabel, aber auf keinen Fall häufig). Diese drei Merkmale, das *w*-Wort, (-VERB-ERST) und (-IMPERATIV), sind die Merkmale, die alle Wort-Fragesätze teilen.

Mit Hilfe weiterer Merkmale kann erstens pro und contra Fragesätze und zweitens innerhalb der Fragesätze differenziert werden. Zu diesen Merkmalen gehören u. a. Stellungsmerkmale; so weist das (obligatorische) *w*-Wort im Versicherungsfragesatz eine freiere Stellung auf als in den anderen Fragesatz-Typen.

Ferner zählen hierzu die Modalpartikeln; einige von diesen sind mit Fragesätzen inkompatibel, und diejenigen, die in diesen zulässig sind, können ihrerseits teilweise nur in bestimmten Fragesatz-Typen vorkommen. So sind einerseits
die elliptischen *w*-Verb-Letzt-Fragesätze (*w*-Fortsetzungsfragesatz, ultimativer
w-Fragesatz Versicherungsfragesatz) und die Mischtypen überhaupt nicht mit Modalpartikeln kompatibel, und im deliberativen Wort-Fragesatz ist andererseits
nur die Modalpartikel *wohl* möglich (und fast obligatorisch). Bei den elliptischen *w*-Sätzen dürfte die Inakzeptabilität dadurch zu erklären sein, daß sie
keine selbständigen Satzmodi sind, und deshalb keine, einem bestimmten Satztyp
eigenen Modalpartikeln aufweisen können. Bei den Mischtypen (Rück-Fragesatz und
Versicherungsfragesatz) dürfte die Inakzeptabilität von Modalpartikeln wiederum
damit zusammenhängen, daß in ihnen der vorangehende Satztyp und ein Satz-Fragesatz zusammentreffen. Die Inakzeptabilität von Modalpartikeln steht – allgemein
gesehen – mit der Erotetizität nicht in direktem Zusammenhang: Auf der einen
Seite sind einzelne Modalpartikeln nur in Fragesätzen möglich (*eigentlich*, *nur*,
bloß, *denn*, *wohl* und – bedingt erotetisch – *schon*); auf der anderen Seite gibt
es aber Modalpartikeln, die mit Fragesätzen nicht vereinbar sind (*doch*, *aber*,
nicht usw.).

Von den intonatorischen Merkmalen sind die konvexe F_o-Bewegung im Bereich
der Hauptakzentsilbe und der tiefe Offset im Satzmodus-System neutral, denn sie
können sowohl in Frage- als auch in Nicht-Fragesätzen vorkommen. Die konkave F_o-
Bewegung im Bereich der Hauptakzentsilbe und der hohe Offset sind dagegen
Fragesatz-Merkmale. Darüber hinaus üben insbesondere die Dauer, der Range der
Hauptbewegung und der Gesamt-Range satzmodusdifferenzierende Funktionen aus.

Der sprachliche Ko-Text und die Situation als Teil des Kontextes können
ebenfalls das Ausdrücken der erotetischen Sprechereinstellung beeinflussen: Der
Kontext muß insgesamt pro-erotetisch (oder er darf zumindest nicht contra-
erotetisch) sein, wenn der *w*-Satz als Frage interpretiert werden soll, das
heißt, wenn der Sprecher darauf eine natürliche Antwort erwartet.

Die Hauptmerkmale der Satz-Fragesätze im Deutschen sind die Inakzeptabilität
des imperativischen Verbmodus (Ausnahme: Rückfragesätze), das Fehlen eines besonderen Fragemorphems, die konkave F_o-Bewegung im Bereich der Hauptakzentsilbe,
der hohe Offset und der pro-erotetische Kontext.

Wie bei den Wort-Fragesätzen können auch bei den Satz-Fragesätzen einzelne
Merkmale (in einer bestimmten Kombination) innerhalb des "Ober"-Satzmodus differenzieren: Hierzu gehören wiederum u. a. die Modalpartikeln, die Verb-Stellung
und die "tags".

Die finnischen Wort-Fragesätze teilen mit den deutschen die Inakzeptabilität des imperativischen Verbmodus und das Vorhandensein eines speziellen Fragemorphems. Die mögliche assertive Funktion dieser *m/k*-Wörter ist jedoch ein wichtiger Unterschied zum Deutschen. Ferner unterscheiden sich die finnischen Wort-Fragesätze von den deutschen vor allem durch das konstant fallende Tonmuster und die S-V-Stellung. In einem markierten Wort-Fragesatz kann das *m/k*-Wort außerdem seine Erst-Position aufgeben und das finite Verb dem Subjekt vorangehen.

Die Modalpartikeln sind auch im Finnischen satztypenspezifisch, aber sie können nicht etwa zwischen Ellipsen und Nicht-Ellipsen bzw. Mischtypen und Grundtypen unterscheiden. Überhaupt ist die Ellipsenhaftigkeit im Finnischen nicht so eindeutig markiert wie beispielsweise im deutschen ultimativen Wort-Fragesatz. Da solche elliptischen Verb-Letzt-Sätze im Finnischen fehlen, habe ich auch nicht versucht, diesen Aspekt im finnischen Teil zu bearbeiten. Modalpartikeln sind m. E. im Finnischen immer dann inakzeptabel, wenn der Fragesatz durch andere Mittel als solcher eindeutig markiert ist, etwa der ultimative Wort-Fragesatz durch Wortstellung, Intonation und Wiederholung bzw. der Wort-Rückfragesatz durch *ettäkö* (=*että+kO*) 'daß+?'.

Die Leistung der Intonation im Deutschen wird im Finnischen durch Modalpartikeln, "tags" oder Interjektionen teilweise ersetzt. Die Position des Primärakzents ist demarkativ: In den hörerbezogenen Appell-Satzmodi (zu diesen gehören die Frage-Modi) steht im Finnischen bei neutraler Fokussierung der stärkste Akzent am Satzanfang. Dieser Akzent ist meistens gekennzeichnet durch einen größeren F_o-Gipfel und erhöhte Dauer, sowie fakultativ durch einen größeren Amplitudengipfel.

Das Fragemorphem *-kO* charakterisiert die finnischen Satz-Fragesätze. Dieses Morphem stellt auch einen wichtigen Unterschied zu den deutschen Satz-Fragesätzen dar, in denen - wie oben noch einmal erwähnt - ein Fragemorphem fehlt. Modalpartikeln sind in den finnischen Satz-Fragesätzen ebenfalls möglich, ohne daß eine Übermarkierung der Erotetizität entsteht. Die konvexe Hauptbewegung und der tiefe Offset im Finnischen stellen wiederum eine Differenz zu den deutschen Satz-Fragesätzen dar.

Ich habe in dieser Arbeit u. a. infinite Strukturen, indirekte Verwendungsmöglichkeiten der Fragesätze, Fragereihungen und paralinguistische Mittel nicht besprochen. Dies ist zum einen darauf zurückzuführen, daß ich meine Analyse hauptsächlich auf syntaktischen Mitteln aufgebaut habe, und zum anderen darauf, daß ich das gesamte System des Fragens zu behandeln bemüht war. Ich glaube, daß ich zumindest im Überblick die Fragesätze von anderen formal ähn-

lichen Ausdrücken abgegrenzt und die wesentlichen Unterschiede in den Frage-
systemen der beiden Sprachen erfaßt habe. Eine detailliertere und etwa die
(Modal-)Adverbiale berücksichtigende Analyse ist m. E. nur in einer Teil-
Untersuchung (beispielsweise zu Wort-Fragesätzen) sinnvoll, da eine syntaktisch-
pragmatische – und außerdem kontrastive – Analyse aller Möglichkeiten des Fragens sehr komplex ausfallen würde. Im Rahmen dieser Arbeit muß ich mich mit den
obigen – sicher noch weitere Überlegungen und kritische Bemerkungen zulassenden
– Aufstellungen der Fragesysteme begnügen, in denen offensichtlich ähnliche
(morphologische, lexikalische, intonatorische, kontextuelle und stellungsbeding-
te) Mittel in unterschiedlicher Weise zum Ausdrücken der erotetischen Sprechereinstellung eingesetzt werden.

Abschließend wird das der vorliegenden Arbeit zugrundeliegende deutsche
Satzmodus-System mit seinen wichtigsten Merkmalen und mit Gewichtung auf den
hier besprochenen Satztypen in tabellarischer Form zusammengefaßt:

Nr.	Satztyp	ausgedrückte Sprecher-einstellung	Beispiel	besondere Sequenz-Eigenschaften a) vorausgeh. b) nachfolg.

A. GRUNDTYPEN

Nr.	Satztyp	ausgedrückte Sprechereinstellung	Beispiel	besondere Sequenz
A1.	Aussage-Satz	*sagen, daß*	*Du kommst.*	
A2.	Wunsch-Satz	*wünschen, daß*	*Hätte er getroffen!*	
A3.	Imperativ-Satz	*wünschen, daß*	*Schlafen Sie!* *Stellt Ihr euch an!* *Gehen wir!*	b) faktive Handlung
A4.	Satz-Fragesatz	*fragen, ob*	*Schlafen Sie?* *Säuft der Leo?*	b) Antwort
A5.	Wort-Fragesatz	*fragen, w*	*Und wer spielt?* *Wie laut ist es hier?* *Wie ist der reich geworden?*	b) Antwort
A6.	Satz-Exclamativ-satz	*sich wundern, daß*	*Rasiert der den glatt!* *Die ist naiv!*	
A7.	Wort-Exclamativ-satz	*sich wundern, w*	*Wie ist der reich geworden!* *Wie laut ist es hier!*	
A8.	Elliptischer V-1-Ausrufesatz	*sagen, daß*	*Rennt der wieder!* *Schläft der ein!*	

B. KOMBINATIONSTYPEN

Nr.	Satztyp	ausgedrückte Sprechereinstellung	Beispiel	
B1.	Alternativfrage-satz	*fragen, ob*	*Möchten Sie Mohn oder Streusel?* *Möchten Sie Sahne, Mohn oder Streusel?*	

C. KONKURRIERENDE MARKIERUNG

Nr.	Satztyp	ausgedrückte Sprechereinstellung	Beispiel	
C1.	rhetorischer Wort-Fragesatz	*fragen, w*	*Was wird er denn schon alles gesehen haben?*	

Stellung des fin.V.	Beschränkungen im verbalen Bereich	kategoriale Füllung	Modalpartikeln	Offset		Bemerkungen
V-2	-IMP		*halt*, *ja doch* etc.	tief	Λ	"tags" möglich
V-1	+KONJ II		*doch*, *nur*, *bloß*	tief	Λ	
V-1 V-2	+IMP -1.Ps.Sg.		*doch*, *nur*, *ja*, *bitte*, *mal* etc.	tief	Λ	
V-1	-IMP		*auch*, *etwa*, *denn*, *nun*, *eigentlich*	hoch	V	
V-2	-IMP	*w*-Wort	*bloß*, *nur*, *doch*, *denn*, *eigentlich*	tief (hoch)	Λ	
V-1 V-2	-IMP		*aber*, *nicht*, *vielleicht*	tief	Λ	
V-2	*-IMP*	*w*-Wort	*aber*, *doch*, *nicht*	tief	Λ	
V-1	-IMP			tief	Λ	schwachtoniges Vorfeldelement (*da*) etc. getilgt
V-1	-IMP	*oder*		tief/ hoch	Λ V	kategorien-/ funktionsgleiche Teilausdrücke geschlossen: ↑↓ offen: ↑↑
V-2	-IMP	*w*-Wort	*schon*	tief	Λ	*w*-Fragesatz+*schon* keine Sanktionen bei Nicht-Beantw.

D. MISCHTYPEN

D1. Wort-Rückfrage-satz	fragen, mit welchem Recht die vorherge-hende Sprech-handl. ausge-führt wurde	*Wie der läuft?* *Wie die blüh'n?*	-INITIAL a) *w*-Frage b) Recht-fertigung
D2. Satz-Rückfrages.		*Ob er kommt?* *Daß du brav bist?*	-INITIAL a) Satz-Fr., Aussage b) Rechtf.
D3. assertiver Fragesatz	*sagen, daß+* *fragen, ob*	*Du kommst?*	b) Antwort
D4. Versicherungs-fragesatz	*sagen, daß+* *fragen, (ob+)w*	*Er sieht was?* *Ob wer kommt?*	b) Antwort

E. SELBSTÄNDIGE VERB-LETZT-SÄTZE

E1. V-L-Wunschsatz	*wünschen, daß*	*Wenn der Willi doch käme!*	
E2. V-L-Imperativsatz	*wünschen, daß*	*Ob du wohl kommst!* *Daß du ja brav bist!*	b) faktive Handlung
E3. deliberativer *w*-V-L-Fragesatz	*fragen, w*	*Wie der wohl läuft?* *Wie die wohl blüh'n?*	
E4. deliberativer V-L-Satz-Fragesatz	*fragen, ob*	*Ob er wohl kommt?*	
E5. *w*-V-L-Exclamativ-satz	*sich wundern, w*	*Wie groß der ist!*	
E6. V-L-Satz-Exclamativsatz	*sich wundern, daß*	*Daß du so brav bist!*	

F. ELLIPTISCHE VERB-LETZT-KONSTRUKTIONEN

F1. Fortsetzungs-assertion	*sagen, daß/w*	*Ob er kommt.* *(Nein,) wie die blüh'n.*	a) Frage
F2. ultimativer Fragesatz	*fragen, ob/w*	*Ob er kommt?!?* *(Nein,) wie die blüh'n?!?*	a) Frage b) Antwort
F3. Frageübernahme	*fragen, ob/w*	*Ob er kommt?* *Wie die blüh'n?*	a) Frage b) Antwort
F4. Fortsetzungs-fragesatz	*fragen, w/ob*	*(Auch,) ob er kommt?* *Wie die blüh'n?*	a) Assertion b) Antwort

G. IDIOMATISCHE KONSTRUKTIONEN (unklare Zuordnung)

G1. *und ob-/und w-* Antwort	*sagen, daß/* *sagen, w*	*Und ob er kommt!* *Und wie die blüh'n!*	a) Frage

V-L V-2	-IMP	*w*-Wort		hoch	V	Eine Rückfrage kann nur auf adressaten-bezogene Satzmodi folgen
V-L V-1 V-2		Konj.		hoch	V	
V-2	-IMP			hoch	V	
V-2 V-L	(-IMP)	(*ob*+) *w*-Wort		hoch	V	Starkakzent auf dem *w*-Element
V-L	+KONJII	*daß,* *wenn*	*doch, bloß, nur*	tief	Λ	
V-L	-IMP	*ob, daß*	*wohl, ja,* *nur, bloß*	tief	Λ	
V-L	-IMP	*w*-Wort	*wohl*	hoch	V	Auch als Selbst-Frage möglich
V-L	-IMP	*ob*	*wohl*	hoch	V	Auch als Selbst-Frage möglich
V-L	-IMP	*w*-Wort	*aber, doch*	tief	Λ	
V-L	-IMP	*daß*	*aber,* *vielleicht*	tief	Λ	
V-L	-IMP	Konj./ *w*-Wort		tief	Λ	
V-L	-IMP	*ob/* *w*-Wort		tief	Λ	
V-L	-IMP	*ob/* *w*-Wort		hoch	V	
V-L	-IMP	*w*-Wort/ Konj.		hoch	V	
V-L	-IMP	*und ob/* *und w*		tief	Λ	Starkakzent auf *ob/w*-Wort

LITERATUR

Zu den Beispielen

Aberle, Gerhard (Hg.). 1971. Stehkneipen. Gespräche an der Theke. Frankfurt am Main, Fischer Bücherei. (=Th)

Becker, Friedrich (Hg.). 1980. Afrikanische Märchen. Frankfurt am Main, Fischer Taschenbuch Verlag. (=Mr)

Frisch, Max. 1975. Andorra. Frankfurt am Main, Suhrkamp. (=An)

Kilpi, Eeva. 1979. Se mitä ei koskaan sanota. 'Was man niemals sagt' Porvoo, Helsinki, Juva, Werner Söderström. (=SE)

Kurenniemi, Marjatta. 1976. Pilvipaimen. 'Wolkenhirt' Porvoo, Helsinki, Werner Söderström. (=PP)

Mann, Thomas. (o. J.) Buddenbrooks. Frankfurt am Main, S. Fischer Verlag. (=Bu)

Raabe, Wilhelm. 1976. Die Akten des Vogelsangs. Stuttgart, Reclam. (=Ak)

Strauß, Botho. 1979. Groß und klein. München, Wien, Hanser Verlag. (=GK)

Wolf, Christa. 1985. Der geteilte Himmel. Erzählung. München, Deutscher Taschenbuch Verlag. (=GH)

Abendzeitung (=AZ)

Helsingin Sanomat (=HS)

Süddeutsche Zeitung (=SZ)

TZ (=TZ)

DFG-Projekt "Formen und Funktionen der Intonation" (Korpora 1-3) (=Pro 1-3)

Abraham, Werner, Eva Wuite. 1984. Kontrastive Partikelforschung unter lexikographischem Gesichtspunkt: Exempel am Deutsch-Finnischen. Folia Linguistica 18. 155-192.

Admoni, Wladimir. 1966. Der deutsche Sprachbau. Moskau, Leningrad. - 3., durchgesehene und erweiterte Aufl. München, Verlag C. H. Beck 1970.

Altmann, Hans. 1981. Formen der "Herausstellung" im Deutschen. Rechtsversetzung, Linksversetzung, Freies Thema und verwandte Konstruktionen. Tübingen, Niemeyer.

- 1984. Linguistische Aspekte der Intonation am Beispiel Satzmodus. Forschungsberichte des Instituts für Phonetik und Sprachliche Kommunikation der Universität München (FIPKM) 19. 130-152.

- 1987. Zur Problematik der Konstitution von Satzmodi als Formtypen. Meibauer (Hg.). 1987. 22-56.

- 1988. (Hg.) Intonationsforschungen. Tübingen, Niemeyer.

Anhava, Jaakko. 1981. Kysymyssanojen ja relatiivipronominien syntaktinen erikoisasema. 'Die syntaktische Sonderstellung der Fragewörter und der Relativpronomina' Virittäjä 85. 231-233.

Antoniadis, Zissis. 1984. Grundfrequenzverläufe deutscher Sätze. Empirische Untersuchungen und Synthesemöglichkeiten. Masch. Diss. Göttingen.

Antoniadis, Zissis, Hans Werner Strube. 1981. Untersuchungen zum "intrinsic pitch" deutscher Vokale. Phonetica 38. 277-290.

Austin, John L. 1962. How to do things with Words. Oxford. - Übers.: Zur Theorie der Sprechakte. Deutsche Bearb. v. Eike v. Savigny. Stuttgart, Reclam 1972.

Bannert, Robert. 1983. Modellskizze für die deutsche Intonation. Zeitschrift für Literaturwissenschaft und Linguistik 49. 9-34.

Baumgärtner, Klaus, Dieter Wunderlich. 1969. Ansatz zu einer Semantik des Deutschen Tempussystems. Beihefte zur Zeitschrift "Wirkendes Wort" 20: "Der Begriff Tempus - Eine Ansichtssache?"

Behaghel, Otto. 1923-1932. Deutsche Syntax. Eine geschichtliche Darstellung. Bd. 1-4. Heidelberg, Carl Winters Universitätsbuchhandlung.

Bierwisch, Manfred. 1966. Regeln für die Intonation deutscher Sätze. studia grammatica VII. Berlin, Akademie-Verlag. 99-201.

- 1979. Satztyp und kognitive Einstellung. Slovo a slovesnost XL. 194-199.

- 1980. Semantic Structure and Illocutionary Force. Searle, John R., Ferenc Kiefer, Manfred Bierwisch (eds.). 1980. 1-35.

Breckenridge Pierrehumbert, Janet. 1980. The Phonology and Phonetics of English Intonation. Phil. Diss. MIT.

Brinkmann, Hennig. 1962. Die deutsche Sprache. Gestalt und Leistung. Düsseldorf, Schwann ^{2}1971.

Brown, Gillian, Karen L. Currie, Joanne Kenworthy. 1980. Questions of Intonation. London, Croom Helm.

Bruce, Gösta. 1982. Developing the Swedish Intonation Model. Lund University Department of Linguistics Working Papers 22. Lund. 51-116.

Bublitz, Wolfram. 1977. Deutsch *aber* als Konjunktion und als Modalpartikel. Sprengel, Konrad, Wolf-Dietrich Bald, Heinz Werner Viethen (Hgg.). 1977. 199-209.

—   1978. Ausdrucksweisen der Sprechereinstellung im Deutschen und Englischen. Untersuchungen zur Syntax, Semantik und Pragmatik der deutschen Modalpartikeln und Vergewisserungsfragen und ihrer englischen Entsprechungen. Tübingen, Niemeyer.

Buscha, Annerose. 1976. Isolierte Nebensätze im dialogischen Text. Deutsch als Fremdsprache 13. 274-279.

Böttner, Michael. 1979. Frage-Antwort-Dialoge. Heindrichs, Wilfried, Gerhard Charles Rump (Hgg.). Dialoge. Beiträge zur Interaktions- und Diskursanalyse. Hildesheim, Gerstenberg. 66-85.

Cohen, A., R. Collier, J. t'Hart. 1982. Declination: Construct or Intrinsic Feature of Speech Pitch? Phonetica 39. 254-273.

Conrad, Rudi. 1976. Ein Problem der Frage-Antwort-Beziehungen: strukturelle Antwortdetermination und Antworterwartung. Linguistische Arbeitsberichte 13. 79-93.

—   1978. Studien zur Syntax und Semantik von Frage und Antwort. (studia grammatica XIX.) Berlin, Akademie-Verlag.

Doherty, Monika. 1983. The epistemic meaning of questions and statements. Kiefer, Ferenc (ed.). Questions and Answers. Dordrecht, Boston, London, Reidel. 15-44.

—   1985. Epistemische Bedeutung. (studia grammatica XXIII.) Berlin, Akademie-Verlag.

Donhauser, Karin. 1986. Der Imperativ im Deutschen. Studien zur Syntax und Semantik des deutschen Modussystems. Hamburg, Buske.

—   1987. Verbaler Modus oder Satztyp? Zur grammatischen Einordnung des deutschen Imperativs. Meibauer, Jörg (Hg.). 1987. 57-74.

Duden. 1959. Grammatik der deutschen Gegenwartssprache. Bearb. von P. Grebe u.a. Mannheim, Bibliograph. Institut. - 3., neu bearb. und erw. Auflage. 1973.

Eggers, Hans. 1972. Die Partikel wie als vielseitige Satzeinleitung. Linguistische Studien I. (=Sprache der Gegenwart 19) Düsseldorf, Schwann. 159-182.

Egli, Urs, Hubert Schleichert. 1976. Bibliography of the Theory of Questions and Answers. Belnap, Nuel D., Thomas B. Steel (eds.). The Logic of Questions and Answers. New Haven, London, Yale University Press. 155-200.

Eichler, Wolfgang, Karl-Dieter Bünting. 1976. Deutsche Grammatik. Form, Leistung und Gebrauch der Gegenwartssprache. Kronberg/Ts., Athenäum Verlag 1978.

Eisenberg, Peter. 1986. Grundriß der deutschen Grammatik. Stuttgart, Metzler.

Erben, Johannes. 1958. Abriß der deutschen Grammatik. Berlin, Akademie-Verlag. - Deutsche Grammatik. Ein Abriß. 11., völlig neubearb. Aufl. München, Hueber 1972.

Essen, Otto von. 1964. Grundzüge der hochdeutschen Satzintonation. Ratingen, Düsseldorf, A. Henn Verlag. 2.Auflage.

Esser, Jürgen. 1978. Contrastive Intonation of German and English. Phonetica 35. 41-55.

Ficht, Heribert. 1978. Supplement to a Bibliography on the Theory of Questions and Answers. Linguistische Berichte 55. 92-114.

Flämig, Walter. 1964. Grundformen der Gliedfolge im deutschen Satz und ihre sprachlichen Funktionen. Beiträge zur Geschichte der deutschen Sprache und Literatur 86. 309-349.

Fox, Anthony. 1984. German Intonation. An Outline. Oxford, Clarendon Press.

Franck, Dorothea. 1980. Grammatik und Konversation. Königstein/Ts., Scriptor.

Freihoff, Roland. 1975. Kysymyslause ja intonaatio. 'Fragesatz und Intonation' Fonetiikan paperit Tampere 1974. Tampereen yliopiston puheopin laitoksen monisteita 1/75. 69-71.

Fries, Norbert. 1983. Syntaktische und semantische Studien zum frei verwendeten Infinitiv. Tübingen, Gunter Narr Verlag.

Fromm, Hans. 1982. Finnische Grammatik. Heidelberg, Carl Winter Universitätsvlg.

Gårding, Eva. 1974. Kontrastiv prosodi. Lund, Gleerup.

Garrett, Jeffrey. 1982. Der Gebrauch der Frage in Interaktionsstrategien, darge-stellt am Beispiel des Satzmodus "V1-Fragesatz". M.A.-Arbeit München. Unver-öffentlicht. 156 S.

Glinz, Hans. 1968. Die innere Form des Deutschen. Eine neue deutsche Grammatik. 5. Aufl. Bern, München, Francke Verlag.

Goffman, Erving. 1976. Replies and Responses. Language in Society 5. 257-313.

Grésillon, A. 1980. Zum linguistischen Status rhetorischer Fragen. Zeitschrift für germanistische Linguistik 8. 273-289.

Grewendorf, Günther. 1981. Grammatische Kategorie und pragmatische Funktion. Rosengren, Inger (Hg.). 1981. 233-247.

Grice, H. Paul. 1975. Logic and Conversation. Cole, P., J. L. Morgan (eds.). Syntax and Semantics 3. Speech Acts. New York, San Francisco, London. Aca-demic Press. Übers. Logik und Konversation. Meggle, Georg (Hg.). 1979. Handlung, Kommunikation, Bedeutung. Frankfurt, Suhrkamp. 243-265.

Haefele, Josef. 1974. Fragekompetenz. Zeitschrift für germanistische Linguistik 2. 171-205.

Hakanen, Aimo. 1978. Nalle Puhin kysymykset. Alhoniemi, Alho (Hg.). Rakenteita. (=Turun yliopiston suomalaisen ja yleisen kielitieteen laitoksen julkaisuja 6) Turku. 207-232.

Hakulinen, Auli, Fred Karlsson. 1979. Nykysuomen lauseoppia. 'Zur Satzlehre des Neufinnischen' Helsinki, Suomalaisen kirjallisuuden seura.

Halliday, M. A. K. 1976. Intonation and Meaning. Halliday, M. A. K. 1976. System and Function in Language. Selected Papers ed. by J. R. Kress. London, Oxford University Press. 214-234.

Hang, Heinz-Günter. 1976. Die Fragesignale der gesprochenen deutschen Standard-sprache. Göppingen, Verlag Alfred Kümmerle.

Hartmann, Dietrich. 1975. Zur Semantik von Satzpartikeln und zu ihren Funktio-nen in Texten. Ehrich, Veronika, Peter Finke (Hgg.). Beiträge zur Grammatik und Pragmatik (=Skripten Linguistik und Kommunikationswissenschaft 12). Kronberg/Ts., Scriptor. 233-251.

Harweg, Roland. 1974. Retardierte Fragen: Ein Beitrag zur Pragmatik und Texto-logie der Fragesätze. Linguistics 134. 9-19.

Heidolph, Karl Erich, Walter Flämig, Wolfgang Motsch (Hgg.). 1981. Grundzüge einer deutschen Grammatik. Berlin, Akademie-Verlag.

Heike, Georg. 1969. Suprasegmentale Analyse (=Marburger Beiträge zur Germanistik 30). Marburg.

Helbig, Gerhard. 1974. Was sind indirekte Fragesätze? Deutsch als Fremdsprache 11. 193-202.

Helbig, Gerhard, Joachim Buscha. 1972. Deutsche Grammatik. Ein Handbuch für den Ausländerunterricht. Leipzig, VEB Verlag Enzyklopädie Leipzig.

Helfrich, Hede. 1978. Die psycholinguistische Bedeutung von Tonhöhe und Tonhöhenverlauf beim Sprechen. Hamburger Phonetische Beiträge 25. 135-156.

Hentschel, Elke. 1982. *halt* und *eben*. Detering, Klaus, Jürgen Schmidt-Radefeldt, Wolfgang Sucharowski (Hgg.). Sprache erkennen und verstehen. Akten des 16. Linguistischen Kolloquiums Kiel 1981, Band 2. Tübingen, Niemeyer. 231-241.

Hietaranta, Pertti. 1980. *-kaan, -kään* -liitepartikkelin pragmatiikkaa. 'Zur Pragmatik der enklitischen Partikel *-kaan, -kään*' Virittäjä 84. 250-254.

Hindelang, Götz. 1976. Aufforderungen und Handlungsabsprachen. Weber, Heinrich, Harald Weydt (Hgg.). 1976. 327-336.

- 1978. Auffordern. Göppingen, Verlag Alfred Kümmerle.

Hirvonen, Pekka. 1970. Finnish and English Communicative Intonation. (=Publications of the Phonetics Department of the University of Turku 8) Turku.

Hombert, Jean-Marie. 1978. Consonant Types, Vowel Quality and Tone. Fromkin, Victoria A. (ed.). Tone. A Linguistic Survey. New York, San Francisco, London. Academic Press. 77-111.

Hundsnurscher, Franz. 1975. Semantik der Fragen. Zeitschrift für germanistische Linguistik 3. 1-14.

Höhle, Tilman N. 1979. 'Normalbetonung' und 'Normale Wortstellung': Eine pragmatische Explikation. Leuvense Bijdragen 66. 385-437.

Hölker, Klaus. 1981. Zur semantischen und pragmatischen Analyse von Interrogativen. Papiere zur Textlinguistik 28. Hamburg, Buske.

Iivonen, Antti. 1978. Is There Interrogative Intonation in Finnish? Gårding, Eva, Gösta Bruce, Robert Bannert (eds.). 1978. Nordic Prosody. Papers from a Symposium. Lund. 43-53.

- 1981. Suomen kysymyslauseiden prosodiikan määräytyvyydestä. 'Zur Gestaltung der Prosodie in den finnischen Fragesätzen' Ikola, Osmo. 1981. Congressus Quintus Internationalis Fenno-Ugristarum. Turku 1980. Pars VI. Turku. 101-107.

- 1983. On Explaining the Sentence Initial Pitch Height in Finnish. Mimeographed Series of the Department of Phonetics, University of Helsinki. Helsinki.

Isačenko, Alexander, Hans-Joachim Schädlich. 1966. Untersuchungen über die deutsche Satzintonation. studia grammatica VII. Berlin, Akademie-Verlag. 7-67.

Janda, Richard D. 1985. Echo-questions are evidence for what? Chicago Linguistic Society 21. 171-188.

Kallioinen, Vilho. 1965. Les fonctions de l'intonation et la phrase interrogative en finnois. Études Finno-Ougriennes II-2. 107-122.

- 1968. Suomen kysymyslauseen intonaatiosta. 'Zur Intonation des Fragesatzes im Finnischen' Virittäjä 72. 34-54.

Karlsson, Fred. 1983. Suomen kielen äänne- ja muotorakenne. 'Phonologie und Morphologie der finnischen Sprache' Porvoo, Helsinki, Juva, Werner Söderström.

Karttunen, Frances. 1975. Functional constraints in Finnish syntax. Chicago Linguistic Society 11. 232-243.

   –   1975a. More Finnish Clitics. Syntax and Pragmatics. Indiana University Linguistics Club, Indiana.

Karttunen, Frances, Lauri Karttunen. 1976. The Clitic *-kin/-kaan* in Finnish. Papers from the Transatlantic Finnish Conference (=Texas Linguistic Forum 5). Austin, Texas. 89-118.

Klein, Wolfgang. 1980. Der Stand der Forschung zur deutschen Satzintonation. Linguistische Berichte 68. 3-33.

   –   1980a. Miscellany on German Sentence Intonation. Ms. 87+4 S.

Klinke, Wolfgang. 1976. "Wie heisst die Antwort auf diese Frage?" Zum Status von Fragen und Antworten in einer Sprechakttheorie. Weber, Heinrich, Harald Weydt (Hgg.). 1976. 123-132.

Knuutinen, Seppo. 1968. Kysymyspäälauseet Maria Jotunin novelleissa. 'Die Fragehauptsätze in den Novellen Maria Jotunis' Laudaturtyö. Turun yliopisto.

Kretschmer, Paul. 1938. Der Ursprung des Fragetons & Fragesatzes. Scritti in onore di Alfredo Trombetti. Milano. 27-50.

König, Ekkehard. 1977. Modalpartikeln in Fragesätzen. Weydt, Harald (Hg.). Aspekte der Modalpartikeln. Studien zur deutschen Abtönung. Tübingen, Niemeyer. 115-130.

Ladányi, P. 1965. Zur logischen Analyse der Fragesätze (Abriß einer interrogativen Logik). Acta Linguistica Academiae Scientiarum Hungaricae 15. 37-66.

Ladd, Robert D., Kim E. A. Silverman. 1984. Vowel Intrinsic Pitch in Connected Speech. Phonetica 41. 31-40.

Lang, Ewald. 1981. Was heisst "eine Einstellung ausdrücken"? Rosengren, Inger (Hg.). 1981. 293-314.

   –   1983. Einstellungsausdrücke und ausgedrückte Einstellungen. Růžička, Rudolf, Wolfgang Motsch (Hgg.). Untersuchungen zur Semantik. (studia grammatica XXII.) Berlin, Akademie-Verlag. 305-341.

Luukko-Vinchenzo, Leila. 1987. Entscheidungsfragesätze im Finnischen. Mit einem Exkurs ins Deutsche. Meibauer (Hg.). 1987. 125-139.

   –   1988. Zur Intonation finnischer Fragesätze. Altmann (Hg.). 1988. 135-152.

Matihaldi, Hilkka-Liisa. 1979. Nykysuomen modukset I. Kvalitatiivinen analyysi. 'Die Modi des Neufinnischen I. Eine qualitative Analyse.' (=Acta Universitatis Ouluensis. Series B Humaniora No. 7. Philologica No. 2) Oulu.

Matzel, Klaus, Bjarne Ulvestad. 1978. Zum Adhortativ und *Sie*-Imperativ. Sprachwissenschaft 3. 146-183.

Meibauer, Jörg. 1986. Rhetorische Fragen. Tübingen, Niemeyer.

   –   (Hg.). 1987. Satzmodus zwischen Grammatik und Pragmatik. Referate anläßlich der 8. Jahrestagung der Deutschen Gesellschaft für Sprachwissenschaft, Heidelberg 1986. Tübingen, Niemeyer.

   –   1987a. Zur Form und Funktion von Echofragen. Rosengren, Inger (Hg.). 1987. Sprache und Pragmatik. Lunder Symposium 1986. Lund, Almqvist & Wiksell International. 335-356.

Meier, Rolf. 1984. Bibliographie zur Intonation. Tübingen, Niemeyer.

Motsch, Wolfgang, Dieter Viehweger. 1981. Sprachhandlung, Satz und Text. Rosengren, Inger (Hg.). 1981. 125-153.

Mühlner, Werner. 1978. Zum Wesen des Fragesatzes auf der Grundlage der Valenz des Prädikats. Zeitschrift für Phonetik, Sprachwissenschaft und Kommunikationsforschung 31. 370-393.

Nehring, A. 1954. Das Wesen der Fragesätze. Indogermanische Forschungen 61. 40-54.

Netter, Klaus. 1982. Exklamativsätze mit Anfangsstellung des finiten Verbums im Deutschen (Versuch einer formalen und funktionalen Analyse). M.A.-Arbeit. München. Unveröffentlicht. 252 S.

Näf, Anton. 1984. Satzarten und Äusserungsarten im Deutschen. Vorschläge zur Begriffsfassung und Terminologie. Zeitschrift für germanistische Linguistik 12. 21-44.

- 1987. Gibt es Exklamativsätze? Meibauer, Jörg (Hg.). 1987. 140-160.

Östman, Jan-Ola. 1977. On English *also*, Finnish *-kin*, and related matters. Palmberg, R., H. Ringbom (eds.). Meddelanden för Åbo Akademi forskningsinstitut 19. Turku. 165-196.

Oppenrieder, Wilhelm. 1988. Intonatorische Kennzeichnung von Satzmodi. Altmann (Hg.). 1988. 169-205.

- 1988a. Intonation und Identifikation. Kategorisierungstests zur kontextfreien Identifikation von Satzmodi. Altmann (Hg.). 1988. 153-167.

Pasch, Renate. 1979. Propositionale Einstellung des Sprechers und die Konstitution von Sprechakttypen. Slovo a Slovesnost XL. 118-123.

Penttilä, Aarni. 1957. Suomen kielioppi. 'Finnische Grammatik' Porvoo, Helsinki, Werner Söderström. 2. Auflage 1963.

Pheby, John. 1975. Intonation und Grammatik im Deutschen. Berlin, Akademie-Vlg.

Pääkkönen, Irmeli. 1980. Kysymyksiä. 'Fragen' Virittäjä 84. 173-176.

Repp, Bruno H. 1981. Phonetic trading relations and context effects: New experimental evidence for a speech mode of perception. Haskins Laboratories: Status Report on Speech Research SR-67/68.

Rohrer, Christian. 1971. Zur Theorie der Fragesätze. Wunderlich, Dieter (Hg.). Probleme und Fortschritte der Transformationsgrammatik. München, Hueber. 109-126.

Roncador, Manfred von. 1977. Zur Linguistik der intensivierenden Ausrufe. Sprengel, Konrad, Wolf-Dietrich Bald, Heinz Werner Viethen (Hgg.). 1977. 103-114.

Rosengren, Inger 1981. (Hg.). Sprache und Pragmatik. Lunder Symposium 1980. Lund, Gleerup.

Schmidt, Wilhelm. 1964. Grundfragen der deutschen Grammatik. Eine Einführung in die funktionale Sprachlehre. Berlin, Volk und Wissen. 5. Auflage 1977.

Schmidt-Radefeldt, Jürgen. 1977. On so-called 'rhetorical' questions. Journal of Pragmatics 1. 375-392.

Scholz, Ulrike. 1984. Wunschsätze im Deutschen. Versuch einer formalen und funktionalen Analyse. M.A.-Arbeit. München. Unveröffentlicht. 202 S.

- 1987. Wunschsätze im Deutschen - formale und funktionale Beschreibung. Meibauer, Jörg (Hg.). 1987. 234-258.

Searle, John R. 1969. Speech Acts. Cambridge University Press. Übers.: Sprechakte. Frankfurt, Suhrkamp. 1971.

- 1976. A Classification of Illocutionary Acts. Language in Society 5. 1-23.

Searle, John R., Ferenc Kiefer, Manfred Bierwisch (eds.). 1980. Speech Act Theory and Pragmatics. Dordrecht, Boston, London, Reidel.

Sommer, Robert. 1982. Die Stimmtonfrequenz zweier Sprecher des Deutschen in /Plosiv+Vokal/-Sequenzrealisationen. M.A.-Arbeit. München. Unveröffentlicht. 101 S.

Sovijärvi, Antti. 1956. Über die phonetischen Hauptzüge der finnischen und ungarischen Hochsprache. Wiesbaden, Otto Harrassowitz.

Sprengel, Konrad, Wolf-Dietrich Bald, Heinz Werner Viethen. 1977. (Hgg.). Semantik und Pragmatik. Akten des 11. Linguistischen Kolloquiums Aachen 1976. Tübingen, Niemeyer.

Stojanova-Jovčeva, Stanka. 1980. Selbständige wie-Sätze als stilistisches Mittel in der deutschen Sprache der Gegenwart. Deutsch als Fremdsprache 17. 23-27.

Suščinskij, I. I. 1981. Intensivierungssätze in der deutschen Sprache der Gegenwart. Deutsch als Fremdsprache 18. 142-147.

Tarvainen, Kalevi. 1985. Kontrastive Syntax Deutsch-Finnisch. Heidelberg, Julius Groos Verlag.

Thiel, Rudolf. 1975. Bemerkungen zum Ausdruck der Aufforderung. Sprachpflege 24. 11-12.

Thorsen, Nina. 1979. Interpreting Raw Fundamental-Frequency Tracings of Danish. Phonetica 36. 57-78.

Thurmair, Maria. 1987. Modalpartikeln und ihre Kombinationen. Phil. Diss. München.

Tillmann, Hans G., Phil Mansell. 1980. Phonetik. Lautsprachliche Zeichen, Sprachsignale und lautsprachlicher Kommunikationsprozeß. Stuttgart, Klett-Cotta.

Valjakka, Urho. 1949. Eräitä lausefoneettisia huomioita suomen kielen rytmillis-dynaamisista ominaisuuksista. 'Einige satzphonetische Beobachtungen zu den rhythmisch-dynamischen Eigenschaften der finnischen Sprache' Virittäjä 53. 270-282.

Vandeweghe, Willy. 1977. Fragen und ihre Funktionen. Versuch einer Typologie auf pragmatischer Basis. Sprengel, Konrad, Wolf-Dietrich Bald, Heinz Werner Viethen (Hgg.). 1977. 277-286.

Verschueren, Jef. 1978. Pragmatics: An Annotated Bibliography. Amsterdam, Benjamins.

-       1978-1983. Annual Supplements. Journal of Pragmatics 2-7.

Vilkuna, Maria. 1984. Voiko kin-partikkelia ymmärtää? 'Kann man die Partikel kin verstehen?' Virittäjä 88. 393-408.

Vilppula, Matti. 1984. "Kurkikin jo lähti" Virittäjä 88. 47-60.

Väätäinen, Helena. 1977. Havaintoja kysymysten ja vastausten muodostamisesta suomen kielessä eräiden Veijo Meren tekstien pohjalta. 'Beobachtungen zur Bildung von Fragen und Antworten im Finnischen, auf der Grundlage einiger Texte von Veijo Meri' pro gradu-Arbeit. Tampereen yliopisto.

Walther, Jürgen. 1976. Zur Logik von Frage und Antwort. Weber, Heinrich, Harald Weydt (Hgg.) 1976. 133-141.

Weber, Heinrich, Harald Weydt (Hgg.). 1976. Sprachtheorie und Pragmatik. Akten des 10. Linguistischen Kolloquiums. Tübingen 1975. Tübingen, Niemeyer.

296

Weuster, Edith. 1983. Nicht-eingebettete Satztypen mit Verb-Endstellung im
    Deutschen. Olszok, Klaus, Edith Weuster. Zur Wortstellungsproblematik im
    Deutschen. Tübingen, Gunter Narr Verlag. 7-87.

Wiik, Kalevi. 1984. Konsonanttien vaikutus vokaalien laatuun suomessa. Ikonen,
    Unto, Toivo Tikka (toim.). 1984. Fonetiikan päivät - Joensuu 1984. XII fone-
    tiikan päivillä Joensuun yliopistossa 18.-19.5.1984 pidetyt esitelmät.
    (=Joensuun yliopisto, humanistinen tiedekunta: kielitieteellisiä tutkimuksia
    - Studies in Languages 1) Joensuu 1984. 115-128. (Summary) On the influence
    of consonants on the quality of vowels in Finnish. 114.

Wijk, Carel van, Gerard Kempen. 1985. From Sentence Structure to Intonation
    Contour. An Algorithm For Computing Pitch Contours on the Basis of Sentence
    Accents and Syntactic Structure. Müller, B. (Hg.). Sprachsynthese. Hildes-
    heim, Georg Olms Verlag.

Winkler, Eberhard. 1986. Der Satzmodus "Imperativsatz" im Deutschen und Fin-
    nischen: Form, Funktion und Aspekte der Verwendung. Satztypen mit Verberst-
    oder Verbzweitstellung. Phil. Diss. München.

Wunderlich, Dieter. 1976. Studien zur Sprechakttheorie. Frankfurt am Main, Suhr-
    kamp ²1978.

-    1979. Was ist das für ein Sprechakt? Grewendorf, Günther (Hg.). Sprechakt-
    theorie und Semantik. Frankfurt am Main, Suhrkamp. 275-324.

-    1984. Was sind Aufforderungssätze? Stickel, Gerhard (Hg.) 1984. Pragmatik in
    der Grammatik. Jahrbuch 1983 IdS. Düsseldorf, Schwann. 92-117.

-    1986. Echofragen. Studium Linguistik 20. 44-62.

Zacharias, Christina. 1967. Die Intonation des Fragesatzes als Ausdruck seiner
    kommunikativen Funktion. Berlin. Phil. Diss. Ms.

Zacher, Oskar. 1963. Zur Intonation syntaktischer Grundmodelle. Zeitschrift für
    Phonetik, Sprachwissenschaft und Kommunikationsforschung 16. 277-291.

Zaefferer, Dietmar. 1981. On a formal treatment of illocutionary force indica-
    tors. Parret, Herman, Marina Sbisa, Jef Verschueren (eds.). 1981. Possibili-
    ties and Limitations of Pragmatics. Amsterdam, Benjamins. 779-797.

-    1984. Frageausdrücke und Fragen im Deutschen. Zu ihrer Syntax, Semantik und
    Pragmatik. München, Fink.